元明清蒙古族漢文創作敍錄及散存作品輯錄

多洛肯 等／輯校

下

上海古籍出版社

清代

色　　冷

色冷，字碧山，蒙古正黄旗人，順治十二年（1655）乙未科三甲進士。父納木賽，順治十五年以署護軍校從征桂王，屢立戰功，授雲騎尉，既卒，色冷襲職。康熙十六年（1677），隨征南將軍穆占征吳三桂。至湖廣，與吳國貴戰於長沙，陣亡。賜祭一次，累官至刑部侍郎。

其生平事蹟於《八旗通志初集》卷一百二十五《選舉表一》、卷二百二十六《忠烈傳七》，《欽定八旗通志》卷一百四《選舉志三》，楊鍾羲《雪橋詩話三集》卷二中有載。

色冷善詩，《熙朝雅頌集》卷一收錄其《秋興》《題春山欲雨圖》兩首，楊鍾羲《雪橋詩話三集》卷二收錄其《桂山堂爲平湖陸侍御作》一首。

《熙朝雅頌集》卷一引鄧漢儀評價曰："頃囧卿色公，幣聘吾友周子青士入都與商風雅。過邘水，予深賀其得賢主人。"法式善《梧門詩話》中亦引鄧漢儀語評價其詩曰："雅麗深秀，當屬騷壇宗匠。"

此次點校詩以清鐵保輯《熙朝雅頌集》卷一（嘉慶刻本）爲底本，並參照楊鍾羲《雪橋詩話三集》，詩共計3首。

秋　　興

曈曨曉日帶雲流，萬樹風高動素秋。何處霜笳催落葉，幾家刀尺對寒樓。煙霞性癖雙蓬鬢，詩酒情多一敝裘。獨把離騷聊寄興，碧空雁唳遠悠悠。

題春山欲雨圖

漠漠輕陰極望迷,遥山淺黛一痕低。方塘水漲魚争出,曲經煙寒鳥倦啼。似有人來芳樹外,更無舟权畫橋西。明朝倘踐尋春約,多恐殘紅逐馬蹄。

桂山堂爲平湖陸侍御作[1]

清溪曲曲森叢桂,山人寄跡非忘世。得歸盤穀且逍遥,似到淮南成小憩。立朝面冷如生鐵,百煉之鋼不可折。對仗令人心膽寒,歸田同我頭顧雪。我來正值落花時,紅英片片浮春卮。秋色桂林應更好,山中猿鶴毋相疑。

校記:

[1] 此詩輯自《雪橋詩話三集》。

保　　泰

保泰，字礪堂，累官至兵部侍郎。善爲詩。順治八年（1651）其父博陀理封雲騎尉，傳至保泰（順治十四年襲），康熙二十五年（1686）以軍功加爲騎都尉。

其生平事蹟於《欽定八旗通志》卷二百八十九《世職表十二·鑲紅旗滿洲世職下》中有載。

保泰無詩集留存，《熙朝雅頌集》卷一百二收録其《將之施南，簡齋太史以詩送行，依韻留别》二首。

此次點校詩輯自清鐵保輯《熙朝雅頌集》（嘉慶刻本），詩共計2首。

將之施南，簡齋太史以詩送行，依韻留别

袁淑才名海内聞，南朝吾愛謝將軍。倉山一夜花如雪，吹作長江日暮雲。

青山樓閣水雲鄉，解組中年鬢未霜。如此林亭如此客，江南江北那能忘。

常　　禄

常禄,字荷亭,亦號雲樵老人,吳良韓吉爾氏,隸蒙古鑲黄旗。康熙五十年(1711)由國學考取內閣中書。歷官監察御史兼佐領。

其生平事蹟於清李桓輯《國朝耆獻類徵初編》,恩華纂輯《八旗藝文編目》,清長順、訥欽修《吉林通志》(光緒十七年刻本)中有載。

著有《閒居雜錄》八卷,稿本,有朱筆圈點,鈐"梅花書屋"等印,國家圖書館藏。

白 衣 保

白衣保，字命之，號鶴亭，又號香山。康熙四十四年（1705）乙酉科副榜，蒙古鑲黄旗人。曾任蒙古鑲黄旗印務章京，乾隆間官荆州蒙古佐領，升右翼協領。襲三等輕車都尉，賈理慕始授。卒年不詳。

其生平事蹟於《八旗通志初集》卷一百二十七《選舉表三》、《欽定八旗通志》卷二百八十《世職表三·正黄旗滿洲世職表上》，清法式善著，張寅彭、强迪藝編校《梧門詩話合校》，清希元、祥亨等纂《荆州駐防八旗志》，恩華纂輯《八旗藝文編目》中有載。

白衣保善爲詩，著有《鶴亭詩鈔》四卷，此書未見傳世。清鐵保輯《熙朝雅頌集》中錄有四十一首，代表作有《晚晴遊大悲寺》《渡黄河》《秋雨書懷》諸篇。清徐世昌編《晚晴簃詩匯》收錄其詩《春愁》《山僧吟贈青眉道人》《渡黄河》《秋日晚歸》四首。

國柱西征時，白衣保以詩贈行，曰："世家英略舊知聞，年少乘時好建勳。偏壤未歸周版籍，渡瀘重見漢將軍。荒原入夜嘶羌馬，大旆臨風掩瘴雲。樽酒都門好相待，春來談笑解征衣。"

《鶴亭詩鈔》四卷，道光十五年槐蔭書屋刻，《販書偶記續編》著錄。法式善《梧門詩話》稱，其詩"無塵埃語"，謂其多創新之作。又評論其詩"皆有輞川餘音"。

按：清法式善著，張寅彭、强迪藝編校《梧門詩話合校》及錢仲聯主編《清詩紀事》中載白衣保爲滿洲人，而清鐵保輯《熙朝雅頌集》卷九十及恩華纂輯，關紀新整理點校《八旗藝文編目》中稱白衣保爲蒙古人，且三部著作中所載生平事蹟除此之外皆相同。則白衣保的族屬尚待進一步考證，現暫置於蒙古族。

此次點校詩以清鐵保輯《熙朝雅頌集》（嘉慶刻本）爲底本，並參照清法式善著，張寅彭、强迪藝編校《梧門詩話合校》，清希元、祥亨等纂，馬協弟、陸玉華點校注釋《荆州駐防八旗志》，錢仲聯主編《清詩紀事》，詩共計45首，殘句3聯。

遊萬松山

塵寰苦難居，去去入深谷。怪鳥避人飛，山僧抱雲宿。灑然風雨來，巒壑如新沐。遥望翠微中，炊煙蠱茅屋。

山僧吟贈青眉道人

夕陽落幽澗，風泉鳴疏林。泉聲瀉澗影，不亂山僧心。山僧久面壁，坐處寒雲深。哀猿與孤鶴，相伴山僧吟。

夜月懷孫在原夫子

閉門深院静，犬吠隔花陰。微雨過疏竹，晚涼生暮林。月明簷鳥息，風定寺鐘沈。君子久不至，何由達此心。

雨霽尋龍泉庵

石磴依山險，崎嶇此一經。雨餘樵路滑，松老寺門青。放眼觀寥廓，扶筇入杳冥。無人相對飲，獨立感飄零。

晚晴遊大悲寺

急雨過山巔，乘涼古寺前。渴虹垂大澤，高鳥下青天。亂水人争渡，夕陽僧獨還。黄昏猶未去，坐久愛林泉。

白　衣　保

夜坐寒碧軒

暮色暈寒碧,寥寥煙外鐘。客心澹流水,鶴夢冷枯松。下榻雲生壁,開門雪滿峰。卜鄰曾有約,何日洗塵容。

寶藏寺

怪石臨溪住,遊人到此稀。鶴沖蒼靄下,僧踏亂雲歸。瀑布分山脚,殘陽上客衣。入春才數日,觸處漸芳菲。

雪後野望

縱目川原闊,孤懷向此開。雪消山勢出,風定澗聲來。待掃林中徑,言尋溪上梅。徘徊日將夕,古堞角聲催。

春愁

不解因何事,當春倍黯然。野棠孤冢月,芳草暮村煙。許國心猶壯,懷人夢可憐。無聊頻喚酒,費盡買花錢。

晚霽至新堡

病久因成懶,乘時步偶便。溪山如昨日,風景又今年。春雨過無跡,野花開自然。不愁村路晚,木末塔燈圓。

渡黃河

擊楫金隄下,中流望眼開。水從天上落,人自日邊來。廢壘寒煙白,荒墩畫角哀。夷門知不遠,弔古獨徘徊。

朝陽寺

招提臨古道,極目但蒿萊。遠雁排空去,孤雲渡水來。清齋松子熟,閱世槿花開。古佛塵埃裏,當令信者哀。

寶珠洞

　　白雲最深處,古塔倚松根。一徑入山翠,諸峰擁寺門。海風涼大野,春樹上朝暾。更越西南頂,凌霄望五原。

秋日登慈雲閣晚眺

　　獨立層樓上,長天豁醉眸。夕陽沈大野,雲樹壯高秋。冠蓋自無分,窮愁何所投。年華同逝水,惆悵問東流。

登聽濤亭

　　石徑不須鑿,莓苔隨意生。白雲歸壑滿,飛瀑到窗明。日落樵歌至,風微鶴夢驚。名園成獨賞,惆悵暮鐘聲。
　　開闢知何代,今朝助勝遊。舟因載鶴渡,亭爲看雲留。曲徑花籬短,寒塘野樹秋。笑談移白日,逸興滿林丘。
　　水際已無路,林迴忽一亭。鷗閑清泛泛,竹密晝冥冥。雲去衣猶濕,秋深山更青。應將濠濮意,作此畫圖形。
　　謝却人間累,滄浪且放歌。市聲林外寂,秋色水邊多。詩句唐天寶,風流晉永和。因嗤車馬客,此地幾經過。
　　蟲聲促歸屐,木末日將斜。小憩尋僧舍,微吟過酒家。故人捐薄俸,秋圃買黃花。還約重陽日,龍山吊孟嘉。

送僧歸盤山

　　上人耽雅賞,揮手去人群。迤邐開荒徑,殷勤掃白雲。林空同鶴住,果落與猿分。想像蒲團夜,經聲隔嶺聞。

晚步

　　空村枕流水,木末晚風涼。急雨過前浦,亂蟬鳴夕陽。斷碑披往跡,奇句寫秋光。回首塵中客,馳驅覺爾忙。

白衣保

曉望
雲水亂清曉，開門山翠寒。不辭芒履濕，唯覺葛衣單。木落高原靜，雲歸大澤寬。欲窮巖壑理，倚杖此時看。

秋興
秋事聞蛩語，年華看水流。未伸鴻鵠志，空作稻粱謀。慷慨新詩卷，淒涼舊酒樓。却憐風雨夜，歸夢在漁舟。

題牧牛子齋中孤石
誰將太古石，移在幽窗傍。憑闌一駐足，到眼煙嵐光。夜蟲飲涼露，山花留剩香。想君坐吟處，翠染薜蘿裳。

秋日同耕云過訪東園主人
秋色澹於水，唯應閑者知。客行荒圃外，門掩夕陽時。犬吠屐聲至，鳥啼花影移。蕭然田舍裏，一笑愜幽期。

秋夕
蛩語鬧秋夕，一燈心悄然。砧敲荒苑月，雅夢戍樓煙。病起初妨酒，官閑便擬仙。庭空人寂寂，隨意酌寒泉。

秋日同戴通乾、方充宇、國天峰出右安門，訪明復庵，共遊赭園
古徑通幽邃，煙霞鬱此中。水光凝匹練，橋勢駕長虹。稻熟村村雨，荷香院院風。遲來才幾日，秋色滿簾櫳。

郭外暮歸
長吟悲往古，小隱憶茅茨。芳草孤村路，斜陽獨去時。詩因臨水淡，步爲看山遲。不負東林叟，躬耕定有期。

又陪素將軍從公安門下船，遊龍山二首[1]

不教輿馬擾巖阿，喚得輕舫蕩槳過。雨歇新禪鳴古樹，煙開白鷺點青荷。行廚郭外供茶笋，野服林間愛薜蘿。寄語山僧開丈室，將軍賓從本無多。

斑駁苔痕徑未荒，扶疏荷蓋露凝香。幾年忝近青油幕，今日如登綠野堂。遊室地難分主客，息機人易到羲皇。使君清致消煩暑，竹韻松風午夢長。

校記：

[1] 此詩輯自《荆州駐防八旗志》卷十六。

九日登龍山[1]

峴山祠宇隔塵埃，又見荆南復舊臺。歲旱獨籌民食計，佳辰莫爲物華催。恰當泛菊持螯節，爭羨登高作賦才。亦欲相從問奇字，白頭政恐吏人猜。

校記：

[1] 此詩輯自《荆州駐防八旗志》卷十六。

雨後重遊太暉觀

扁舟偶泊水之涯，古木陰陰一徑斜。釣浦雨晴生杜若，齋壇風靜落松花。閑思往事還宜夢[1]，暫息勞生莫問家。久坐不知歸路晚，夕陽芳草數聲蛙。

校記：

[1] 閑思往事還宜夢：《清詩紀事·乾隆朝》作"閑思往事還如夢"。

秋日晚歸

林外紅霞拂女牆，征衫初換愛新涼。板橋柳色經殘雨，山店鴉聲報夕陽。久客不妨甘寂寞，微官何必卜行藏。蕭蕭鞍馬秋風裏，又見梧桐幾葉黃。

秋雨書懷

楚天寥沆雁低飛，十里濛濛隔翠微。窮巷謾誇居有竹，薄寒誰念客無衣。煙波遠浦孤帆落，蓑笠平原一犢歸。却憶故園風景好，蘆花如雪繞漁磯。

乞　竹

疏籬欹倒減清陰，退食歸來罷鼓琴。故態惟餘沽酒興，新年又負看花心。水邊夜月梅空好，窗外春風鳥不吟。欲種霜根何處覓，君家修竹已成林。

過東園主人故居

蒼茫原野記經行，駐馬斜陽感慨生。林下草堂應有主，壁間雄劍已無聲。詩成白社懷元度，瓜熟青門憶邵平。回首舊遊如昨日，冢邊高柳暮蟬鳴。

去歲遊西山聖感寺，宿深雪堂，訂以今年重至其地。
塵事紛擾，竟爽昔約，偶賦長句志愧

夢想峰巒每悵然，此身爭奈世情牽。煙霞勝跡輸遊客，塵土虛名誤少年。竹色半凋青靄裏，泉聲久冷夕陽邊。定應又被山靈笑，辜負松陰熟睡緣。

寄懷方充宇

一從別後君知否，世路崎嶇近已諳。好句不驚人倒屣，柴門無復客停驂。閒追往事空心醉，偶讀新詩似面談。獨有春風動離思，杏花

時節夢江南。

暮春偶成

高眠鎮日掩荊籬,獨向閒中閱歲時。病酒客愁孤館雨,惜春人賦落花詩。閒聞虛籟生幽室,行見繁陰散綠陂。回首韶華同逝水,荒園緩帶步遲遲。

己巳春,余將赴任荊南,留別都門諸友

微官底事走風塵,八口艱難望此身。燕市治裝勞故友,異鄉失路問何人。春風北地書無據,夜雨西窗夢有因。共道荊南行樂處,煙波雲樹恐傷神。

北門值宿感賦

習氣浮名近已刪,此身偶爾寄行間。塵緣未斷仍懷土,學業無成且抱關。急雨頻驚花落盡,斜陽時見鳥飛還。故園酒熟知誰訪,雙屐年來空自閒。

荊門道中

微茫古徑倚巖隈,三楚雄關向此開。山色不隨行客去,澗聲常過白雲來。愧無好句標名勝,疑有高人臥草萊。羸馬塵衫殘照裏,宦情冷落對寒梅。

秋日懷友

拙宦多閒與世疏,可堪豪氣日消除。懷人夢醒鐘殘後,怨別詩成雁到初。解佩舊沽燕市酒,投居今釣楚江魚。都門把臂知何日,每向西風欲索竽。

九日遊龍山寺懷孫在原師

佳節登臨興未慵,囊萸佩菊步從容。自憐宦況如秋冷,誰信離愁似酒濃。黄葉林中今古道,白雲堆裏兩三峰。泛舟虎渡知何日,且聽龍山晚寺鐘。

芳　樹　窩[1]

秋深失濃影,葉葉隨風墮。山人倦掃除,抱膝樹根坐。

校記:

[1] 此詩輯自《梧門詩話合校》卷十三。

殘　句[1]

鶴曳孤雲至,龍驅急雨來。

校記:

[1] 此詩無標題,輯自《梧門詩話合校》卷十三。

殘　句[1]

亂水客爭渡,夕陽僧獨還。

校記:

[1] 此詩無標題,輯自《梧門詩話合校》卷十三。

殘　句[1]

鳥夢荒林月,牛耕古墓煙。

校記:

[1] 此詩無標題,輯自《梧門詩話合校》卷十三。

佛　喜

佛喜，又作福喜，字怡仙，一字少峰，號芥岑。累官四川布政使，好風雅、擅文采，與其妻熙春俱工詩詞。

其生平事蹟於《欽定八旗通志》卷一百二十《藝文志》，《熙朝雅頌集》卷三十一，清法式善著，張寅彭、强迪藝編校《梧門詩話合校》，清完顔惲珠輯《國朝閨秀正始集》，恩華纂輯《八旗藝文編目》中有載。

佛喜與熙春詩互相雜糅，甚難分辨。因此，其詩集名爲《友蓮堂合璧詩存》。

著《友蓮堂集》一卷，又名《一鶴軒草》，鈔本，而多塗乙，蓋未定之稿，今已散佚。

此次點校詩以清鐵保輯《熙朝雅頌集》（嘉慶刻本）爲底本，並參照清法式善著，張寅彭、强迪藝編校《梧門詩話合校》，詩共計4首，殘句2聯。

不　寐

假寐常驚覺，蛙聲惱客眠。細蚊穿破帳，飢鼠嚙空椽。酒力中宵弱，愁城徹夜堅。雞鳴縱有夢，曾未到幽燕。

別　内

莫訝頻斟金叵羅，忽忽馬首欲如何。已辭婚嫁歡情少，爲歷飢寒絮話多。聊向左家供杖履，休疑王粲滯關河。他時譜就房中曲，留得

佛　喜

金徽和好歌。

燈　夕[1]
空說蓉城春似錦，誰知燈火不開花。

校記：

[1] 此詩爲殘句，輯自《梧門詩話合校》卷十一。

朝天峽阻風
峻嶺深江送遠行，杜鵑啼罷鷓鴣鳴。山川未忍輕離別，風雨留人住一程。

晨起開窗初見武擔山
維摩一載閉禪關，廿四諸天自在閒。今日老僧才出定，卷簾放入武擔山。

殘　句[1]
自幸琉璃存一盞，慧光常照水雲僧。

校記：

[1] 此詩無標題，輯自《梧門詩話合校》卷十一。

牧可登

牧可登，字華亭，一字芝園，蒙古正白旗人，常積保佐領。雍正元年（1723）癸卯科進士，改庶吉士，散館授檢討，累官刑部左侍郎。

其生平事蹟於《欽定八旗通志》卷一百五《選舉志四》，清鐵保輯《熙朝雅頌集》卷三十九中有載。

牧可登能詩，清鐵保輯《熙朝雅頌集》卷三十九收錄其《聖主躬耕籍田詩》一首。

此次點校詩以清鐵保輯《熙朝雅頌集》（嘉慶刻本）爲底本，詩共計1首。

聖主躬耕籍田詩

農事由來重，親耕禮特隆。東風川凍解，南陌土膏融。玉趾臨芳甸，朱紘映彩虹。晨霞明迥野，清旭麗層穹。草傍鸞旗綠，花迎鳳輦紅。四郊風景足，千畝井煙通。小吉初暄候，乘春二月中。洪縻趨穡事，端冕即田功。即舉三推典，還觀衆耦同。陪耕卿士力，終畝庶民攻。欲使如墉櫛，先教藝稑種。升馨昭聖考，率下仰皇躬。喜溢田間叟，歡騰隴畔童。只今知帝力，從此慶年豐。

保　　安

　　保安，字履中，伍堯人，蒙古正黄旗人，三寶祖父，雍正七年（1729）已酉舉人。

　　生平事蹟於清鐵保輯《熙朝雅頌集》中有載。

　　此次詩輯自清鐵保輯《熙朝雅頌集》卷三十九（嘉慶刻本），詩共計1首。

送　　友

　　負劍去長征，雄心老未平。廿年牛馬走，此日鷺鷗盟。古樹荒園秀，疏花細雨明。可憐裘已敝，風雪一舟橫。

奈　曼

奈曼，字又倩，一字東山，蒙古鑲白旗人。雍正五年(1727)丁未科進士，額爾德木圖佐領，累官副都統。

其生平事蹟於清法式善著，張寅彭、强迪藝編校《梧門詩話合校》、《欽定八旗通志》卷一百五《選舉志四》，清鐵保輯《熙朝雅頌集》卷四十中有載。

奈曼一生久戍邊庭，其詩多爲描寫邊防軍旅之作，風格豪邁雄渾，很有特色。惜所傳不多，清鐵保輯《熙朝雅頌集》卷四十收錄其《壬子二月赴軍營作》《途中次韻》《次韻答子占》《駐札烏里雅蘇臺城外作次升中韻》《九月晦夕作次凱三韻》《冬夜偶成次汝堅韻》《送別都統佟公》《記夢》等八首。

法式善《梧門詩話·八旗詩話》評價曰："治事有決斷，識見甚超，故詩卓犖倜儻，一往瑰奇，自是文壇驍將。"

此次點校詩以清鐵保輯《熙朝雅頌集》（嘉慶刻本）爲底本，詩共計8首。

壬子二月赴軍營作

不作邊庭看，何愁道路難。緱從丹陛請，劍向玉門彈。飲餞酣春酒，登程破曉寒。爲嫌兒女態，一笑據征鞍。

奈　曼

途中次韻

日日苦遷次,年來何處家。亂山迷去徑,野渡阻流沙。衣似朝煙薄,寒隨暮雨加。馬蹄銷甲子,踏盡兩春花。

次韻答子占

愧我無多友,及君才數人。三秋偕患難,萬里伴風塵。世態濃多變,交情淡自真。他年頭總白,莫負此情親。

駐札烏里雅蘇臺城外作次升中韻

荒戍孤城外,閒行野水邊。斷橋銜落照,枯樹倚寒煙。病逐新愁發,詩因別思牽。玉關東望遠,目斷白雲天。

九月晦夕作次凱三韻

夜永留燈伴,寒深借酒消。三秋明月盡,萬里尺書遙。繞屋泉聲細,當窗樹影凋。龍沙征戍客,時復夢趨朝。

冬夜偶成次汝堅韻

榾柮煙銷夜氣清,披衣默守一燈明。居鄰雪海蛟龍蟄,坐對冰山虎豹橫。東望鄉關多阻隔,西來衣食倍經營。頻年諸將同甘苦,佇看妖氛橫掃平。

送別都統佟公

異域難爲別,臨風更舉杯。尊中酒未盡,馬上夕陽催。

記夢

昨夜夢還家,虛窗掩碧紗。如何書帶草,化作斷腸花。

國　　柱

國柱(？—1767)，字天峰，官至總兵。博爾濟吉特氏，滿洲鑲黃旗人。雍正八年(1730)，國柱承襲一等子爵。乾隆六年(1741)，授鑾儀衛。十年，升副護軍參領。十三年，調前鋒侍衛。大金川莎羅奔煽亂，上命協辦大學士傅恒，暫署川陝總督，經略軍務，國柱隸焉，累有戰功。十四年，升護軍參領。十五年，調健銳營前鋒參領。二十年，準噶爾滋擾，隨傅恒往剿，在事出力，升陝西靖邊協副將。二十三年，葉兒羌、喀什噶爾不靖，隨定邊將軍兆惠往討，事平，留住喀什噶爾。二十六年，因獲小和卓霍集占屍首，下部優敘，六月奉派築伊犁城。二十八年，升馬蘭鎮總兵。三十二年，補雲南楚雄鎮總兵，十月卒於軍營。

其生平事蹟於清鐵保纂集《白山詩介》，清鐵保輯《熙朝雅頌集》卷八十八，清法式善著，張寅彭、強迪藝編校《梧門詩話合校》，清李桓輯《國朝耆獻類徵初編》卷二百八十七《將帥二十七·國柱傳》中有載。

國柱詩無專集，《熙朝雅頌集》卷八十八收其詩《偶成》《伊犁》《叾瑪拉克道中》《駐小陽河匝爾作》《哈拉玉嚕衮偶成》《伊爾哈裏克遣興》《定邊縣道中》《春日口占》《啓行之日，闔屬弁兵追餞於清河客舍，即席賦此示意》《奉調應援偶成》《庫車偶成》《嗎納寺道中》《回眺阿爾臺》十三首。符葆森《國朝正雅集》收其《伊犁》《定邊縣道中》二首。

袁枚《隨園詩話·補遺》稱："鐵冶亭侍郎選長白山詩，皆滿洲已故之人，命余校勘。余摘其句之佳者，如國柱《伊犁》……皆妙。"法式

國　　柱

善《梧門詩話・八旗詩話》評其詩曰："天峰（國柱）詩多塞上作，詞意蒼涼邁往，雅與題稱，固不必拘拘步伐，而建輪爲櫓，自成一隊。聞其居臺日，頗興文教，不徒有宣衛之勤，則亦非屑屑以詩爲事者，而詩竟可傳。"

此次點校詩以清鐵保輯《熙朝雅頌集》卷八十八（嘉慶刻本）爲底本，並參考楊鍾羲《雪橋詩話全編》，錢仲聯主編《清詩紀事・乾隆朝卷》，詩共計 14 首。

偶　　成

桐葉下銀牀，秋露滴金井。兀坐覺衣單，百念如灰冷。仰面看浮雲，惕然發深省。

伊　　犁

萬里窮荒地，孤城瀚海間。舉頭惟見日，過此更無關。朔氣橫伊水，陰風帶雪山。犁庭邊事定，壯士唱刀環。

哭馬協恭榷使[1]

孤兒背上肉，老父關外骨。骨歸肉已穿，老母泣成血。酸風卷地來，行道亦悽絕。忍貧還讀書，夜夜照寒月。

校記：

[1] 此詩輯自《清詩紀事・乾隆朝卷》。

洏瑪拉克道中

灘石崎嶇蹙馬蹄，酸風楚雨晚淒淒。充途荆棘鈎衣破，蔽野林柯拂帽低。雪崿千重森劍戟，河聲一片吼鯨鯢。鷹揚虎奮爭先後，笑煞鴛鴦自在啼。

駐小陽河匝爾作[1]

幹林落葉鎮蕭騷,萬里秋原肅旆旌。望月有懷彈豹弁,綴衣無線續駝毛。雙魚夢冷書全隔,四海囊空氣更豪。聞説前軍猶較戰,一揮何日奮鉛刀。

校記:

[1]駐小陽河匝爾作:《雪橋詩話全編》卷六題作"駐札小陽河匝爾作"。

哈拉玉嚕衮偶成

飄零萬類感蕭辰,陽氣潛藏鬱不伸。野馬亦知愁落日,河冰漸可任行人。環村寂歷山容古,刺眼縱橫虎跡新。奔走年來成故事,喜看烽火靖邊塵。

伊爾哈里克遣興

寒原寂寂水重重,不盡浮雲天地中。露冷冥鴻飛夜月,山空野鼠嘯秋蓬。情因有我還成感,事到無心始見功。錯節盤根分利器,肯教貽笑古英雄。

定邊縣道中

大漠荒沙四接天,茫茫古跡迥堪憐。獰飆自貫單于壘,凍雁猶驚上將弦。千里金城看作障,百年黎庶壯開邊。太平日久無中外,遮莫人營塞下田。

春日口占

大野春回曉日曛,瞻蒲望杏總殷殷。蟄蟲辟户翻新土,候雁呼風認舊群。千古屯田貽壯策,幾人籌國建殊勳。兵戈銷盡爲農器,布穀催耕叫塞雲。

國　柱

啓行之日，闔屬弁兵追餞於清河客舍，即席賦此示意

雕鶚盤空雪乍晴，西風動地馬蹄輕。漫弢寶劍藏龍氣，笑擁霓旌出鳳城。客路況非天外去，愁心不遣座間生。開懷未厭頻呼酒，嘉爾殷勤送我情。

奉調應援偶成

拋留農具赴戎機，只爲元戎再受圍。軍食備支三月餉，行裝剩取一身衣。王尊叱馭心同壯，列子乘風志所希。虎奮鷹揚期萬里，雷鳴鼉鼓促旌旗。

庫車偶成

野渚煙消廢壘空，閒園荒草泣秋蛩。憑高直望行人少，一片寒山萬馬風。

嗎納寺道中

絕域長征歲幾周，歸鞭遙指海西頭。雙旌却入陽關道，快數平生萬里遊。

回眺阿爾臺

歸去團營解戰裙，穹廬小坐曝晴曛。回頭却望經行處，一片寒山簇冷雲。

諾　　敏

諾敏,字學時,號遜齋。雍正己酉舉人,乾隆丁巳進士,散館改主事,官至翰林院侍讀學士。

其生平事蹟於清鐵保輯《熙朝雅頌集》卷六十八中有載。

此次詩輯自清鐵保輯《熙朝雅頌集》卷六十八(嘉慶刻本),詩共計2首。

有　　感

風木蕭蕭種白楊,百年孺慕詎能忘。一椽不爲看山構,月照寒門淚滿牀。

滿林黃葉與雲浮,一種傷心那爲秋。幾度徵車催就道,料應魂夢守山丘。

雅 爾 圖

雅爾圖（？—1767），隸蒙古鑲黃旗。雍正十三年（1735）由工部郎中授鑲藍旗滿洲副都統，歷官參贊大臣、左副都御史、兵部侍郎、河南巡撫、刑部侍郎、倉場侍郎。

其生平事蹟於清盛昱輯《八旗文經》，趙爾巽《清史稿》卷三百九，清李桓輯《國朝耆獻類徵初編》中有載。

著有《心政録》。

此次點校文以清盛昱輯《八旗文經》卷二十（中華書局影印光緒刻本）爲底本，文共計2篇。

紀 恩 序

乾隆五年，歲在庚申，臣雅爾圖奉命巡撫河南之二年，例當進土物。臣念河南土鮮佳産，不足以瀆宸御。幸時之和，歲之稔，麥秋既豐，禾稼孔茂，穀穗長至盈尺，謹函數莖以進報歲功也。六月二十七日，蒙恩馳賜御製詩一章，臣率大小屬僚恭迎至署，跪啓伏讀，不獨龍章鳳藻所以光寵臣者，甚優且渥，實於此仰見我皇上之宵旰焦勞，爲中州百萬生靈。自去年六月水災以後，至今日而始稍釋也。瞻仰之下，莫不歡欣忭舞，繼以感激。乃謀摹勒貞珉，恭昭皇上軫念豫民之德意。臣謹拜手稽首而颺言曰："日者臣所進穀穗，非臣之所能進也，乃皇上之賜也。民以食爲天，而民食之天，固不在天，而在君；天遠而君近，天無心而聖人有憂也。"當豫省往歲恒雨爲災，梁宋陳許之間，田廬蕩然，幾成巨浸，蒙皇上大沛恩膏，詔書疊下，百計賑恤，爲暫賑、爲加賑、爲蠲賦、爲留漕、爲助修廬舍、爲給麥種、爲隨地安輯，凡用常平倉穀以石計者，一百六十五萬九千有奇，漕倉米六萬七千有奇，麥九千六百有奇。銀以兩計者，十萬六千八百有奇。凡免地丁、漕銀三十七萬八千有奇，漕米三萬二千九百有奇。於是五十四州縣災民，無一流離他省、菜色而啼飢者。噫，上之賜豫民厚矣！豫民既得安土，力田廣種，宿麥致獲倍收，數月之間，已熙熙然不復知往歲之災矣。乃恭繹御製詩篇，皇上祈年之誠，雖麥秋有慶，不以稍寬，而猶必西成是望。君心即天心，此盈尺之穗，皆我皇上精誠所感，致以活此豫民也。故曰："上所賜也。"臣又恭繹御製"儼歷有秋田"之句，而念皇上躬居九重，心在草野。今日儼歷有秋之田而喜者，即昔日儼歷被災之田而爲之憂也。至此乃一暢然，而御製詩猶曰"稍解云爾"。此皇上之視民如傷，即堯舜湯文之心，天下萬世所永賴，而豫民實深被之，其幸何如！臣得躬逢其盛，爲幸更何如。然則，豫民今日知感皇上之德，亦知所以仰報皇上之道乎？夫嘉穀之植，由於太和，而太和之保，合實由人心。不和則爲沴爲眚，和則爲祥爲吉。嗣自今，吾民亦惟去澆從樸，革頑歸淳，以共敦太和。和氣充溢，年獲屢豐，無使一人宵旰焦勞於上，此即豫民所以報君之道也，而實臣與庶司之責矣。臣恭紀。

惠濟河碑記

豫之水患自河奪汴始。蓋歸淮之水汴爲大，汴固挾衆流以入淮者也。汴治，則梁、宋、陳、蔡、許、鄭之水皆有所洩。元至元間河決，奪汴故道，汴遂湮。即今浚儀渠、乾河涯，皆其蹟，率成平陸。賈魯者，元臣也。魯濬汴，自中牟經祥符，而東匯湍河，歷陳州境入江南潁上，以達於淮。汴得入淮賴此。人戴賈魯功，遂以名河。而河淺而窄，上水驟輒溢。

雅爾圖

乾隆四年夏秋，大雨兼旬，開歸陳許六十餘州縣漫爲巨浸，平地水深數尺，會城中，積月不退。其橫流下奔，並入江南之潁，毫長淮衛漂民田廬甚多。前巡撫尹公具以狀聞。皇上惻然軫念，發數十萬倉穀、帑金賑之，民無饑餒流移之患。既忘其災矣，復念致災之由，特降旨："命巡撫尹會一、總河白鍾山、布政司朱定元勘濬乾河涯，用洩開封積水，全豫水利使原委疏暢，毋致泛溢。"又計入淮之水道經江南，恐下流人情阻撓，命江南水利大臣共議之。所以爲豫省計者甚至。於是，前巡撫尹公、河督白公遵旨悉心籌議，委熟悉水利之管河道胡君紹芬履勘原委，度地相川。議以開封城中積水第濬乾河涯可洩，而將使開歸陳數十州縣永免水患，莫若分賈魯河以廝其流。請於中牟西賈魯河北岸別疏一河，導入祥符之淺兒河，接濬至高家樓，則乾河涯之水入焉。又東滙於沙河，即循古汴蔡河入渦故道，湮者瀹之，淺者深之。又東過陳留、杞縣，經睢州之挑河、柘城之永利溝、淮甯、鹿邑之老黃河，抵安家溜以入渦而歸淮。則賈魯河水勢得減，而瀕河各州縣，潦水有歸，均免旁溢，商船亦可直抵汴梁。是不惟祛水患，兼可收水利。巡撫尹公上其議。制曰："可。"

方議舉行，尹公遷內，余奉命來撫是邦，於是年冬十月苾止。目擊災傷之象，沮洳載道，諮詢屬吏父老，知是舉爲豫省要務，不可緩也。五年春，先令爲渠，導城中積水，從東南水門出。門小，則添一門以暢之，使歸於壕。壕東則濬乾河涯，穿護城隄至高家樓，而城中之水頓洩。既而，分疏賈魯河之議，江南有司果議論紛起。乃復移江南督撫各委大員會勘，重以水利，使者汪公、德公按圖履迹。僉曰："是誠有益於豫而無妨於江南濬之便。"覆奏得報，乃令管河道胡君，指授程式於各縣令，各縣令按其境土募夫開濬。河廣十丈，深一丈，爲率長六萬五千一百九十四丈。出土爲堰，以備漲溢，各離岸十丈，以防土頹入河。堰爲涵洞，以宣田閒之水。建閘於中牟，分疏口門視賈魯河盈縮爲啓閉，復高其底二尺，使賈魯河常留二尺以下之水，以利舟楫。爲橋三十六，以便行旅。凡土以方計者，一百二十六萬七千二百有奇。方直銀八分一釐，出土於水，加一分有八。計動帑金一十一萬五千七百有奇。自乾隆六年正月二十日興工，至本年六月初四日工竣。吏不辭瘁，直無侵漁，丁夫踴躍。既成，開閘進水，暢流而下。仍議歲動帑金四千，於農隙疏浚，以杜淤澱，瀕河州縣從此永無水患。士庶歡呼，籲謝聖上澤我豫民世世無疆之福。因請錫嘉名。有詔：名惠濟河。

　　嘉名既錫，偉績孔昭，不可無紀也。夫惠民之大者，莫如水利。因所利而利之，孔子所謂惠也。顧水利之難成，則誠如睿慮所及。下流阻撓，往往績用弗成。不思水必有歸，下有所洩，即上有可受。今天下四瀆之水已盡歸江南入海，非以江南爲壑、以海爲壑也。水性東下，自高而趨，存乎地勢。故淮受百川，汲與渦其一二耳，自禹以來未之有改。即汴失其道而橫流，亦必漫入江南，乾隆四年之淮潁閒可驗矣。有河以分之，力緩而軌順，下流亦有利焉。況茲惠濟河之水，特分賈魯河之水，而非有他水；特疏古汴蔡河入渦之故道，而非創闢，無庸過慮也。茲河之成，幸遇江南督撫、水利使者，一時鉅公，咸矢公忠，仰體皇仁，化畛域之見，惟利濟民生是務，協謀僉同，以成此惠濟之功，實豫民之大慶焉。

國　　棟

　　國棟,國柱胞弟,字雲浦,一字時齋,博爾濟吉特氏。世居蒙古兀魯特地方,隸滿洲鑲黃旗,國柱佐領。乾隆六年(1741)辛酉科鄉試中舉,七年壬戌科進士。改庶吉士,散館授檢討。通籍後分發四川,曾官蓬溪縣令。後升任淮關監督,三十七年由此授貴州按察使。四十二年調爲浙江按察使,次年遷布政使。四十六年十二月改任山西布政使,尋調任安徽布政使。四十七年九月因事解職。累官兵部侍郎,進贈太傅。

　　其生平事蹟於《欽定八旗通志》卷一百四《選舉志三》、卷一百六《選舉志五》、卷一百二十《藝文志》,楊鍾羲《雪橋詩話》卷四中有載。

　　國棟宦遊內地達四十年,爲政之暇寄情於詩,著有《時齋偶存詩鈔》一卷。"前編爲《蜀遊草》,蓋其出宰西蜀時所作;後爲《淮南小草》,則其司榷淮安時所作也。然前僅詩四十九首,後僅詩三十五首,亦甚寥矣。"《欽定八旗通志·藝文志》和恩華纂輯《八旗藝文編目》皆有著錄。《時齋偶存詩鈔》在《八旗人著述存目》中又作《時齋偶存詩稿》。此集最初由晉陵吳洵士於乾隆初年刊刻,並爲之撰寫序文。及至以事去官時,鑴版散佚。此後其子文孚於友人案頭獲見遺稿,亟歸錄之,於嘉慶二年(1797)仲春重付剞劂。清鐵保輯《熙朝雅頌集》卷七十一收錄其《秋日山行有感》《歲晏》《晚過雒河集》《盱眙縣》《秋日感懷次》《次蒙城因與任次琬談途中所見漫成一律》《過合肥》《立春前三日雪宿霍山》《賈閬仙祠》《再署達州四首》《秋日姚家渡道中》《過函谷關》十五首。嘉慶間鐵保輯《白山詩介》亦收錄其部分詩作。

吳龍見《時齋偶存詩鈔序》贊其："公出宰巴蜀,秉節淮南,所至有聲。簿領稍暇,不廢吟詠,恢肆駘宕,全無斧鑿雕飾痕,是蓋胸次別有一段醞釀,勃發於楮墨中者。"李調元《雨村詩話》評其："雲浦官蓬溪令,入鄉試闈,成都張鷟、中江孟邵皆出其門。連捷翰林。幕客孫大濩賀句云'南樓風月思前度,西蜀文章邁等倫'謂此也。其《壯歲》句云:'關心花有恨,革面鏡無情。'《京口晚泊》云:'飛雲排鐵甕,怪石控雲濤。'上聯見筆力之健,下聯見音節之高。"法式善《梧門詩話·八旗詩話》評國棟曰："賦性聰穎,與其兄天峰皆喜爲詩,不落入窠臼,亦不傍人門戶,可謂豪傑之士。天峰以駿偉勝,雲浦以恬適勝。"

此次點校詩以清鐵保輯《熙朝雅頌集》（嘉慶刻本）爲底本,並參考楊鍾羲《雪橋詩話全編》、徐世昌編《晚晴簃詩匯》,詩共計16首。

練　潭[1]

澄江曾一到,常憶謝元暉。今宿寒潭上,猶疑灞涘歸。天青雙鷺下,風急片帆飛。料得殘宵夢,惟應傍翠微。

校記:

[1] 此詩輯自《晚晴簃詩匯》卷七十七。

晚過雉河集

落日懸高樹,停驂古雉河。臘消殘雪盡,村愛晚煙多。一路春猶淺,今朝氣更和。郵亭風景好,小憩聽漁歌。

國　棟

盱　眙　縣

有縣無城郭，山坳聚百廛。人家依列岫，爨火雜寒煙。白足巖阿趣，惟虞水旱愆。湖邊誰作宰，民望擬豐年。

秋日感懷次

我本迂疏客，饑驅作遠遊。寂寥簪組意，慚愧稻粱謀。燕市孤懷杳，巴山一雨秋。憑誰籌去住，危坐正搔頭。

次蒙城因與任次琬談途中所見漫成一律

攬轡蒙城道，風光好共論。雲溪還抱郭，煙樹欲浮村。莞爾懷莊叟，邃然到漆園。濠梁同此意，與子會真源。

過　合　肥

膏腴環百里，此邑合稱肥。縣古民風簡，年豐訟事稀。市橋人似織，村堡樹成圍。更作來春望，還看瑞雪飛。

立春前三日雪宿霍山[1]

江上望霏微，濃陰失釣磯。雪猶當臘得，春已破寒歸。麥隴青將遍，田家願不違。明朝巖畔路，蒼翠定沾衣。

校記：

[1] 立春前三日雪宿霍山：《雪橋詩話》卷六題作"立春前三日雪"。

秋日山行有感

秋風吹地白，枯煙散寒草。澗谷悄無人，匹馬荒山道。行邁日勞勞，長途漫浩浩。已驚落葉紛，更聽哀鴻早。霜露變蒼巖，鷹隼盤睛昊。對此淡忘言，寂寞傷懷抱。

歲晏

歲晏雪霜繁,村寒人意靜。暝色赴紫門,明月耿清影。坐愛天機發,翛然塵事屏。呼童汲新泉,轆轤鳴古井。至理非淺涉,達人貴深省。弢光慎幽獨,那更懷脫穎。

賈閬仙祠

杜老作詩人太瘦,閬仙詩更瘦於人。維公已往事千古,而我何來歲暮春。不信精神自餉饋,但看巖石空嶙峋。黃金鑄佛亦奇想,衣鉢於今誰後身。

再署達州四首

三年遠別縈離思,千里重來愜素期。把臂欣逢梅放後,懷人意在月明時。新亭取次看舒眼,往事依稀漫解頤。又向官齋成小住,挑燈爲賦紀遊詩。

傷春傷別自年年,此際中懷倍黯然。愧我雙漁沈敝籠,憐君一棹下寒煙。夭桃作意紅遮徑,高影無情碧到天。風景不殊人已去,幾回惆悵好林泉。

幽棲十畝樂閒閒,住我高梧翠篠間。興至吟低燕市月,春來看遍薊門山。無端久作天涯別,有客知從蜀道還。爲述梁國多樂事,定教遊子一開顏。

山城如斗靜無嘩,緩步行吟引興賒。竹外風和舒燕剪,花間日暖聚蜂衙。一尊細嚼郫筒酒,七碗頻傾顧渚茶。但使閭閻無個事,不妨吟到筆生花。

秋日姚家渡道中

輕煙一抹漾遙空,翠繞江村曲徑通。沙岸半篙楓葉雨,板橋十里蓼花風。黃雞白酒塵埃外,隴稻汀蘆圖畫中。最是吟情除未得,貯將

國　棟

秋色滿詩筒。

過函谷關

　　疏柳高榆夕照前,重關迢遞鎖寒煙。驅車直入千盤路,舉首真看一線天。九曲河流渾漠漠,二陵山色自年年。東來紫氣知何處,駐馬荒原意渺然。

夢　麟

夢麟(1728—1758)，一作夢齡，字文子，西魯特氏，蒙古正白旗人。祖籍科爾沁，七世祖博博圖率七十餘户來歸清太祖努爾哈赤，授牛録章京。其後歷代爲官。父憲德官至工部尚書。夢麟於雍正六年出生在成都官舍，六歲時隨父定居京師。乾隆九年，十七歲中式鄉試。十年，會試連捷，改翰林院庶吉士，散館授檢討。十五年三月，充日講起居注官。五月，遷侍講學士，充廣西鄉試副考官。七月，遷國子監祭酒。九月，提督河南學政。十六年，授文華殿大學士。十七年六月，湖北馬朝柱據羅田縣之天堂寨謀不軌，聞捕散匿。夢麟以河南商城縣界連羅田，親往查拿。十八年，署户部侍郎。二十年，授工部侍郎。二十一年，受命在軍機處行走，參與大政。二十二年，往治黄河，因勞成疾。次年，復調工部侍郎，署翰林院掌院學士。未幾卒，年僅三十一歲。

其生平事蹟於王昶《户部侍郎署翰林院掌院學士夢公神道碑》、《皇朝通志》卷七、《欽定八旗通志》卷一百四《選舉志三》、卷一百六《選舉志五》、卷一百八十七《人物志六十七·大臣傳五十三》、卷三百十三《八旗大臣年表四·内閣大臣年表三》，清張維屏編《國朝詩人徵略初編》卷三十二，清李元度編《國朝先正事略》卷四十三，趙爾巽《清史稿》卷三百四《列傳九十一》中有載。

夢麟撰有《太谷山堂集》，《欽定八旗通志》卷一百二十《藝文志》有著録。嘉慶初，法式善在《八旗詩話》中較詳細地記述了《太谷山堂

夢　麟

集》的版刻源流："初刻爲《夢喜堂詩》，又總《石鼎》《乙覽》《南行》《入吳》諸集爲《太谷山堂集》。皆門下士某某書，一仿鍾紹京，一仿李北海，書槧之精，在本朝新城王文簡、澤州陳文貞私集外，罕有倫比。"王昶是夢麟癸酉典試江南時甄拔的名士，他在《户部侍郎署翰林院掌院學士夢公神道碑》中也談及詩人的才華和創作的流傳，謂："自少以能詩名，後益浸淫於漢魏六朝暨唐宋元明各大家，蕭閒清遠之旨與感激豪宕之氣併發於行墨，四方才俊覽其所作，無不變色却步。初著有《行餘堂詩》，入詞館有《紅梨齋集》，在江蘇刪爲《夢喜堂集》，後爲《太谷山堂集》六卷。長洲吴泰來刻之，行於世。"詩壇名士沈德潛稱其"具軼倫之才，貫穿百家"，伊福訥稱："喜堂才氣英岸，立筆孤峭。"薰染古籍既深，落筆總非常徑。

《夢喜堂詩》六卷，乾隆十九年（1754）刻本，上海圖書館、南京圖書館、湖南省圖書館、北京大學圖書館、復旦大學圖書館等有藏。《夢喜堂詩》三卷，乾隆刻本，南京圖書館藏。《太谷山堂集》六卷，清刻朱印本，南京圖書館、中國社會科學院圖書館藏；雍正六年（1728）至乾隆二十三年符南樵屋刻本，臺灣大學圖書館藏；乾隆十九年刻本，國家圖書館、廣東省立中山圖書館、韓國中央圖書館藏；嘉慶三年（1798）維揚刻本，遼寧省圖書館藏；民國七年（1918）維揚刻本，上海圖書館藏；民國吴興劉氏遼東三家詩鈔本，南開大學圖書館、南京大學圖書館、日本京都大學人文科學研究所、韓國成均館大學圖書館藏；另有乾隆間活字本，有乾隆十九年沈德潛序。

《太谷山堂集》，共古今體詩六卷，沈德潛序，門人嚴長明編，乾隆十九年吴泰來近文齋刻，國家圖書館、湖南省圖書館藏；又道光間活字本，中國社會科學院圖書館藏；又民國九年劉氏嘉業堂刻本，中國社會科學院圖書館藏。

清人沈德潛爲其序云："先生具軼倫之才，貫穿百家。其胸次足以包羅衆有，其筆力足以摧挫古今，而能前矩是趨，志高格正，樂府胚胎漢人；五言咀含選體，即降格亦近王、韋；七言馳驟豪宕宗太白，沉鬱頓挫宗少陵，離奇環偉宗昌黎；近體亦不肯落大曆以下。奔湍急硤，百怪溟漾，大波爲瀾，小波爲淪。惟發源崑崙，故能經絡九州而混混不竭也。先生之詩，豈得以酒泉遼澗目之乎哉？詩凡若千卷，皆奉使於役，經中州、江左，成於登臨、校士。餘者，憑弔古跡、悲憫哀鴻、勖勵德造，惓惓三致意焉。準之六藝，比興居多，益得乎風人之旨矣。"

廖景文《罨畫樓詩話》引《漫書居詩話》："夢文子司空麟詩如天馬行空，不受羈靮，五七古尤爲擅長。乃天奪其算，等諸黃楊之厄閏，惜哉。所著有《喜堂詩》《大谷山房》諸刻，沈宗伯序之。"

王昶《蒲褐山房詩話》評曰："先生樂府，力追漢魏。五言古詩，取則盛唐，兼宗工部。七言古詩，於李、杜、韓、蘇，無所不效，無所不工，風馳電掣，海立雲垂。正如項王之救趙，呼聲動地；又如昆陽夜戰，雷雨交驚。"法式善《八旗詩話》中引沈德潛語："樂府胚胎漢人；五言含咀選體，即降格亦近王韋；七言馳驟豪宕宗太白，沉鬱頓挫宗少陵，離奇環偉宗昌黎；近體亦不肯落大曆以下。"

阮葵生《茶餘客話》云："近日稱詩者，推沈宗伯、夢司空兩家。沈以老諸生白首通籍，年近七十，不數載致身卿貳，年登期頤。夢以韋、杜之胄，具班、馬之才，十八官翰林，二十三官國子師，二十四躋八座，三十一而終。其福命何相殊也。今兩家詩集具在，一以人勝，一以天勝。人勝者，可學而至；天勝者，不可學而能也。"

此次點校詩以清鐵保輯《熙朝雅頌集》卷七十三、七十四（嘉慶刻本）爲底本，並參照徐世昌編《晚晴簃詩匯》，錢仲聯主編《清詩紀事·乾隆朝卷》，詩共計130首，殘句1聯。

古詩二首寄都中知己

步上城東臺，蒼莽孤煙多。長風吹輕雲，倐忽離山阿。西望多蒼山，北顧臨大河。長空蔽昏景，巨水揚洪波。去者自不息，日落當如

梦　麟

何。我欲喚古人,話此中心瘥。史人不我作,涕下襟滂沱。

富不須金玉,貴不須王侯。匹馬謁親戚,杯酒歡朋儔。而我獨何爲,浪跡南雲陬。日暮臨高臺,千里黃塵浮。微茫辨井邑,奔走連墳丘。舉首望故鄉,落日風鳴啾。高者爲山嶽,下者爲川流。那將一寸心,抱此終古憂。好識在鄉樂,日月其未遒。

舆人哭[1]

舆人迸淚悲嗚嗚,舌乾口燥哭路隅。爾獨何事中煩紆?舆人仰頭答,欲語聲於唈。自言祖父曾攻儒,孤兒生苦身無襦。收瓜負米販齊楚,兄嫂不可同家居。去年報名銅山縣,負戴趨走事良慣。日分五十青銅錢,夫頭月給銀兩半。前擡官府經淮南,出無一月錢盈串。北關租草屋,費我三百文。勉強取鄰女,約略營衣裙。出門日無幾,聞説家遭水。妻在水聲中,宛轉隨波死。所住間半屋,至今在泥裏。昨日縣帖下,説道官今來。驛吏備馬匹,縣吏呼舆擡。一班十二人,聚集相分排。平日喫公食,如何逃官差。天明發銅山,午至桃山驛。不道五十里,泥深没腰膝。足下著非登頓滑,赤脚肉痛畏傾仄。泥深没我身,觸石傷我骨。前日擡官來,聽道往江西。彼時雨雖落,大道猶平夷。今日擡官去,言往江南濞。那知步步難,舉動皆辛楚。回首我家亦何許,足無完膚苦復苦。不怨行路難,但願蒼天莫下連宵雨。此去新豐鋪,道里尚三十。官路一尺泥,泥中有石脚難入,欲歸不能行不得。吁嗟舆人爾勿哭,爾不見頹雲壓首沉西北,千道電光如箭激,殷殷震雷在汝脊。

校記:

[1] 此詩輯自《清詩紀事·乾隆朝卷》。

河　決　行[1]

自序:"癸酉秋九月,河決銅山東小店汛。麟時司試江南過兹壤,情態目擊,作是詩,紀天子紆策促使,憂悴民命也。"

嗚呼咄咄鼓嚨胡,黃河之水點滴無。嗚呼黃河萬里之水,曷得點滴無？巨防溜決南東徂。乃使故道鬱塞泥沙淤,宿靈虹泗奔濤趨。小店東來不一里,河身坐見馳驪駒。驪駒馳過河,河中飛黃埃。皇帝陛下痛觸徐方災,前遣大司寇,旋遣大司馬,賜之驛騎勿許休息連宵來,屬以十從事,迅捷如風雷。傳聞宮中昏旦罄擘畫,令百卿士各以所見陳瑤階。天關九重高高等萬里,天心乃與茆檐蔀屋相周迴。徐州水衝突,物料無所求。皇帝命河東,協濟毋逗遛。河東大吏各各率屬驅行輈,知我陛下日抱蒼生憂。道逢老翁哭山徑,携妻抱子含悲哽。老翁老翁爾不見,廟堂吁咈宸衷勞,九年之堯無此聖。嗚呼！九年之堯無此聖,女曹何患無性命。老翁罷哭涕在頤,插翎數騎東南馳。

校記：

[1]此詩輯自《清詩紀事·乾隆朝卷》。

中元舊縣驛夜歌[1]

長河在南斗在北,叢樹無人月深黑。破柵殘扉不滿百,夜昏瀝酒家家哭。獨客聞之黯無色,欲見丘隴那可得。四年此節在異國,但見他人供酒食。孤兒何曾在親側,靈不見我應歎息。生不能歡祭遠適,父母生我亦何益。

去年南頓月之日,白六來聞我母卒。驚迴淚斷哭無聲,仰睇皇天白日失。倉卒翻疑前月書,書上平安誰所筆。憐兒或恐兒心傷,兒歸更繞何人膝。瀕危知復欲云何,未親含殮憑誰説。歸來一慟兒今還,呼天不應心如割。朝來漿酒陳應同,楸梧肅肅生靈風。五子羅立獨不見,靈魂應到東阿東。

我妻嫁我十年半,十日嗁飢九無飯。苦憶嚴冬一破裳,嫁衣鬻盡供炊爨。年餘飽暖抵幾何,奄欻銷沈魂已斷。肝摧隱痛彌留時,腸牽

夢　　麟

兒女淚被面。流連知爾意無限,到頭何日重泉見。月來數女知何如,淒飆淅瀝吹裳裾。朝携祭楄緣青蕪,秋墳呼母母則無,覓爺中夜聲嗚嗚。

校記:

[1] 此詩輯自《晚晴簃詩匯》卷七十九。

王將軍行過汶上彥章祠墓作

太原城頭千老鴉,東城大漠啼黃沙。晉陽王子子勝父,捧矢告廟拔刀舞。十萬健兒猛如虎,日出河心擂大鼓。鼓聲闐闐朝入雲,大樑夜遺王將軍。將軍意氣一何勇,揮戈叱天天欲動。十蕩十決當者誰,朝趨鄆濮來援稀。雲浮萬騎哄來追,裴徊駑馬空鳴哀。與皇帝戰十年哉,梁唐朝暮生焉爲。不爲我用爰斬之,如公之死死豈多,爲朱三死如公何。

夜自賓陽洞歸宿香山

暮山迢遞濃雲合,良夜維舟傍清峽。停橈覓路濕螢飛,西巖鐘響東巖答。東巖曛黑門應閉,晚雨空濛濕衣袂。天寒夜寂松風吟,閃閃燈光射窗際。敲門拂面嚴霜重,遥知僮僕各成夢。黑甜一枕不知尋,却趁寒宵踏霜洞。是間清絶誰主人,煙霞餐飽知何用。入户打火佛燈紅,遠聞石齒號驚風。繩牀一覺睡初熟,醒來獨聽寒山鐘。

短歌行試院中秋與王芥子薩原菴飲酒作

君出瑪瑙之盤玻璃斗,我歌短歌侑君酒。君非主者我非賓,明月於人不可負。庚年之歲使桂林,伏波巖下余行吟。蠻煙瘴霧發孤嘯,山月蕭蕭鳴飢禽。前年此節咽伊闕,漁火金尊坐寒月。就中去歲不可道,荒郊夜哭霜林槁。今夕何夕大江潯,滅燭開筵夜擊鼓。明月照

287

我亦照汝,世間何地非行旅。但須盡此懷中歡,不須對酒懷鄉關。我歌短歌意非瑣,君不見,東西南北三年我。

六朝松石歌

銅駝夜哭東門麻,金仙涕出悲恒沙。青山閱盡故無恙,但有萬古澄江霞。紫筠花石旋淪喪,況從典午奔天車。新林故府麗江甸,妙諦祇記呼蘭奢。美人狎客遞灰燼,瓊樹不見朝朝花。景陽紅井勝苔砌,青溪晝噪官蝦蟆。有眼不識張壯武,誰從瓦礫區龍蝦。瓦棺故圃蔚古澤,入園狂叫驚麏麚。龍鱗剝盡山骨裂,雲根不動青虬拏。天風夜半隨僛粒,虎頭袍笏香朝衙。眼中大兒謝安石,東山翠蓋勞相遮。匏笙謖謖奏簫角,猶爲六季芰淫哇。靈氣鬱曲作瑿玉,蘚斑蛟蝕穿谽谺。千福醜石入汴巖,律此奚止十倍加。擬封定許拜幾品,從大夫後聊肩差。紹興元祐更陳跡,刻畫底事籠蟬紗。直可雁行漢疇柏,豈惟兒輩壼中華。江左衣冠幾塵土,天實錫汝生無涯。寒潮直過名士渡,玉鈎猶掛宮人斜。蘇仙化鶴對清夜,江山灑淚悲元嘉。蘭成江關慟戎馬,誰假夢筆流滂葩。掃苔倚樹眷虛籟,胡牀便擬支清淮。葉。人生安得如汝壽,電光幾見雷停撾。歸當蠟屐斷桃竹,彈琴石畔聽琵琶。

長歌喜徐大快亭至飲酒作

黑風吹海聲如虓,大江千里無征艘。東溟漁人棹船至,君從何處橫輕舠。閽吏傳剌我方食,投箸而起羹沾袍。積悃猥集忽相晤,如背痒得麻菇搔。坐君琉璃四面閣,飲君碧玉千春醪。轟飲大嚼盼左右,厄融琥珀堆盤鰲。青眼高歌望吾子,橫空起騷人騷。男兒不佩斗大印,便當去作鄉里豪,不然肆志憩泉石,空庭佳植羅櫹槮。丈夫舉事貴快意,臂若鷹鷙離鞲絛。嗟君簿領膩塵漬,五斗作吏東蒙坳。科條朝布吏役雜,錢賦暮比鞭棰敲。有時大吏出行部,前驅負弩馳如

夢　麟

猱。掃治館舍索酒食，人奴口角饒訾謷。掛冠歸無宅五畝，出奏歷有途千遭。伯道無兒伯夷餓，爰書判斷須咎鯨。羈留歷下月再閱，叩門弗應呼勞勞。風酸夜吼馬毛縮，洶波凍合浮膠膠。衣裘破敞行李乏，每念及子中焉忉。心遊道途計月日，飛觴寧敢期今宵。歎君跋涉喜君到，咨嗟叫笑兼呼號。窗紅盞綠燭生蕊，鱗鱗碧酒金波搖。更籌屢易簷鳥宿，戟門撾鼓咚咚高。開簾起視雪在地，霜空片月懸松梢。

送何西嵐出守涼州

　　盲飆卷雪落如席，城南老烏墮兩翼。枯桑火出豺虎怒，走馬川頭石起立。火山日上紅雲開，赤旗羌管臨城隈。麒麟甋帶黃驄迴，涼州太守青天來。何郎燕頷更河口，秘策牙籤不離手。崛起黔南雄萬夫，掊撼羲娥辨跟肘。三年側足平津門，意氣看君獨忠厚。蘺藻羞分月露光，蹋花不向朱門走。興發高筵騁雄辨，舌翻霹靂蛟龍吼。天子巖邊擇召公，延之一麾乃出守。丈夫讀書務實用，雌伏青氈亦何有。昨朝召對承明殿，黑貂寵賚雲錦緞。坐識皇心念我師，特教遷吏膚殊眷。報國須爲赤子謀，起家未荷群公薦。我聞鳳凰臺，近對西康州。石林寒日聲鳴啾，使君玉節回青油。爲我一顧河之洲，桐華竹實陳朝羞。屏驅鳩鵰除鵂鶹，誠心饋飼娛其儔。使伊顏色敷潤聲和柔，俾止於閣鳴天休，廟堂鐘鼓勞相求。君行幾日蕭關道，風卷燒當摧百草。潑水凌兟羌女啼，飛霜剝面將軍老。雪重高旗凝不翻，赤亭望斷東飛鳥。錦筵伐鼓蓮燈明，蘭陵琥珀金杯傾。北堂紅燭動離思，西海舊鬼多啼聲。燉煌酒泉古亭障，鹽池污澤開春耕。下格底事填陽城。嗚呼！下格底事填陽城，使君何以籌蒼生。

送友人從軍

　　黃風卷石劈空墮，赤底冰橋軟如簸。花裙蠻奴行逐鬼，虎毛壯士山腰坐。毒瘴沖關鶴倒飛,健兒殺賊懦輓駄。幺麼曷足攖天威,丞相秉鉞西出師。雕戈半募羽林籍,金甲盡耀關中兒。霜曜低空肅刁斗,掀騰何待終朝禠。地中鼓角動埂道,天邊日月迥珠旗。巨石壓卵鱉在甕,豺狗那可當熊羆。羆未三十貔幹壯,猛壓千軍不相讓。雕弧羽箭虎皮帳,鑿題驕嘶氣雄宕。盤馬寒天迴烈風,兒女沾襟不敢向。半月應過蠡叢國,壞雲塞空石裂壁。風動刀環虎豹嗥,指落狐裘硬如鐵。觱栗當天日暮吹,馬踏堅冰眼流血。霧轉旌竿夜斫營,霜沈大鼓朝迎敵。須臾煙起東方高,飛炮擊碎蠻天碉。虜酋逃匿馳飛猱,白日無光風怒號。萬人呼洶天為驕,爾時披甲揮短刀。刀飛如雪人如蒿,腥紅血染團花袍。蹂躪壁壘攻其巢,擒王勒馬眼如炬,大旗獵獵風騷騷。嗚呼!丈夫壯不報國,空跌挫那得兒女。手中日堅卧爾歸,縱不佩印如斗大。十萬烏蠻膽應破,飛觴遏馬君當駕。

二陵苦熱忽大風雨作歌

二陵之熱不可當,毒煙撲地烝羊腸。火雲當空日杲杲,流金萬里飛炎光。輿佁喘喙走且僵,呼風不來動毛髮。蘊降作氣屏翳藏,俄誰推車煩阿香。頹山雲作風力張,氣到已覺濡衣裳。雨點如掌不可捉,迅急不復容遮防,曲澗曛黑神徬徨。雷翻電繞萬山晦,呼呶叫嘯聲頹唐,無乃山鬼群跳踉。不則秦卒鬥死北陵下,天昏號哭魂披猖。須臾風息雨亦止,涼飆拂袖氣清駛,眼下寒暄固如此。

所翁畫龍歌

火傘張空地流血,澄懷堂中日不入。壞壁頹雲倒腳垂,回光陷層滄溟立。倏忽滿堂推炮車,尺木震蕩霹靂加。翻身擺雲雲欲動,怒須決霧張其牙。君不向潭上居,亦不傍巖間住,那見蒼龍掛江樹?僧繇蛻去道君俘,如此好手安得數。想見戲水時,騰踔之罙東,天精黯沈從以風。掣尾撇波大海沸,電眸欲轉雷當胸。奄飆騰空騖八極,吹噓

夢麟

大漠煙濛濛。流氛下合森欲落,楊腮萬里蒼旻空。所翁見龍不見畫,腭眙陰天動靈怪。意造波翻浪湧間,渾疑香海層霄隘。歸來閉閣慰驚魂,真神逕與蒼精會。冥心索龍龍出空,意小無內氣無外。解衣大潑墨,畫龍兼畫雲。驚飆不可貌,雲堆紛湧行以神。天網地維忽冥晦,撇捩六合揚沙塵。驅龍入筆真宰恕,睅目大厦知誰瞋。粗風疾點萬木動,或恐搖蕩虛無根。葉公見之定不好,循牆而走呆且巡。何當掛沛在天半,世間鱗甲徒紛紛。前宵夜黑驚暴雨,毋乃此龍破空舞。定佐元穹沛雨膏,豈即穿年伏環堵。不則筆墨亦人事,何以靈氛氣吞吐。即今炎熱安得移榻置其傍,看汝張鱗奮鬣生清涼。不然囊封笥貯藏,亦得夜深恐有雷破壁。

上方角鷹歌

上方角鷹胡錦毛,星眸閃爍光如刀。綠韝絡背黃絤操,陰崖激日翻秋飈。刷羽戢翼勢飛動,勁氣掣動黃金縧。盤空曾踏天山雪,決雲驟起飛影天。劍翎朝斷鵬鶉花,奮拳夜搗狐狸穴。倏忽騰身入霄漢,雨灑層空亂毛血。花裙部落不敢放,氊廬遠獻千秋節。巖郊底貢馳青驄,鷹師祇候長楊宮。壯士臂歸動霹靂。英標玉立凝清雄。厲吻空櫺眺寥泬,大翩疑落花門東。坊開近在銅龍側,永日嚴威動八極。鈴掣虛簷烏鵲馳,影翻昏畫鳽鸍匿。陰庭轉瞬爍流電,群精潛喘夜惶惑。是時大冬風怒號,天清海國盤霜雕。水枯草短豺狼嗥,貒貆貓獿接腄尻。棘枝凍雀啼寒皋,鷗鳩鴋鵬相呼呶。吱嗟翔走紛繹騷,雕戈雪練回幢旄。鳴弦歷鏃揮孟勞,淩空一逝不可招。高陵大谷追懸猱,疾過鰲睫馳修毫。河陸山櫨窮搜牢,毛群羽族紛騰逃。孤飛擇肉披膻臊,霜睛不動寒穹高,下視鷙鳥非吾曹。

題陳髯畫松障子

陰庭白日生精怪,炎天六月氣清快。急雨驚從古壁翻,陰飆欲撼簪牙壞。恍惚天都峰,已到峨嵋山。回溪絶磴氣颯沓,長空謖謖耳畔仿佛奔驚泉。舅也畫松不畫貌,冥搜遐鶖窺天奧。意象雷驚電晦時,淩空掛出蒼龍倒。凝精閉戶二十日,松濤驟起舅落筆。淋漓潑墨風雨疾,橫幹直幹真氣出。霜株離立色慘慄,精芒四達鬼神入。日斷晴崖晝霧昏,魂驚四壁空堂失。下枝拂苔石,上枝拏蒼穹。大枝勢倔強,特立煙濛濛。孫枝硍砢擺噓回風。北軒磅礴意凛冽,陰森直欲無真松。舅也招我來東堂,沈冥卓午煙蒼茫。好勤愛護秘什襲,或恐雷公下取掀重墻。況値朱陽暍熱遍行旅,安得持此一洗煩溽歸清涼。越禽代馬嗟殊向,不見舅翁對舅障。雨濕奚囊意屢淒,風回角枕神空王。若耶溪水香爐峰,知君處處扶青筇。好將赤縣滄洲趣,來寫塵埃冰雪胸。

出郭見西山晴雪有懷謝青柯

夕籟喧叢篠,蕭堂生夜寒。朝暉上西崦,雪在青林端。此日跨驢客,梅花誰同看。一瓢勞遠心,落葉浩漫漫。

甕　　山

谷口白煙合,隔林聞宵鐘。樵蹤不可拾,磴磴濕雲濃。人立一山雪,鳥鳴千崖松。僧房好閒坐,無爲學降龍。

東　　皋

陂塘靄新綠,暄陽散朝霞。佳雨霽芳墅,肅肅夭桃花。文鱗動水沼,乳燕喧春芽。良時念耕稼,倚杖談桑麻。

平則門外觀征蠻師出二首

日出大旗高,霜騰萬馬豪。雷霆朝伏壘,鼓角晝鳴刀。邊徼歸仁聖,艱虞賴爾曹。誅鯨知不遠,上答帝心勞。

廟算軒轅帝,天兵虎豹群。父兄惟僕射,功罪仰將軍。陣轉蠻天

夢　麟

黑,關開峒壁曛。擒王兼射馬,衛霍待銘勳。

虎　牢

　　層阜排秋障,雄關逼虎牢。馬驚行棧窄,雲出斷崖高。海日明朝岫,林風撼夜濤。洛東三百里,險絕是成皋。

廣　武　原

　　秋高廣武原,日落斷雲奔。天地一龍門,風塵千里昏。平沙生朔氣,殘壘駐征魂。撥馬尋遺跡,荒郊戰骨存。

白　溝

　　客念頗不適,晚風生夕波。長天隔秋浦,勞者意如何。此夜戍樓月,虛堂應共多。徘徊憐遠影,相憶一蹉跎。

江　城　雜　詩

　　一笑看天地,高樓眼獨青。家家仍泛濫,風雨接滄溟。稱意憐蝴蝶,衝愁聽鶺鴒。親知雜生死,蹤跡況飄零。
　　徑僻兼多病,江干好閉門。雨沈珠網黑,雲重海天昏。坐失芳春色,頻驚獨客魂。寒暄真不定,三月敞裘溫。
　　前月好天氣,閒園款病夫。孤亭一以眺,春色滿平蕪。草綠空江暖,雲開斷岫孤。雨風太無賴,悵望海東隅。
　　修竹勞相伴,空堂報雨來。開窗閒對石,曳屐滑憎苔。作宦嗟成客,吟詩惜費才。異鄉兼異節,孤士迥興哀。

從　謁　景　陵

　　陵闕肅重閣,嚴肩虎豹蹲。入神朝警蹕,石馬夜臨軒。天地深恩在,蒼生痛哭存。吞聲萬行淚,臣本老奴孫。

東阿道中

征路不可極,千峰繞客軒。山迴郯子國,天斷魯連村。落日川原靜,秋林鳥雀喧。孤城兼暮色,俯仰總銷魂。

臨江樓

亦知非故土,扶杖且登樓。落日萬古色,長江千里秋。浮雲蔽吳楚,朔氣老并幽。牛馬吾何敢,憑欄起暮愁。

晚行沂上

古原遲落日,一徑入林丘。老樹墮殘雪,孤村聞叱牛。頗憐行客倦,兼愛茅簷幽。旦夕好眠食,吾行何所求。

沂州

杖策過沂水,荒城大漠孤。日懸霜野淨,鳥入斷煙無。獨客憐嬌女,殘陽感壯夫。咄哉看老馬,與爾正長途。

洪善寺靜觀堂

祇園足春物,遊絮結團飛。日午碧苔合,竹房清磬稀。風鈴驚佛鳥,雲葉綴僧衣。趺坐念心寂,無因住翠微。

夜宿高橋

庭樹響初急,天涯知已秋。簷端數螢沒,檻外一星流。雨氣寒生枕,鐘聲遠到樓。鳴蛙莫喧聒,征客未停騶。

比干基

馬鬣松楸合,連山走大荒。沙塵存氣骨,天地久低昂。落日寒朱戶,靈風冷桂漿。不須傷彼黍,心可見成湯。

夢　麟

河陽薛氏園亭

日暮河陽縣，來過薛氏園。竹光分罨畫，林意静黄昏。碧沼清萍合，高樓古木尊。鄉心抛未得，愁夢故山村。

行盡蒼苔路，高齋暮色晴。一花如有意，數樹不知名。排闥書堆案，開軒水抱楹。小池更幽絶，煙水晚逾清。

池上須頻立，方塘步屧遲。魚情狎輕藻，鳥影掛深枝。緑醑臨風酌，青編帶露披。松陰有涼月，繩榻數教移。

欹枕臨池睡，招呼得晚風。帳鈎花影外，人夢月明中。意愜幽懷澹，神閒客慮空。來朝踏塵去，更起步深叢。

晨赴香山道中作[1]

入谷聞暗泉，秋塘葦花亂。露下石氣寒，木落前山見。流煙忽明滅，稍没楓林半。驅馬憶前期，温涼幾回換。

校記：

[1] 此詩輯自《晚晴簃詩匯》卷七十九。

西堂秋夕[1]

雲影度銀浦，碧天橫數星。幽人眷良夜，捉席暮山青。荷動觸虚籟，竹深流暗螢。遥思潞西客，翠袖倚風櫺。

校記：

[1] 此詩輯自《晚晴簃詩匯》卷七十九。

吴淞泛舟遂抵雲間[1]

日上九峰道，風輕三泖間。流水澹無極，白雲時出山。緣念浮家客，高風不可攀。支頤聽漁唱，孤艇放歌還。

校記：

[1] 此詩輯自《晚晴簃詩匯》卷七十九。

宏農秋懷[1]

澹煙荒草足吾廬，日影孤城歎索居[2]。紫閣夜深驚獨雁，黃河秋冷夢雙魚。邴生薄宦非求達[3]，宋玉微辭欲著書。擁鼻行吟意惆悵[4]，西風鵙鳩渺愁予。

樓上秋光入望多，關山極目奈愁何。二年蓬跡餘孤劍，一夜霜風走大河。古堞暮笳悲落日，亂山飛葉激頹波。故園楊柳應蕭瑟，誰向章臺跋馬過。

直北搴帷望故鄉，長空不盡野蒼茫。山連熊耳關雲白，天澹鴻溝朔氣黃。畫省舊氈清夢斷，水曹新句夜歌長。只今慘綠渾非昔，落日驚風淚數行。

家在東華東復東，桂堂尊罍興難同。引觴刻燭歡諸季，射覆分曹唉阿戎。斷梗漫辭燕市月，披襟誰共庾樓風。可憐寒漏兼長雨，獨倚危欄數斷鴻。

萬柳堂南小市西，周遭秋水漲玻璃。風飄錦纜魚吹浪，月滿金甌草覆隄。一自浮蹤泛萍梗，幾時清訊托鳧鷖。川原蕭瑟長河急，薄暮孤帆自解攜。

苦憶窮邊高達夫，劉盧家世一嫌無。夜深華月供詩句，山曉晴窗對畫圖。自古畸人潛戶牖，那看秋色滿江湖。東華萬騎人如海，莫便煙波作釣徒。

日暮懷人黯客魂，虛堂獨坐又黃昏。煙生孤島迷秦樹，浪逐驚沙過禹門。折簡欲招千里駕，開窗誰與一尊論。江東渭北無消息，自擁青綾慘不溫。

山館飛鳥逐隊來，長空孤鶩影徘徊。疾風拂柳絲絲翠，老樹當窗夜夜哀。一枕夢回濤八月，百年愁付酒千杯。不須扼腕嗟搖落，恐惹

296

夢　麟

新霜作鬢迴。

校記：

　　［1］《晚晴簃詩匯》卷七十九亦收録此詩前二首。
　　［2］日影：《晚晴簃詩匯》作"日隱"。
　　［3］非求達：《晚晴簃詩匯》作"終成籜"。
　　［4］擁鼻：《晚晴簃詩匯》作"擁被"。

馬上望盤山

積氣盤空曙色開，丹屏翠蓋鬱崖嵬。龍歸霧失東甘澗，風起雷奔舞劍臺。半嶺白封雲似帶，上方墨點海如杯。懸知絶頂開關客，目擊千旆拂地來。

送陳倫西歸泰州

八月居庸見雁飛，霜秋虌社鱖魚肥。群空冀北孫陽老，木落亭皋柳惲歸。白髮漫悲明鏡容，青山長繞故園扉。春蘿秋桂渾無恙，好掬東溟瀚素衣。

北固絶頂眺望

鐵甕城高落木荒，支笻北固一迴腸。天容帶雨連空没，日氣沈波到海黄。客足只今歸汗漫，江聲終古痛興亡。傷心龍虎皆銷歇，薄暮風吹鬢有霜。

桃花寺

丹嶂青梯倚夕曛，冠山絳闕麗層氛。虹梁倒飲盧龍雨，石壁晴翻大海雲。天入古潭懸玉乳，人歸萬帳動星文。時清無事吹霜角，落日雄關散馬群。

晏坐存雪堂寄錫齋逸齋

春暖江城叫鷓鴣，岑園淪茗曠招呼。晴天風逐浮雲遠，獨客愁須短杖扶。豈爲軒騰嗟淺水，自憐骨骼怯長途。金尊檀板諸遊少，垂念應煩到酒徒。

胥門伍胥祠

伍相祠堂鎖寂寥，層城終古對江潮。雲旗風馬中宵見，畫壁虛簷入夜遙。舌劍至今尤宰嚭，魚腸何事悞王僚。寄孥鞭墓寒心甚，日落關門聽野簫。

冬日觀象臺[1]

木落風高畫角哀，霜濃野闊一登臺。雲旗天轉桑乾出，日馭煙橫碣石開。黑水遐封思禹蹟，金方借箸失邊才。漢家養士恩如海，誰伏青蒲請劍來。

嚴飆吹雪滿西山，原野蒼茫積素間。鉦鼓一軍勞輓粟，風沙十月憶當關。重闉日落銅符出，大漠雲驅塞馬還。驃騎貳師俱寂寞，短衣擬綴羽林班。

校記：

[1] 此詩輯自《晚晴簃詩匯》卷七十九。

平金川詩

於清世厥聖，今皇帝舜禹。維泰元媼神，擴覆幬界予。亘扶桑崦嵫，胥我庭我户。蠻夷國千八，或梯梯櫓櫓。蠕蠕迄鄯善，厥種不可數。以時至稽首，其孰不予炬。歲疆圉單閼，寇起於蜀土。厥地曰金川，實溪峒之虜。狐狸騷其群，狡兔窨榛莽。纏頭裹紅帕，負崛擊銅鼓。昏中嘯於梁，嘻嘻而嘸嘸。薄擾茲疆土，薄驚此士女。蛞螂怒奮

夢　麟

臂，狂兕突奔洎。豈無貔貅衆，壹發殪其五。維皇帝曰嘻，彼譬彼穴鼠。消蹤匿陽晝，乘夜盜倉庚。苟莫或猖獗，其亦足以拊。聿命女廣泗，移節莅厥宇。鞭棰暨撻伐，惟爾置爾處。廣泗夙經歷，滇黔莫敢拒。謂曰茲么麿，旦夕唾手取。頓首拜新命，逾月抵其部。茲土辟蠶叢，亂山作區藪。石棧紛鉤棱，攢架互纏鈕。笯筲晝曛黑，鳥道錯指拇。前趾壓後頂，十步蹶其九。出没雜稜稜，千百跳群醜。堅碉亘千尺，飛鏃不及首。彼弗敢踩躪，我實憊趨走。蒼黄歷歲月，乃致事不舉。帝命故相親，女往視師旅。將帥嫉鍾鄧，指麾困齟齬。債事養寇賊，厥罪不可牯。連繩就刑戮，脰頸挫刀斧。執徐月在陽，皇帝赫斯怒。曰天地祖宗，余一人是祜。維羌氐蠻夷，余一人是主。彼小丑弗儳，餘胡創厥巨。顧恒曰女來，惟女克余輔。假女節其往，旄鉞賜左右。惟刑賞黜陟，俾而勳而咎。庸對揚餘休，勒女績鐘卣。撰辰命太史，月吉日惟午。圜丘告天帝，於郊用元牡。警蹕潔盥祓，飛文燭鹵簿。扶桑耀珠輪，蚩尤擁奔扈。徽道紛星羅，揚燎焜篝簠。百樂轟周壇，鏗磬管柷敔。燔柴肅登告，薦元纁璣組。皇帝衮冕立，拜跪馨仰俯。研精合幽漠，元靈鑒稷黍。高烟噓呵升，靈遊訣蕩下。霄光澹瑩澈，萬景森帖妥。渺帝衷是格，羌我祜我䃞。聿朝獻於廟，以告我皇祖。讀祝敕奉帝，曰孝孫臣某。維列聖是何，以有此九有。肩承受圖箓，兢業一寒暑。彼有苗弗格，敢昭告用討。凝忱奏震肅，蕃鼇蒸户牖。祭畢帝遣送，戾斧立當宁。臣恒頓首謝，捧矢出駁娑。卿尹百執事，帝命餞之墅。聯翩獻尊斝，周迴列鼎俎。進止鳴沖牙，矩步葉魚鴉。是日大雪霽，嚴飆净千畝。驍騎數十萬，騰裝俟已久。按屯周八區，列校相結糾。龍盾間虎帳，殷鮮簇繡黼。酸風吹大旗，焰爛揚烈火。旄熾翻青紅，笒麗動樓櫓。櫼槍遮重闉，天弧掛朝旴。虹霓屬高綴，陽輪爲之伫。朱甲烜流電，晴郊惑瞻覩。士厲怒不泄，馬踏裂平野。鮮扁隘宇宙，山谷互吞吐。維時虜乘墉，得計恃鬼峨。蠻江名赤底，長橋懸鐵鎖。一人扼其要，萬夫困砢閜。松林蠢巨棧，累石斷厥左。飛鳥不得度,自固亦足頗。飲酒吹笙竽,休息嬉伴夥。天兵破空下,勢若山壓卵。黑夜摧崑崙,賊險不遑守。抽刀斷柞械,捷足躡岡皐。雲梯奏奇績,攀登奮擊掊。巨炮掀層穹,斷石積杵臼。山巖震崩豁,兵氣厲振撼。碉卡倏碎裂,顛墜接肩肘。血肉雜營䘐,肢體資踐蹂。完骨裹層崖,殘骸懸枯樹。騰焰烈巢穴,焦爛到雞狗。皇威振蠻徼,茲戰實雲首。策勳集武帳,獲厥婦曰扣。扣罪維渠魁,陰謀鈎黨羽。部落揚膻腥,漢奸隨指嗾。曰此不可生,斬之懦其侶。斷首懸期門,虜見盡惶蠱。或喙息於竇,或潛喘於岵。昏叢入荊棘,夜伏驚飛弩。移師括溪洞,深入薄其阻。搜剔極幽隘,捕捉罄童乳。逆虜聚族泣,啁啾汗如寫。倉卒匿弗獲,譬之魚在釜。復如羝觸藩,退遂兩無所。悲號乞生命,匍匐詣軍府。女厲女弓矢,女結女心膂。女盜我巖穴,女騷我安堵。不於女是刑,而於女是撫。虜復懼奔竄,淚下不可禦。旋没爾室家,旋覆爾保聚。維皇帝曰於,彼亦足惻楚。繫絕界不鄰,咸吾胞吾與。既震驚厥志,其曷靳彼許。猲猲吠天日,殺之亦奚補。入死出之生,女恆歸弼我,恆拜手受命,嚴曉降幡豎。殷雷動角吹,高原列弓弩。旌幢風拂翻,鋋戟晝鳴吼。飛霜靜大漠,刀鋒豁撐拄。萬帳寂不嘩,森嚴肅刁斗。大鼓撾衙門,元帥坐當廡。諸將裹甲入,夾侍嚴比偶。羽林荷戈立,千隊怒虓虎。逆虜繫頸至,欲進足復趄。叩頭淚墮地,俯首不敢覷。臣恆曰皇帝,於女若高厚。維皇帝盡義,義盡以禦侮。女我臣我僕,乃亢我父母。女大刑是幹,孥戮女自取。維皇帝至仁,仁至乃活女。既革女呼吸,旋憫女噢咻。弗斬女種類,乃靖我邊圉。豈弗克女誅,以衇我錘虡。逆虜感垂涕,罷泣起蹈舞。願世世奴隸,奔走罔或後。南人敢復反,於皇帝是負。此時春宇和,觀者盡童婦。謂億載萬年,邊徼絕氛垢。我而食而飲,彼或群或友。維皇帝大聖,聿寧我丁口。士馬盡騰奮,農氓各歡謳。是日金川平,月卯日之丑。皇帝曰歸來,女豈噲等伍。頒爵首五位,錫金章紫綬。將帥剖符竹,盃簪躋華阬。酬庸暨偏裨,載績樹螭紐。無疆女惟

夢　麟

休,世伯叔甥舅。發粟恤孤寡,賜租賑貧寠。闔澤浹存殁,八埏樂洋溥。永銷彼戈鋌,用事我塲圃。繫諸臣之庸,乃皇帝之武。皇帝曰不然,實我祖我父。維聖祖如天,皇帝纘厥緒。孰勿王勿庭,日暘暘雨雨。維世宗大烈,皇帝皇其序。援天戈以麾,聿戁彼海鹵。永弗騫弗崩,屢多黍多餘。其敢不我懼,以就我規矩。戎狄遠如期,於元日拜手。祝皇帝萬年,奉皇太后壽。與天地久長,樂康遍童老。何數夫淮夷,揚扢志韓柳。作詩記大事,銘勒壽弗朽。

西郊胡明閹宦墓

黑眚迷太白,神龍隨鱒魴。婁猪化爲人,天弧不可降。客行郊西道,悼昔心慘傷。顛風怒不休,青磷燒空桑。高埔胡崔鬼,石闕崇堂皇。麒麟臥莓苔,翁仲森成行。華表樹龜趺,結銜何煌煌。尚衣迄司禮,炙手誰足當。黄虬歸虛無,魚燈慘不光。或恐浴重泉,雌蜺斡天狼。五鹿坐經席,都尉學爛羊。哀哉李杜儔,接摺趣桁揚。華林視零露,碧血流朝堂。嘯群劫天子,烈焰焚紅墻。嗚呼何代中,縱此含沙狂。奉衣奪婦媚,宣詔假鴟張。黄封出懷袖,宰相不敢商。我善復我惡,勁節摧嚴霜。茄花既騰踔,委鬼俟跳踉。雄狐固窟穴,孫子咸披猖。穹碑勒護敕,謀國非不臧。祖宗計弗用,置心婦寺豚。感懷望天壽,日墮驚沙黄。

黄　沙　渡

陟巘怒豺虎,理棹驚黿鼉。水昏峽黯黯,岸轉江滔滔。層崖夾危浪,終古風怒號。白日忽欲墮,蒼穹頗不高。老湫怒龍拔,沸窟高鯨跳。無乃長黄虬,擘石喧其曹。錯磨擺坤軸,雷硠掀空霄。拗怒鬱不息,石悍水亦驕。天蕩罔象匿,雷轉鶖鶬逃。青鵑動如葉,顛仄危屢遭。噞歈黑水立,疾溜無停橈。高拍虛空顛,忽墮鮫堂坳。懸淚對舟子,轉柁恐不牢。一決赴洶湧,魂悸中忉忉。徜恍認歸岸,峽壁猶動摇。喟彼行旅徒，我何如鸿毛。

雄飛嶺

都龐緣其東，春陵迤其西。淩陰揖祝融，迎陽賓九疑。客首歸陽程，風色晝慘淒。積霾惑明晦，亭午日已低。棱鈎巨石礙，壁裂陰林虧。入谷墮黯黯，上嶺排雲霓。不知天路艱，府首隨猿猊。古木號驚叢，修蛇懸空梯。恍惚來山魈，抆淚不敢啼。懸崖納獰飆，天半奔鯨鯢。投身冒欹林，顛墜乃復稽。棧轉陽景匿，谷響雷車摧。絕頂俯萬有，高冠沖天扉。蒼梧何茫茫，苦霧迷湘妃。如聞洞庭哭，崩濤咽迴溪。奇雲西南來，獵獵飛裳衣。頓覺羽翼生，大翩盤秋暉。咄哉萬里遊，到此真雄飛。弗歷登頓困，詎與煙霏齊。周道多庸庸，吾行將安歸。

黑石關

亂山如斷鰲，指爪出奇力。意外貢盤錯，尺路無寸直。破荒搜棧齡，鑿空露鐫刻。朝塗趨營陽，日晏不遑息。澒洞昧昏曉，惕栗忘晨食。筮箸四山齾，縮足意惶惑。林礙天空高，雲入地底黑。嶄巖斷行旅，亂石作人立。百千蠹奇鬼，搖動不可測。峽崩綫空出，谷顯鐵壁塞。高步非無能，乃受傾崖逼。奔鯨攫驚麞，猰貐磨牙集。毒手將老拳，蠻觸汝安極。長風摧石林，老檜不肯折。鐵中殊錚錚，駭此獨行客。徑絕狹狁爭，硤斗日月窄。頹垣出雲棧，梯石足屢側。稍辨墟煙高，喜與烝黎即。努力赴周塗，理策鼓登陟。

薄暮登清暉閣眺望

晚登池中樓，閒眺池上山。草樹炫夕麗，煙靄浮青鬟。微風從東來，披襟爲盤桓。偶然襲蘋藻，練影生輕瀾。搖曳動窗戶，人在空明間。始知元化妙，及此半日閒。無心得良晤，寓目情所關。白雲出山去，日落何當還。

夢　麟

晨登董家堤遂趨河上

　　白日麗寒浦，凍木羅堅蒼。元冥入澤腹，濁水無波揚。策馬遵荒村，北風吹我裳。寒氣鑠馬骨，舉步多踉蹌。躊躇顧四郊，長空煙茫茫。野兔追其群，寒鳥飛且翔。物類良有儔，獨客遙相望。感此不可掇，使我中懷傷。

贈桑子二首

　　持璧訊田叟，有不如碱趺。投石索重價，舉市相揶揄。風雨偶相失，遂乃天一隅。君子返初賦，小人忘厥居。玉石自有真，不因識者殊。但當慎其常，無事遊五都。

　　輕飆被山趾，草木皆有聲。寂豈草木性，萬物各有情。桑子得天籟，振響追咸英。風雨自激蕩，金石相鏘鏗。含意寫初旨，弗聞俗耳驚。由來鳳凰音，不與鶵鷃鳴。

早發峽石

　　客愁如飄蓬，隨風遍秋草。飭服群雞鳴，驅馬荒山道。宿霧眩猶積，殘月淒已顥。露湛枯荄明，徑白空巖曉。沿轉昕平阡，惆悵獨飛鳥。無乃非故枝，踟躕出林杪。出林亦何之，遊子中如擣。忽憶密縫衣，臨風黯懷抱。

登燕子磯曠望大江

　　危磯盡天地，獨立悲風多。落日送大江，萬里明頹波。四顧何茫茫，孤鳥飛江沱。川原接杳靄，秋色來岷峨。西望峨眉山，奔濤胡坡陀。遙思大海東，萬代同此過。來者固未已，逝者將奈何。我懷在古人，但見山與河。誰能識予意，淚落空山阿。

由天香行藥西盤初入山口

　　巖秀澄孤懷，趣塗意先往。理策遵迴溪，空林得樵響。幽悰眷岑寂,矧兹秋日爽。霜徑稍曲盤,虚翠忽晃朗。漸歷紆巒深,未識迴途廣。孤暉隨趣濃,懸磴披煙上。杳靄接諸天,振衣發長想。王裴不可作,丘壑誰心賞。何時飯名僧,松簷稅塵鞅。甘從麋鹿遊,拂衣謝親黨。

薄暮至萬松寺

山翠昏陰崖,雲際聞孤磬。怖鴿驚深叢,枯筇響蘿徑。松關晚森肅,荷衣拂深淨。日落山風吹,琴築灑清聽。不見湯惠休,秋巖發高詠。曳屐循道門,簷間數峰暝。

曉入東巖住千拂寺

幽尋意不極,披衣徇所務。山曉巖氣白,振策得微路。肅肅青松林,濺濺石流渡。零露晨未晞,青草濕芒屨。曲折入空翠,霜徑屢迴度。煙巒紛若積,迴途昒非故。仿佛聞鐘魚,香巖澹雲霧。

西澗赴山,將往雲罩,憩天香禪剎

天雞叫海日,晴翠濃諸峰。丹崖媚朝霧,了了青芙蓉。尋溪背初旭,入谷聞驚風。半嶺生飛煙,忽没巖巑松。仰睇辨蓮宇,稍見僧樓紅。流雲布群壑,清梵生虛空。天影入秋澗,清暉閴與同。石徑去不極,前路誰能窮。鈎索得懸解,妙寄饒歸宗。跏趺憩蓮社,歎息懷支公。

瓜　步

渚禽喧蘆洲,遥汀曠清曙。就枕猶蕪城,夢想忽瓜步。白霧静空江,殘星墮寒戌。孤島明浮嵐,霜鐘斷晨渡。日上京口雲,月落廣陵樹。平生眷遐曠,即事感良悟。扁舟耶溯洄,江山自朝暮。不見昔遊人,暫向煙中住。

夢　麟

登君山元武閣瞻矚江野

孤高閱鳥背，傑閣淩風颸。大江西北來，觸壁閣動搖。東下何茫茫，奔突無昏朝。海門僅咫尺，一綫煙痕高。恍惚金銀臺，凌空排丹寮。欲噴納大漠，九點分錙毫。落日江流赤，天澹風蕭騷。西望松寥山，麾手如何招。引領叫閶闔，聲咳驚黿鼇。哀哉春申君，遺恨征波遙。杜劉豈不達，地下誰能逃。何當憩方丈，海上浮煙船。

清　流　關

朝食大柳驛，午過清流關。絕壁亘積鐵，磴道何曲盤。重門構山椒，危閣凌層巒。入覺觀聽失，出訝人世寬。回首望閶闔，咄哉不可攀。萬木鳴天風，颯颯空山寒。澗響琴築集，崖怪刀槊攢。砂石白皓皓，檜柏青丸丸。崩岫藤葛絡，孤篠雲物環。驚輪叫石齒，疲馬貪深湍。陟險氣每憚，攬勝神屢殫。緬懷藝祖烈，駐馬歌桓桓。

洪　恩　寺

客行大房道，朔吹驚塵昏。野煙澹白日，舢棱上初暾。丹霞出天際，石壇颺華旛。咄嗟何王時，闢此象教尊。金碧麗層闕，檜柏繚周垣。洞門香樹匝，怖鴿深林喧。我非虎賁郎，爾胡驚翩翻。鐘魚散晨唄，佛香噓春溫。法輪日夜旋，不轉天地根。鬼伯肩隱頤，賓迦卷肘跟。迷悲悟亦啼，凡聖同憂煩。弗聞耕鑿徒，乃或漓其元。層簷俯大漠，披豁掀乾坤。煙驅碣石出，炎轉滹沱奔。連山馳崩濤，蒼然歸海門。埃翻遠黃動，峽倒高青吞。回首叫閶闔，瑤象疑軒軒。嗟哉黃鵠馳，拜手辭鸞鴐。不知原上鴒，刷羽遨春園。我母應望我，高樓辟重閽。望之不可見，哀哉將誰論。

黃　茅　驛

陰飆逐行客，沿綏入雄嶂。巨靈跂左股，朝暾不敢向。重氛吐斷齶，洶波肆鼓蕩。蠻雲泄焖碎，霹霽眩炎瘴。前巖怪禽墮，塌翅愁不颺。茲山亙衡嶽，重石作屏幛。千里縮喂礧，萬里蓄個儻。余怒不可泄，全力忽然放。斯須吐鋑鍔，鬱屈無不暢。蹇嶒獻佹僑，牢籠出天匠。盱衡倒峽怒，肩夷壁角抗。聯駢鬥凹凸，指拇惶不讓。攢戟揚高天，傑出各神王。大明如可幹，岱華不足長。祝融配朱鳥，攀附亦云妄。硨磯拔地軸，咄嗟汝何強。苔發龍須張，龕合豕腹脹。趨巘前屢迷，賈勇後已忘。怯方呂梁倍，險擬蠱叢創。即境憶素履，溟漠或予相。

舟行次淮上

水宿如安居，夢回聞蕩槳。披衣適偶然，搴帷得心賞。晨霧迷清淮，輕風動鳥艕。仰辨孤旭升，稍見朝霞上。荒墟沈濕煙，汀樹發寒響。園野涵青蒼，空水資滉漾。迢遞來漁謳，兀坐懷吾黨。

晚坐泉上

山氣生夕涼，林端月初上。余行適無事，偶此飫新裳。池涵宵影虛，魄滌露華爽。高閣臥澄鑒，波動微偃仰。宿鳥驚流泉，風葉遞清響。夜深松竹香，翛然拂衣杖。時逢樵采歸，村謳忽三兩。長歌懷故人，晤言發深想。

白雲寺

曉發蘇門山，晚憩白雲寺。晨暉辨朱樓，亭午行乃至。車輪軋犖確，砂礫迭軒輊。檜柏晝晦明，叢薄鬱深悶。時聞風入松，灑然落清吹。遵闌步幽澗，雲構妥佈置。楂丫老樹醜，嵌空怪石墜。有泉出樹杪，噴薄不到地。跳珠落圓鏡，喧静原不貳。鏡古塵貌銷，谷邃日容避。其顛開華堂，佳木森静植。煙雲倏爽朗，巒陵雜虛翠。山春釀暄和，苔繡簇鮮媚。乃知林壑妙，明晦各有致。暫覿舒逌悰，重來締餘思。無煩歎於役，了悟静者意。

夢　麟

晚赴新安作

　　日落巒壑清，人家住叢竹。微風生夕涼，輕煙滿函谷。驅馬行空巖，雞栖任起伏。離披山下松，噴薄巖上瀑。細棧縈毫髮，清音動琴築。驚聞墮巢鳶，啁啁類野哭。遊魚下深淵，飛鳥攢叢木。物情各有歸，余豈昧幽獨。登高望洛城，天清夜景宿。咫尺阻修延，況欲千里目。駐馬立寒飆，尋問話童僕。

晨遊雞距山　上有河上公舊宅

　　束紆河上游，杖策雞距頂。逶紆沿青山，空林踏人影。平時開天光，蓬門閉深景。清響振寒葉，晨暉散西嶺。雨霽松色深，風肅荷衣冷。延迴挹高蹈，空冥認煙艇。悵懷鸞鶴群，索居發深省。

發陝過魏野草堂作

　　晨出城東門，策馬初曜光。微徑入層麓，厥顛留孤堂。夾道多喬柯，石磴緣高岡。雲構面崷崒，竹榭紛琳琅。秋色落平野，草木涵青蒼。圓沙起寒雁，平楚暄浮陽。巖居既深阻，松風何悲涼。君子貴用世，道蘊行亦藏。理閱懷抱熟，跡與鷗鴻翔。循簷辨井竃，仿佛清風長。攀林酹杯酒，感激銜中腸。

香山寺

　　行藥來東巖，蓮宇締遐慕。閒隨沙上鷗，識此松間路。捫蘿怯遙磴，履石昁前渡。延景余奢忱，尋異無停顧。薜荔縈朱門，遂挹幽勝趣。置窗山翠鑿，就石危欄住。寒空媚雲景，適與孤鳥遇。靄靄山外煙，離離山下樹。無心與之遭，悠然得良晤。疊嶂開遙青，長河淡晚素。余懷倏已殫，目成意先赴。回憶城市喧，頗窘幽人步。慷慨聞鐘聲，松桂空山暮。

香山晚坐

秋晚朱閣涼,青山淡將夕。復此巖上佳,被襟坐溪石。歸雲拂空林,翕然翳餘碧。美人何時還,娟娟秋水隔。勞者徒爲歡,去矣將何適。飛葉響寒山,臨流悵行客。

登清涼山絕頂展眺放歌

騎黿我昔遊平羌,宦遊直過蕭丹陽。溯江入海半天下,鯨魚夜吼翻枯腸。獨搴紅桂歷蠻嶠,敦牂秋駕天南檣。洞庭八月湖水闊,望衡九面帆隨湘,夜吹鐵笛卧黃鶴,玉衡迸落飢蛟藏。君山曳屐望煙水,海門蜃氣浮坳堂。青衫恨不過溢浦,倒騎白鹿嬉廬匡。滄波浩水望不極,來從卷石窺齊梁。回巒絕磴隱松櫟,空巖琴築敲風篁。笠簷絕特俯飛鳥,奔渾萬里荒江荒。華紋璀粲魚尾赤,天吳戲作玻璃光。風景不殊百感集,置身空濶吁茫茫。戮力王室支半壁,山頭幕府淪滄桑。卞公蛻去太傅死,石麟壞道眠苔槍。老臣無罪腹盡的,華林血裏青泥坊。跣足天子下殿走,捨身不救蒼生瘡。臨春猝見擒虎入,好將金粉圖南唐。結綺望仙梗菅剶,石欄紅淚留啼妝。華園曲沼不可見,翠微終古摩青蒼。角圭雁齒辨天闕,新亭晚日空波涼。英雄豎子盡黃土,天半且倒崑崙觴。鄂公毛髮露英爽,將軍塵柄摧琳琅。江山如此更公等,作捍豈僅長城長。我雖硨砆類病馬,酒酣潑墨殊軒昂。闌干醉拍動五嶽,天地獨許詩人狂。濯足或恐碎蛟室,振衣聊可凌松岡。雪泥踏遍印鴻爪,騰躍入極如康莊。惶恐喜歡亦泡影,不須扼腕零丁洋。當風一笑擲杯起,寒宵去促桓公裝。

沁河漲

天波靃霴闌風長,沁河水湧一丈強。山水逼河河水激,馳突怪石奔牛羊。懷州夜半萬霆鬥,洪聲浩洶隤隄防。濤翻浪吼大隄決,沖屋屋塌墻坍墻。富室沒倉囷,貧家漂粻糧。猛㵕鞏松秃,橫灌田禾荒。

東家携孩稚,西家呼耶娘。蒼茫未識天地意,夫挽妻袖牽兒裳。傳聞澤州水更大,冥冥暴雨連宵墮。沁源村户數千室,十家遭水死五個。時見浮屍逐隄岸,半日已閱數人過。攬衣頓足呼蒼天,河泊不仁民實癉。府吏報監司,監司報大官。大官連夜來,騎馬巡河干。雞黍雜瓦礫,按視潛辛酸。批府發倉廪,批縣發金錢。封章奏陛下,施濟科條頒。明旨敕大吏,撫恤籌民艱。停征歲賦室給賑,白鏹分救災偏全。瓦屋一兩茅屋半,丁男計口官徭蠲。閭澤豈不重民命,果否卒歲離飢寒。況復一匕一箸民力殫。嗚呼！室家再造良復難。

循山西南行宿北壁小閣放歌

太行三日送我行,參錯萬派羅虛明。回旋起伏突奔峭,鸞翔鵠峙標仙甍。今晨近山覷山奧,深蘭淺碧丹黃青。磨礲空翠出千變,似娛我意故遣窈窕來逢迎。何人置此數椽閣？與山曲折無經營。招山欲來拂須鬐,時有雲氣倏欻窺簷楹。我本愛山兼愛雲,愛其紆迴參錯無。相傾佳處非山非雲亦非閣,妙會適與雲山並。却憶昨歲入西粵,城東峭壁排青屏。當崖一亭特孤絕,煙霏歷亂縈冠纓。雲山不復異南北,轟聒但少千雷霆。彼既無期此無約,偶然得耳非前盟。我聞退之禱衡嶽,掃除陰翳開崢嶸。東坡廣德祝雲海,霜晨海市千人驚。二公丹誠感神鬼,天憐遷客施元精。我今不禱復不祝,坐收萬象澄孤清。登臨豈不憶鄉國,一身已逐飛鴻征。世間萬事本無主,當杯一笑諸緣輕。雲山變幻不可測,放歌且慰雲山情。

長城嶺歌

孤光倒空天有脚,龍泉山頭炮車落。旌竿曳雲頰不高,獰飆攫人大雪作。行人帕首弓在腰,霹靂脱手飢鴟號。草間狐兔不敢出,馬蹄直上坡陁高。清時萬落通諸夏,老兵吹笛長城下。觚角常閒龍武軍,窺垣不見烏孫馬。翻憶修關列格初,指墮層冰骨塡野。溪谷風悲凍更豪,猶哭前朝築邊者。雁門雞鹿黃雲屯,射虎川北驚蒿翻。黃沙莽莽塞窮漠,天低日落焱輪奔。子城縱目豁懷抱,坐收萬幕歸中原。野闊天寒靜刁鬥,時聞野獸呼其群。是時大石垂空走,驅飆夜搗長城口。舉頭觸關關不開,倒掣千山作牛吼。北平守,飛將軍,祁連鑠鑠得無烽塵。孤塗入侍獻鷹馬,於軒老上今陪臣。即如此關闌干刻畫形,空存殺人善戰胡足云。安得生炙黃羊一杯酒,與爾射獐逐鹿老作藍田叟。

龍　　門

龍門形勝天下奇,面嵩俯洛中貫伊。呀然兩闕森角圭,每以風雨爲合離。連山欲暝雲封之,朱樓突兀青峰基。松毛石髮相倒垂,蒼鱗萬木蟠之而。如龍出洞半藏霧,時露指爪頭角遺。西巖石洞鑿者誰,斑斑刻畫紛蛟螭。蠻君鬼伯熊羆資,前驅虎豹貔與狸。或瞠目視豐兩頤,一燈孤炯懸琉璃。長衣侍者低雙眉,如笑如慕如深思。造福乃復暴民力,婦人之見良可嗤。洞爲魏太后作功德造。感此太息一長嘯,半空響答巖谷隨。畫般簫管不可期,撞鐘伐鼓相娛嬉。鏗鏘澗底萬霆怒,山靈恍惚翻雲旗。誰分玉鏡澄階墀,千珠跳擲紛漣漪。動盪窗戶搖緹帷,山巔一亭最孤絕。攀捫蘿葛中忘疲,對崖石徑何逶迤。花宮雲磴留青飈,高秋萬態簇蒼媚。丹樓紫閣青空披,山水映帶乃復獲真趣。去一坐失天然姿,始知造物位置得天巧,俗手點綴能爾爲。去年仙蹕曾駐此,顧盼木草周恩私。至今御榻峙行殿,夜深神物煩護持。我來瞻拜隨梟鷟,欲雨不雨天氣迷。作歌恐遂驚罘罳,矯首北望神先馳。

晾 甲 石 歌

褒公鄂公神式憑,昭陵玉馬嘶魚燈。咸陽鑿地古戈出,當年白氣光如繩。虹髯公子礪長劍,驅除六合歸澄清。吐蕃突厥置亭障,受降遠樹輪臺旌。盧龍螮蝀靖邊塞,裹甲東作元菟征。營州都督尚蔓鑠,

夢　　麟

提師夜跨東溟鯨。峨舸大艑泛鴨綠，滄海魚眼紅千層。扶余晝拔躪松漠，樂浪圖籍歸咸京。鯨皮犀甲帶蠻氣，金鱗倒射漁陽禎。歸休桃林放牛馬，懸崖巨壁爭飛騰。當風長嘯脫長鎧，刀芒箭鏃生光晶。東甘絕磴亘積鐵，熊羆百尺蹲崚嶒。綠沈金練青苔黝，陽崖白晝蚩尤靈。高王瞬息遞淪喪，霜煙過眼驅霜蠅。東丹崇樓亦煨燼，嗟女頭骨胡猙獰。礪角近資敳觫肉，敲光遠趁龍鐘僧。朔風大作海日動，血光疑帶蛟涎腥。石壇叢沓無松櫪，百萬甲鬼啼飛蹭。石門十月灤河冰，陵騰谷藉寒光增。西望潼關見落日，鬱葱無復瞻春陵。冢起祁連葬白骨，雕戈大羽纏枯藤。招魂不到巖下石，陰森似有愁雲凝。纓騰綴組弗知處，松毛石髮空髯髻。毋乃夔魖奉神守，斷趺不許穿金絚。我欲排天眺平壤，霜高大漠聞呼鷹。作歌摩崖泣山鬼，昏巖夜聽雷搹轟。

登舞劍臺展眺作歌

天門匹練馳吳關，之罘塵起迷兜元。白雲蒼狗鶩寥廓，變滅任作兜羅綿。黃羊蘆酒不成醉，手揮落日窺窮邊。漁陽八月沙草白，穹廬蓋野悲風酸。烏鳶塌翅楓柏落，萬竈不動貔貅煙。居庸樓櫓靜嚴戍，烽清敉敉銷紅鋋。薊門畫角動秋塞，空巖日暮驚羊鞭。文登將軍復塵土，元戈餃蝕仙人壇。樛喬叫嘯舞猿鶴，電光仿佛蛟虯纏。岑寂荒臺塞榛莽，孤蓬坐振驚沙翻。蒼茫俯視但一氣，青氛白露沈虞淵。生不能如竇車騎，策勳雞鹿銘燕然。日南銅柱便須到，朱旗赤纛揚戈船。不然沖雪圍天山，鳥號白羽持中權。蒼鷹下韝飛隼沒，擊獐飲血吞生肩。安能彈鋏作遊戲，沾濡底事爭蝸涎。緹帷潛伏困株守，喙息無乃譏雌蟬。北平礪鏃尋李廣，來射猛虎田盤顛。

哀　臨　淮[1]

嗚呼怪事吾不圖，臨淮城上淮水趨。崩濤直下城郭無，沆漭巨澤菰與蒲。七月廿日吾在途,月再閱乃成沮洳。城頭鼓枹平地如,不知下有田舍廬。縣官俟我城南隅,我叩其略聲淚枯。淮流欲入洪澤湖,湖水逆淮淮倒驅。夜乘厥勢來吾郛,洶濤驟湧人叫呼。夫逃子逐牽其孥,坐拋屋宇群負嵎。有室而没田而瀦,細流入括倉廩儲,巨流橫灌牛羊徂。官凡三夜遷厥居,今之住者氓之逋。北風中人金僕姑,于野誰恤衣無襦。昨計丁户來十都,倉穀坐没償錙銖。千村萬落悲飢烏,貧者富者同嗚嗚。嗟哉不救啜與餔,坐無擘畫痊爾痡。願官好恤無母雛,天實鑒此非彼辜。民不堪命吁可虞,中丞今夜來其蘇。

校記:

[1] 此詩輯自《清詩紀事·乾隆朝卷》。

采葛篇

采葛思葉長,摘瓜思味甜。出門無所得,不如歸種田。一解。
種田一何好,田家一何勞。雨多壞我稼,雨少枯我苗。二解。
白馬張兩弓,馳驟風生弦。翻身斃走兔,一羽雙禽連。三解。
俠少逢狹邪,繁音雜兩厢。流連盼三婦,安坐樂未央。四解。
蒼鷹銜肉飛,側目尋故巢。抖毛落千尺,歸來哺嗷嗷。五解。
低頭思故鄉,易思復難忘。離獸西北馳,倦鳥東南翔。六解。

東郡道中雜詠

日暮風吹杜甫臺,荒城孤幛夕陽開。石門煙澹秋無色,潦倒誰傾濁酒杯。

青山萬點迥含愁,處處寒沙漲淺流。行近界河將北渡,濕雲草草不成秋。

二十封章迥不聞,可憐衰草被秋墳。鳶肩火色誰相識,挂頰寒原哭馬君。

夢　麟

征輅鹿鹿復班班,一棹空明荇藻間。日暮雲軿更何處,晚煙涼露冷魚山。

迢遞青岑暮靄橫,晚風浙瀝喚愁生。斷蛩寒葉秋無數,不耐空山更梵聲。

畫堞霜濃宿草荒,巋然誰識魯靈光。南樓一曲蒼林晚,古道人稀禾黍黃。

獨客愁心滿綠蕪,波光巖影過中都。違山十里音猶在,支枕殘陽聽蟪蛄。

孟縣早發洛陽道中雜詠

弓衣小隊詰朝閶,岸柳風吹宿霧還。却訝樹頭紅日出,隔河青見洛中山。

城外韓莊數里遙,墓田松柏晚蕭蕭。輪蹄却是匆忙甚,未沂靈風放小招。文公墓在韓莊,距城數里。

青疇雨足絕纖塵,楊柳輕風似暮春。樹樹綠陰吹不散,亂蟬聲過小平津。

古瓦長松冪晚煙,高歌空說中興年。金燈石馬無消息,日暮林寒拜杜鵑。光武陵在孟津道旁。

曲澗縈迴上北邙,斷煙枯木野蒼蒼。殘碑覆地鳥鳴樹,一派平沙落照黃。

寂歷荒郊向晚過,道傍高冢鬱嵯峨。珠襦玉柙三泉冷,月黑楓林鬼語多。

紅樓紫殿已丘墟,寂歷孤城腐草餘。風起野棠花滿徑,苑牆蕭瑟憶羊車。

向晚愁生薄笨車,路長襟帶半塵沙。洛陽舊是銷魂地,怕唱城東桃李花。

天　馬

天馬況,般燭維。鶩流景,炎光馳。躪東道,精爛垂。招靈氛,倏而下。騰蒸蒸,澹流赭。埃微颺,淡淡吹。城闕浮,飆以逝。歷弗毛,依有德。帝所覭,靈貢職。刷彼極,馴吾閒。紛佳哉,漢萬年。神冥冥,升秘府。斫朱禾,甘華黍。軒予姿,壽終古。壽終古,馳天閶。驂赤龍,遨玉堂。

大墙上蒿行

墙上蒿,長於人。我高不及牆,曷得如汝長？出頭豈不好？嗟嗟露與霜,憔悴先百草。

車遥遥篇

車遥遥,遥遥入煙霧。馬不肯停,車不肯住。一解。
觸石折軸,車輪無聲。白日欲落,風吹馬鳴。二解。
遠憶送者,此時到家。君意已息,我勞如何。三解。
食瓜遇苦,食梅遇酸。采薇苦飢,負薪苦寒。四解。
陟彼岨嶬,我心如荼。空林有聲,恐非令塗。五解。
道逢遊子,將別匆匆。出門入門,殊與我同。六解。

雉朝飛

雉朝飛,其羽灼灼。雌前跳,子後躍。於田於薄,是飲是啄。我弗如爾行樂,爾樂我哀。朝行出遊,歲暮獨歸。獨歸兮心悲,群嗷嗷兮夜飢。我無術兮哺兒,先我死者知之。

蝦䱇篇

蝦䱇在泥,不知龍騰。微禽入海,亦有化生。蘭蓀被墀,行踐其芳。自居下流,與人何傷。驊騮伏皁,悲鳴向風。世無長途,與駑駘

梦　麟

同。朝過泰岱，群岡間之。我不在高，焉知女卑。霜净草白，秋高天開。鷲鳥獨上，浮雲下來。東出咸陽，獨登古原。落日千里，孤懷萬年。

短兵篇

長戈蕩决，不如短兵。急呼親戚，不如友生。彈我瑶瑟，拂彼錦絲。音聲離離，我當好之。我心如環，憂不可絶。朝興夜眠，轉喉卷舌。狐狸拜月，却略似人。彼無其具，吾胡以親。財溺於淵，見者歡喜。我家固貧，爾亦不起。奴子盜具，行步戰身。我原不知，虛心畏人。

思悲翁

思悲翁，摇摇乎奚持。峻谷駭飆哀以凄。蒼龍遨於穹，安知毒螭。鳳凰翺翔，乃弗忘梟與鴟。嗟嗟鴻鵠，遐哉離思，悲翁乎安之。

句[1]

錦樣六朝隨水去，夕陽愁殺庾蘭成。

校記：

[1] 此詩無標題，輯自《清詩紀事·乾隆朝卷》。

博　　明

　　博明，原名貴明，字希哲，一字晰齋，號西齋。姓博爾濟吉特氏，世居烏葉爾白柴地方。其高祖天聰時入清，隸滿洲鑲藍旗，哈克薩佐領。祖父邵穆布在康熙朝曾任兩江總督。博明雍正末年出生於京師，孤貧無以爲家，宗老文端公勤之學。少從其姊夫沈泰初於廣東學幕。乾隆十二年(1747)丁卯科鄉試中舉，十六年肄業官學，十七年壬申科會試中進士，選庶常館，二十年散館授翰林院編修。二十一年主廣東鄉試，二十三年任起居注官，二十八年以洗馬出守廣西慶遠，三十七年任雲南迤西道，後降職，入爲兵部員外郎。四十二年春任鳳凰城權使。五十年在京，與千叟宴，作紀恩詩。其卒年雖未見明確記載，然仍可考。翁方綱在《西齋雜著二種序》中説："而西齋之卒，予適出使江西。"檢翁氏生平，他於乾隆四十九年六月由詹事府少詹事遷詹事，任至五十四年九月，其間於五十一年十月奉差督學江西。博明的《西齋偶得》卷下《外國紀年》條有案語云："西洋稱今乾隆五十三年戊申爲一千七百八十八年"，可見乾隆五十三年時博明尚在。那麽其卒年也當在乾隆五十三年至五十四年之間。①

　　其生平事蹟於《欽定八旗通志》卷一百四《選舉志三》、卷一百六《選舉志五》，清法式善著，張寅彭、强迪藝編校《梧門詩話合校》，清盛昱編《八旗文經》，柯愈春《清人詩文集總目提要》，錢仲聯主編《清詩

---

① 詳參榮蘇赫等編著《蒙古族文學史》，内蒙古人民出版社，2000年版。

博　明

紀事》中有載。

　　博明撰有《鳳城瑣録》一卷、《西齋偶得》三卷、重編《蒙古世系譜》五卷。詩歌創作有《西齋詩輯遺》三卷，《西齋詩草》《燕貽堂詩稿》等。另有一部《祀典録要》，未經刊刻，以鈔本形式傳世。

　　《鳳城瑣録》一卷，撰於乾隆四十二年，所記皆遼東及朝鮮故實，涉及該地區社會、經濟、文化以及清廷與朝鮮關係等諸多方面，具有較高的研究價值。有嘉慶六年廣陵刻本、《遼海叢書》本及其它鈔本行世。

　　《西齋偶得》屬於筆記雜録，分上、中、下三卷。內容包括天文、地理、器物、人事、史考、飲食、音樂、文學藝術等。卷上所收《狀元》條寫於乾隆三十六年，而收在卷下的《外國紀年》條談的却是五十三年之事，由此可推知其寫作時間延續了近二十年，非一時之作。嘉慶六年(1801)廣泰據邵楚帆淨寫本連同《鳳城瑣録》合刻於廣陵節署，是爲《西齋雜著二種》，有翁方綱序。光緒二十六年(1900)，楊鍾羲重刻《西齋偶得》於杭州，有譚獻序。

　　《西齋詩草》一部，鈔本，國家圖書館藏。其篇目不見於《西齋詩輯遺》者僅數首，而闕漏者却良多，當是初稿的傳鈔本。另有《西齋詩草》稿本一卷，有清王昶題詩，北京大學圖書館藏。

　　《西齋詩輯遺》三卷，嘉慶六年刻《西齋三種》本，遼寧圖書館、中國社會科學院圖書館、日本京都大學人文科學研究所藏；《西齋詩輯遺》三卷，道光七年(1827)穆彰阿刻本。刻本三卷並非以創作先後順序排列，共收詩一百數十首，外任之後所作居多。博明志耽風雅三十餘年，其詩作數量絶不止於此。其外孫穆彰阿《西齋先生詩文集序》中有"昨又於先生敝篋中得待刊詩文若干卷，郭景純之碎錦依舊斑斕，李義山之爛襦並無割裂"句，可見以《西齋詩輯遺》名集，謂其不全也。此本起於乾隆二十一年充廣東鄉試官時之作，有乾隆三十八年自序，翁方綱、邵自昌爲之鑒定。又有光緒二十六年重刻《西齋三種》

本，中國社會科學院圖書館藏；民國二十三年(1934)排印《西齋三種》本，存於日本京都大學人文科學研究所。

楊鍾義《雪橋詩話》："翁覃溪序《西齋雜著》云：'西齋洗馬……少承家世舊聞，加以博學多識，精思彊記。其於經史、詩文、書畫、藝術、馬步射、繙譯、國語源流，以及蒙古、唐古忒諸字母，無不貫串嫻習。與予生同里，乾隆丁卯同舉鄉試，壬申同中會試，同出桐城張樹彤先生之門，又同選庶常，同授編修，同直起居注，同修《續文獻通考》，同教習癸未科庶吉士，同官春坊中允。其後予視學粵東，西齋視察粵西。予寄詩有《十同篇》之詠。西齋之卒，予適出使江西，以所著此二篇於疾革時，託同里邵楚帆給諫。憶嘗同直館下十餘年間，讌談諧笑，若筆之於册，皆典故也，而今僅於此二種系之。西齋外任雲南迤西道，内官兵部郎中，而其在詞垣最久，故仍稱西齋洗馬，以志感舊之思。此稿在楚帆篋中十餘年，楚帆嘗與西齋同官兵曹，每惓念故交，必舉此編，以計日付劂爲快。今白山心齋給諫與楚帆同直，兩使南漕，將俶裝，亟以表章婦翁遺稿爲先務，並識以傳之。'心齋，郭佳氏，名廣泰，鶴舫相國尊人也。嘉慶辛酉刻於廣陵節署。復取《西齋詩輯遺》梓而行之，詩皆補外以後之作。錢擇石有《宏仁寺》及《觀荷》各詩，均西齋官中允時同作者，原詩皆散佚。"

自嘉慶初迄清末，許多重要的詩文集都曾收錄其詩作。清鐵保輯《熙朝雅頌集》收其詩二十七首，清鐵保輯《白山詩介》收其詩四首，清符葆森《國朝正雅集》、徐世昌編《晚晴簃詩匯》等亦有收錄。地方文獻也間有收錄者，如李根源《永昌府文徵》就收有他的七言排律《戊子自騰陽赴滇城襄試事途中次趙璞函永昌見寄韻》一首。

此次點校詩以清鐵保輯《熙朝雅頌集》卷八十（嘉慶刻本）爲底本，並參照清法式善著，張寅彭、強迪藝編校《梧門詩話合校》、楊鍾義撰《雪橋詩話全編》、徐世昌編《晚晴簃詩匯》卷八十一、錢仲聯主編《清詩紀事》，詩共計 41 首；文以《八旗文經》爲底本，並參照楊鍾

博　明

義《雪橋詩話全編》，文共計 4 篇。

天井山歌

我昔倚杖岱嶽日觀東之東，俯窺溟渤歸鴻濛。又嘗艤舟衡陽之西隩，祝融百丈矗遙空。北走塞上南走粵，燕然之石豁巒笋峒。今日滇雲來萬里，笋輿直上凌天風。一徑曲折八千丈，磴道逼仄如蠱叢。下視白雲銀海沸，呼吸疑與帝座通。豁然風動震巖谷，濤聲卷起萬壑松。是爲天井帝所汲，有時修綆千尺垂長虹。吁嗟乎！我聞井星八珠厥象鉞，以威六極誅頑凶。旁有弧矢下鈎駟，蒼狼妖狐無潛蹤。蕞爾蠻夷遊釜底，如領之蟻壞戶蟲。願伐天鼓隨雷公，鞭策箕伯驅豐隆。手杖天鉞擬黃鍾，直探其腦揕其胸，掃清禹甸寧堯封，四海之外車書同。青山巍巍水溶溶，豎儒偃臥草廬中，日日蠟屐支吟筇。

正月十一日夜行陽朔道舟中口占

灘陡波流急，山高月影昏。二更行十里，一艇下三門。嵐重浸添冷，梅香已透村。櫓聲偏咿啞，入夢破鄉魂。

和何宜山一齋韻

古寺含深洞，寒山對郭門。徑荒連野水，林缺識孤村。龍去雲猶護，鴻留雪有痕。坐聽風動鐸，淬厲意常存。

吳越知名士，三年接雅言。東山偕蠟屐，北海愧開尊。劇邑知同瘁，清時偶撥煩。張筵高嶺下，殘角度黃昏。

和稽蘭谷夜坐偶成韻

西園同雅集，坐久不知寒。明月三秋回，浮雲萬里看。宦情殊變幻，世味異鹹酸。消盡閒愁思，渾忘客夜闌。

送包三調元歸山陰

清齋索處静無喧，有客離亭對酒尊。十里曉風過桂嶺，片帆春雨下江門。盤飧愧我非賢主，放棹輪君返故園。擬約秋深重繫纜，小軒兄弟話黄昏。

和孫笠山秀才憶燕詩

采蓮腸斷木蘭舟，寂寞烏衣細語留。水驛殘陽何處夢，舊巢新壘總成愁。梁空故國三千里，簾捲西風十二樓。此日蕭齋重惆悵，浴鳧天氣話重遊。

山　谷　祠

宜州譴讁竟非訛，墓道荒城宿草多。一代黨人悲孟博，中天詩派並東坡。空堂歲晚陳雞黍，古屋秋深掛薜蘿。二十四家誰續訂，南詖宗嗣近如何。

柳　侯　祠

柳侯祠墓柳城北，山水清空畫不如。蕉荔春秋自祭獻，松楸風雨轉蕭疏。政成獞俗風猶古，歿作明神事不虛。太息老柑三兩樹，西風香尚滿庭除。

送龔酉峰赴普洱

南荒山勢極嶙岣，帝重循良命載巡。赤蘽秋風吹落日，黄茅瘴霧黯長津。宏開天網湯三面，率舞階干舜七旬。況是頻年勞撻伐，雷霆雨露總皇仁。

連城共倚仲卿謀，又向蠻方告遠遊。軍裏有名先破膽，陣前解甲盡囊頭。地中鼙鼓新都護，河畔笙歌舊列侯。充國老成看獻策，從今戎馬撒防秋。

博　明

偶　作

强將老骨自支持,莫怪逢人問是誰。一十四科前進士,萬三千里舊監司。病腸索寞慵耽酒,拙宦蕭條懶賦詩。衮衮諸公休自負,阿婆三五少年時。

乙巳九日,同樂槐亭寶藏寺登高,和壁上韻

六十衰顔太瘦生,喜無風雨涉旬晴。呼朋選勝臨初地,扶病題襟怯遠行。老骨幾廛秋氣健,壯心欲傍暮雲橫。一官自繫同雞肋,慚愧東籬插菊情。

恭賀御製千叟宴詩原韻[1]

令人新春景物妍,卿雲紃縵繞瓊筵。羲輪正值中天日,堯朔重符大衍年。五世仙源嘉慶集,兩朝盛事賞恩延。功成治定箕疇協,史册從來孰比肩?

校記:

[1] 此詩輯自《清詩紀事・乾隆朝卷》。

九日同何宜山一齋,時河池徐東蘭石船暨韓統軍遊南山寺,分韻得支字,仿謝康樂體

金飆滌炎景,林樹多閒姿。南山何崔巍,流水風淪漪。素心耽遊覽,佳日適與期。峨峨勝冠蓋,賓從饒威儀。清言愜雅懷,逸興欣良時。高木沃丹葉,嘉草清露滋。夕陽銷微雨,華月臨清池。乘時樂芳晏,節序何容悲。歸軒環山城,燈火連階墀。

食螺螄蟶分韻得一字

春水綠於油,暖風拂林木。介蟲孳育蕃,漁師勞搜索。葉。潔如

鮫珠光,青如璞玉質。迴旋化胎孕,堅殼固秘密。眉目慚渾沌,蠕動非蚓蛭。莫疑鉅就脯,應知蟻附虱。馨臭類草木,機械殊蚌鷸。銀釜初欲鳴,紫姜切筍橘。入口舌本滑,寧待將糖蜜。粲銷湯沃雪,酌溜泉出滭。豁齒嚼寒冰,可以炙爆疾。若遇何子季,豈遭蚶蠣叱。願言戒庖人,永以充口食。予非江海士,蟲魚辨一一。《本草》多誤證,《爾雅》亦散佚。歸來濡禿豪,補入食經帙。

遊感通寺是日大風

山風吹黃埃,輿夫時窘步。扶携躋石磴,陟降費草屨。諸天列上方,莊嚴妙相具。龍象寂不言,風旛定何樹。我聞焚天宮,各各有所雨。此豈欲界天,咫尺迷颶霧。殿角萬松濤,海潮雷鼓布。峨峨調御尊,渺渺人天路。無動以為動,非住得常住。入軒憩靜機,展轉成小悟。

謝何懦菴鮮荔枝

虬珠萬粒爭勻圓,雪膚紅襦相映鮮。旃檀清馥徹鼻觀,玉井甘液流華泉。蔡氏之譜少所讀,老虎廿載夢南天。葡萄漿濃甘瓜熟,安榴如缶藕如船。渴腸鎮日嚙冰雪,猶未足以滌腥膻。酒酣吟倦每思及,如逢麯車口流涎。上方珍異叨分惠,安得盈笥兼年年。朝來食指忽覺動,火齊一夕堆盤前。入口煩襟已頓釋,飽噉酷暑應長蠲。楓亭日暮羅浮遠,習習兩腋生風煙。晨起欲啖三百顆,俸囊何恤無餘錢。南荒勝事此第一,問誰之惠惟髯仙。問誰之惠惟髯仙,長吟代謝擘蠻箋。

大觀帖歌爲柳城倪明府作并序

《大觀帖》十册,爲永淳令張醴泉所藏。張歿,倪君厚賻之,嗣君以是歸焉。首鈐御書小璽,下有"秋壑之印",蓋賈物也。明太倉王奉常敬美跋後,並以硃楷

博　明

釋其難辨者。有"世戀"及"備員畿輔"二小印，神采煥耀，墨光黯澹，真可寶也。

宋皇繼世尊書格，官帖傳聞淳化閣。祐陵博雅紹前聞，大觀之年再鐫鑿。宰相編成書姓名，國工鉤出施鋒鍔。萬歲通天何足言，太清絳帖僅膚膜。柳城明府重延予，古本十弱同揣度。開龕已覺墨香浮，睇觀但見筆姿躍。晉人腕力宛在斯，心花怒生眼光錯。御書小璽壓當頭，藏者誰歟賈秋壑。王家小美擅書名，評論千秋任淩轢。跋尾長篇幾讚揚，注旁小楷頻斟酌，畿輔備員鈐玉章，信是當年真手澤。徘徊此物五百年，錦軸牙籤尚如昨。蟲魚兵燹不能傷，元氣真宰相磅礴。南州參議今書家，對閱但生驚與愕。伊予好古有癡緣，饕餮平生辨精臒。硬黃繭紙膺與真，宋榻唐鉤美並惡。無端光怪照昏眸，此事今朝洵可樂。倪君厚德致茲珍，神物由來重所托。拈毫不禁發長言，心思愁枯筆韻弱。

赴滇城襄試事紀行次韻

籃輿圍毧笋裹錫，直上危峰倚仄壁。秋霖樹杪瀑布懸，倒瀉銀河驚霹靂。有時天外掛殘陽，雨腳嵐光相射激。郵館下馬病怯寒，疏櫺更借重簾冪。嗟予七載離長安，雒粵荒城甘闃寂。簿書堆案吏奔走，故我情懷了莫覓。短衣瘦馬來滇南，都護牙門聽鼓笛。塵封囊簏疏筆墨，雲隔音書謝友戚。況有百憂來中人，誰挹洪流一洗滌。車輪日日東復西，年來飯盡驛亭嚙。理煩自顧性多迂，守拙自喜情少適。風簷甘苦半生心。故人最樂復來覿，千山桂傍簾前香。三危露向松梢滴，摩挲結習未能除。如壁上觀鉅鹿敵。

周　瑜[1]

小喬初嫁正風流，繡袴綸巾冠列侯。一曲紅牙三爵後，元戎帳上幾回頭。

校記：

[1]此詩輯自《梧門詩話合校》卷九。

張　遼[1]

將軍飛騎過山溪，無數村兒盡不啼。橋上曉風橋下水，蜀山秋草接雲齊。

校記：

[1]此詩輯自《梧門詩話合校》卷九。

曹　植[1]

八斗才名紀異材，終焉於此亦堪哀。洛川西望盈盈水，羅襪月明波上來。

校記：

[1]此詩輯自《梧門詩話合校》卷九。

焦仲卿妻[1]

南來孔雀喜雙翔，白馬青廬積恨長。千載人行梧柏路，五更啼斷兩鴛鴦。

校記：

[1]此詩輯自《梧門詩話合校》卷九。

題自畫燈屏絕句[1]
牡　丹

別館春深擁麗華，十分香透綠窗紗。黃裳紫袖宮妝樣，不在姚家在魏家。

博　明

校記：
[1] 此詩輯自《雪橋詩話》卷六。

水　仙
小室熏爐徹夜燃，竹牀紙帳自酣眠。起來覓取宣窰鉢，自合春冰種水仙。

朱　榴
粒粒含來火齊珠，南熏風裏露丹膚。羞他閑色稱紅紫，寫出堂前百子圖。

青蓮花
旃檀清馥散輕蘋，素質亭亭野水濱。底事辨才參舌觀，李家仙客是前身。

芭　蕉
蔭得濃陰透綺疏，一庭秋雨晚風徐。官衙坐對無餘事，烏帽輕衫著道書。

柚
一院秋容碩果垂，好香偏傍晚風吹。厥包原屬天家貢，豈獨楓亭重荔支。

青璞石
皺瘦當年漫道奇，渾然太璞足貞姿。更煩借取昆吾鐵，刻作人間碧落碑。

紅　梅
雪後園林偏照眼，水邊籬落更生妍。於今識得真仙貌，莫把朱顏擬杜鵑。

遊萬柳堂句[1]
懷殘鼠璞何容惜，難擾龍狂未肯降。莫負清秋好節序，倚欄且覆酒瓢雙。

校記：

[1]此詩輯自錢仲聯主編《清詩紀事·乾隆朝卷》。《雪橋詩話》："西齋於乾隆丙子主廣東試，戊寅日講起居注官者七年。萬里投荒，迴旋於子厚種柳、升庵簪花之地者七載。又後爲郎，白首于役陪都。嘗以丙午九日遊萬柳塘，坐客有惜其衰孱而作不平之鳴者，西齋賦詩云云。其天機蕭散，初不以世緣相縛也。"

輿人言有序

粵地萬山懸焉，一徑蛇行於中，不惟無車，更無騎，赤足輿夫蹶於石罅水涯，時聞其呼號，此不第勞者之歌也。作《輿人言》八章。

走走復走走，長亭與短亭，十里五里迤邐行。速速更速速，茅亭接茅屋，倚竿且啖兩錢粥。

過小橋，橋小時防蹶。怪石怒攢劍直突，陰流下有蛟龍窟，石齧血流足見骨。

左靠右靠，左空右空。彳亍戰慓，前却東龍。陰風灑灑，霧雨濛濛。傴僂肩臂，其曲如弓。

上連臺，臺高努力上。復上一級一尺，百級十丈。痛徹於心兩脚掌，輿中之人坐而仰。

上坡路，奔向前。下坡路，拽在後。前支足，後曲手。泥在身，汗覆首。一筒米，二鍾酒。俟歸來，養我母。

泥水石頭路，仔細好著步。泥滑水深奈若何？且聽鷓鴣滿山多，行不得也哥哥。

且歇誰敢歇，官有緊事。清晨髮張髯，瞑目十走卒，行行若遲便打咄。

平陽路，且十里。左有修竹右芳芷，青如毯坡平似紙。嗟嗟輿人且莫喜，萬仞之山面前起。

博　明

偶得論義山詩[1]

《碧城》三首，不惟朱竹垞之辨甚確，末首直出《武皇内傳》，即作者亦恐人誤認而明言之，必曲爲公主入道之説，則所謂"人間不知"者何事，詩人何爲而鄭重言之乎？今爲逐句箋之，然後義山之意可見。貴妃以女道士入宫，故三首皆作仙家語。第一首首聯以仙山比宫禁，三句言選入，四句言進宫。三聯"星沈雨過"，蓋指武惠妃殂後，而阿環乃專承恩倖，末聯以趙家姊妹餽遺之物，寄言武惠若未殂，猶得交相妒寵，或不致佚樂而受禍，詩人忠厚之旨也。二首乃指入宫時事，"對影聞聲"，人言妃之美也。"玉池蓮葉"，竹垞謂妃以處子入宫，蕭史者壽王，洪崖指帝，皆以仙人喻之也。或曰洪崖謂禄山者，非。蓋唐人詠妃事，多言其入宫怙寵，未有斥及阿犖者。"紫鳳"一聯，驕縱已極，"鄂君恨望"，亦謂壽王焚香獨自眠，即"薛王沉醉壽王醒"之意。有謂此言妃殁後，帝思妃，非是。蓋三首始言妃之死也。"七夕相逢"，溯入宫之日。"簾幕至今垂"，人不見矣。"桂輪生魄"，喻月缺，"珊瑚無枝"，喻花殘。"神方駐景"，隱鴻都客事。"鳳紙相思"，即《長恨歌》意。唐人無不以秋風客擬南内人，作者已顯言之，更何必出己意，以爲曲説哉！

校記：

[1] 此文輯自《雪橋詩話》卷六。

《鳳城瑣録》自序

鳳皇城僻在東南，邊門在鳳皇城東南。其地形山水，即瀋城人多不之知，況都中乎？官其地者率無筆載，居人亦鮮讀書好事者，軼事恐久而胥湮也。予於强圉作噩之春仲抵任，即詢訪故蹟，惜無知之者，求十一於千百，浸録成帙，半皆瑣細，用備考核。朝鮮貢員亦時相過訪，並問其國中典故，亦間有所得，集其語附焉。其大政令，邊裔微官，固不能知，且有所諱避，而戒不言也。時爲歲之仲秋朔日。

《西齋偶得》自序

予自髫年侍先人，即獲聞緒論於辨證考訂之事，每心志之。長得肆力於學，因知今之考證者，非衍舊說，即涉穿鑿附會。比歲亦有所論述，然於是二者恒謹持之，浸久成帙，錄之以備遺忘。乾隆三十八年。

題評本昌黎詩集

《昌黎先生詩》十卷，朱筆爲何義門批點，墨筆爲朱竹垞批點，依原本錄焉。時己卯端陽前二日也。蓋莊謐菴得之姚江黃君稚圭者。黃館莊方耕，少宗伯謐菴與兄伯塤爲少宗伯從兄弟，伯塤適館余舍，是以轉相鈔錄也。

此余鈔批時所識也。丁酉十一月，因裝是册，復錄前識於首幅。晰齋博明書於鳳凰城邊門之草廬。

博 卿 額

博卿額(？—1785)，又作博清額，字虛宥，博爾濟吉特氏。乾隆十三年(1748)戊辰科進士。姓富察。其先世明安爲蒙古科爾沁兀魯特部貝勒。天命二年(1617)率衆歸清，別立爲兀魯特蒙古一旗。天聰六年(1632)以內附諸蒙古所行多違命，罷蒙古旗，俱散隸諸貝勒所領牛録，明安改隸滿洲正黃旗。故有論者稱博卿額爲滿洲人。

乾隆十七年，以翻譯進士授兵部主事，遷户部員外郎、軍機章京行走。二十五年典試四川，二十七年復視學於蜀，三十三年又典試浙江，三十四年，隨經略大學士傅恒赴緬甸軍營，十月，大軍敗賊於新街，博卿額在事有功，議敘加一級。三十五年三月，回京，授正藍旗滿洲副都統，七月，署兵部侍郎兼理刑部侍郎事。三十六年授内閣大學士。四十年授正黃旗蒙古副都統。四十五年十月，遷理藩院尚書，署都察院左都御史，十一月命往西藏辦事。四十九年授正白旗蒙古都統。五十年，詔還京，未至而卒。賜祭葬如例，謚"恭勤"。

其生平事蹟於《欽定八旗通志》卷一百二十《藝文志》、卷一百四十五《人物志二十五·大臣傳十一》、卷三百二十一《八旗大臣年表十二·八旗都統年表二·滿洲八旗二》、卷三百二十五《八旗大臣年表十六·八旗都統年表六·蒙古八旗三》，清李桓輯《國朝耆獻類徵》卷九十一，趙爾巽《清史稿》卷二百二十九《明安傳》，恩華纂輯《八旗藝文編目》中有載。

清鐵保輯《熙朝雅頌集》引《欽定八旗通志》著録："《博虛宥詩草》

三卷，博清額撰。首卷爲乾隆庚辰（二十五年）典試四川時作，次卷爲壬午（乾隆二十七年）視學四川時作，皆名《使蜀草》。三卷爲戊子（乾隆三十三年）典試浙江時作。寥寥篇什，近體多而古體少，亦未見其全集也。"《八旗藝文編目》和《八旗人著述存目》根據《八旗通志》著錄，均未説明此集是否有刻本存世。

《欽定八旗通志》卷一百四十五《人物志二十五·大臣傳十一·滿洲鑲黄旗十一》曰："博清額以派往審事之人，即同富勒渾帶兵馳守蒙古橋，旋往美諾與海蘭察督兵聲援。連日，海蘭察奏到，諸摺俱有條理，必係博清額爲軍機章京，辦事年久，熟習機宜，故能周到若此。著賞戴孔雀翎。"

此次點校詩以清鐵保輯《熙朝雅頌集》卷七十八（嘉慶刻本）爲底本，並參照楊鍾羲《雪橋詩話全編》，徐世昌編《晚晴簃詩匯》，詩共計29首。

小相嶺用周學使碑上韻

漢相經營地，孤城此日存。斷碑横驛路，老樹護關門。天末迴峰影，山根極水痕。晚風聞社鼓，報賽遍江村。

星軺度峻嶺，古意至今存。婦女耕山坂，牛羊識塞門。人煙消瘴厲，水木淡霜痕。絶域沾王化，寧聞犬吠村。

夜宿山村

深山殊氣候，裘葛换朝昏。螢焰當春耀，蟲聲入夏繁。亂峰盤驛路，流水繞孤村。薄暮投人宿，疏籬月映門。

抵梁山縣

十日雲中宿，三年劍外行。旗旄分樹色，鼓吹入灘聲。賓館多僧舍，花封半石城。相逢談禮讓，笑對魯諸生。

博 卿 額

舟 中 聞 笛

極浦寒吹笛,清商隔水聽。梅花飄暮嶺,楊柳折秋汀。龍水江潭黑,猿聲楓樹青。煙波深浩渺,何處問湘靈。

雨 度 大 相 嶺

岩嶢丞相嶺,回合萬峰高。雲氣深如海,林風響作濤。化行今日遠,戡定昔時勞。喜見耕南畝,蠻人盡賣刀。

白 帝 城 晚 眺

夔門形勝地,鎖鑰控巴東。魚水千秋盛,蟲沙萬劫空。人家楓樹外,漁火石潭中。陵谷沉殘碣,登臨感慨同。

廣 元 登 舟

十里江湖夢,登舟一悵然。桑麻深岸雨,橘柚近村煙。打槳聞巴語,揚帆見楚船。感懷清淚落,旅宿不成眠。

昭 化 舟 中

孤城一夜宿,冒雨下輕航。歸日三冬盡,征途萬里長。灘聲連白水,山勢帶青蕪。最愛斜陽外,溪流粳稻香。

宿 保 安

平隄入望草連空,上谷雲山咫尺中。城郭蒼茫煙雨暮,人家稠密夜燈紅。驛亭使節文章貴,開府牙旗氣象雄。明日一鞭應破曉,五花臺畔馬嘶風。

蒲 州

天涯杯酒笑相酬,握手河亭識舊遊。琴鶴喜歸今太守,山川誰問古諸侯。灘聲夜落黿鼉窟，雲影秋高鸛鵲樓。明日星軺更西去，寒雲古木隔雍州。

潼　關

洑漭河流接紫氛，女牆高鎖嶺頭雲。西風古渡帆千幅，野戍長空雁幾群。地迥關分秦晉界，天陰鬼哭漢唐墳。從來恃險無良策，莫把興亡問領軍。

長　安

柳岸蟬聲渭水流，青門覽古暫淹留。秦中王氣沈三輔，關內山形控九州。月露久移銅柱影，煙波深鎖石鯨秋。於今作鎮猶開府，鼓角西風萬里愁。

五丁峽

天險曾聞辟五丁，峽中陰雨尚清零。蛇龍霧結深潭黑，虎豹風生密箐腥。水急石槽翻白浪，風高樹杪透青冥。盤回行盡愁人處，喜見殘花滿驛亭。

偕黃大令醒晨登平都山作示幕中諸友

江干月上暝煙收，暮夜攀援到嶺頭。桂國餘威留古殿，仙人殘局在高樓。陰廊鬼火當人滅，哀壑春花帶雨流。惆悵斷碑文字沒，昔賢曾此重勾留。

亂石突兀枕江流，梵字平臨杜若洲。青嶂燈懸如野燒，黃昏雨過似殘秋。今君撫字花爲縣，使者登臨月滿樓。漫許操觚能作□，揮毫畢竟遜應劉。

科試畢駐江油學署

聖世甄陶漸被寬，節旄萬里陟文壇。行將黑水華陽盡，吟遍青天蜀道難。石氣晴蒸山閣潤，灘聲夜入郡城寒。京華屈指歸期近，天闕頻依北斗看。

重慶舟次

岷濤東下泊渝洲，風景依然感舊遊。四面江聲喧夜市，一城燈火壓山頭。烏蠻斥堠三更角，白月帆檣萬里舟。屺岵昨年瞻望地，碧雲何處淚空流。

巫　峽

天垂石壁隔江流，百里陰森雪浪浮。深澗寒雲埋虎豹，層崖古木掛獼猴。楚騷屈宋空千古，禹跡荆梁劃兩州。無限青山争掛笏，不知何處數峰頭。

郵亭贈李別駕東來

廿年聚散感飛蓬，郵館蕭蕭古樹風。人過潯江千嶂外，城臨越巂百蠻中。論交齒在先生後，監郡儀於太守同。今日南荒成樂土，願將弦誦化群蒙。

途次擢翰林學士抵敘州作

鷁首南來畫槳輕，青山夾岸記郵程。三年使節乘春水，兩度行旌駐郡城。吏識瀛洲新學士，人迎國子舊先生。聖朝雨露滋芹藻，庠序欣看教化成。

襄陽舟次

幡塚曾探漢水源，片帆今更涉襄樊。荒祠萬古悲羊傅，晴雪千峰照鹿門。繞樹寒鴉來楚澤，拂雲征雁入中原。誰憐歲暮天涯客，搔首青楓江上村。

九日二臺僧舍和友人原韻

一樽萸酒駐衰顏，乘興同登負郭山。四塞關河臨眺外，百年風雨笑談間。香林盤地雙松古，琳宇淩空老衲閒。搖落不須頻悵望，會看煦嫗日車還。

漢　　中

周遭山翠列屏齊，草色平原望欲迷。雲棧南來秦地盡，漢江東去楚天低。轟雷絕壑巴船響，落日荒祠杜宇啼。遥指嵐光何處宿，西風筇馬頓銜嘶。

夔　　州

魚水恩深際會奇，永安遺命至今悲。三分長抱中原恨，兩表無慚地下知。庭樹千年棲翡翠，峽雲終古護罘罳。夕陽江上多殘壘，想見揮戈教戰時。

軒窗縹緲枕江開，遠岫如屏翠色來。濃綠初嘗官舍酒，嫩黃偏熟郡城梅。雲飛朝暮催靈雨，風送雌雄上楚臺。地近沅湘饒賦客，文壇不乏出群材。

開 封 道 中

墟里炊煙動曙光，星軺絡繹度康莊。殷周朝會中原地，漢楚戎車百戰場。嵩嶽千盤含紫翠，黃河九折入青蒼。獨憐萬里歸心急，野寺鐘聲又夕陽。

涿　　州

炎蒸方司令，溽暑正中人。涼雨從西來，輕飈偃征塵。遥見涿鹿城，斷橋橫北門。攬轡踏淺沙，岸草綠溫暾。登臨懷往跡，漢季生哲人。隆準帝室胄，失勢竟長貧。發憤起草澤，杖策滅黃巾。阿瞞愛推許,英雄共使君。王業臨漢沔,正統定一尊。至今鄕里兒,猶説樓桑村。

井　陘

朝渡滹沱河,暮抵陘山驛。山勢劃燕雲,喬木生蒙密。沙礫古戰場,高城銜落日。太息成安君,論兵誤儒術。戰鼓水上來,赤幟谷中出。鉅鹿二十萬,一旦嗟失律。遂使淮陰功,當時罕儔匹。聽謀貴謙沖,秉鉞慎驕逸。左車言誠用,勝負寧可必。

福 明 安

福明安，字欽文，一字在亭，隸蒙古鑲紅旗。乾隆六年（1741）辛酉科舉人，乾隆十三年戊辰科二甲進士，後入翰林院充做庶吉士，散館授主事。累官至翰林院侍講學士。

其生平事蹟於《欽定八旗通志》卷一百四《選舉表三》、卷一百六《選舉志五》，清鐵保輯《熙朝雅頌集》，法式善《清秘述聞》《梧門詩話》中有載。

福明安有文采，善爲詩，但無詩集傳世。

清鐵保輯《熙朝雅頌集》收錄其《登故山頂》《宿故山寺》《奉使南河賦呈同事》《秋晚西郊遊眺》《夜過維揚》《役中除日》六首。

此次詩點校以清鐵保輯《熙朝雅頌集》卷七十八（嘉慶刻本）爲底本。

登故山頂

佳名愛故山，誰此卧層巖。石磴穿雲入，煙嵐附葛攀。澗幽花馥馥，谷静鳥關關。征客暫停蓋，山中人正閒。

宿故山寺

自策尋幽杖，無人識使車。磴盤青石路，嶺抱白雲居。花氣一窗重，松聲萬壑虛。塵襟今已净，支枕暮鐘餘。

福 明 安

奉使南河賦呈同事
其咨上廑一人懷,絡繹名卿出省臺。脫穎仙曹皆妙選,濫竽星使及凡材。禹功萬古行無事,漢策三條信有才。蒭劣竊圖身負鍤,安瀾指日上書來。

秋晚西郊遊眺
連朝風雨送重陽,秋意蕭蕭作晚涼。山遍翠嵐時間紫,林多丹葉未全黃。煙生返照明鴉背,霜凈晴空度雁行。也爲閒居來選勝,敢將高詠繼柴桑。

夜過維揚
月明二十四橋頭,隱隱高歌處處樓。枉作人間騎鶴客,夜帆容易別揚州。

役中除日
旅館寒棲夜四更,強回殘夢已天明。忽然知是年除日,村落人家爆竹聲。

惠　　齡

惠齡(？—1804)，字椿亭，號瑤圃，薩爾圖克氏，蒙古正白旗人，詩人兼書法家。其父納延泰世居科爾沁地方，乾隆年間，官至理藩院尚書，軍機大臣。

惠齡自幼受學於盧垓甫上舍。乾隆二十一年(1756)由翻譯官補戶部筆帖式，充軍機章京，累遷員外郎。後因故被革。三十九年，復起用爲戶部主事，仍直軍機。四十年，予副都統銜，充西寧辦事大臣。歷任工部、吏部、戶部侍郎，兼正黃旗滿洲副都統。嘉慶元年(1796)，加太子少保，署工部尚書、理藩院尚書，兼鑲白旗蒙古都統。晚年屢遭貶謫。嘉慶九年卒。謚"勤襄"。

其生平事蹟於《欽定八旗通志》卷三百二十二《八旗大臣年表十三・八旗都統年表三・滿洲八旗三》，清李桓輯《國朝耆獻類徵初編》卷一百八十四，清張國常纂修《重修皋蘭縣志》，王鍾翰點校《清史列傳》卷三十，趙爾巽《清史稿》卷三百四十五，王樹楠、吳廷燮、金毓黻等纂《奉天通志》中有載。

惠齡富有文采，能詩善書，頗受時人稱頌，但無詩集傳世。潘瑛、高岑《國朝詩萃初集》及郭則沄《十朝詩乘》均收錄有惠齡詩歌。

楊鍾羲《雪橋詩話》評其詩："清新婉約，亦見詩情。"

此次點校詩以楊鍾羲《雪橋詩話全編》爲底本，詩共計1首，殘句3聯。

惠　　齡

秋　宵

離懷輕易豈能休，打疊新愁換舊愁。宿酒大都隨夢醒，殘燈多半爲詩留。月扶花影偏憐夜，風得棋聲亦帶秋。漸覺宵寒禁不起，笑披鶴氅也溫柔。

過　哈　密

路向車師雲黯淡，天連吐穀雪模糊。

過　潼　關

馬嘶沙岸寒濤外，人倚山城夕照中。

果　子　溝

斷橋積雪迷人跡，古澗堆冰礙馬蹄。

廣　　順

廣順(1734—1794)，字熙若，號秀峰，伍堯氏，隸蒙古正黄旗。法式善父。乾隆二十五年(1760)舉庚辰鄉試，清平管領。任内務府銀庫六品庫掌，敕授承德郎。官至織染局司庫。乾隆五十九年卒，誥授中議大夫。

其生平事蹟於《欽定八旗通志》卷一百六《選舉志五》，清鐵保輯《熙朝雅頌集》卷八十三，清法式善《八旗詩話》中有載。

廣順無詩集傳世，《熙朝雅頌集》卷八十三收録其《夜步》《即目》《贈僧》《晚坐》《秋晚玉泉山即事(其一、其二)》六首。

法式善《八旗詩話》評價詩曰："淡遠幽秀，似韋柳。集中語通禪悟。"

此次點校詩以清鐵保輯《熙朝雅頌集》(嘉慶刻本)爲底本，詩共計6首。

夜　步
萬葉悄無聲，一蟬吟不已。披衣步明月，前溪暗煙水。

即　目
捲簾春雨過，庭日已西斜。蜂蝶休來擾，呼童掃落花。

贈　僧
生平怕參佛，一日未離僧。説到無生滅，知君也不能。

廣　順

晚　坐
不知月已上，但覺秋無聲。瞥見螢飛過，花間數點明。

秋晚玉泉山即事
其　一
山氣著人涼，蟲聲入夜苦。月明燈漸昏，松花落如雨。
其　二
驚起鷺鷥飛，且踏秋煙往。不見打魚人，但聞荷葉響。

嵩 貴

嵩貴(1733—1789)，字撫棠，號補堂，隸蒙古正黃旗。乾隆二十一年(1756)丙子科舉人。乾隆二十六年辛巳恩科進士，改翰林院庶吉士。乾隆二十八年散館，授編修。三十年遷侍講，三十二年四月充日講起居注官，同年八月，出任提督河南學政。三十八年升武英殿大學士，兼禮部侍郎銜。四十八年三月因讀本錯誤革職，五十二年復升詹事，五十四年去世。

其生平事蹟於《欽定八旗通志》卷一百四《選舉表三》、卷一百六《選舉志五》、卷三百十三《八旗大臣年表四·內閣大臣年表三》，清福格《聽雨叢談》卷十，清震鈞《天咫偶聞》，恩華纂輯《八旗藝文編目》中有載。

嵩貴有詩集《郵囊存略》，僅有鈔本，無刻本，今已不傳。嵩貴詩作今已大多散佚，現存僅三十餘首。

清鐵保輯《白山詩介》收嵩貴詩四首。清鐵保輯《熙朝雅頌集》卷八十三收錄其詩《讀書臺懷古》《風穴寺》《馮秋船蕪城送別圖》等二十七首。《承德府志》卷五十六《藝文》九收其詩《恭和聖制煙雨樓對雨元韻》《恭和聖制晴碧亭憶舊元韻》《恭和聖制古松書屋作歌元韻》三首。

湯大奎《炙硯瑣談》："宋太牢漫堂西陂六詠，名人率多和章。余令商丘時，與嵩補堂學使遊覽竟日，即席賦詩，最愛其《綠波村》云：'秋夢落何處，迢迢綠雲裏。'詞致清遠，直逼左司。"法式善《八旗詩話》評曰："學士屢掌文衡，八旗俊彥，多出門下。嘗與余談詩，示余手稿一册，錢香樹尚書所丹鉛者，秀潤中具蒼古之致。"

此次點校詩以清鐵保輯《熙朝雅頌集》（嘉慶刻本）爲底本，並參照清法式善著《梧門詩話》，楊鍾羲撰《雪橋詩話全編》，詩共計 27 首，殘句 3 聯。

過沮溺耦耕處

黃城山下流，悠悠日東注。沮溺久已矣，猶傳耦耕處。昔賢此問津，我亦歌行路。獨鳥倦飛還，晚涼生竹樹。

由陝州取道硤石有作

馬上看秋色，宏農路舊徑。雲歸樵徑白，松繞寺門青。遠水通熊耳，雄關接雁翎。崤陵問風雨，悵望此山亭。

送史葉素北上

直北青霄近，征靷發洛城。客心千里夢，梁月幾時情。嶽色天中削，河流樹裏明。防身長劍在，看爾倚天鳴。

次韻答秋船

十丈黃塵裏，三年此宦遊。君來破岑寂，客館有賡酬。見地多深語，論文與細求。數聲羌笛遠，月夜在溱洲。

賓陽洞留題

每過香山寺，賓陽得小留。候門惟老衲，隔岸有孤丘。水長供漁艇，雲深護石樓。摩挲殘碣晚，俯仰動閒愁。

蘇門山即景

百道珠泉繞，湯湯古衛源。竹分春水潤，鳥占暮林喧。積蘚封碑字，團雲養石根。猶聞鸞鶴響，長嘯下蘇門。

贈別印菽園

行即買舟去，與君且縱談。句無長慶後，名在大江南。落拓非關酒，蕭閒欲結菴。憶尋仙子跡，曾入洛陽三。

所向知無敵，原非紙上談。龍門一破浪，鵬翮遂圖南。蘋末風隨艇，槐陰月滿菴。梁園今日別，回首歲逾三。

項城早發二首

暑氣薄於曉，星稀第一程。近村分樹色，隔水亂雞聲。霸業終消歇，高墉幾變更。相憐惟落月，送客若爲情。

落月已漸沒，農夫唱曉耕。如何古項地，不作楚歌聲。野曠早涼借，林深夜氣清。悠然車馬度，未覺暗塵生。

魏處士草堂

路入甘棠宿雨收，數峰遙對草堂幽。停車爲訪殘碑讀，好事曾聞載酒遊。苦節自能終畝，白衣休道傲王侯。清泉白石仍無恙，古洞蕭蕭猿鶴愁。

彰德道中新霽

雨過林巒滿郭青，一番清興寄郵亭。霜風瑟瑟蛩吟砌，蒲柳蕭蕭雁落汀。驛路詩成堪作畫，馬頭山立恰如屏。相思醉白堂前客，擬把清尊酌渌醽。

香山寺

洛城南望聳煙鬟，徙倚珠林趐破閒。秋水漲痕猶帶綠，夕陽落葉未成斑。雲開伊闕連天闕，人說香山是佛山。記得風流白少傅，尚期他劫老禪關。

重遊香山寺分韻得門字

郭外鶯花又一番，坐來初地靜塵喧。插天螺髻浮新翠，糁徑魚衣沒舊痕。九老何年傳洛社，三春有客到龍門。即今佳氣還葱鬱，仁壽皇居幾處存。

陳州道中雨霽

滑滑泥方歎奈何，東門楊柳引驪歌。馬頭雲散遠天出，樹下風搖殘雨多。種秫綠肥秋後酒，漚麻青漲曉來波。他時記取睢陽道，四野晴嵐照眼過。

倚雲樓西窗晚眺

玉女西窗翠幕橫，小橋宛轉瀉澄泓。輕儵唼絮浮新漲，舞燕將雛試晚晴。直欲西江一口吸，好留斜月半牀明。春申故宅丹爐冷，萬井人煙十二城。

夏日宋城試院作次張文潛韻

石鼎茶聲秋沸蠅，北窗笙簟睡初興。雨餘槐蔭開青幕，風過雲容引碧繒。報國祇應心似水，掄才却愧鑒如冰。座中幸有徐焦在，白玉寒泉淡鬱蒸。

讀書臺懷古

攬轡宛丘道，晚山送遠響。四月夏未深，衆綠崒森爽。此地古神畿，沙平已如掌。柳湖久揚塵，老樹餘三兩。蕭閒讀書臺，幾人此俯仰。悠哉潁濱老，遺跡動嗟賞。欲作清夜遊，冠蓋苦搶攘。一尊謝清風，新詩在歸鞅。

風　穴　寺

　　出郭訪初地,浩蕩送春目。盤盤萬株柏,數里亘寒綠。青冥一掌横,鑿翠開乾竺。空堂粥魚聲,幽響答嚴瀑。同遊皆静者,不厭歷紆曲。飛廉怒始戢,是日大風行至山下方止。雜樹放溫旭。雲中一發青,遠見峨眉角。臨汝屬三川,左股跨嵩嶽。兹山結何年,形勝壓東朔。況資象教力,兼聞托高躅。我來溯宗風,猶喜慧燈續。坐參玉版禪,寺中得食新笋。風流覷玉局。喧呼候吏迎,未得夜秉燭。明月猶趁人,歸欤戒征軸。

馮秋船蕪城送別圖

　　朝向邗江遊,暮向邗江去。垂柳千萬絲,一葉留不住。平生愛良友,傾蓋見積愫。不减太白豪,恰與汪倫遇。華飛瓜步春,腸斷蕪城路。依依把酒日,渺渺張帆處。鴻爪漫留圖,驪歌遍題句。莫遣旅人看,梁雲照山樹。

光州道中次馮秋船韻

　　入望山川勝畫圖,行人指點説東吴。弋陽我是重來客,野老於今記得無。

　　三眠弱柳蘸波齊,畫舫沖煙散小鷖。如此風光留未得,少陵空負浣花溪。

　　數家臨水也成村,野竹編籬不出門。錯道飛升仙子宅,夕陽幾處散雞豚。

　　桔橰聲遠綠蕪平,隊隊鋤犁趁曉耕。未是華林園裏路,幽禽故故傍人鳴。

　　兩岸旗亭自短長,鷗群無數浴回塘。眼前荇藻多如許,何似中庭月一方。

　　梅黄樹樹聽鳴鳩,刺水秧針半出頭。記得詩人行處樂,雨中騎馬

嵩　貴

到光州。

硤　石　道　中
夕陽山徑驛塵稀,硤石秋風動客衣。北望鄉關鴻影外,千崖紅樹暮雲歸。

緑　波　村[1]
秋夢落何處[2],迢迢緑雲裏。

校記:

[1]緑波村:《雪橋詩話全編》卷七作"西陂"。

[2]秋夢落何處:《雪橋詩話全編》卷七作"後夜伊人夢"。

無　題[1]
遠水通熊耳,雄關接雁翎。

校記:

[1]此詩爲殘句,輯自《梧門詩話合校》卷八。

殘　句[1]
殘雪無風還戀樹,好花如蠟亦名梅。

校記:

[1]此詩無標題,輯自《梧門詩話合校》卷八。

永　　慧

永慧，字睿林，謨爾啓特氏，隸蒙古鑲黃旗。生卒年不詳。乾隆十七年（1752）壬申科舉人，乾隆二十八年進士。歷官兵部員外郎、江蘇淮安府知府，淮揚河務兵備道，荆州知府，江西按察使，雲南布政使、糧儲道。

其生平事蹟於《順天鄉試同年齒録》（己丑科），清鐵保輯《熙朝雅頌集》，《新纂雲南通志》中有載。

永慧喜歡詠梅，惜無詩集傳世。清鐵保輯《熙朝雅頌集》卷七十九録其詩《冬夜梅窗下見月》《題雪梅圖》《月下吟》三首。

此次詩輯自清鐵保輯《熙朝雅頌集》（嘉慶刻本），詩共計3首。

題 雪 梅 圖

有客有客踏梅林，踏遍梅林深復深。爲問來此訪何人，昨夜美人入夢尋。美人無伴愁孤寂，似抱寒香和夢入。醒時摩挲冷眼看，香光寒與風相怯。君不見當年高士孟浩然，灞橋清興令人傳。君今復至灞橋路，興盡依舊騎驢去。

冬夜梅窗下見月

静夜忽有聞，簾幕香微動。一枝淡著花，清芬出寒凍。疏影自橫斜，雲薄月嵌空。縞袂静亭亭，恍入羅浮夢。

永　慧

月　下　吟

閒倚高樓繫遠情，隔林影動月初生。牧童牛背歸途晚，楊柳風回笛一聲。

雅　爾　善

雅爾善,字天植,謨爾啓特氏,隸蒙古鑲黃旗。乾隆二十一年(1756)舉鄉試,官盛京錦縣知縣,敕授文林郎。

其生平事蹟於《順天鄉試同年齒録》(己酉科),清鐵保輯《熙朝雅頌集》中有載。

雅爾善性儒雅,工詩文,尤善寫自然景物,但無詩集傳世。

此次點校詩以清鐵保輯《熙朝雅頌集》卷八十二(嘉慶刻本)爲底本,詩共計2首。

月下春興

山居百事幽,月出山尤静。階下竹數竿,門外雲百頃。春風入孤亭,怡然坐夜永。欲往酌流泉,扶筇度高嶺。

春江觀釣

春江春水遠連天,煙雨空濛罨釣船。不管波心風浪惡,一竿輕點浪花圓。

景　　文

　　景文(？—1798)，字彥修，一字虛舟，晚號彥翁，伍彌氏。乾隆二十五年(1760)庚辰科舉人。其始祖顧而布錫清卓禮克圖，原係喀爾喀巴禹特貝子。初率部屬來歸，授三等總兵官，後以軍功加爲二等，恩詔加爲一等。順治十八年(1661)，顧而布錫清卓禮克圖子色楞初次襲。康熙二十年(1681)，色楞子多爾濟二次襲。康熙三十年，多爾濟子沙穆巴三次襲。康熙四十七年，沙穆巴伯父之子阿世坦被削爵，襲二等子。康熙五十年，阿世坦弟沙進五次襲。康熙五十七年，沙進兄之子伽藍保六次襲。乾隆十三年，伽藍保子景文七次襲。景文官至大學士，曾於乾隆五十年正月入千叟宴，即席吟詠以和御製詩章，於嘉慶元年(1796)十二月繼其兄襲三等誠毅伯，累官冠軍使。嘉慶三年去世。

　　其生平事蹟於《欽定八旗通志》卷一百六《選舉志五》、卷二百七十五《封爵表六·異姓封爵二(子)》，清鐵保輯《熙朝雅頌集》卷一百四，趙爾巽《清史稿》卷一百七十中有載。

　　景文出身世宦之家，家學深厚，後以蔭敘入仕途，隨軍出征，輾轉南北。著有《抱筠亭集》，收詩百餘首，刻於嘉慶三年。清震鈞《天咫偶聞》、恩華纂輯《八旗藝文編目》、清盛昱編《八旗文經》卷五十八等皆著錄此集。清鐵保輯《熙朝雅頌集》卷一百四收錄其《題雲溪圖》《題虛穀典琴圖》《九日戒臺作》《重陽病中有感》《香界寺》五首。

　　此次點校詩以清鐵保輯《熙朝雅頌集》(嘉慶刻本)爲底本，並參照清法式善著,張寅彭、强迪藝編校《梧門詩話合校》,詩共計 5 首。

題虛谷典琴圖

問君胡爲而鼓琴,柔弦妙指空塵心。問君胡爲不鼓琴,高山流水無知音。世無知音既已久,不如將琴換美酒。似天大笑盡數觥,拔劍時作蛟龍吼。昔聞嵇叔夜,《廣陵散》不傳。又聞陶靖節,壁上琴無弦。前賢豈爲好立異,此中妙意難言詮。他日君能令我喜,入坐無琴說琴理。

九日戒臺作

秋雨新添秋夜涼,秋晴今日正重陽。看山不負山靈約,對菊還傾菊葉觴。酒國自能藏我拙,宦途安敢笑人忙。詩成僧壁新題就,落木西風歸路長。

重陽病中有感

辜負龍山落帽期,崚崚瘦骨病支離。倦思夢逸眠多早,醒怯秋高賦每遲。簾外菊枝山掩映,枕頭爐火藥扶持。無端愁緒難消遣,且傍東籬盡一卮。

香界寺

同侶相攜上翠微,偶來香世叩禪扉。一庭花影僧簾静,滿地松陰客屐稀。紅葉白雲忘世味,空山流水悟元機。憑將詩句依蓮社,願解塵纓著薜衣。

題雲溪圖

山人卜居山之南,山南平麓容茅菴。白雲掩映碧溪静,住山滋味山人諳。十里五里路回曲,三峰兩峰從幽探。香風吹雨松子落,鳴禽

景 文

磔格皆元談。世無支遁賞英俊，矻矻編簡空沈酣。曉窗乍啓白雲去，群峰四面開晴嵐。雲來雲去兩不礙，太空聚散元精含。若教見月仍見指，筌蹄難作真禪參。南華作畫得禪悅，丹青妙解通瞿曇。雲溪圖就發清嘯，詩書與畫奇兼三。方君雅意尚肥遁，日對此卷心不慚。笑余買山苦未就，霜須照鏡空鬖鬖。披圖使我心目豁，皎若皓月秋江涵。便擬將身入圖畫，臥聽松籟鳴空潭。

和　瑛

　　和瑛(1741—1821)，原名和甯，字潤平，號太菴(亦作太荄)，亦號鐵園，額勒德特氏，隸蒙古鑲黄旗。和瑛七歲時啓蒙於紹興俞敦甫先生，十三歲讀畢五經，十七歲受業於名師何嵩堂。乾隆三十六年(1771)辛卯科進士。授户部主事。五十一年出爲安徽太平府知府。五十二年擢廬鳳道，五十八年任副都統，充西藏辦事大臣。嘉慶五年(1800)召爲理藩院侍郎，出任山東巡撫。十四年授陝甘總督。嗣後累任盛京將軍、禮部尚書、兵部尚書、工部尚書等。二十三年授軍機大臣，領侍衛内大臣，充上書房總諳達、文穎館總裁。道光元年(1821)卒，贈太子太保，謚"簡勤"。

　　其生平事蹟於清李桓輯《國朝耆獻類徵初編》卷一百，清盛昱輯《八旗文經》，趙爾巽《清史稿》卷三百五十三中有載。

　　和瑛著有《西藏賦》一卷，《太庵詩稿》不分卷，《易簡齋詩鈔》四卷。編有《山莊秘課》《風雅正音》等詩歌總集。亦精於經術，著有《讀易匯參》《易貫近思録》《讀易擬言内外編》。

　　編纂《回疆通志》十二卷，首列乾隆御製諸詩，次列王公列傳，次叙回疆八城，分沿革、疆域、建制數項細目，以風俗物産終筆。初以鈔本形式流傳，民國十四年(1925)外交部據嘉慶九年鈔本鉛印出版。

　　《三州輯略》作於嘉慶間官烏魯木齊都統時，叙古庭州烏魯木齊、古西州吐魯番、古伊州哈密的古今沿革。

　　嘉慶二年著《西藏賦》，並付之刊刻。當時流傳於四川者有賦無注，光緒中黃沛翹撰有《西藏圖考》，其卷八藝文考下所收《西藏賦》有注。原注爲和瑛所作，黃氏又引佛經字典增注其未詳者。刻本之外，尚有數種鈔本流傳於世，如道光二十四年張丙瑛題跋本；同治五年(1866)有一部澄清堂重訂鈔本。

《太庵詩稿》亦作《太庵詩鈔》，九册，不分卷，爲自訂稿本。卷首有詩人嘉慶十七年自序，時年七十有一。此詩稿凡九册，册自爲卷，未經刊刻，是爲鈔本。集中所收詩歌創作始自乾隆二十六年，止於嘉慶十五年，創作時間整整五十年，收詩一千零六十首。詩人在自序中回顧了創作歷程，並詳細敘述了宦遊各地的豐富閱歷。卷九最末一首詩作於嘉慶十五年除夕，題爲《除夕偶成》，詩曰："守歲兒孫拜膝前，百無一善老而傳。幸開八帙陶情事，檢點吟編五十年。"經與《易簡齋詩鈔》比勘，《太庵詩稿》初集、二集即作於乾隆二十六年至五十一年間的詩歌一百餘首爲前者所闕，而《易簡齋詩鈔》卷四的全部詩歌作於嘉慶十五年之後，因而不見於《太庵詩稿》。

《易簡齋詩鈔》四卷，道光三年刻本，收詩五百七十六首。卷首有吴慈鶴道光三年序。集中之詩按寫作年代依次編排，係詩人生前手定，多爲邊疆見聞。詩人曾在《太庵詩稿》自序中説："詩編成即年譜著云。"檢讀《易簡齋詩鈔》，其開篇之作是《太平府廨八詠》，作於乾隆五十一年，當時詩人在太平府知府任上，壓卷之作則是寫於道光元年的《春分前一日雪》，其間歷時三十五載。集中所收主要是由京官放外任之後的創作，可總稱爲宦遊詩。徐世昌《晚晴簃詩匯》卷九十四收和瑛詩十三首，附以詩話。其所選十三首詩均出於《易簡齋詩鈔》，南京圖書館、韓國漢城大學圖書館藏。

《清人詩文集總目提要》載其著《太庵詩稿》九卷，嘉慶十五年稿本，復旦大學圖書館藏。今存寫本二種，皆不題撰者姓名，據其所記内容，疑爲和瑛之集：一爲《太庵詩集》無卷數，稿本，以詩編年，錄甲寅至丁巳、丙午至丁未、壬子至癸丑等年詩，《販書偶記續編》著錄；一爲《太庵詩草》不分卷，清鈔本，三册，記乾隆間作者戎馬生涯，涉及四川、西藏等地，廣東省立中山圖書館藏。付梓者有《易簡齋詩鈔》四卷，道光三年刻，首都圖書館藏。以詩編年，共五百餘首，起乾隆五十一年，止道光元年。任西藏、新疆期間，所作多記沿途景物、風俗物產。晚年出使東北、蒙古，所作以詠記遼瀋古跡爲多。又有《西藏賦》附《新疆賦》一册，光緒八年（1882）元尚居刻，湖南省圖書館、山西大學圖書館藏。

清代符葆森《國朝正雅集》引《寄心盦詩話》稱：“太庵先生官半邊陲，有《紀遊行》《續紀遊行》兩詩，自云前行十萬餘里，續行四萬餘里，可謂勞於王事矣。詩述諸邊風土，可補輿圖之闕。”楊鍾義《雪橋詩話》卷十評其：“平生湛深經術，尤邃於《易》。……間事吟詠，文采爛然。……簡勤手纂稿本盈箱累架，蓋其撰著之未刊行者多矣。”

和瑛詩作按創作地點可分爲：入藏紀程詩有《出打箭鑢》《東俄洛至卧龍石》《中渡至西俄洛》《宿頭塘》《大雪封瓦合山阻察木多寺》《雪後度丹達山》等篇。前藏詩有《大昭寺》《小昭寺》《布達拉》《木鹿寺經園》《金本色餅簽犟呼畢勒罕》《沙拉寺題喇嘛諾們罕塔》《上元春燈詞》《再遊羅蔔嶺岡》《九月望登布達拉朝拜》《馬銜魚歌》《秋閱行》《詠喇嘛鴛鴦》《皮船渡江》等篇。後藏詩有《宿劄什倫布》《晤班禪額爾德尼》《望多爾濟拔姆宫》《班禪額爾德尼共飯》《佛母來謁》《遊拉爾塘寺》《宿薩迦廟》《留别班禪額爾德尼》等篇。作於甘肅、新疆者，爲《甘州歌》《嘉峪關》《戈壁道上》《宿安西》《哈密度歲》《風戈壁吟》《題路旁於闐大玉》《度海都河冰橋》《宿庫車城》《渡渾巴什河》《葉爾羌城》《英吉沙爾》《觀回俗賀節》《喀什噶爾巡邊》《喀浪圭卡倫》《哀葉爾羌阿奇木阿克伯克（二首）》《宿松樹塘》《題巴裏坤南山唐碑》《過昂吉圖淖爾鹽池》《輪臺餕馬行》等篇。七十以後，作《出山海關》《宿松山述事》《巡海雜事》《登醫巫閭山》《觀音閣（二首）》《過遼陽城》《復州詠古》《鐵嶺有壞》，又出威遠堡，復留守陪都。和瑛久爲封疆大吏，所經地域至闊，所見景物甚廣。生平懷鉛握槧，旅途不廢吟哦。得此一編，不獨見其風騷之旨，亦有備於桂海虞衡之紀云。

徐世昌編《晚晴簃詩匯》記：和瑛，原名和甯，字潤平，號太庵，蒙古旗人。乾隆辛卯進士，官至刑部尚書。謚簡勤。有《易簡齋詩鈔》。詩話：簡勤公爲吾師席卿冢宰曾祖，乾隆季年，以内閣學士出爲駐藏大臣，嘗撰《西藏賦》，山川風土、源流沿革，採摭綦詳。《詩鈔》道光初刻行，吳蘭雪爲序，余從廠市得稿本五册，有"燕庭藏書"小印，蓋劉氏嘉樹簃故物也。

此次點校詩以徐世昌編《晚晴簃詩匯》卷九十四爲底本，並參照錢仲聯主編《清詩紀事·乾隆朝卷》，詩共計 15 首。

嘉平月護送參贊海公統軍赴藏

萬里烏斯藏，千層拉薩招。班禪參妙喜，達賴脱塵囂。叩額諸番控，雕題百貊朝。家家唐古特，別蚌屬庭梟。

化雨真無外，三汗舊獻琛。巴爾布舊有三部酋長：一曰布延汗，一曰葉楞汗，一曰庫庫木汗。康熙間，納貢爲三汗，與藏地通貿易。穴争同鼠雀，蠻觸起商參。未許千鍰贖，何難一戰擒。五十三年，巴爾布乞降，遣頭人納貢。聖朝同覆幬，黑子已輸忱。

青海諸番道，兼衣夏月過。冰天無汗馬，雪嶠有埋駝。地險達般嶺，天通穆魯河。噶達蘇屹老，過此即西藏界。超踱快如何。

百騎巴圖魯，千員默爾庚。瑪弧隨月滿，長劍倚霜鳴。失策憑垂仲，喇嘛能卜者名垂仲。抛戈耻戴繃。番目領兵者名戴繃。由來古佛國，持護仗天兵。

木鹿寺經園

華夏龍蛇外，天西備六書。唐古特字、甲噶爾字、廓爾額字、厄訥特克字、帕爾西字，合之蒙古字，重譯六書。羌戎刊木鹿，儒墨辨蟲魚。寺建青鴛古，經馱白馬初。何如蒼頡字，傳到梵王居。

題路旁于闐大玉喀喇沙爾東一百八十里,烏沙克搭拉軍台路旁有大玉三:大者重萬觔,青色;次者八千觔,葱白色;小者三千觔,白色,置於地。台弁云:"此玉運自葉爾羌西,將以入貢。嘉慶四年二月,奉旨截留,毋庸呈進。今四輪車亦毀於此。"

詔棄于闐玉,埋輪蔓草蕪。來從西旅道,採自屬賓隅。駕鼓勞天馬,投淵却海珠。何如此頑石,罷役萬民蘇。

不刻摩崖字,光明帝德昭。瑞同麟在野,喜見鵲來巢。崑璞依然古,羌戎逖矣朝。鬼神牢守護,莫任斧斤招。

東俄洛至卧龍石

朝發東俄洛,山坳布群髦。迢迢大雪山,萬頂覆銀甌。皎然無黑子,寒光射酸眸。絕頂蠢鄂博,哈達紛垂旒。乃有高日僧,蹋雪迎道周。敦多伽木嗟,紅帽薩迦流。幨帷獻酥茶,聊以金帛酬。西南循鳥道,玉沙畫而修。前驅烏帽没,乃知下危溝。蒼松密排挲,萬幢懸碧油。峭壁五色燦,連岡四面幽。宿宿卧龍石,夜半魂夷猶。

中渡至西俄洛

朝渡雅隆江,浮梁乃舟造。山谷爲我廬,又入西南奧。深林蔽天日,人迹真罕到。凛冽刺毛骨,蜎縮馬牛蹄。小憩麻蓋中,有如出冰窖。誰知鏡海上,雪比琉璃曜。日華炫素彩,護眼青絲罩。卅里波浪工,白霓愁遠嶠。所欣陰曀合,絕頂快覽眺。四圍山卧平,萬疊雲垂倒。僕從忙戒嚴,此間多劫盜。潛居黑帳房,長年無井竈。弓箭各在腰,刀劍時懸鞘。斯言咄可怪,我乃粲一笑。飢戶守荒山,荒山多虎豹。呼取來壖來,爲我作嚮導。

宿頭塘

阿喇伯桑西,喜宿頭塘早。罡風摇板廬,孤枕雪壓腦。挑鐙不成寐,默坐紆懷抱。硯凍墨不濡,指直筆敧倒。今夜莫吟詩,吟詩定郊島。呼童曆復眠,起視漫天縞。郵番促晨裝,長繂氂牛套。且去問前途,冰鏡滑如掃。

過昂吉圖淖爾鹽池

夙沙初煮海,粒民五味厭。青齊伯圖繼,江淮鹺政添。奇哉祁連頂,天池珠漾簾。停車問野老,野老語安恬。此中饒白鹵,往來勞一枕。輪臺不淡食,萬斛充閭閻。官無榷稅擾,民無私販嫌。售錢斗三十,八口溫飽兼。予聞野老語,斂容感至誠。玉華瀌北詔,水晶劚南巖。山南百里,名鹽山口,產鹽如水晶,堅於石。不費煬竈烈,更省火井炎。地道不愛寶,頓教水石鹹。天道施美利,絕塞民夷霑。敲詩笑東坡,三月食無鹽。

班禪額爾德尼燕畢款留精舍茶話

法筵肅肅開雁堂,飣坐目食盤成行。葡萄庵羅兼糖霜,饛饎陳黫餡頭僵。藤根劼劼封乾羊,鳩盤茶杵牛酥漿。龍腦鉢盛雲子糧,麥炒豆䴰盂釜量。金薦榻並獅子牀,有如嵫景對若光。須臾樂奏鼓鐮鏜,火不思配簫管揚。侲童十人錦綵裳,手持月斧走跳踉。跉蹄應節和鏘鏘,和南捧佛幣未將。哈達江噶如縹緗,花毯霞氍兜羅黃。菖蒲伊蘭螺甲香,主人顧客樂未央。願聞四果阿羅方,客曰養心妨虎狂。孔戒操存舍則亡,出入無時慎其鄉。佛傳心鐙明煌煌,瓶穿羅縠雀飛揚。儒墨相鏊理相當,定靜止觀歸康莊。即心是佛真覺王,主人笑指河汪洋,我鑽故紙君吸江。

題巴里坤南山唐碑

庫舍圖嶺天關壯,沙陀瀚海南北障。七十二盤轉翠螺,馬首車輪頂踵望。高昌昔并兩車師,五世百年名號妄。雉伏於蒿鼠噍穴,驕而無禮不知量。寒風如刀熱如燒,易而無備胥淪喪。賢哉柱國侯將軍,王師堂堂革而當。吁嗟韓碑已仆段碑殘,猶有姜碑勒青嶂。豈知日月霜雪今一家,俯仰騫岑共惆悵。

突 厥 雞 詩[1]

雞產風沙鎮可憐,褐身毛足羽翩翩。群飛兩獻熙朝瑞,禽鳥由來得氣先。

校記:

[1]此詩輯自《清詩紀事·乾隆朝卷》。

洗 箔[1]

當年黠虜逞妖氛,衆志堅城義薄雲。欲訪黑河三捷處,逢人大樹指將軍。

校記:

[1]此詩輯自《清詩紀事·乾隆朝卷》。

法 式 善

法式善(1753—1813),原名運昌,詔改法式善,滿語"奮勉"之意。字開文,號時帆,又號梧門、陶廬、詩龕,自署小西涯居士。烏蒙吉氏,又孟氏,奉詔改伍堯氏,察哈爾籍,隸內務府正黃旗。乾隆四十五年(1780)庚子科進士。改庶吉士,散官授檢討。四十八年任國子監司業。歷官侍講學士。五十九年任祭酒。嘉慶九年(1804)以洗馬充文淵閣校理。後以庶子致仕。

生平事蹟於趙爾巽《清史稿》卷四百八十五,《清史列傳》卷七十二,清李桓輯《國朝耆獻類徵》卷一百三十二,李元度《國朝先正事略》卷四十三,恩華纂輯《八旗藝文編目》,清盛昱輯《八旗文經》,舒位撰、葉德輝校注《乾嘉詩壇點將錄》,徐世昌編《晚晴簃詩匯》中有載。

法式善一生著述頗豐,編著有《清秘述聞》《槐廳載筆》《陶廬雜錄》《同館賦鈔》《同館試律彙鈔》等;詩集有《存素堂詩初集》《存素堂詩二集》《存素堂詩稿》(又名《詩龕詠物詩》)《詩龕詩稿》;文集有《存素堂文集》《存素堂文續集》;詩話有《梧門詩話》和《八旗詩話》。

《清秘述聞》十六卷,清嘉慶四年刻本,國家圖書館藏。另有清錢維福校《清秘述聞》十六卷,清光緒十四年刻本,南京圖書館藏;手稿本,臺北文海出版社1967年影印本,臺灣"中央圖書館"、中國社會科學院圖書館、北京大學圖書館藏。

《槐廳載筆》二十卷,清嘉慶四年刻本,國家圖書館、南京圖書館藏。另有臺北文海出版社1969年影印臺灣"中央圖書館"藏鈔本,中國社會科學院圖書館、北京大學圖書館藏。

《陶廬雜録》六卷,清嘉慶二十二年陳預刻本,國家圖書館藏。

《同館賦鈔》二十四卷,清嘉慶元年刻本,國家圖書館藏。另有《同館賦鈔》三十二卷,清嘉慶十七年刻本,南京圖書館藏。

《同館試律彙鈔》二十四卷《補鈔》二卷《續鈔》十二卷,清嘉慶刻本;另有《同館試律彙鈔》二十四卷,乾隆五十二年刻本,現均藏於南京圖書館。

《存素堂詩初集》二十四卷,清嘉慶十二年王氏刻本,南京圖書館、遼寧圖書館和中國科學院圖書館藏。

《存素堂詩二集》六卷,清嘉慶十一年萍鄉王塽刻本,上海圖書館藏。又有《存素堂詩初集録存》二十四卷《詩稿》二卷《詩二集》八卷《續集》一卷,嘉慶十二年王塽湖北德安官署刻,十八年王塽增刻本,國家圖書館、復旦大學圖書館藏;清書坊翻刻嘉慶十二年本,中國人民大學圖書館藏。

《存素堂詩稿》二卷,清嘉慶刻本,國家圖書館藏。

《詩龕詩稿》一卷,稿本,國家圖書館藏。

《存素堂文集》四卷,清嘉慶十二年績溪程邦瑞刻本,國家圖書館、中國社會科學院圖書館藏;另有清鈔本,國家圖書館藏。

《存素堂文續集》一卷,清稿本,國家圖書館藏;另有《存素堂文續集》二卷,清嘉慶十六年績溪程邦瑞刻本,國家圖書館、上海圖書館藏。

《梧門詩話》十二卷,清稿本(存卷一至七、十二八卷)、民國間鈔本,均藏於國家圖書館。另有臺北文海出版社1975年影印臺灣"中央圖書館"藏手稿本,中國社會科學院圖書館藏。

《八旗詩話》一卷,清稿本,國家圖書館藏。

法式善《梧門詩話》卷五評王士禎曰:"近來尊漁洋者以爲得唐賢三昧,貶之者或以唐臨晉貼少之。二説皆非平心之論。夫漁洋自有不可磨滅之作,其講格調,取半神而無實理,非其至者耳。後人式微,不克振其家聲，可謂悼歟。"袁枚《隨園詩話補遺》卷六評法式善曰："法時帆學士造詩龕，題云：'情有不容已，語有不自知。天籟與人籟，感召而成詩。'又曰：'見佛佛在心，說詩詩在口。如何兩相忘，不置可與否。'余讀之，以爲深得詩家上乘之旨。旋讀其《淨業湖待月》……此真天籟也。又《讀雄存詩奉東》……此笑人知人籟而不知天籟者。先生於詩教，功真大矣。《詠荷》云：'出水香自存，臨風影弗亂。'可以想其身份。又曰：'野雲荒店誰沽酒，疏雨小樓人賣花。'可以想其胸襟。"洪亮吉《北江詩話》曰："法祭酒式善詩如巧匠琢玉，瑜能掩瑕。"王昶《湖海詩傳》卷三十六評價法式善詩歌風格"質而不癯，清而能綺"。陸元鋐《青芙蓉閣詩話》："法時帆學士詩能用短，不能用長。五言多王孟門庭中語，清遠絕俗，未易問津。楊蓉裳序其詩云：'桃花流水，靈源自通。桂樹小山，清夢長往。'可以想其旨趣矣。"王豫《群雅集》："學士以詩文爲性命，意氣爲雲霞。雖鴻才碩彥，務得片言賞識，便足增價。於單寒之士，尤加意憐恤，真杜文貞所云萬間廣廈也。宏長風流，主持名教者幾三十年，接跡西涯，允無愧色。詩清醇雅正，力洗淫哇，堪爲後學津梁。"阮亨《瀛舟筆談》贊曰："法梧門先生式善，今之韋蘇州、孟襄陽也。萬人如海之中，處之翛然，憑閣據几，日以吟詠爲事。尤喜獎借後進，得一士之名，聞一言之善，未嘗不拳拳也。……五古……清瘦堅蒼，又闢一境。"清張維屏編《國朝詩人徵略》引《惕甫未定稿》評曰："時帆用漁洋三昧之說言詩，主王、孟、韋、柳，又工爲五字，一篇之中，必有勝句，一句之勝，敵價萬言。"

此次詩點校以徐世昌編《晚晴簃詩匯》卷一百二爲底本，並參照錢仲聯主編《清詩紀事·乾隆朝卷》，詩共計 46 首，殘句 4 聯；文以清盛昱輯《八旗文經》爲底本，文共計 66 篇。

李山人以夢禪居士指寫東坡詩意遺墨屬題

太白以後東坡詩，仙乎仙乎出塵姿。近來更有夢禪老，以畫爲詩人不知。夜中快讀東坡句,朝起便寫古松樹。松下仙人誰見之,寫出空山辟穀趣。先生曰筆不如指,自我有之自我使。高且園。傅凱亭。既亡指畫稀,問君何處得此紙。此紙淪落塵埃中,苔花黯淡秋煙濛。萬錢買歸看萬遍,雲堂謖謖迴天風。夢禪作畫詩龕題,夢禪老年懶于畫,余許題詩,則必畫之。前例創始王黃倪。故人墳上木已拱,瞥見遺墨增愁悽。李君一生愛朋友,求詩乞畫年年有。跨驢訪我月橋東,稱述夢禪不絕口。夢禪昔日圖詩龕,羅聘驚爲沈啓南。山東亦有雲林閣,城北曾無海嶽菴。

青石梁道中

此是何年雨,猶飛百道泉。柴門淹虎跡,石壁洗蝸涎。野店秋無月,荒山樹不煙。佛堂耿寒夢,拈出畫中禪。

寶珠洞

行到翠微頂,翠微全在下。峭壁不洗濯,孤青自淡冶。山聲石上來,暮色天際寫。土竈然松柴,放出煙一把。

夢禪居士做香光卷子

好山何處無,妙筆不常有。偶然參畫禪,萬壑秋雲走。風霜老檞櫪,煙翠飽菘韭。借問荷鋤人,梅花栽幾畝。

送汪杏江庶子養疴旋里

兩年違故山,柳色黯江關。樓靜月長滿,徑荒花亦閒。馬循溪路去,鶴識主人還。宦橐嫌詩富,老妻親手刪。

由黑龍潭至大覺寺

路轉畫眉山,一村灣復灣。人家松樹底,酒斾夕陽間。牛揀碧陰卧，燕衝微雨還。道人灌園罷，叉手藥畦閒。

恨未携琴至，空聞流水聲。古人不相見，山月此時明。松老僧同瘦，竹陰天自晴。煙蓑恐無分，徒抱著書情。

愛古賴無儕，殘碑手自揩。石香借泉漱，笋稚任花埋。厨積含霜葉，爐燒帶薜柴。丹砂不須煉，梨棗略安排。

憶自經秋雨，廊敧竹樹蕪。花開幾人到，春去一詩無。雲氣連村暗，山聲入夜麤。牡丹紅處屋，遲我十年租。

歸宿懷德草堂

暫息登頓勞，遂忘行旅苦。欲問某醉醒，不辨誰賓主。炊煙淡入雲，車聲遠疑艣。山近秋雨繁，林暗大星吐。

寄懷王述庵侍郎

文獻東南望，風流湖海傳。夢迴盤馬地，心冷釣魚天。松菊存三逕，圖書載幾船。北窗且高卧，消受好林泉。

澄懷園與汪雲壑如洋修撰程蘭翹昌期編修夜話

客不與秋期，秋來客早知。鐙光連水濕，蟲語吐風遲。星斗近依榻，竹梧清沁脾。無猜羨鷗鷺，三兩浴平池。

和張水屋道渥游西山詩

望去翠無門，踏之雲有級。山僧欲掩扉，客隨孤鶴入。濕雲浥佛龕，石乳滴茶竈。夜深門不開，水與秋俱到。

嘲王鐵夫[1]

自負千秋業，原非百里才。山川餘鐵硯，風雨共金台。明月前身誤，梅花昨夜開。皋比吾上坐，一笑看君來。

校記：

[1] 此詩輯自《清詩紀事·乾隆朝卷》。

題常理齋愛吟草[1]

天地重奇節，丈夫留浩歌。魂歸遼海壯，詩比蜀山多。戰壘雲生色，崖碑血不磨。浣花人未死，延爾草堂過。

校記：

[1] 此詩輯自《清詩紀事·乾隆朝卷》。

題《小倉山房集》後[1]

萬事看如水，一情生作春。公卿多後輩，湖海有幽人。筆陣驅裙屐，詞鋒怖鬼神。莫驚才力猛，今世有誰倫？

校記：

[1] 此詩輯自《清詩紀事·乾隆朝卷》。

梅　　花[1]

但有梅花看，何妨長閉門。地偏車馬少，春近雪霜温。老剩書藏簏，貧餘酒在樽。說詩三兩客，往往坐燈昏。

校記：

[1] 此詩輯自《清詩紀事·乾隆朝卷》。

纂編宮史句[1]

吾嘗纂宮史，日侍輿圖房。輿圖十萬卷，堆滿三間堂。拓地九州外，點筆銖黍旁。辨說非一家，沿革甄綜詳。

校記：

[1] 此詩輯自《清詩紀事·乾隆朝卷》。

法 式 善

和胡蕙麓大令訪西涯先生墓詩

西涯宅廢水空存，又叩禪扉訪墓門。病衲斜陽剪榛莽，老羝秋雨囓松根。僅留詩句傳湖海，無復薑鹽計子孫。三百年來誰過問，暮鴉黃葉畏吾村。

題白石翁《移竹圖》後

前身我是李賓之，立馬斜陽日賦詩。今向河橋望煙色，一陂春草幾黃鸝。

水流花放自年年，誰有閒情似石田。幾筆山光秋到竹，盟鷗射鴨晚涼天。

西涯晚步

微雲剛壓六街塵，芳草斜陽辨未真。枸杞薝蔔俱不食，櫻桃芍藥偶相親。松陰坐久鬚眉綠，山色餐多肺腑春。惟有白鷗閒似我，沙汀晚立肯依人。

兩間房

留此秦時松，挂彼太古月。青山從東來，宛轉氣一歇。空際放奇觀，陰森排萬笏。霜風吹老馬，煙色逼蒼鶻。紅泉瀉秋澗，何處笙竽發。

黃土坎

朝過青石梁，暮登黃土坎。林綠濕敝衣，山聲搖醉膽。石菌肥可茹，井花紅入覽。樹頭鸛鵲鳴，轉增客悽慘。柴門坐老婦，土埒瓦鐙闇。殷勤勸止宿，前途防虎窞。吾自就涼月，繫馬蘋婆噉。

觀　泉

我聞玉泉名，未見玉泉水。何年蒼雪僧，剷自松根裏。白雲一夜飛,秋雨忽然止。居人飲一勺,往往天漿比。朝涵石氣清,暮瀉山光紫。豈知在山時,泠泠清若此。

西涯詩　西涯即今之積水潭,在李文正舊宅西,故名,非別業也。
　　余既辨李廣橋之誤,因繪西涯卷子,并摹文正像於幀首。

　　西涯我屢至,未暇考厥名。指爲積水潭,客至如登瀛。今歲看荷花,寫圖紀幽清。賦詩皆勝流,佳話傳春明。茶陵昔賜第,言在西南城。西涯乃別業,下直聯群英。不知公少日,矮屋三五楹。紅鐙炯一樓,時聞讀書聲。老臣憂國深,家室心所輕。故宅竟不保,居人凡幾更。慈恩寺遺址,秋夢時迴縈。騎馬見林木,隱隱思平生。
　　路折李公橋,吾廬一水隔。楊柳綠依依,不見李公宅。桔橰亭已頹,清響落林隙。微風散稻田,斜月上松石。菜園全荒涼,蓮花總幽僻。慘淡經檀花,照人猶深碧。李公社稷臣,杯酒非所適。揮涕白鷗前,散髮秋堂夕。竹林寄餘興,禪房時著屐。偶然出詩句,幽懷感今昔。鰕菜尚難具,平泉安足惜。惟有法華庵,空廊黃葉積。
　　客來訪西涯,扁舟艤湖口。指點城外山,問訊風中柳。我已沿舊說,溪橋未深剖。看花年復年,鷗鳥笑人否。譬如名士居,不曾辨誰某。一旦識姓氏,翻悔坐失久。快讀西涯詩,西涯胸中有。文章驚一代,眉壽誇十友。翩然神其來,面目落吾手。紵衫與朱履,破櫝僧能守。風流漸銷歇,我恐西涯負。但期隨老漁,煙篷賣菱藕。

題西涯先生像後

　　我嘗校公集,因知公素志。近爲作年譜,搜羅及軼事。大抵公性情,和平而沖邃。在官五十年,保全皆善類。逆瑾覆綱維,百計社稷庇。卓哉顧命臣,焉敢艱危避。奈何羅侍郎,門生倡清議。王瓊陳洪謨踵訛謬,顯與實錄異。韓文逐瑾之謀,《武宗實錄》暨《明史》載焦芳洩其語,《雙溪雜記》《繼世紀聞》乃誣爲公。元真觀碑文,安知非作僞。嗚呼公致政,魚菜不能備。清操有如此,乃云徇禄位。此像藏閔氏,上有癸亥字。公年五十七,謹身殿初苴。時和百司理,僚宰無猜忌。公早抱隱憂,鬱鬱不得意。蒼生四海望,藐茲一身寄。劉謝繼去國,幼主付誰侍。微公秉國鈞,楊韓將奡置。我過畏吾村,墓田久荒棄。日暮牛羊來,無復狐狸睡。公曾祖葬地爲白狐睡處,見《堯山堂外紀》。草堂葺三楹,四圍楊柳植。湫隘匪舊觀,幽潔抵山寺。燕許大手筆,擬作墓祠記。石君尚書許作碑記。孰更勒公像,一碑耿寒翠。

正月十七日張船山招同人集蜚鴻延壽草堂爲余作生日賦詩各以其字爲韻

月前拜東坡,未和蘇齋詩。強韻拈幾回,空自勞心脾。看鐙紫陌歸,短札城南遺。知好釀金錢,戒旦春酒治。我年五十三,顏髮蒼白滋。及今不行樂,行樂將何時。凍梅伏瓦盆,新放三兩枝。涸迹風塵中,猶勝桃李姿。

幽齋絶管絃,曲院迴松杉。一桁西山青,風送層檐嵌。坐客皆詩流,佳句煩鐫鑱。我衰百不能,大嚼娛貪饞。殘葉響空壁,濁酒污朝衫。登車望林月,已在城頭銜。摩挲故人書,星斗翻雲函。杏花計日紅,細雨迷江帆。時以查梅史詩示坐客。

滌齋素人野雲穀原香府合作詩龕圖摹奡鐵生

滌齋恂恂然,依野雲以居。畫筆日在手,風雨栖蓬廬。素人每嘲之,頭低口囁嚅。嚴畫拙以古,黃畫秀而腴。每見滌齋筆,輒歎其弗如。奡君自杭州,寄我尺素書。點染西湖山,謂即詩龕圖。圖尾題斷句,已是三年餘。懸我粉牆上,五客皆躊躇。滌齋欻起草,摇筆龍蛇趨。素人與野雲,寫石兼竹梧。嚴黃但任筆,意到神清腴。譬如將三軍,自先握中樞。我從壁上觀,叉手空嗟吁。

贈郭頻伽[1]

君從山中來,躅此槐花影。掃榻城西偏,蕭然塵事屛。思君不能見,使我心耿耿。青衫逐時髦,飄泊劇浮梗。兩戰皆拔幟,驥足始小騁。知人古所難,致此吾其幸。願君長閉關,無事廣造請。眠早餐宜加,讀書隨意領。清齋坐月明,北地防秋冷。

校記:

[1] 此詩輯自《清詩紀事·乾隆朝卷》。

題畫山水

入山喜聽流泉聲,溪畔坐數山花明。昨往翠微值秋雨,黃葉滿地無人行。吳生蘭雪自恃腰腳健,攀盡風梢與霜蔓。羨他逐鳥梯高雲,笑我隨僧噉香飯。歸來滿胸貯山色,畫手何人能寫得。有客示我山水圖,山水之外餘筆墨。嶽嶽者石林林松,千巖萬壑秋芙蓉。谷口有花殘陽紅,嶺背築屋舟不通。樵夫牧豎虛無蹤,只許老鶴襬襊從。飲酒一吸三百鍾,振衣直上千仞峰。石厂滴綠如江篷,延佇又恐來蛟龍,涼月送客歸牆東。

肅武親王墓前古松歌

豈有吹簫不用竹,碣語分明我王屬。成都城塔毀,得石碣,有"修塔于一龍,拆塔張獻忠"語,又有"吹簫不用竹,一箭貫當胸"語,傳爲武侯筆。一百三十六營賊,爭向將軍馬頭哭。功成身歿何憂勞,毅魄上燭星辰高。獨有墳旁老松樹,鬱勃時藉風悲號。枝幹周圍六十丈,礧砢未肯扶搖上。儼然廣廈萬間庇,豈藉飛濤半空響。松山戰罷搜松材,此樹曾盟帶礪來。盤拏直學虯龍走,靈爽將疑幢蓋開。中間却有凌雲勢,兀傲不受鬼神制。百尺以上若樓嶝,五步之內已綠閉。偃蹇略比梅花枝,人世炎涼總不知。偶遭風雪皮肉壞,蒼髯翠鬛仍支離。辛酉年風雪甚橫，高枝微損。我來趨拜墓門側，一縷天光入松色。斜陽閃閃隱殘紅，白髮蕭蕭變深黑。韋畢不作誰能圖，王維之詩今有無。惟餘丞相祠堂柏，萬古崢嶸兩大夫。

贈黃穀原均

長安畫士稱三朱，野雲、素人、自庵。黃生賣畫來京都。促膝已覺氣瀟灑，下筆忽見雲模糊。結交只有嚴蓀府，歷下亭邊聽秋雨。卸驢先訪淨業湖，百頃蓮花數聲艣。打門同醉西涯齋，蔬筍登盤苔上階。夜深誰遣鬼神入，牀頭壁上生煙霾。二客據案各狂笑，放筆爲之非意料。當場許吐胸中奇，大葉粗枝出神妙。望古我爲人材愁，此畫何減寅與周。飄泊淮海同沙鷗，有才無命將焉求。清風明月隨處有，白雲在天筆在手。鶴可僮兮僧可友，我尚隨人呼漫叟。得錢便買菱與藕，三朱邀來同酌酒。

五鼓起赴蘇齋作坡公生日適西湖風水洞
拓得蘇題姓字四楷蹟同賦

年年蘇齋拜公像，拜公輒復吟公詩。自題姓字風水洞，當日只有春禽知。梅花開落七百載，定山村僻誰尋之。苔荒翠濕冷巖月，恍惚照見公鬚眉。軒昂四字嵌雲壁，玉虹作氣空天吹。繫馬花間久相待，觀魚池上常縈思。獨惜開軒李居士，搜盡杉檜無題碑。新墨搨成舊字活，端嚴跳脫鸞鳳姿。眉州乳媼帖第一，此石何啻交柯枝。蘇齋日暖布簾捲，溪橋春入千茅茨。笑我騎驢勝騎馬，疏星破月搖寒漪。余以路遠，是日五鼓即起。石屋舊游感前夢，曉城薄霧籠朝曦。推倒垣牆見靈隱，杭湖風水將留茲。

合作詩龕畫會卷子

故人聯袂清風來，殘雨猶滴詩龕開。狂孟麗堂。踏破空廊苔，筆花落紙心疑猜。東鄰睡足嚴香老香府，紅日三竿説太早。浙西有客學冬花，朱聞泉。邗上三朱夢春草。野雲、素人、滌齋。黃生黃生穀原。真太癡，灑墨便是無聲詩。吳子八磚衙官怕官熱，湘竹爲我圖風枝。瑰奇更羨姚太史，伯昂。一片秋雲墮十指。太倉家法剩二王，雨亭、梅亭。粗枝大葉張風子。水屋。舍人盛甫山。水部汪浣雲。各閉門，伏几追寫梅花魂。卷尾丹鉛付渲染，譬如鴻爪須留痕。我自展向月橋讀，喬松怪石生平熟。何處種梧何處竹，草閣荒涼不可宿。階蟲啾唧樓鐘續，黃生自起剪秋燭，解衣磅礴坐寒綠。

萬壽寺

萬竹忽低池上風，水煙吹到寺門空。斜陽不管花開未，一角西山各自紅。

元日過積水潭

年年騎馬踏京塵，誰職風潭自有春。岸雪消融溪水活，我來又作看花人。

病中雜憶[1]

吳肺穀人善製豬肺。趙魚味辛善製黃魚。更汪鴨，杏江善製東鴨。一冬排日設賓筵。丹徒翅子論山法，鮑雅堂製魚翅法最精。剩與詩龕糝玉延。雅堂言京城白菜和玉延切碎雜魚翅煮之，美不可言。莫氏捶雞比燕窩，青友。松花團子擅誰何。秦小峴、何緩齋家皆擅此。元杯宋碗周秦鼎，蔬笋香中古趣多。緩齋器具多古製，且無重複。

校記：

[1] 此詩輯自《清詩紀事·乾隆朝卷》。

法 式 善

嘲 耐 圃[1]

新詩早見八叉成,重洗鉛華韻轉清。底事苦吟稱太瘦,要從句裏覓長生。

老夫擁被挑燈讀,赤腳將頭觸柱時。聲價宜知驚掖重,瓊樓高處賞清詞。

校記:

[1] 此詩輯自《清詩紀事·乾隆朝卷》。

題老蓮没骨芭蕉石[1]

畫雨聲完又畫風,繁華刊落世緣空。誰知大葉粗枝處,多少秋心在此中。

校記:

[1] 此詩輯自《清詩紀事·乾隆朝卷》。

寄王柳村句[1]

海陵鄧孝威,選詩黄葉村。

校記:

[1] 此詩爲殘句,輯自《清詩紀事·乾隆朝卷》。

贈王芑孫句[1]

取我淡花句,較君孤月詞。

校記:

[1] 此詩爲殘句,輯自《清詩紀事·乾隆朝卷》。

句[1]

自古情至語,中必無色澤。

校記：

[1] 此詩無標題，輯自《清詩紀事·乾隆朝卷》。

句[1]

黃葉打門響，青山生暮寒。

校記：

[1] 此詩無標題，輯自《清詩紀事·乾隆朝卷》。

西 涯 考

　　納蘭容若《淥水亭雜識》云："李長沙賜第，在西長安門西，俗呼李閣老衚衕是也。其別業在北安門北。"集中《西涯十二詠》，程篁墩學士和之，有桔槔亭、楊柳灣、稻田、菜園、蓮池，而響閘、鐘鼓樓、慈恩寺、廣福觀，皆在十二詠中。今其遺址不可問，當在越橋相近。蓋響閘即越橋下閘，而鐘鼓樓則園中可遙望爾。湯西涯《懷清堂集》題《李文正慈恩寺詩序》云："喬莊簡《跋文衡山西涯圖》云：'寺之後曰西涯。'"考公《懷麓堂集》，有《西涯十二首》，第四篇即慈恩寺，其他如楊柳灣、鐘鼓樓，四詩中亦互見，則慈恩寺在西涯東。西涯之名，所由來久，公因以自號，今亦不能復識其處。公詩首篇云："幾人城市此曾遊。"又云："城中尚有山林在。"集中《重經西涯》有云："城中風景夢中路。"又云："禁城陰裏御河西。"《慈恩寺偶成》云："城中第一佳山水。"則西涯之在城中無疑。《淥水亭雜識》所云"西涯有李長沙別業"，考其地在今德勝門西。予近年數數經過，見風漪彌望，直接德勝橋，而東有法華庵在，意其爲當時之西涯所云積水潭，海子亦即此地。但相去二百餘年，圖中所有喬木、蒼巖、長橋、斷岸，亦不復能仿佛矣。莊簡又云："西涯，公嶽降地。"公詩有"淚痕應共水俱流"句。又云："撫今念舊，爲此愴然。"集中如《禫後述哀》云："應謝西涯舊時柳，泣風愁

374

雨共依依。"又《重經西涯》云："淚滿密縫衣上線。"又云："愛日漸非稚子歡。"又云："慟哭兒童釣遊地,白頭重到爲何人?"則莊簡所言"嶽降地"者,信有徵矣。至《渌水亭雜識》所云"公有別業在北安門外",或是舊業,非別業也。集中有《李白洲侍郎督復西涯舊業》,詩云："三閒矮屋一重樓。"則非園墅可知。其他若《重經西涯》云："綠野無堂正憶裴。"又《候馬北安門外游慈恩寺》詩云："十年一到竟何能。"又《重經西涯》云："重來又隔幾寒暄。"又《宿海子西涯舊鄰》云："東鄰舊路元相接。"若果別業尚存,何至隔幾寒暄,經十年不一到?即令止宿,何用舊鄰?推此而言,不但無別業,並舊業亦久廢矣!公罷相後,客至不能具魚菜,風操如此,豈能更爲平泉木石計。集所云"督復舊業者",殆始終未之復也。

　　《燕都游覽志》云："積水潭在都城西北隅,東西亘二里餘,南北半之,俗呼海子套。"又云："海子南岸,舊有海子橋,亦名月橋,俗呼三座橋。"又云："銀錠橋在海子三座橋之北,此城中水際看西山第一勝處,不似淨業湖之逼且障也。"又云："德勝橋在德勝門內,西有積水潭,水注橋下東行,橋卑不能渡舟。湖中鼓枻人抵橋俱登岸,空舟順流始得渡。復登舟東泛,綠柳映坂,縹萍漾波,黍稷粳稻,畇畇原田,高城數里,古色如一薜荔牆。轉而南得藜光橋,徑僻,岸無行人,古槐濃樾,覆陰如罨畫溪"。又云："三聖庵在德勝街左,巷後築觀稻亭,夏日桔槔之聲,不減江南。"《明一統志》云："大慈恩寺在府西海子上,舊名海印寺。"《長安客話》云："海子橋北舊有海印寺,宣德閒重建,改名慈恩,今廢爲廠。"何大復《慈恩寺》詩："海子橋西寺,高橋御苑花。"朱國祚《介石齋集·宿淨業寺》詩云："僧樓佛火漾空潭,李廣橋低積水含。"近日吳長元《宸垣識略》云："海潮觀音寺,在銀錠橋南灣。"又云："明嘉靖碑,海印寺東爲廣福觀,西爲海潮寺。"又云："西涯爲李文正故居,其《誥命碑》陰記云:'吾祖始居白石橋之旁,後移慈恩寺之東,海子之北。'"余綜諸說與地址印證,蓋廣福觀在今鼓樓斜街之南,響閘今之萬寧橋澄清閘之西,月橋今之三座橋之北,海潮寺之東,地名煤廠,文正故第當在是。廠西則爲李廣橋。考孝宗時,太監李廣以符籙禱祀獲寵。文正疏引唐柳泌、宋郭京爲鑒。有爲乞祠額者,公執不可。橋或廣所修造,然固不必以廣名名之也,余爲名之曰李公橋。蓋橋實近在煤廠,煤廠爲文正誕生之地。後貴顯,始有賜第,所云"李閣老衚衕者",殆即其地。《帝京景物略》云:"李文正公祠,近在皇城迤西,孝宗賜第也。"《渌水亭雜識》似有所據。至于西涯,則今之積水潭無疑。潭即水關,在諸河極西,林木叢鬱,水石清幽。其先爲法華庵,今建匯通祠,乾隆二十六年御題也。桔槔亭、稻田、楊柳灣,沿洄邐迆,皆可指識其地。淨業湖、十刹海,分流匯注而下,歸宿于澄清閘。余居距李公橋不數步,門外即楊柳灣、西涯,則屢至其地,且嘗集客賦詩,繪圖紀事,然未考其始末。偶過蘇齋,見《西涯圖》,借留展玩,因詳辨之,併補招諸君子賦詩焉。始知古人之遺跡近在目前者,向皆忽而過之也。嗚呼!天下事之在目前,而忽過之者,豈獨西涯也哉!

《北海鄭君年譜》序

北海鄭氏之學,至今日極盛矣。德州盧運使嘗刻《鄭司農集》,近復有纂集注疏中鄭志成書者,非必果同當日全書,然好古之盛心不可沒也。其他蒐羅遺説橫經之士,相望繼起。海寧陳孝廉仲魚,比爲鄭君年譜,以范書、袁紀爲主,他書附麗之。綜核生平,最稱詳備。吾於是歎孝廉之用力勤也。孟子曰:"誦其詩,讀其書,不知其人,可乎?是以論其世也。"夫人于朋友之有卓越之行者,其出處行事尚不欲使湮没,況生古人後而又爲素所宗法,苟其遺聞佚事雜見於殘編斷簡中,而不竭畢生之精力一一採取,則我負古人不小也。然非善讀書者,恐不能採取之悉當。若孝廉此書可謂得尚友之方者矣。本傳有不爲父母群弟所容之文,據史承節碑證,定爲無不字。又引魏晉時有鄭沖與何晏同修《論語》,在康成後,證周禮疏,鄭沖之孫語爲謬誤。

皆有關于知人論世之大者，又非僅以一名一物之辨誇淹博也。自敘述歐陽子言，謂于鄭氏一家之學爲盡心。夫以孝廉之知人論世若此，豈獨鄭君生平資之以益顯，凡漢唐諸儒之有潛德者，固可援鄭氏之例推之也。

《洪文襄公年譜》序

年譜之書，大抵因其人有高出一世之才，而無高出一世之位與高出一世之功，而後作也。唐之昌黎、杜陵，宋之東坡、山谷，金之遺山，元之道園，皆後人慨慕其遺行，恐其湮沒，爲之詳考博稽，勒成一書，垂之奕禩。若洪文襄公者，既有其才，復有其位其功者矣。

年譜奚以輯？輯之蓋其六世孫某，奉文襄遺事，泣而告余曰："閱世以來，族姓繁衍，讀書者少，遺籍漸散，先人之筆記銘志狀誄絶少存者，不有以甄綜之，將恐日亡日軼，後來者不獲考尋祖考之德功事言，上負國恩，下隳先業，其若子孫何？"余固辭不獲，乃彙其斷爛文字，旁徵諸稗史叢書，及史館之軼聞瑣事，用吕大防、洪興祖諸家分編昌黎年譜之例，以月繫年，以事繫月，蟄然井然。取材於《明史紀事本末》《綏寇紀略》《八旗通志》，間附以家乘。其於文義字句，有剪裁無增益，徵信益以志慎也。若其不可知者，則寧闕之以待補云。

重修族譜序

吾家先世雖繁衍，然莫詳其世系。我曾祖修族譜時，惟記"有元以來歷三十五世"之語，而未載世居何地。相沿爲蒙烏爾吉氏。法式善官學士時，高宗純皇帝召對，詢及家世，諭云："蒙烏爾吉者，統姓耳。天聰時，有察哈爾蒙古來歸，隸滿洲都統内府正黄旗包衣，爲伍堯氏，汝其裔乎？"蓋蒙烏爾吉遠宗統姓，而伍堯則本支專姓也。今族中惟知蒙烏爾吉，而不知伍堯。賴聖諭煌煌，一正其訛。某敬識之，不敢忘，即以傳告族衆，俾共聞焉。

伏念自始祖從龍入關，至法式善八世矣，世無顯官，其進身又多由軍職。迨余高祖官内務府郎中，始習翰墨，亟亟以修家譜爲急務，而余曾祖管領公、祖員外公，皆喜讀書，勤于職事，余父始以鄉科起家。余曾祖嘗誡法式善曰："汝聰明，當讀聖賢書，勿以他途進，異日成就家譜，當續爲之。"余父棄余三十年矣，余父母棄余亦廿餘年矣，余今年五十，兒子僅十齡，族姓又復寥落，不亟爲葺補，其何以慰先人而示後昆乎？爰自始祖訖兒子桂馨，凡九世，列而書之，體例悉依前譜，其不可考者闕之，原敘、跋皆余高祖所爲，語尚樸質，不敢粉飾，恐失真也。訛誤數字，間爲易之，仍敬書于前，而并述親聆高宗皇帝聖諭與余祖訓誡，垂示我世世子孫焉。

《康熙己未詞科掌錄》序

朱竹垞檢討晚年採同徵諸公仕履行蹟爲《鶴徵錄》，而未成書也。李武曾徵君續之，亦未就，而徵君歿。芸臺中丞撫浙政暇，詢諸兩家後人，求其遺稿，殘燼殆盡，體例亦無由尋討。中丞發凡起例，參做杭大宗《丙辰詞科掌故錄》而加詳焉。甫脱稿，郵寄余，屬校勘。余方爲《詞林典故》總纂官，因得裒集群書，廣加增益，燦然稱備，仍歸中丞裁定。竊惟元明以進士科取士，制舉一途遂廢。本朝兩舉鴻博，稱得人，其中浙士尤多通儒，中丞負藻鑑人倫之目，上承聖天子作人雅化，官浙年久，涵濡激勵，闢詁經精舍，以居士之奇才異能者，經其口講手畫，皆能出所蘊蓄，表見一時。則中丞此書之輯也，不惟精核遠勝大宗，其用心之所在，即朱、李二公有未能及者，斯真古大臣之風矣。後世之鴻儒碩彥，大以求治術得失之故，小以核典章本末之遺，吾知其必有資於是書云。

《鶴徵錄》序

余五六歲時，先太淑人教識字，每舉古人鄉里、官爵、表字相問難。後漸知著述，遂喜筆及細瑣，所謂不賢者識其小者也。又屢司書局，河間紀文達公嘗以順治初年搢紳書付校閱，爲之跋。南昌彭文勤公嘗以《明代貢舉考》俾綜核，遂有所述。自制舉以來，凡科名掌故之書，雖殘紙廢縑，無甚關繫，余必收之，遺聞軼事往往而在。李子既方，明經秋錦徵君從孫也，承其家學，博雅好古，於百餘年來文獻，尤留心諮訪，乃有《鶴徵錄》之刻。以余同嗜好，千里郵書乞序。竊念儀徵阮芸臺巡撫，有《康熙己未詞科掌錄》之輯，無錫秦小峴侍郞有《己未詞科錄》之輯，詳備無遺，予皆校而序之。此編後出，簡核有體，要依竹垞《鶴書》手稿及家乘記載，綜括而成之者，旁搜遠引，稍遜於阮公、秦公，而言必有據，事必有徵，鰲然井然，實與二書相發明。蓋阮書以淵博勝，秦書以辨晰勝，而此書以矜貴勝，皆足以敷陳朝廷之盛典矣。若杭大宗之《詞科掌錄》，幾于自述其事，而世或憾漏略之未免焉。既方出其記誦緒餘爲增損而補輯之，不可與茲錄並重也哉！

重刻《己亥同年齒錄》序

乾隆癸丑四月，嘗合己亥同舉之士，會於城南陶然亭，作圖焉，而爲之記。以爲聚散存亡，出處窮達後先之際，人情之所不能忘，諸君子僅而得聚，聚而不能長也。宜有以識之，亦小雅詩人頻弁雨雪之思也。後二年乙卯，爲聖天子御極六十年，詔開恩科，又特選舉人之才者，試之官，於是同舉之士，來集輦下，視前尤盛。予又爲會以合之，別書其姓名鄉貫，鑴爲書而重序之曰："夫農之合耦而耕者，他日或遇於都邑，其話言色笑之相親，必有異乎人人者矣；賈之共廛而市者，他日或遇於江湖，其贏縮有無之相急，必有異乎人人者矣；"而況士以文章相取質，道義相摩厲，功名相激勸，偕薦於有司，其登於天府者哉！然則予之流連於同舉，豈獨一人之私宜，亦諸君子之所其拳拳者已。雖然唐一代進士皆題名雁塔，今無存焉者。宋一代登科錄傳者，獨朱子及文信國二榜。今新舉之士亦莫不刊其所謂齒錄者，然或久別而不能記其名矣，或驟接而不能舉其姓矣。使其中有朱子、文信國其人，雖百世猶旦莫也；使其中無朱子、文信國其人，雖屢書之，猶無書也。信國以榜首，固宜煊赫一時，朱子甲第最後，而一榜之士且賴其力以著聞，然則出處窮達，後先之適然者。誠不足道，而所由常存而不敝者，又豈在區區識錄也哉？遂以告諸君子而書之，亦以志予區區之私，又有在詩人頍弁雨雪之思之外也。

《金石文鈔》序

《金樓子》載《碑英》一百二十卷，乃金石文字之祖，書今不傳。歐陽修《集古錄》、趙明誠《金石錄》最爲著錄家推重，然僅具其事而不載其文。洪适《隸釋》、都穆《金薤琳琅》，原文備載，可謂詳明矣。顧洪書因考隸而作，都書如以河南偃師爲河浦退師、任城亢父爲俟成交父，有識者譏之。蓋世所重于金石文字者，非獨以其有益于小學也。史家紀載，所未及詳，或其沿傳聞之誤者，博學之士每資以爲考正，雖不必其皆當，然其當者往往有之，故余嘗謂金石文字足以備讀史者之採擇，此其功，較專論小學者爲更大也。

涇縣趙子栞士，性情溫厚，學問淹博，秋闈凡十二試，皆黜于有司。生平無他嗜，喜讀古奇書遺文軼事，足與史傳相發明者無不爲之辨證，而皆有以折其衷。於金石文字搜討尤力。近刊《金石文鈔》十卷，介吳生文炳寄示。余攷其意，殆不僅僅重夫書體文義者。夫以千載以下之人，論千載以上之事，匪載籍奚以傳信？而沿訛踵謬之既久，又不敢無所憑據，逞胸臆以直斷，其是非則欲取諸當時聞見之所詳，惟金石徵實爲可信焉。今就趙君所述，有裨于史傳者，常多志乘所未錄，由是推之，天下之大，山川之阻深，其沈湮而剝蝕者，可勝道哉！趙子自謂此書沿倣都、穆，其審核實在穆上。陶宗儀《古刻叢鈔》差近，然陶書尚不免簡陋也。夫一善不遺，掌故畢在，此史家職事，而金石文之所以足重也。吾于趙君有厚望焉。

法式善

《清秘述聞》自序

乾隆辛丑,法式善散館授職檢討,充四庫書館提調官。凡太史氏之掌記、秘府之典章,獲流覽焉。嗣後再充日講起居注官,司衡之特命,試題之欽頒,皆嘗與聞其事。又充辦事翰林官,玉堂故事、前輩風流,與夫姓字里居、遷擢職使,益得朝稽夕考。僚直之暇,一一私綴諸紙尾。同館諸先生見之,謂可備文獻之徵。遂分年編載,事以類從,釐為十六卷。其不可考者,仍闕之,以待補云。

《槐廳載筆》自序

余官翰林學士時,輯録科場貢舉官職、姓字,編年系地,題曰《清秘述聞》。茲備員太學五載矣,所與酬接款洽者,皆海內博學強識之士,猥以余喜談科名故實,多以舊聞軼事相質。余性善忘,凡有所稱說,必叩其始末,溯其源流,筆諸簡牘。又恐無以傳信,檢閱群書,互相參證。歲月既久,抄撮漸多,倣朱氏《日下舊聞》體例,分十二門,釐二十卷,題曰《槐廳載筆》,備掌記而已。然而言必求其有當,事必期於可徵,雖耳目所及尚多掛漏,而一百五十餘年來,國家深仁厚澤,教養兼施之至意,已可得其大略焉。覽斯書者,自當感激恩遇,勵身修行,以無負作人之雅化,豈區區以文章為報稱也哉!

《備遺雜録》自序

余性艱於記誦,六經且不能上口,遑計群籍。然好泛濫博稽,意有所會,輒便劄録,糊牆填篋,纍纍然。初欲析其類,曰朝制,曰家範,曰食貨,曰教令,曰典實,曰書籍,備遺忘焉。歲月遷流,楮墨浥敗,未能成書。適因養疴,伏枕甄綜之,隨檢隨鈔,不復別其門類,但分為八卷,題曰《備遺雜録》。昔司馬遷作《史記》,謂:"余不敢墮先人之言,乃述故事,整齊其傳,非所謂作也。"劉知幾譏其多聚舊記,時插雜言,此書殆不免云。

《洞麓堂集》序

余庚子年以庶吉士分校《四庫全書》,得見明尚書尹公臺《洞麓堂集》十一卷。重其人,並愛其文,私欲鈔藏,而迫於程限,弗果。嗣全書告成,其稿本儲諸翰林院寶善堂。余奉掌院章佳公命,清釐其事,因重覩斯集,始令小吏鈔存之。然視其卷帙先後,與鄒序不符,知非足本也。前歲余遷祭酒,諸生中有尹鵬者,下筆奇崛,詢其家世,則舉尚書公對,且出公全集三十三卷,求余勘定,較官書多二十二卷矣。余既喜公是集湮沒二百餘年,而復出於今日,使慕公者想見其爲人,又嘉生之能守護先人遺業,傳於無窮也。爰就余所藏本,互爲參訂,併錄四庫書提要冠之首卷。公之節不顯於生前,而彰於生後;公之文不著於當時,而隆於右文之代。然則,不朽之道,信無取乎榮名爲矣。

《慕堂文鈔》序

孝子之不忘其親,雖衣冠帶舄,必愛惜而寶藏之,歷久猶摩撫勿忍置,矧攄諸胸臆筆之簡册者乎?顧有謂其篇什寥落,而不必存,文詞戇直而不可存,非知言者也。吾友曹定軒給諫,一日奉其尊人慕堂先生遺文一册,泣而告余曰:"此先大夫之文也,即先大夫之志也,子爲序之。"汾陽曹氏於今入詞館者凡三世,皆能承其家學。慕堂先生不欲沾沾以文雄一代,而議論醇正,心氣和平,韓子所云"仁人之言者是"。先生有建辟雍之疏,給諫亦有修成均南學之疏,先後繼美。給諫斯集之輯,不惟不沒其文,真能不沒其志矣。吾願讀斯集者,油然生孝悌之思焉,慨然厲忠愛之節焉,勿僅羨其詞旨懿茂,而謂其爲漢魏也,爲周秦也。其庶幾乎?

《春融堂集》序

有盈不能無虛者,天也;有豐不能無嗇者,地也;有盛不能無衰者,人也。而維持於古今絕續之交,緜緜延延,虛而盈,嗇而豐,衰而盛者,文章而已。文章之途不一家,弋功獵名者無論已,即一二好奇嗜博之士,瀏覽諸家,弗求歸宿,出其性情以成其術業,有失之隘者焉,有失之偏者焉。夫日羅載籍,低首下心,一名一物辨析於幾微疑似之間,窮其理而致其曲,僅自怡悅而已,綱常名教何裨益乎?甚或膠持己見,入主出奴,是猶味棗栗之甘,遽詆薑桂之辛烈也,可乎哉?述庵先生見解超邁,根柢深厚。方其少年,結客名場,東南耆舊俱及薰炙之,耳濡目染,醖釀已深。其後,橐筆承明之廬,得悉國家掌故,因革損益,大經大法及編撰典籍,發凡起例,半出先生手定。先生之遭遇可謂厚矣!乃造物又恐其奇險之不備涉也,萬狀之不盡窺也,驅諸荒徼,淬厲其精神,振盪其胸臆。山川巖谷之阻,鳥獸草木之奇,妖星之灼人,鬼雄之吐氣,時時在心目間。當夫餓馬悲鳴,窮蠻夜哭,先生惻然,上帳請纓,入關奏凱,先生凜然;旬宣萬里,司寇五年,先生秩然。嗚呼!何其志之大也。何其文之偉也!蓋嘗即其閲歷徵諸篇章,所著《春融堂文集》又能貫串群經,陶鎔諸子。考據之文,期於綜古今也;辯論之文,期於窮識見也;闡幽抉奧之文,期於教忠孝而動鬼神也。一代之典常,四方之風土,胥於是乎在!徒驚其藻采高翔,猶淺之乎視斯集矣。近日制古文家推袁簡齋、朱梅崖,然簡齋失之偏,梅崖失之隘。先生文不名一家,又無一家不受其籠罩,較二公固已勝之。由是溯接鈍翁西河竹垞,而上班、馬、韓、歐之遺緒,將賴先生以維持於絶續之交而不墜焉。區區之心,固不僅爲先生,一時私幸也夫!

《成均課士録》序

成均課試之文,嚮例積數年輒一刊行。其後久廢不刊,卷之在官中者,亦頗散失。自乾隆四十八年法式善爲司業,始加護視,不使復軼。逾二年,蒙恩擢他官去,去十年復來,爲祭酒。會前事諸君子,商刻課藝,於是相與論次之,得若干篇。竊惟成均之設,國家所以養士而磨厲之者甚具，其教以聖賢爲歸，其學以行己爲先，以通經致用爲極，而非獨其藝之云爾也。然自有科舉，士皆以藝爲先資。泰平日久，條教日詳，學官亦得治以有司之法，謹彌封，杜造請，絕游揚，禁延攬。執一卷以索之，冥冥不知誰何，之中雖有通經如馬鄭賈孔，致用若諸葛武侯、王文成者，不假乎藝以自進，固無從而知之，無繇而得之也，則藝又烏能不講乎？迺者聖天子觀文化成，釐正科場，訓飭考官，不徒士之榮辱繫乎是，將造士者之從違亦於是乎準之。斯余所爲悚懼奮勉而不敢已於是刻者也。鄉、會試爲仕進之階，士容有得失牽於中，所作不皆盡其才；主司亦或有關防磨勘之制於外，而取之不皆如其意。惟成均之試則不然，士雖見錄而無所弋也。取士者雖能取之，而不能進之也。果去取之有當，士必樂趨而知所勉焉。若去取無憑，士必弗之與，居其職者可以知戒焉。如是，而課藝之刊行，不愈可以勵夫士，與夫任教士之職者哉！法式善蒙上厚恩，自左降再起，忝與賢公卿學士大夫以職業相講勸，雖甚檮昧，無所知曉，而不敢自隳其職業，因遂識之卷端，以告後來之嗣是職者。課藝舊皆無詩，今既頒爲功令，與文並重，士之習之者，亦多彬彬可觀，因并附之云。

《成均課士續錄》序

自己卯迄今戊午，三閱歲矣。法式善得與諸文士講藝成均。朝考夕究，士靡不各以其能自獻，即遐方僻土見聞稍隘，耳目染濡亦爭自祓濯，喁喁如矣。課程既嚴，佳文日出，擇其尤者，剞劂以行，猶前志也。丙辰，恭逢聖天子詔，廣直省鄉試中額。今歲臨雍復詔，廣國子監中額。大比屆期，四方之士鱗集，咸思表見，奇文欣賞，烏容已乎？憶甲寅決科，余拔取十人，袞然居首者，則莫晉也，次爲劉嗣綰、陳超曾、盧澤、王德新、張樹穀、陳栻、許會昌、蕭培厚、陳球。是科獲雋六人，乙卯獲雋二人。王德新、陳栻俱薦而未中。莫晉旋登上第，選翰林，御試優等，超擢侍講，兼日講起居注官，今且主試入閩矣。稽古之榮有逾於此者耶？或曰："莫子雄於文者也。若王子、陳子不皆雄於文者乎？不皆爲先生所津津稱道者乎？何莫子出而世莫攖其鋒，王子、陳子屢戰而屢北，文固可憑乎哉？"余曰："莫子之文之雄也，操諸莫子也，出而世莫攖其鋒，不操諸莫子也。王子、陳子之文之雄也，操諸王子、陳子也，屢戰而屢北，不操諸王子、陳子也。"士但勉其操諸己者而已矣，其不操諸己者，聽之焉。世之願爲莫子，而不願爲王子、陳子者，皆當視其所操何如耳。彼王子、陳子之所操，夫何慚於莫子哉？士當勵其所以能，而俟其所未至，則庶幾矣。雕工既竣，爰以理之可信，事之足憑者，書之爲諸生左券焉。若夫述典章，慎持擇，前序已詳，茲不贅。

《金青儕環中廬詩》序

余於近日詩人，才豐而遇嗇者得三人焉。一爲吳江郭蘋茄，一爲江西吳蘭雪，嵩梁其一則金子手山。三人者，魁梧磊落，各能自出其悲愉欣戚，以施諸文章。郭以雄傑勝，吳以幽豔勝，手山纏緜悱惻，以情思密麗勝。余雖不能測其詣之所極，而皆以奇才目之。郭、吳試京兆不利，偃蹇南去，至今窮乏如故也。手山留京兩年以來，偕余訪西涯故址、春明城西北一帶，舊聞軼事，稽其梗概，系之詠歌。詩龕中手山詩遂多。歲戊午，應京兆試，鍵戶攻制舉藝，文名大著。秋闈報罷，憤弗能自克。婦賢，又以疾亡。益傷寥落，決意作東南游，以抒其抑鬱無聊之氣。余告手山曰："士之遇不遇，天也；不詭於遇而夷然於不遇者，人也。"夫不詭於遇，則其責己也重，夷然於不遇，則其視勢位富厚也輕。發乎情，止乎禮義，詩之謂也。遇不遇何容心乎？余去年得郭君書一，得吳君書再，大抵愁苦之言居多，顧俱不廢詩。君今者逾河涉江，儻遇二君子山游水宿長松怪石之間，幸舉余言以告。聖天子在上，方待鴻儒以應昌運。登衢巷之歌謠，爲廟堂之著作，不亦善乎？君盍相與共勉之。

《蔚嶻山房詩鈔》序

詩者何？性情而已矣。欲知人之性情，必先觀其詩。自古詩人高自期許，而詩以外往往無聞焉。求其適於用而不負乎學者，蓋尠，何則？言之無物，雖竭畢生之精力，亦僅爲詩人而已。同年丁君郁茲，少負異才，與其鄉人洪稚存、趙味辛、黃仲則、孫淵如、楊西河、呂叔訥、徐尚之，切磋爲文字交。後居京師，名譽日起。群從兄弟先後成進士，入館閣，而郁茲以舉人教習，期滿僅隨常調，蕭然出都門，持手版爲吏。且罷且起，似造物有意陋郁茲者。然余觀其詩，而知郁茲之志不衰也。郁茲之詩，探升降之原，嚴真偽之辨，倏然高寄，不汲汲勢利之途，自言其所得，未嘗於古作者求其曲肖，而精神血脈息息相通，可謂克自樹立，不因循者矣。然吾所尤重於郁茲者，不以艱苦易其節，不以紛華動其心，而於物力之盈虛，民生之休戚，窾會其微。以是爲吏，亦即以是爲文章。郁茲所得，必又有在於詩之外者矣。

《錢南園遺詩》序

余以庚子入詞館，即識南園前輩於同年徐鏡秋齋中。鏡秋方與余肄習翰林文字，分日拈題時。初，頤園亦讀書城北古寺，常就余與鏡秋會課。南園爲鏡秋受業師，又以余與頤園爲同館後進，每得一題疏解義理，指陳情事，輒無隱諱。興會所至，伸紙吮毫，往往先就。余性疏放，喜爲古今體詩，先生亦向嗜。余脫稿就商，先生搖筆立和。先生亦嘗以所撰製示余，茗椀倡酬，以文字相切劘，友朋追逐之樂，未有逾於此時者也。自是以來，二十餘年，頤園、鏡秋先後遠宦，先生已歸道山。聚散存亡之感，每一念及，悽然弗能自已。前年余借鏡秋老屋棲息，而其北軒即先生下榻處。一花一竹，根觸依依，如接故人顏色，特以不得傳其詩爲憾。

今年正月，於書肆買得先生手稿一帙，心竊喜之，適保山袁蘇亭寄新刊《滇南詩略》至，所載南園詩，與余所得多有不同。既而先生戚友師荔扉大令霈次來都，出先生詩兩帙，與前所見者又多有不同，乃知先生爲詩，向不存稿，作輒棄去，見者繕錄收存之，非先生意也。夫以先生之質直忠諒，居官行事卓卓可傳，所重本不在語言文字間，雖然，性之所近，情之所移，非詩焉，烏乎見？先生不以詩重，重先生者未嘗不重其詩也。即以詩論，精深博大，迥非緗章、繢句講求聲律者所能窺其閫奧。茲荔扉欲彙其詩付梓，採訪補綴，不遺餘力，得若干首，釐爲二卷，約略作詩之歲月而排次焉。沿仿史例，將以表其生平。惜乎先生身後遺孤穉弱，所存手稿大半散失，即此二卷中，雄篇佳什，余向所心摹手追者，僅存一二。至與余贈答之章，竟自無存。則所遺佚已爲不少也。然而，先生之人傳矣！詩固不盡於此，即此亦見一班矣。他日，頤園、鏡秋或更有所增輯，余與荔扉當拭目竢之。嘉慶六年五月。

《尚絅堂詩集》序

余不獲與醇甫坐石鼓下。分題課詩，得佳句輒歡笑叫呼者，十三四年矣。今年，醇甫應禮部試來京，適余悼亡，醇甫唁余，於詩龕出《尚絅堂詩集》四十卷，乞勘定。乃盡窺其生平蘊蓄，並得近年棲泊羈旅艱苦情狀，扼腕者久之。禮闈榜發，醇甫舉首，報罷者胥翕然推服無閒言，朝野慶得人。於時醇甫年四十餘矣，會疾，書字不能工，未與鼎甲，選入翰林，重宿望也。余因而感之。方醇甫與莫、王、陳、盧諸君子鼓篋橋門也，醇甫詩出筆秀麗，六舍生望之爲高才，爲雲霞中人。制藝文戛戛獨造，未嘗不可追莫子之後塵，翺翔馳騁，乃造物若或抑之，且久抑之而後顯其名於天下，將以老其才歟？今其詩具在，可覆按也。

少作明豔之篇居多，肄業太學以後則沈博矣。放浪江湖以後，則排奡矣。茲則清遒駿邁，以快厲之筆達幽隱之思，如水銀瀉地，天馬行空矣。應試之作尤工，學少陵而不爲少陵所囿，所謂屬對詮題，似别有神解，集中未載，異日另本單行可也。憶醇甫與寶齋副憲，齒相若，才相亞耳。寶齋擢上第，衡文四方，藝林奉爲宗匠。而醇甫以相門子，青衫彳亍於隘巷，菰蘆低首下心，三黜於有司而後遇，可謂窮矣。雖然，其遇窮矣，而其心未窮。其心窮矣，而其詩未窮也。常郡故多詩人，黃仲則死，洪稚存、秦小峴、孫淵如、趙味辛、楊蓉裳、吕叔訥，皆與余游好，余皆嘗論定其詩。如醇甫者，其在數子之間乎？嘉慶戊辰。

《存素堂詩初集》自序

余自十二歲即喜聲詩，屬草，秘不敢使塾師知。十六歲肄業官學，雖頗有作，亦未存稿。其存者，皆故友常月阡手爲鈔錄。月阡死，其稿亦亡。乾隆四十五年庚子，入詞館，專攻應制體，適性陶情之作，寥寥焉。厥後提調書局，入侍講筵，交游漸廣，酬答遂多。癸丑歲，檢篋中凡得三千餘首。吾友程蘭翹、王惕甫皆爲甄綜之，彙鈔兩大册，寄袁簡齋前輩審定。簡齋著墨卷首，頗有裁汰。洪稚存編修又加校勘，存者尚有千餘篇。其後，汪雲壑同年掌教蓮池書院，合前後諸鈔本皆携往，許爲編次作序。余屢以書促之，雲壑但求緩期。及雲壑補官來京師，余過城南，深宵對榻，挑鐙款語，每言及此，雲壑以謂："商定文字，不可草草，當平心静氣出之，不特有以報足下，且使天下後世無議我二人爲也。"其矜重如此。閱兩月，雲壑遽以病殁。嗚呼！雲壑死，余詩不傳矣。詢其家人，云雲壑在牀枕間，猶把余詩呻吟唱歎，及倉卒易簀，兩大册不知所往。此造物者爲余匿其短，未可知也。

嘉慶元年丙辰，余官祭酒，今户部主事新城涂君官助教，善書，工詩，余一詩成輒就君徵和。君亦喜余詩，因取余向所已廢之稿，塗乙莫辨者，以意推測，手寫成編。余亦間出記憶短章附益之。起庚子，訖丙辰，鈔爲十卷。前此蘭翹、惕甫、簡齋、稚存、雲壑所點竄欣賞諸長篇，多不在其中。因念余詩無足深惜，而生平知好或已死或遠別，而手墨盡歸零落，可傷也。已丁巳以後，乃每年錄爲一册，手自排次，雖榛蕪菅雜,有待芟除,要可無失。孔子曰:"及其老也,戒之在得。"余明歲行年五十,德業未進,徒此結習,沾沾未忘,其於老而戒得之旨,能不戄然乎?雖然,失者不可復得,得者又豈可復失耶?吾亦適吾情已爾,得也失也,其或幸而卒傳於後也,與其不幸而終已無傳於後也,皆天也,而豈吾之所敢知也。時嘉慶六年辛酉重陽日。

《容雅堂詩集》序

有學人之詩,有才人之詩,學人之詩,通訓詁,精考據,而性情或不傳。才人之詩,神悟天解,清微超曠,不可羈紲,唐之太白、樂天,宋之放翁、誠齋,各得其所。近國朝漁洋尚書,以神韻爲主,悔餘編修以透露爲主,則又各得才人之一體者也。而近世,或以其平近少之,豈知水性虛而文生,竹性虛而節生,是有天焉,不可學而至也。麗川中丞在戚黨中,萱行於余爲長,乾隆三十四年始晤於官學,懇款周浹,一往而深,相與論詩,蓋無不合。未幾,先生捷南宮,官比部,出爲方面,馴躋通顯,而詩大進,天下稱爲才人。余後先生十年成進士,入詞館,中外睽隔,不通尺素者且十餘年。間有倡和之篇,皆藉慶亭大令郵致。最後,先生出使萬里外,所爲詩益工,音問益疏。比歲,始獲盡窺先生之詩,無不折之筆,亦無不達之情,清雋遙深,使讀者尋味於意言之表。所謂不假人工,天趣自足,洵乎奄有其勝。出關之作,恢怪奇詭,汪洋恣肆,尤極才人之能事,非尋常學人所可企及。惜乎!先生之遽成古人也。

先生性疏脫,平生著述不自愛惜,散失殆盡,賴嗣君賢搜羅於殘賸,鈔而存之,得如干首,以余與先生論詩最早,屬序簡端,而爲推論其才之不盡由於學如此。

《竹屋詩鈔》序

《秩干》之卒章曰:"無非無儀,惟酒食是議。"似言婦人女子之不必盡以詩見也。第《周南》首列《葛覃》《卷耳》,篇中黃鳥灌木、金罍兕觥,瑣細鋪陳。説者謂《召南》之《采蘩》,亦猶《周南》之有《葛覃》也;《草蟲》,亦猶《周南》之有《卷耳》也。然則,婦人女子之宜以詩教,天下殆古聖人所不廢乎淑媛。竹屋主人,誕生世胄,作配天潢,幼以文墨爲嬉娛,長未廢業。寡居後,閉關課子,諸經雜史時時及之,題松贈竹,縑素積多,心血所濡,不忍終棄,遂命子姪輩分日鈔存,不編年,不分體,適其所適而已。介其族人問序於余。余昔充《雅頌集》纂輯之役,如蔡夫人《藴真軒詩鈔》、我母韓太淑人《帶緑草堂詩鈔》格律渾成者,蓋不數家。兹《竹屋詩鈔》思深旨遠,筆墨幽閒,翛然於塵垢外,出之於性情,守之以禮義,譬如空谷之蘭自開自謝,感時之鳥或泣或歌,行乎其所不得不行,止乎其所不得不止而已矣。境界實出於《藴真軒》《帶緑草堂》者。彼淺學後生,鰓鰓然辨工拙於字句間,淺之乎論《竹屋詩》矣。余敘而傳之,蓋有不僅僅論其詩者在也。

<h3 style="text-align:center">《梧門詩話》例言</h3>

詩話之作濫觴於鍾嶸,盛於北宋。雖其書不過説鈴談屑之流,而詞苑菁英、騷壇遺佚賴以傳流,則與小説家言異。夫騁懷娛目,寄託各殊,换骨奪胎,體裁亦别。作者不能自言,一經摘發,耳目頓新,有功於詩道不小也。余束髮受書,留心韻語,通籍以來,每遇宗工哲匠以及四方能言之士有所著詠,必爲之推尋其體格,窮極其旨趣而後已。數十年間,師友投贈、朋舊談説,鈔存篋笥者頗夥。非敢作《韻語陽秋》,聊使所見所聞,弗遽與煙雲變滅云爾。

讀書論古,要當别有會心,乃不爲前人眼光罩定。是編或記其人,或紀其事,皆與詩相發明,閒出數語評騭,亦第就一時領悟所到,隨筆書之,未必精當。要無苛論,亦不阿好,則竊所自信焉。

國朝教澤涵濡,詩學之隆超軼前古。百數十年來,名人志士項背相望。如"北王南朱""南施北宋"及"六家十子"之類,卷帙繁富,天地長留。即今所作，遞變指歸不一，而是編則第錄康熙五十六年以後之人，其勝朝遺民、開國碩彥，已見於昔賢著錄者，概不重出，以免沓複之嫌。

國朝前輩，如王漁洋、朱竹垞，皆著有詩話，宏獎風流，網羅殊富。然於邊省詩人採錄較少。近日袁簡齋太史著《隨園詩話》，雖蒐攷極博，而地限南北，終亦未能賅備。余近年，從北中故家大族，尋求於殘觚破篋中者，率皆吉光片羽，故是編於邊省人所錄較寬，亦以見景運熙隆，人才之日盛有如此也。

詩話雖屬論詩，然與選詩有別。余於先輩名集，雖甚心折，無所辨證，概從割愛。至於寒畯遺才，聲譽不彰，孤芳自賞，零珠碎璧，偶布人間，若不亟爲錄存，則聲沈響絕，幾於飄風好音之過耳矣，故所錄特夥。

太史采詩，所以觀風。學者誦詩，亦以論世。是編於諸家不過品題風格，攷證遺文而已。如《彥周詩話》半雜神怪之說，《中山詩話》多錄嘲謔之詞，皆所弗取。

詩人寄興，或一題而數首，或一韻而千言，原非可以斷章論之者。是編僅效窺豹之心，未免斷鶴之誚，短章佚句，不無摘錄。至鉅製長篇，則歸之《詩龕聲聞集》《朋舊及見錄》二書，體例既定，無憾於愁遺也。

《朋舊及見錄》例言

是集之錄，略仿述菴王氏《湖海詩傳》，而體式則遵用竹垞朱氏《明詩綜》。惟王氏於朋友贈答之篇無不備錄，而應制聯句、次韻題照諸作，甄取亦似過多。茲因別有《聲聞集》之輯，故所收較王氏爲嚴，既限於朋舊，則亦不能如朱氏之博稽旁採，故所收較朱氏爲略。

朋舊中見示佳篇甚夥，茲編所載，僅及什一。吉光片羽，以少爲珍。若夫全集久已風行海內，鴻篇鉅製美不勝收，遂獨取其蕭慘曠放諸篇，非示別裁，姑存梗概。

十年聽雨者，謂之朋舊。千里論文者，亦謂之朋舊。如簡齋、山舟、辛楣、禮堂、夢樓、甌北、姬傳諸前輩，竹初、石桐、芷衫、退菴、蘇亭、琴士、柳村、心盦諸君子，始通縑素，繼託心知，又或因其父兄逮其子弟，或因其弟子及其先生，若此類者，其詩皆擬録存。若曾無聞問，雖傑作如林，概從割愛。

是編義存録舊，非擬選詩，其有上薄風騷，高陵陶謝者，固宜亟爲綜括。即體格稍陊，篇章稍隘，亦未肯盡加淘汰。意各有在，言豈一端。

是集就余目前及見，隨時編録，故所收止此。凡我朋舊，或持節外臺，或著書林下，郵筒寄示，敬待補鈔。

朋舊中如吾山、梧岡、純齋諸君，皆有專集，而所見特少。端崖、蘭公、茶山、笏巖諸君，皆有傳作，并不得一見。屢勤採訪，始終闃然，爲之扼腕。

編次先後：有科目者，以科目爲序；無科目者，以出處爲序。略分三段落：乾隆壬申科已前，爲第一段落，以余始生之年定之。乾隆庚子科已前，爲第二段落，以余登第之年定之。嘉慶己巳科已前，爲第三段落，以余成書之年定之。仕隱俱收，歿存並録。

會科後附以鄉科，鄉科後附以薦拔。諸科豈比登科之録，幾同選佛之場，披覽一過。如坐春風，如逢舊雨，誌一時之悅樂而已。至於發明詩教，津逮後人，猥用相推，則吾豈敢。

贈曹復堂序

復堂之來京師也，無所求於人者也。無所求於人，則其心逸而其身安也，宜矣。乃復堂汲汲若不遑終日焉者，則又何與？蓋復堂無所求於人，視富貴爲身外之物，舉世所謂科名勢位，俱淡焉忘之。而於學問之未進，義理之未精，一名一物之未悉，則必反覆推明，以期於實有所得，見諸行事，而後慊然自足。復堂以無所求，一其所求焉耳。

　　復堂生於楚，棄舉子業，遍游江淮河洛間，負其才智，冀傳古人絶學，有得於己，弗炫於俗。其辨別六書及古今金石文字篆刻，孜孜弗倦，則因性之所近而嗜之獨深焉，非欲以此顯於今而著於後者也。世之知復堂者，乃僅僅以此稱之，是何足以盡復堂也與？復堂初至京，亟訪余，叩門請見，相對終日，呐呐然若無所聞知者，及以余之所知證之，則無弗知。以余之所聞證之，則無弗聞。嗚呼！是殆能知人之所未知，聞人之所未聞者與？余嘗讀長沙廖元度《楚詩》，紀鍾祥、高士熙《湖北詩録》二書，見曹厚菴學士之詩而愛之。二書蕪雜簡略，欲增訂而未暇也。今年四月應城孫孝廉㽔至京師，留其所著《林菴詩鈔》中有答羅菊農問《湖北詩選》之章，余次日往見，將叩其義例，而孝廉行矣。至今耿耿於懷。

　　復堂爲厚菴學士裔孫，又與余有膠漆之投，則搜採之役，不屬復堂而誰屬哉？獨是復堂富于著述而貧于貲，方饘粥之不給，又焉能挾此纍纍者畀之，以重復堂之困？余固願世多一孫孝廉，而又多一似余之嗜厚菴詩者，爲之推轂於公卿大夫，則復堂傳，而厚菴之詩亦傳，而余與孫孝廉之心慰矣。書此贈之，以堅復堂之志。

何雙溪先生六十壽序

　　翰林前輩，靈石何雙溪先生六十生朝，門人賓客謀所以稱觴者，先生固辭不許。不得已乃以文爲壽，相與頌先生。夫侍從宴賚之華，科第文章之美，家門榮盛，子孫衆多，以爲世俗人有一于此，莫不夸耀一時。而先生倜乎謝不有，又以頌先生之高也，然某竊觀先生平日，持身律己之大端，則所以自壽者遠矣。宜其於世俗之舉有不屑焉，而非以爲高也。始朝廷修《四庫全書》既成，天子嘉先生有勞，留先生於翰林，以需擢用。先生遽移疾，不復出。方事之殷，獨膺其任，及功之就，不有其榮。君子易退之節，先生有之。先生家故饒，既久宦，又勇於爲義，時時減產，或至積債不能償，然遇窮交薄戚，有恩義不變其初。方其素封不爲奢，及其處約不爲嗇。君子素位之學，先生有之。其接於人，溫然無町畦，而可不可，介然有辨。每逢交游故舊，惓篤流連。天下知名之士，自耆宿以逮後生，皆樂親先生，而先生亦樂爲之盡。其處己特嚴，自奉甚薄，居恒掃一室，終日靜坐，旁無姬侍，食不重肉。衣非甚故，不輒易。既兩子皆以材美稱於官，門望通華，而先生益約飭自下，豈非薄身厚志，畏榮好古之君子耶？竊觀古之淸身節物者，往往能壽。古語云："堯舜之世，其民樸以有立是以難老。"孫卿子曰："樂易者常壽。"荀悅曰："惟壽則能用道，能用道則性壽矣。"由是以觀，則古之所謂"樸以有立，而能用道者"，非先生其誰？生朝之禮，自先儒皆以爲非，而稱壽之文，則《詩》《書》以來有之。今者逍遙京邸，頤性養年，超然榮觀，先生自此，道與福俱。娛志和平之域，游心恬淡之宇，于以芘蔭子孫，成就事業。其德不爽，壽考不忘，先生且不獨自壽其身而已，而況區區世俗爲壽之虛文，又烏足道哉！

陸先生七十壽序

　　乾隆十八年正月，法式善生於西華門養蜂坊。吾師鎮堂陸先生方館余家，授兩叔祖及諸叔父業。先生年才逾弱冠耳，先大父尊之若老宿，且命司庫府君以文字相切劘。府君少先生二歲，因兄事焉。先大父罷官，遷居海淀，道遠，先生辭去。歲庚辰，先生與司庫府君同舉京兆試。又二年，先大父以法式善入家塾，復延先生督課誦，叔祖及諸叔父仍從學，而先生尤厚視余。及先大父捐館舍，法式善隨母讀書外家，先生亦屢躓春官，游學四方。然余每有所作，必郵致先生請正。先生誘掖之，不遺餘力，迄今余之稍有所得者，皆先生教也。庚子會試，先生成進士，法式善得坿名榜末，一時傳爲美談。越十年，先生選知山西絳縣。又十年，告歸，年六十有九矣。
　　先生待人無疾言遽色，而人畏之；無厚貌深情，而人愛之。初，辛卯科應禮部試時，館謝蘊山前輩家，度謝當入簾，先數日避去。及報罷後相見，始知試卷適在謝所，而實未薦謝，引以爲歉，而先生略不介意。後官山西，謝又爲方伯，非公事未嘗往謁，人益重其品。其成進士也，出内閣學士瑞保門，瑞公與余同司翰林院事，一日直文淵閣，翁覃溪先生謂瑞公曰："吾有畏友陸君，出子門下，子知陸君之文，亦知陸君之人乎？其才賅於大而不遺於小，其學協於古而不悖於今，今之通儒也。"其推重如此。時皆謂瑞公能得士，翁公能知人云。絳俗故健訟，庠序之士尤甚。先生曰："本立而後末可圖也。"遇諸具牒者，武則先驗其弓馬，文則先試其詞藝，然後理焉。由是訟風少息。及先生乞休，合邑挽留之，至有匍伏流涕弗起者。往歲艱得嗣，至六十五歲，連舉二子。今歲十一月十一日爲先生覽揆之辰，某敬惟吾家一門三世，從游之雅其相知爲最深，因略舉事之大凡，爲先生侑一觴。先生生平黜華崇實，一切眉壽保艾之文不可以陳于先生之前也。是爲序。

《江湖後集》跋

宋人陳起，在寶慶紹定間，以書賈能詩，與士夫抗顏列席，名滿朝野。篇什持贈，隨時標立名目，付雕印成，遠近傳播。《永樂大典》所載《江湖集》《江湖前集》《江湖後集》《江湖續集》《中興江湖集》，其名不一，皆起所刻者。是集二十四卷，《四庫全書》定本，蓋删其重複，合爲一編，統名《江湖後集》。宋季就湮之詩，獲顯于世，豈獨起之書，賴之以益可寶哉，即宋諸君子所以爲傳世之業者，固將由是以益著也。

《國子監司成題名碑録》跋

太學祭酒，司業漢員。自順治元年以來，參諸各家記録，其人多可指數，故所敘次較備，至滿洲蒙古設置，詳於康熙年以後，順治間因革損益則無纂述。恭閲《世祖章皇帝實録》，順治元年十一月，設滿洲司業一員，助教二員。十五年五月，陞司業圖爾哈圖爲祭酒，以前未見滿洲祭酒也。十六年，吏部定以太常寺少卿管滿洲祭酒事，太常寺寺丞管滿洲司業事，是前此未有成例也。十七年三月，裁國子監蒙古祭酒司業，增設滿洲監丞。蒙古祭酒司業設於何年，又不可考。七月，以通政司知事白成格、戶部主事華善俱爲國子監司業，是又不專用太常寺官矣。《國子監志》及舊碑，滿洲司業有白清額、花善名，白清額無歷任之年，花善則在康熙二十三年，亦未可爲據。《會典》《職官表》二書所載，皆今制，惟新城王尚書徵引稍備，又與此多有不同。嗟乎！百餘年來，遺文舊事難于稽核如此。謹錄所聞，以俟博洽之士正定焉。

翁覃溪先生《臨文待詔書》跋

覃溪先生書不名一家。楷法以摹虞永興爲最，行書出於元章山谷之間，八分得古鐘鼎款識，曁漢碑不傳之秘，以質勁稱之，猶其淺也。此册先生自跋，謂《臨文待詔書》，則於近代書家又未嘗不事涉獵。先生短視，一切皆需眼鏡，惟作書則去之，且能作蠅頭細楷，嘗爲人書《蘭亭序》，紙不盈寸，而筆畫鋒芒備極其致，眞絕藝也。

余親見先生爲桂未谷題明人扇面，字極小，移几案於窗下，就日光書之。人方以爲苦，先生恢恢然弗以爲難。數年前，余談藝蘇齋，有客持《方正學草稿》墨蹟來觀，尚未展視，先生曰："余亦藏一卷，請以娛客。"客展視愕然，與所持來卷絲毫不爽，其間鈎抹塗乙，無一不肖。蓋三年前，先生曾借此卷重摹一過也。其規橅古人遺蹟神似，皆類此。

先生今年六十有八，朝夕課程一如髫齡時。余於並世士大夫中所見讀書好古無片時自暇者，先生一人而已。

紀曉嵐尚書藏《順治十八年搢紳》跋

余曩輯《清秘述聞》，得順治壬辰、乙未、戊戌三科《會試齒錄》於曲阜顏氏。敘次款式與今通行本異，卷後有雕板于京師正陽門外西河沿浙江洪氏書坊印記，儼然南宋建之勤有堂、杭之陳解元書鋪也。三冊中具載新城王氏兄弟姓名，西樵登壬辰科會試榜，殿試則在乙未。漁洋登乙未科會試榜，殿試則在戊戌。層見疊出於三冊中。余以無心得之，故甚珍秘。

適河閒紀大宗伯出《順治十八年搢紳》一函，屬跋刻手與前書同，印記亦同，時西樵爲國子助教，漁洋爲揚州推官矣。前輩風流宛然在目。且其時大學士有九，學士有二十四，會署殿閣院，名列內閣之後。武進士選侍衛，有大教習教之，如遏必隆、鼇拜皆兼此官者也。各省督撫茊都察院，當時規制如此。事隔百餘年，至有不能舉其顛末者，不有此書，何以徵信？宜宗伯之拳拳于此也。《清秘述聞》闕表字者，考此書得增十七人，因牽連書之以誌欣幸。

《鄂剛烈遺墨》跋

《剛烈遺墨》散在人閒者甚夥。余於西山蒼雪庵見公手蹟，謀勒諸石，未果也。後令子五峰侍郎持公遺稿見貽，余既鈔其詩入選，復裝爲兩巨軸珍藏之。所餘殘楮，雖塗改過半，而筆勢飛動，英爽之氣逼人，真可寶也。蓉莊觀察欲壽貞珉，爲檢楮墨完整者畀之，庶足以傳公之真焉。

《德文莊公遺墨》跋

此吾師文莊公遺墨而煦齋侍郎所綴輯成卷者。彙數十年所書，筆法前後不無稍異，要皆吾師手蹟，故足寶也。憶善自庚子禮闈受知，嗣後時時過從，獎借獨至。一日指煦齋曰："若性甚慧，特倔強，而於汝則甚傾心，幸相與砥礪。課程規畫一惟汝所設施。吾老矣，不欲聞也。"善遂退而與煦齋盤桓。越明年，更爲延名師。煦齋學益進，師每顧而樂之曰："操何術？遽躋此。"蓋煦齋至是十五齡矣，未嘗跬步獨行,又性不喜與外人儕伍,然際風日佳淑,每促余偕遊,而曰:"春風沂水,非學也耶?"

一日,詣豐臺,芍藥盛開,倡和成卷。師一一點定,輒用余韻賦詩二章,今載在《樂賢堂集》。詩草乃畀余,余亦裝潢爲册,當與此卷並傳。蓋師弟之閒,不啻骨肉焉,而余與煦齋交誼之篤,實由於此。今師歸道山十餘年,煦齋克紹先業,遷一官,必曰"此吾先公之所留也";得一士,必曰"此吾先公之所誨也"。而行或有所歉,言或有所越,人皆喜進而規之,則又必涕泣謝過曰:"吾愧先公多多矣。"嗚呼!孝子之用心深摯,誠不可及也。展閱斯卷,有若音容色笑在焉者,因綴數語於後,以誌生平感愧。

《石倉十二代詩選》跋

《四庫全書提要》云:"《石倉歷代詩選》五百六卷。學佺工詩,去取頗有別裁。其《明詩》分《初集》《次集》。《千頃堂書目》尚有《三集》《四集》《五集》《六集》三百八十四卷,今佚。"禮邸委校勘者,則一千七百四十八卷,較《四庫》所收多至千餘卷矣。《古逸詩》十三卷,《唐詩》一百卷,《拾遺》十卷,《宋詩》一百七卷,《元詩》五十卷,《明詩初集》八十六卷,《次集》一百四十卷,《三集》一百卷,《四集》一百三十二卷,《五集》五十二卷,《六集》一百卷,《七集》一百卷,《八集》一百零一卷,《九集》十一册,《十集》四册,《續集》十册,《再續集》九册,《三續集》五册,《三四續集》一册,《四五續集》一册,《五續集》三册,《五六續集》一册,《南直集》八册,《浙集》八册,《閩集》八册,《社集》十册,《楚集》四册,《川集》一册,《江西集》一册,《陝西集》一册,《河南集》一册。《九集》後不分卷,以册代卷。其曰:"三四續、四五續、五六續,義例難通,而雕鐫完好,刷印清楚,自是閩中初揭精本。"余時方校補《新安二吳氏科名書》,僅録十九家而止。詩之正變升降,書之錯雜蹖駁,未及論也。書歸十日,而禮邸有回禄之變,此書不可知矣。後有輯明代詩者，不可不于此書留意，故詳著其篇目以待考。

《南宋書》書後

《宋史》卷帙過多，讀者每苦于繙檢，嘗考元臣奉敕修是書，實以《宋史》稿本爲據。宋人重道學，述東都事較詳，建炎以後略焉。理、度兩朝尤寥寂。明嘉善錢公士升撰《南宋書》六十八卷，席孝廉世昌刊行。蓋就原書增删之者也。夫《宋史》之複沓繁重，人皆知之，而其闕略有待於綴輯者，世或忽焉。錢公此書殆鑒於此而爲之者與？第其所汰，不過分合移置，而其所補亦不出斷簡殘編。蓋別裁、史家所最重，而遺書舊籍搜討爲大難也。柯維騏《宋史新編》，雖義例多乖，而糾謬補遺，亦復不少。李心傳《繫年要錄》，元代修《宋史》時書已亡。《四庫全書》從《永樂大典》散篇裒輯成編，尚得二百卷，皆可採擇。已聞錢公脫稿，世無刻本。王述菴侍郎家塾鈔存之。侍郎博聞廣見，於此書必別有述論，惜席孝廉刊刻時未及附載一語。侍郎老矣，纘續之勤，不能不有望於孝廉也。

《臧和貴行狀》書後

儀徵阮中丞撰《經籍籑詁》一百一十六卷成，郵寄余。此書得古聖賢用心所在，足以裨益後學。總校者爲武進臧鏞堂在東與其弟禮堂和貴。既歎其人不可及，又思與之交以盡覩其著作而不可得。去年八月杪，在大興朱相國座上，見秋試文縱橫列几上，一卷古奧茂衍，詢爲誰？曰：“臧某。”余急叩名，適有他客至，倉卒而退。

今年秋，蔡司業詣余，言有臧生名庸者，慕子久，且知子許其文，欲爲亡弟乞傳記，始知庸即鏞堂在東，而其亡弟即禮堂和貴也。翌日，在東奉《孝節錄》至，款款懇懇，甫握手，若素識者。余初焉慰，繼焉感，終焉傷，不知泣涕之何從也。嗟乎！世無孔子，有顏、閔，其行者不召不至，不問不言，人且疑之，將謂炫世矯俗也，弗笑爲迂，則斥爲怪。豈知孝者奇行，即庸行也。節者，人之終事，即人之始事也。其人固有以異於人人，而非異也。

顧和貴年三十而殁，孔子所謂不幸短命死者，非耶？孔子又曰："孝哉閔子騫！"觀於和貴父母之言，朱相國、阮中丞翕然同聲，遠近不異其辭，則和貴可知也。吾不得見和貴，而得交在東，吾不得讀和貴文，而得讀在東狀和貴文，如獲交和貴也。然則在東固獨行，傳中人余向所知於阮中丞、朱相國者，僅以經生許在東，亦淺之乎視在東矣。

《成雪田尺牘》書後

往昔於慈因寺方丈晤雪田孝廉，衣敝裘，狀甚艱苦，而清談妙論，一座傾倒。又一日在極樂寺勺亭看霜葉，有朧仙將軍者，袖詩來就余。論定後數數會於寺中。二人者，余皆愛之重之，然未嘗往來其家也。踰二十年，爲冶亭尚書綜核《八旗詩》，二君皆殁，遺稿爲余得。披檢數過，存詩若干首，可以慰故人於地下矣。朧仙手札，余得一册於素菊主人，而雪田遺跡則無有此卷。雪田自書其詩皆爲朧仙作，粗服亂頭，具有逸趣。想見二人交情風尚。聞雪田老年貧病益甚，仰生活於朧仙，卷中感恩知己，三致意焉。惟余所閱朧仙詩稿，經雪田評者，推許未免過當。新城之於商丘，前輩已有行之者，篤友誼者固應如是。此卷蓮峰居士珍秘備至，并以此義質之。

與邵二雲前輩書

尊齋飫聆教言，承示一切。比在館中，勘校諸《功臣傳》稿，併付到諸册籍，其中訛舛闕遺無所不有，良由外省之陸續咨報，到非其時，中秘之前後纂修人非一手，加以歲月之久，疑誤相仍，莫能指正。伏惟閣下，以網羅一代之才，騰躍百家之筆，職掌所存，自宜及時釐定，以爲惇史。謹就管窺所及，條列其事，願先生亮察，而審正之。幸甚！

一、《功臣傳》有從逆之臣，誤行載入者。如貴州巡撫曹申吉，叛降吳三桂，詳見《實錄》及《平定三藩方略》。今《功臣傳》有《曹申吉傳》，言其殉難，而《甘文焜傳》仍言申吉從逆，兩傳自相牴牾。應改正。

一、《功臣傳》有殉難大員，未經載入者。如辰常道劉昇祚、辰州知府王任杞、左江道周永緒、平樂知府尹明廷，殉難年月及贈官祭葬，俱詳載實錄紅本及《一統志》，而《功臣傳》未載。其餘殉難之文武員弁，見實錄紅本，而不立傳者甚多，俱應查增。

一、《功臣傳》有殉節於前明，而誤入國朝忠臣者。如雲南殉難之楊憲、張景仲等，俱死於土司沙定洲之難。其時明唐王、桂王相繼稱號，雲南未入版圖，楊憲等為明殉節，而《功臣傳》誤以為順治二年、三年事。應一體刪去，歸入《勝朝殉節諸臣錄》。

一、《功臣傳》有年月舛誤者。如廣西巡按御史王荃可殉節在順治九年，詳載《實錄》及《一統志》，而《功臣傳》誤作康熙間殉難。似此者甚多，俱應改正。

一、《功臣傳》有姓名舛誤。如江南撫標游擊成國梃，詳見實錄紅本，而《功臣傳》誤作廷梃。其餘官爵贈廕舛誤遺漏者不可勝指，俱應改正。以上各條，一時拉雜書之，再有所得即錄呈採擇。餘不宣。

與徐尚之論文書

神交足下十五年矣，思一握手不可得。昨晤味辛，知足下傾倒於僕者，甚至曾蒙過訪，迷路而歸，又迫於程限，匆匆出都。是僕與足下何竟無一見之緣耶？雖然，吾兩人不見以跡，而如見者以心。心者何？文章而已矣。余獨怪今之為文，致飾於外，如俳優登場，衣冠笑貌，進退俯仰，一一曲肖。旁觀者未嘗不感憤激昂，欲歌欲泣，迨夫境過情遷，渺不知其為何事。猶自矜絕伎，以為不如是，不足以取名譽、炫流俗也。嗚呼，僞亦甚矣！古之為文則不然，不勦說不雷同，甯為一時訾議，必使後世可傳，理得而心安，如是而已。

足下今之古人也，抱經世之才，屢困塲屋，雖久歷仕塗，而汲汲以文章爲性命。其蒙陋如僕者，尚不廢延訪，可謂好之篤而求之殷者矣。由此推之，本實心行實政，民生必受其禆益，士類必歸其陶冶，力之所及者，而情至焉，即力之所不及者，而情亦至焉，豈特文章云爾哉？中州賢宰能文，如粵東趙君、閩中鄭君，皆與僕相見以心者，近皆讀其全文矣。而足下之文，僅得之於傳誦，尚望寄示一編，晨夕披覽，則吾兩人不相見如見矣。足下以爲然乎？

復王穀塍進士論仕書

汪明經抵京，奉手書併和詩，纏縣往復，如相接對。古之爲學，非以謀仕，然而從仕而優，未有不資於學者。若足下可謂讀書求道不務虛聲者矣。夫造物之生才也不數，既生有用之才矣，則所以愛惜而培護之者，無所不至。然其勢常緩，往往有遲至數十年以後者。惟深識之士乃能徘徊審顧於其間，有以承天意以自決其去就而不疑。

足下通籍二十三年矣，抱用世之志，懷經世之才，而乃匿跡海濱，寄身物表，抑然自下與古爲徒者何哉？蓋足下所見者大，所志者遠耳。以一人治天下則不足，以一人治一鄉則有餘，治一鄉而能使一鄉之人皆成其才，以待天下之用，則我之所及者，雖止於鄉也，而其才已及乎天下。然則我之所以處乎有餘之地者，正所以使天下處乎有餘之地也。古君子守先待後之學，其道不外乎此。此之謂能承天之意而自決其去就者。以足下之才甚高而志乎古，故以此説進，知足下之有以善承乎天也。

復汪均之書

均之公子仁兄足下：十年前，僭題誦先圖册，久知德門澤長，世多傑士。頃接手翰，高情雲詣，吐屬不凡。惟寵譽過當，僕不克當。尊著清遒迥上，非時流所能企及。唐之柳州、宋之半山，庶幾近之，由此而《莊》《韓》《公》《穀》不難矣。竊嘗思之，文之有理，猶人之有心也；文之有清奇濃淡，猶人之有耳目口鼻也。耳目口鼻有不同，心有不同乎？元明人不逮唐宋，漢魏人不逮周秦，風氣有升降，人心有升降乎？奇傑魁梧之士出，不爲風氣轉移，持心於上下古今之際，相維相繫，摧折磨涅而不改，而後幾於成。幾於成矣，又不敢自信，質諸詩書，辨諸朋友，或經數年而有進焉，或經數十年而有進焉，非此心爲之，此理爲之也耶？

足下樹軼群之材，抱用世之志，敢以區區文章爲足下勖乎？而識見不可不真，趨向不可不正，富貴可也，貧賤可也。文章之極則生人之立命焉。願足下詳察之。顧君詩筆雄逸高邁，有深造古人處，第恐非流俗人所易知。僭採十餘章並大作俱錄入拙選，早晚謀付梓也。拙文《素齋》刻於揚州，拙詩《芸臺》刻於杭州，俱非弟意，版亦不求寄京，弟處僅一見而無存者，或於南中覓之。愛我者當秘其醜焉，不敢與世人爭名也。諸希爲道自重。

與王柳村書

寄槎至。獲讀函札，正欲奉復，鴻起又奉書并《群雅集》來。選政精嚴，箋翰篤摯。信讀書人職業，且羨且愧。僕衾鄙衰病，以三十餘年未離几案，筆墨遂冗沓氾濫，非敢與古人爭長也。年來有刻拙文於揚州、拙詩於黃州者，僕方惴惴焉，阮中丞又爲刻詩集於杭州，藏其書靈隱，是固可感，而足下又復選拙詩坿諸名公後，不益增僕之愧赧乎？然已刻各書俱止其以版送京，弗願廣布其間，果有可存，數百年後當有人知之。京中竟無副本。又有《朋舊及見錄》六十四卷，纂於十五年以前，體例略仿《明詩綜》，秦小峴爲作序，書至今年始成。而三十年朋舊贈答題詠之作，別爲《聲聞集》，仿冒巢民《同人集》例也，鈔爲十二冊，尚未分卷。僕讀書記性最下，又有《備忘錄》一書，或鈔自秘集，或聆諸師友，不加議論辨正，無事是非駁難，使閱者自別白之，亦藏拙省力之一法。無力梓行，字繁帙富，又艱於謄寫，無錄質大雅耳。《詩話》雖傳於南中，其實尚未削稿，蒙諄索，遂轉託鮑鴻起孝廉手錄數十則求正。寄槎倉猝南歸，未能袒餞。子餘浪遊東越，其詩書當益進，頗念之，煩寄聲也。餘不盡。

南薰殿古像記

　　嘉慶七年三月初八日，法式善以纂修《宮史》，得敬觀南薰殿暨內庫所藏歷代帝王及諸名臣像，凡爲册者十七，爲卷者三，爲軸者百。蓋我高宗純皇帝命廷臣裒集宮府庫司所儲而藏諸者也。其像之作於何代無款識可辨，以縑素筆墨度之，蓋唐時所存者，至少宋南渡以後略備。然其紙墨之剥落亦多矣，惟宋明帝后暨唐宋功臣像稱完善。意當時奉詔勅爲之者，觀其冠裳制度，可以見古今沿革損益。某幸以承乏《宮史》之役，得悉覘內府所藏，此於儒生之際遇，榮幸爲何如？夫列聖之相傳以心，而覿像而增敬者，聖人之恭也。

　　我朝聖聖相承，法唐虞而紹商周，治法心法之同揆，即一繪事所存，而有可以寄羹牆之思者，乃猶約旨卑思，即漢唐而下之君臣，不廢採取其善，以寓博覽得失之意，則斯像之藏內府也，豈獨以昭愼重而已，蓋又有以備監觀焉。所謂德無常師，主善爲師者，非聖之大，曷克如是！某既自幸其得邀儒生榮遇，敬誌始末，爲之記如此。

歷代帝王名臣遺像記

　　王新城尚書謂六朝人畫多寫古聖賢、列女及習禮儀器等圖，此如漢儒注疏多詳於制度名物也。余嘗摹古聖賢像舊蹟，又摹太學大成殿《周彝器圖》，四方能詩之士爭爲題詠，裝成鉅軸久矣。歲乙卯四月，時雨初晴，訪吾友夢禪居士於桑陰老屋，見所藏歷代帝王名臣遺像數册，不署畫工姓氏，度爲國初人摹本，墨頹紙壞，精氣特存，惟其閒殘缺殊甚，年代先後復多訛舛。借歸展對，取詩龕石墨卷軸印證，頗能相合，其不合者，亦可以補予所未備。嗚呼！可寶也。已爰倩荊溪畫師潘大琨摹諸縑素，越歲始成，署名幀端者，一冊至五冊甯化伊員外秉綬，六冊至八冊靈石何員外道生，書出兩人，故詳簡不同，其序次多依官史，故與原本亦稍異。

　　近余課士太學，閒試以古文，因舉所繪像爲題，分譔頌、讚、銘、說、考諸體，具有可觀，余既別錄存之，而諸生亦願各留其蹟，遂參差雜書於帙像，凡二百九十有二。其間品類不同，要其術業，皆可傳世。原闕者無考未及續繪，異日者，儻遇於荒祠畫壁、斷楮殘縑，或摹揚，或臨寫，則所闕者或不至終闕乎？

誠求堂記

　　夫人必有所欲得也則求之，有所欲得而惟恐其不得也，則誠求之。誠求之術不一，而誠求之理無二。居則以求乎聖賢之道，而出則以求乎經濟之宜，其功非朝夕所可竟，而其事則隨在皆可用力也。周子霽原以名孝廉出宰粵東，於其行也，乞余爲誠求堂記。

　　周子嘗讀書石鏡山中及鼓篋黌舍六館，人皆以奇才目之，今抱手版，謁上官，平時磊落傑特之氣，不能無稍絀不紓者，顧其中懇懇款款不敢欺人與不敢自欺之素志，則矢之心如一日。縣令一官，以得民心爲急務，我之安我婦子也何術乎？即以此術安民之婦子。我之適我口體也何道乎？即以此道適民之口體。未安而求其安，未適而求其適，雖其勢不能盡同，然好佚樂而惡勞苦、趨袵席而避桁楊，未有不同者。

　　周子以是顏其堂，解衣脫舄棲息其間，非無花竹之觀、圖書之樂，而民之顛連煢獨無可告語者，日往來於胸中，則植花竹列圖書者堂之迹，拯顛連哀煢獨者所以居是堂之心。吾知周子異日官益尊，任愈重，仍無異於讀書石鏡山時也，故樂爲之記。

重裝錢南園副使畫馬記

今世所傳趙吳興畫馬，雖贗本，然固多愛護之者。吳興生平不無遺議，特以藝工世重之如此，況不僅以藝傳者乎？錢南園副使立朝風節卓卓可紀，工詩文，書入顏平原之室，好畫馬。歲庚子訂交於同年徐鏡秋齋中。時副使方授鏡秋舉子業。過從頗密，然未得其畫也。

己未八月，鏡秋出宰粵東，其宅余借居之，壁上遺有副使所畫馬，紙墨黴敗，神采奕然，因亟收取，裝潢藏之。并憶辛丑夏，余晨訪鏡秋，未起，與副使坐新槐樹下，偶誦近作七言詩，副使援筆立和。今槐陰蔽屋，紙窗竹榻未改於前，而副使之亡已久。至於譔著皆不可問，獨此尺幅獲歸於吾。重副使者，將必重惜其翰墨所存，況余與副使之相習乎哉！

戒臺圖裕軒曹慕堂兩先生祠記

天之報施善人也不一致，其顯有以屈之者，必隱有以伸之也，其事在若可知若不可知之間。余昔於翁覃溪先生坐間晤圖裕軒學士，時學士方養疴林下，余素欽挹其人，茗話移晷，款洽甚至。不兩年，學士即世。又於西苑直次，見曹慕堂宗丞，意致謹樸，遇後進，語娓娓不倦，隨以請建辟雍，見褒於上，未幾旋歿。兩先生皆世所稱善人長者也。

庚戌之秋，偕同人游西山，路經戒臺，登佛閣，觀所謂活動松者。見峰岫迴復處，爐煙一縷從雲霧中颺出。僧指謂曰："此裕軒、慕堂二先生祠堂也。"同人攝衣歷百十級，始至閣。肅衣冠展拜，相與感舊，太息而去。今年八月，又偕宗丞子定軒給諫俱來，給諫修祀事成，屬余記之。余觀壁間刻劉岸淮副憲所記建祠始末甚詳，不復贅，獨念學士無子，得其門人副憲為立祠，又得給諫奉其先人宗丞公共祠妥侑。曹氏子孫賢且多，必能恢大宗丞遺業以流傳于永久，與茲山同不朽也。天之報施善人固如此哉！

思過齋記

思過齋者，頤園同年紀恩而作也。頤園官侍郎，有直聲。一日以言語失職，廷議重譴，上天子鑒其素而宥其罪，俾閉門思過，以養其親。侍郎感聖恩之優渥，奉其定省之身，不敢有退閒自適之念，爰以"思過"額其齋楣，而屬余爲之記。

夫侍郎失職，負咎引慝，方自以爲罪矣。言乎過則非罪明甚。《書》曰："宥過無大。"《易》曰："無咎者善補過。"然則常人無過，君子有過，君子不患有過，患有過而不自知其爲過。職思其居，職思其外，思之固不可已哉！且夫過之爲言失乎中之謂也。侍郎與余交三十年，其心術學業知之最深，有特立孤行之誼焉。然嫉惡太嚴，求治太急，嫉惡嚴，可也，太嚴則不辨其惡之大小而盡欲去之，勢不能盡去，將小者去而大者留焉，有之矣；求治急，可也，太急則不辨其治之輕重而盡欲行之，勢不能盡行，將輕者行而重者沮焉，有之矣。大惡期於必去，重治期於必行，其小者姑可以聽之。士貞子曰："林父之事君也，進思盡忠，退思補過，社稷之衛也。"侍郎者，社稷之衛也。他日召用，吾願侍郎於嫉惡、求治二端務持其平。譬如射焉，期於中鵠斯已耳，譬如音焉味焉，取其配與調斯已耳。酬聖恩於萬一，而慰蒼生之望，所以盡其思於平日者，豈不在此時哉！豈不在此時哉！

校《永樂大典》記

明永樂元年九月，詔學士解縉以韻字類聚經史子集、天文、地志、陰陽、醫卜、僧道、技藝之言爲一書。越年，奏進，賜名《文獻大成》。上覽書，嫌未備，更命姚廣孝、劉季篪及縉監之。簡翰林學士王景以下二十五人爲正副總裁，中外宿師老儒充纂修，國學、縣學能書生員繕寫，開館於文淵閣光禄寺，給朝暮膳，司事凡二千餘人，累十年而就，是爲《永樂大典》，凡二萬二千餘卷，一萬一千九十餘册，貯之文樓。嘉靖三十六年，三殿災，書以救護免，敕閣臣徐階摹鈔副本一部，書手一百八名，每人日三葉，起嘉靖四十一年，訖隆慶元年，凡六載竣事。萬曆二十二年，南京祭酒陸可教請分頒巡方御史校刊，議允未行，其説散見於張元忭之《館閣漫録》、郎瑛之《七修類稿》、朱國楨之《湧幢小品》、姜紹書之《韻石齋筆談》、阮葵生之《茶餘客話》，惟諸書皆載目録六十卷，而朱書稱九十本，殆有誤歟？

今翰林院所貯僅一萬册，相傳爲李自成所摧殘，檢每册後署銜則曰"重録"。總校官侍郎高拱，學士某分校，編修某，書寫儒士某，其爲嘉靖本無疑，不知原書今歸何所，竟無人知之，是可怪也。此書發凡起例實未美善，而宋元以後書固已搜羅大備，世閒未見之鴻文秘籍，賴此而存。惜唐隋以前書仍寥寥耳。然余披校唐人之文，如張燕公、陳子昂、陸宣公、顏魯公、權載之、獨孤至之、韓昌黎、柳柳州、白樂天、歐陽行周、劉賓客、李義山、杜牧之、羅昭諫行世本外，各有增益者數十，少者亦五六，其不習見於世之人，蓋往往而有也。當此之時，苟欲考宋元兩朝制度文章，蓋有取之不盡，用之不竭者焉。若徒便其按韻索覽，是固當時編輯一隅之見也。

借《緑山房畫集》記

臨川李郎中薌甫、芸甫昆季奉職居京師，居與長椿寺僧寮相向，寺門外疏槐高榆，掩映衢巷，乃以"借緑"名軒。余時時詣其所，説詩弗倦。今年暑雨稍踰，兩三月未及登堂慰契闊。休沐之暇，風日嘉淑，折柬招余並約同人工繪事者，各出其能，以爲娱樂，促余爲記。余有慨焉。夫京師五方雜處，公卿大夫既各守其官，奮志於功名，橫經之士操技藝之流，亦必有所趨，向以自專其業，欲求一日之暇，有不可得者矣。然吾聞諸荀卿云："其爲人而多暇日，其出人不遠。"《淮南》又謂："學不暇者，雖暇亦不能學矣。"由是言之，不暇者人事之恒，暇者人心之定耳。是日也，庭除灑掃，肴核修潔，賓客歡洽，飲酒賦詩，相期敦古人誠敬之誼，以快足于心，而復託諸絹素，貞之文章。二李君愷切悱惻之意,豈有涯涘乎?時無錫秦侍郎酒微酣,大聲歌《唐風》曰"今我不樂,日月其除,無已太康,職思其居。"諸客肅然起聽。余進而言曰:"良士休休,不皆從瞿瞿蹶蹶來乎?願諸君子休休於暫時,將以瞿瞿蹶蹶者,行之終身哉!"侍郎曰:"善。"余遂書以爲記,會者若干人某某,期而未至者若干人某某,作記者法式善也。嘉慶十四年八月初十二日。

校《全唐文》記

內府《全唐文》鈔本十六函,每函十冊,約計其篇,蓋萬又幾千焉。前無序例,亦無編纂姓氏,首葉鈐"梅谷"二字私印。相傳海甯陳氏遺書,或云玲瓏山館所藏,或云傳是樓中物。大約鈔非一手,藏非一家,輯而未成,僅就人所習見常行採掇爲卷,唐人各集亦皆錄從近代坊本。

蘇尚書官兩淮鹽政時,購於揚州,而上貢祕殿。嘉慶十三年十月,奉詔補輯纂校,善獲奔走,爰從諸君子後,閱《四庫全書》若干部、天下府廳州縣志書若干部、金石碑版文字若干紙,而又閱《永樂大典》二萬卷、《釋藏》八千二百卷、《道藏》四千六百卷,然後補入若干。嗚呼!盛矣!夫唐人之文不能昭著於有唐之時,摧殘澌滅,越千年而後顯焉。唐文與唐詩並重,而不能昭著,於刻唐詩成之時,輾轉流傳,越百年而後興焉。夫此千年百年者,亦豈人之所能爲也哉?《老子》云:"復衆人之所過,以輔萬物之自然,而不敢爲。"又云:"執古之道,以御今之有,能知古始是謂道。"紀斯役也,吾蓋三復斯言云。

重修尚氏家廟碑文

洪惟我朝,肇基東土,定鼎燕京。佐命諸元勳,彪彪麟麟,光於竹素,偉矣!其籍隸漢軍,而世篤忠貞,尤著且久者,則惟平南敬親王尚氏。王初以從龍入關,削平楚粵,始終臣節。比薨遺命,歸葬海城,雖没而拳拳不忘於近依先帝。朝廷鑒其誠，予祭備禮，復置閑散佐領二員護其塋，酬王志也。王有子三十二人，其七子諱某，尚和碩公主，特置在京佐領五員，始有賜第于京師，其後遂世居焉。孫諱某者，嘗釐正其《關東祠田圖册》《咨部籍記》以奉海城之祀，而賜第亦自有家廟。至四世孫參領公玉德，隨其兄侍衛兼參領公諱玉成，以乾隆辛未就舊祠基拓新之。閱三十餘年。丁未歲，侍衛公已即世，參領公復率其兄子參領惟慎重修之。堂庪碱雷，弈如奂如。歲時偕宗族子姓會祀廟中，穆然感世澤之長，油然生孝弟之心也。參領公有子十人，官總兵、副將、參將、游擊者六。戊申歲安南之役，公七子諱維昇，以廣西左江鎮總兵從征，會戰富良江。庚戌歲正月歿于市球江南岸。事聞，予郵視提督，諡"直烈"，入祀昭忠祠，世襲輕車都尉。越嘉慶丙辰冬，四川教匪之亂，公冢子諱維岳，官順慶營游擊，首率兵入達州境。猝遇賊，矢斃賊帥。賊益集，力戰，歿於陣。有敕軫惜之。予郵視參將，仍入祀昭忠祠，世襲雲騎尉。

嗚呼！大丈夫效力戎行，臨危致身，如二子，可謂無忝祖德矣！參領公痛二子之歿於王事也，乃祔其主於廟，礱具碑石。以余與修國史，手二子傳，屬爲記。不敢以拿陋辭，竊惟昔者，魯僖能復周公之宇，命奚斯作《新廟》，史克作《閟宫》，詩以頌之，其旨歸於保世滋大。今尚氏之德澤延及五世，垂百五十年，簪纓蕃衍，國史家乘大書特書，不一書。而參領公念祖之勤，眉壽無害，與夫二子報國之義相得益彰，實由先敬王之聲靈赫濯，有以啓之。觀於廟者，可以想勛舊貽謀之遠，可以覘國家錫類之仁。爰書其事，以諗後之人。家廟重修落成在某年月日，記成在某年月日。

明大學士李文正公畏吾村墓碑文

余居近明李文正公舊宅遺址，所謂西涯者也。嘗考公軼事，裒集爲記，復欲尋公墓所屬。同年宛平令章君訪於畏吾村，不可得，又屬武進胡君及大興令、郇縣郭君訪之。一日，二君過余，言適因事過畏吾村，問公墓于土人，皆不知。有大慧寺老僧云："識一古墓，相傳爲前明顯宦，今其子孫已絕。"往視之，良然。然亦不敢遽定爲文正墓也。翌日，余親訪，會老僧他去。徘徊久之，遇石翁者，年八十六，居畏吾村且六世。叩以文正墓，亦弗能舉。舉僧言相質，乃指寺西北土阜云："是閒舊墓五，余兒時猶及見，今惟三墓在耳。"余周覽而諦視之，慨然曰："此爲文正曾祖墓，文正墓從可知矣。"文正曾祖，洪武初以兵籍隸燕山右護衛，其祖方幼，挈與俱來，稍長，即代父役。靖難兵起，有功弗見録，以藝簡内局製軍器，作賈爲養，以終文正。父微時爲舟子，有陰德，遇異人爲擇吉地，瘞祖父骨。文正集中有復畏吾村舊塋及合葬告妣諸文，是文正曾祖暨祖俱葬畏吾村。文正父改葬樹村，地不吉，仍遷葬畏吾村。文正子兆先先卒，祔葬於此。文正卒亦葬畏吾村。五世昭穆，班班可考。劉世節《瓦金漫記》謂"其家族姓漸微，至以墓前白石碑搥碎，與販鹽者攙和以賣"。蔣一葵《堯山堂外紀》謂"兆先卒，公竟無嗣"。查禮《銅鼓書堂文集》載畏吾村始末甚詳。由是觀之，公五世之墓聚於一域，身殁而子孫不振，至於屑穹碑爲灰塵，夷馬鬣爲隴畝，不亦深可唱耶？然以文正之勳德，雖無子孫，能使後之人不忘其窀穸之地，而咨於野人老衲，卒得其實，不至終淪於蓬藋，非文正之靈，而能若是乎？墓在大慧寺西，距寺三十步。墓之西爲畏吾村。抵村口一里許，小徑北通石道，白塔菴在焉。南則長洞一帶，由枯柳樹迤邐東南行，即望見極樂寺。後有欲展公之墓者，視吾文庶幾有考焉。

例授奉直大夫禮部主事吳君墓表

君諱蔚光，字艺甫，一字執虛，自號竹橋。世居休寧，系出唐左臺御史少微公。後遷環珠村，又遷大枽。君生於休寧，四歲隨父居昭文之迎春巷，而吳氏始爲昭文著姓。曾祖國啓、祖宏祖、考敬，俱以君弟熊光貴，累贈資政大夫。曾祖妣金氏、祖妣查氏、妣金氏，俱累贈夫人。

君九歲喪母，哀毀如成人，輒有遺世獨立之概，以父在不敢廢學。姿性穎敏，漢魏樂府上口不忘。十八歲，以錢塘商籍補博士弟子員，乾隆丙申獻賦天津，欽取二等第五名。丁酉舉順天鄉試，改昭文籍。庚子會試中式，殿試二甲第七名，選翰林院庶吉士，纂修武英，分校《四庫》，散館一等第六名，改禮部主事。是冬，以病假歸侍父，極生榮死哀之禮。教子弟有法度。宿疾旋瘳旋作，因得退閒林下二十餘載，從容言笑而逝，年六十一歲。其卒以嘉慶八年八月二十三日。

君愛郭西湖田曠幽，欲搆屋其上，而未果，故自署湖田外史，其子將卜吉於其麓，以成先志。配邵氏。子五人：峻基，候選府同知；愷基，邑庠生；禄峙，國學生，候選直隸州同知；象嶸，廪貢生，試用訓導；憲澂，增廣生。孫八人，孫女七人。

君生平抱負甚奇偉，視天下事無不可辦，及屢摧折于名場，而其氣亦稍衰矣。顧獨于文讌詩會酬嬉，磅礴淩厲，傲兀而曰："造物扼吾以功名，而豐吾以文章，不猶愈乎？"故當其未第時，江南北、浙東西，竹橋詩名已噪甚。余既偕君同登第，橐筆值詞館，君殊以余爲可語，時時近暱之。越明年，君改官去，忽忽幾三十年，而君死，嗚呼，可傷也已！然君特屢以詩文寄示余，余有所作，亦郵傳質君。今其子不遠千里，以行狀來，欲得余文以妥君之靈也邪！

君既淡於仕進，而聲色無所累其心，惟於佳山水，好子弟則不能須臾釋情，而又能嚴辨乎人性之善惡，深究夫詩教之貞邪？上不背古人，亦不囿於古人，獎其所已至，而勉其所未至，汲汲焉，皇皇焉，若不克終日者。其誠篤如是。蓋君之教，可以化一鄉，可以化一國也。而其心則以爲可以化一國，則化一國；可以化一鄉，則化一鄉矣。此其意度超越，豈可僅以詩人目之也。

法式善

君少與黃景仁仲則、高文照東井、楊芳燦蓉裳、汪端光劍潭齊名。仲則、東井死已久，劍潭浮沈下僚，蓉裳需次農部，皆不獲一第。余與君同登第矣，同官翰林矣。官之升沈不足言，而二十餘年省躬自考，要未有足以質諸友朋者，持以較君，固皆有所不及也。君晚年蒔花藝竹，瀹茗滌硯，不藉手于童僕。春秋佳日，杖履優游，喜以圖書琴鼎自隨。至亭樹潔淨，手親播拂。購王冕梅花長卷，以"梅花一卷"名其讀書小樓。死之日，遠近來弔者皆曰："竹橋先生亡矣。"嗚呼！觀君之所自得，不誠使人有翛然遺世之思邪？

君所著，有《易以》二卷、《洪範音諧》二卷、《毛詩意見》四卷、《春秋去例》四卷、《讀禮知意》四卷、《求閒錄》十卷、《方言考據》二卷、《閒居詩話》四卷、《駢體源流》一卷、《杜詩義法》八卷、《唐律六長》四卷、《詩餘辨偽》二卷、《姜張詞得》二卷、《素修堂文集》二十卷、《古今石齋詩前集》四十五卷《後集》十五卷、《小湖田樂府前集》十卷《續集》四卷、《寓物偶爲》二卷。

耿處士墓表

處士，襄城人，諱奇標，字篤生。先世稷山人，明初徙河南。父習吉，官國子監典簿。處士兩試有司，不得意，援例貢成均典簿。君以老疾廢，家事悉委處士。處士既任家事，和睦族黨爲務。埽塋祭先必誠必敬，教族人無少長皆崇禮教，不使有訽誶聲，急病讓夷，汲汲如不及。當郟襄亂民擾楚豫間，凡官運糧餉有資于民者，處士身爲衆人先，蓋忠信出於天性然也。平居誡諸子曰："讀書以明理立品，非僅科第計也。與爲強悍，寧爲文弱；與爲機械，寧爲質訥。"蓋其言質，而意不在於急功近名、趨利避害也如此。嗚呼！使人人皆能勉處士所爲，犯上作亂之風有不泯，而禮讓仁厚之習有不成乎？余故於處士他善事皆略焉，而表是以爲世法。至其族系子姓，詳於墓誌，茲不著。

贈武功將軍雲南通判岸亭陳公墓表

吾二十年前於翁覃溪先生所知陳君廣寧能考辨金石文字，後於儀徵阮侍郎所知陳君工詩。逾十年，陳君來京師，借何氏園觴余，十日乃閩行。蓋陳君以嗣父難廕襲官，而擢副將時也。又逾年，陳君擢總兵，來京師，以本生父贈武功將軍表墓文為請。今年八月，郵銘傳行狀至，且徵前諾，余何敢辭？

公姓陳，諱聖修，字念祖，自號岸亭，籍浙江之山陰，以曾祖理官廣西，遂移籍為平樂人。祖廷綸，康熙庚辰科進士，官至廬州府知府。父齊襄，舉賢良方正，官至廣饒九南道。皆能以讀書飾吏治。公兄弟九人，公行三，少質性過人。既長，通經史，舉乾隆二十五年本省鄉試，明年上春官不第，遂援豫工例為縣令官。蓋公以沈博之姿，浸淫於載籍者深。承其先世，代有名賢樹蹟於東南，公得有所則效。歷數郡邑，經畫數十大事，民心靡不感動。其宰桂陽也，定分撥口糧之例，桂陽人至今德之。其調益陽也，倡捐廉建城之議，益陽人至今德之。令太和，雪楊氏婦之冤。署阜陽，調蕪湖，減獄囚之死，又能振荒修閘，禱雨平糶，太和、阜陽、蕪湖人至今德之。而治祁門，蛟患一事最為大吏所重，顧竟以此得勞疾。公生平不徇利，不避害，不薄以待人，不厚以待己。其辨贓，據不實之不可定為盜，辨鬪死者之不可定為拒捕。時人或疑之，久乃見信。擢雲南通判，未抵任卒，時乾隆五十八年九月也，年六十有一。以子廣寧貴，貤贈武功將軍。配淩安人，貤封夫人。子二，長廣福，例授州同知；次即廣寧。

公仲兄聖傳，官臺灣縣丞，死林爽文之難。應得蔭，無嗣，以廣寧為之子，襲雲騎尉，洊升福建副將，擢總兵。公少以文字見知於桂林陳文恭公、新建裘文達公、武進錢文敏公，能詩善書。著《益善堂詩文集》八卷、《審駁成案》二十四卷、《歷朝詩選》三十卷。廣寧將次第開雕，以顯公之志。先大夫與公乾隆庚辰科同舉，廣寧是以以文屬余。余于公為年家子，而念公之治績卓卓可述，又知廣寧于卅年之前，故不辭而爲文其隧上之碑。其家世子姓之詳見墓誌，茲不具。

朝議大夫禮部員外郎前翰林院編修
江南道監察御史謝君墓表

余與長沙謝君同于乾隆四十五年成進士，入翰林，年齒相若，性情契合，出入與偕，游讌必共。歲月遷易，升沈榮瘁，遂有不能同者，而其用心之所在，未嘗不同也。君既棄世，余猶奄息人間，安得無言？

君氏謝，名振定，字一齋，號薌泉，湖南湘鄉人。系出會稽，徙長安。遠祖諱惟興者始遷楚，後乃定居蠶潭。祖如渾，貢生。父再詔，乾隆壬午科舉人。君兄弟五人，君其季也。十歲能屬文，弱冠應試，褚筠心學士拔爲弟子員第一。自是，君兄弟五人皆在學。丁酉科，君與仲兄振仁同舉于鄉。庚子，君成進士，選庶常。君父在家病卒，君奔喪歸。丁未，散館授編修。戊申，副胡文恪公爲江南考官，得士稱盛。當褚學士爲湖南學使時，吳御史雲以諸生佐其幕，激賞君文，定爲弟子員第一者，吳御史也。及戊申君主江南試，而御史乃出君門，士林稱文章之契合不誣。甲寅五月改監察御史，九月巡視江南漕務，多善政，丁民稱便。請建風神廟于江干，君渡輒得順風，京口人至今有謝公風之稱。旋朝巡視東城，大學士和珅妾弟與其家人橫于市，懲之，焚其車。越二日，有劾其縱放不合者，乃罷御史職。君固喜讀書，至是益肆力於古文，閒以詩酒自娛樂，署所居門額曰"心太平書室"以見志。今皇帝臨御，知君名，以主事用，籤分禮部。甲子科典試陝西，一如試江南時。陞本部員外郎，簡放戶部坐糧廳，刷洗積弊殆盡，凡事不藉手胥吏。監收天津北倉，漕船火，徒步往救。其修康家溝壩、張灣故道，開果渠溫榆河，爲文以祭，自比昌黎故事，而工悉治。遽以積勞致殞，以嘉慶十四年五月某日卒，年五十七。

君工古文，喜吟詩。性嗜山水，不畏險阻，至必窮其勝，在都游必與余偕，踰時必有詩文以紀。登泰山、華山，造其巔，記文皆傳於世。明大學士李東陽，君鄉人也。余故得其墓，君慨然募而修之。病中猶捐貲鑿井，灌林木，士人呼爲薌泉君。古文在歐陽詹、獨孤及之間。約余仿黃黎洲選《明文海》例，輯國朝文爲一編，曰《今文淳》，上繼姚鉉《唐文粹》、呂祖謙《宋文鑑》、蘇天爵《元文類》。自江南載十數書籠而歸，執余手相諉託，以其事爲不可不慎。然終未能助君卒業，是余生平之一憾也。悲夫！元配氏周，封恭人。二子，長興嶢，嘉慶戊辰舉人；次興垣，監生，皆周恭人出。女一，適李宗茂。孫邦鈞，垣出。孫女二，嶢出。君病劇，以自著《知恥堂詩文》若干卷，付吳御史雲校定云。

朝議大夫寧夏府知府何君墓表

余交何太守二十年矣。太守少余十三歲，而精力血氣勝余不啻倍，蒞官甘肅。不知其病，忽傳其病且死，而凶問至矣。嗚呼！傷哉。天不可信矣！君豈可死之人哉？而君竟死哉！君之子乞余表墓，經年而不能爲，茲乃忍慟書之。

君諱道生，字立之，號蘭士。先代由中州遷靈石。曾祖諱溥，貢生，州同。妣陳。祖諱世基，附貢生，州同知，妣鄭郝。父諱思鈞，乾隆乙未科進士，翰林院檢討，妣王、梁、張。三代皆以君貴，贈封朝議大夫，妣皆贈封恭人。君昆季六人，君其仲也。七歲，梁太恭人歿，哀毀如成人。入塾，爲耆宿所器。隨檢討公居京師，檢討公督課嚴，江南名士入京求爲弟子師者，莫不知有何氏書塾。君年十五，下筆爲文，已自不凡。王蘭泉、程魚門、張瘦銅，君父執也，折輩行交。年二十一歲舉於鄉。明年丁未，偕其兄道沖，今改名元烺者同登進士，一時傳爲科名盛事。君以詩負重名，既改工部主事。習勾股，精算法。日日入署，與一二老成僚友講求切實之學，上官胥賢之。君散衙，仍鍵戶讀書，遵檢討公教也。君四充順天鄉試同考官：壬子、甲寅、乙卯、戊午四科也，得士如王紹蘭、丁履泰、梁承福、王鼎文、鄒植行、鄭錫琦、趙秉淳、張樹穀、朱彬、彭蘊輝、張師泌、劉燻、楊景仁，皆一時之選。余官祭酒，錄科列前茅者，蓋十居八九云。嘉慶元年，擢本部員外郎，陞郎中、御史。四年冬，以大臣密保召見，命巡視濟寧漕務。五年，授九江府知府。六年，丁父憂。十年服闋，授寧夏府知府。召見，君奏宿病未瘳，願就京職。奉溫諭："以汝之爲人，朕所素知，寧夏要缺，汝好爲之。如果不勝，再請不遲。"君遵諭往。

君生平勤慎廉潔，官部曹，簿書錢穀，叢脞紛沓，親爲籌畫，及巡漕，供張饋貽，裁汰殆盡。山東巡撫惠公語人曰："何御史少年風骨峻拔如此，且學問人品皆不可及，方今第一流人也。"聞者韙之。九江凋弊，素稱難治。値湖湘亂民滋擾，毗連九江，兵差絡繹，不辭勞苦，而心力固已大瘁焉。其涖寧夏，一如九江。時乃旬日，假銀案發，故事滿城兵餉由府庫支領，府庫又由藩庫支領。君未任事，有急需賞郵者，前太守取兵餉墊之。君既任事，餉不敷，以廉俸委縣令於錢店兌，往內微雜以鉛，將軍遂入奏，奉旨解任，聽候察辦，事白復任。又以劉公大懿陞臬司姻親例，迴避去任，而疾篤矣。

君工詩善畫，豪于酒，又好隱憂。數年以來，時往京師就余，所見無日不畫，無日不詩，更無時不酒，無事不憂也。乃以嘉慶十一年六月十八日以病驟亡于寧夏，時四十有一耳。可傷也已。誥封朝議大夫，配陳封恭人。子二，長熙績，次耿繩，俱讀書克家。女五，長適陳映輝，次字楊寶元，餘幼。孫男四：福星、福寧、熙績出；福雲、福安，耿繩出。余與君及吳穀人、王惕甫、張船山詩會最久。君死，余爲訂其《方雪齋詩集》焉。

南陽清軍同知林君墓誌銘

君林姓，諱適中，字權先，自號敬亭。先世莆田人，明宣德間遷粵，居和平梅林鎭。曾祖叔瓚、祖文楦、父蘭章，俱以君貴贈如例。君資性過人，讀書數行下，攬筆爲文，驚其老宿。十八歲，補縣學生員食餼，舉丁卯鄉試。世重君媕博，意必居清要。君亦厚自期許，六上公車，皆佹得復失。乾隆四十年，選舞陽縣知縣。四十二年，充河南鄉試同考官。五十二年，俸滿引見，奉旨回任候升，署南陽清軍同知。五十五年，以年老乞休歸。六年卒，享年七十有五。

君坦易慈和，與人無忤。然持躬嚴整，言笑不苟。取與之際，雖小必愼，凡有所求者，又未嘗不委曲以足其意。人由是畏且德之。君之宰舞陽也，崇尚淳樸，邑多姦民，誘子女販鬻，君嚴禁之，其風遂息。俗有親喪多用鼓樂，法令不能遏，君爲涕泣諭之，久皆感悟，革其習。黃河決，公料量工役民，不擾而事辦。以其暇煮糜施藥，活民之貧且病者，民多賴之。既移疾歸，春秋佳日，極登臨山水之樂，喜作擘窠書，得之者珍逾拱璧。後生小子有所質問，誨導不倦，人樂從之游。

君子來祥，嘗讀書太學。余官國子司業時，知其爲好古士也。旋官教諭，去已十年矣。頃以書狀來，乞誌其先人之墓。相去萬里，以余言爲重，是不欲誣其親者也。配楊宜人，有壼德。子三，長即來祥，次景鑑，次景鑾。女三，孫六，孫女五。葬於某村之某原。銘曰：

君之性宜桂薑，君之材宜棟梁。肆力於文章，而不登玉堂。其宰舞陽也，如出匠之干將，而胡爲乎善刀而藏？嗚呼！河之水洋洋，民頌君兮不忘。

封中憲大夫浙江分巡溫處兵備道李公墓誌銘

公李氏，諱學夫，字青上。明初，自鳳陽遷山西之靜樂，遂世爲靜樂人。祖之檀，官高郵州知州。父暲，官淮南儀所監掣同知。生三子，公其季也。性溫厚，生平無急言遽色。父没時，食指繁弗獲已。與兄析居。

公生長江南，不諳西北風土習俗，無術治家，家益落。嘗援例爲部寺司務，居京師，久之，不得官歸，而鬻其產皆盡，又兩喪其配。死喪之戚，貧窶之況，人有難堪者，而公恬然也。公事母沈太恭人孝。

沈太恭人愛長孫鑾宣，曰："汝種德，當在孺子。"太恭人歿，公哀毀不欲自生。及鑾宣成進士，官刑曹，公所以誨之者，如其爲諸生時。鑾宣爲監司，誡之曰："無察察之政者，有醇醇之德；無赫赫之名者，有冥冥之功。吾願汝爲外吏如爲内官。"時既官臬司，則又誡之曰："雉不隱其文，故麗於羅；豹不藏其斑，故陷於穽。汝疏中，而卞急不能忍，吾且恐汝麗焉而陷焉矣。"公之教子如是，人以爲善繼沈太恭人之意，可謂以慈成其孝也。静樂賦重，當公鬻田時，黠者取其田而遺其賦，餘田多没於水，人不足充正供，而公之入賦如故。至稱貸於人以應之。人是以稱公爲長者。鑾宣嘗疏公行事示余云："人負己債，置弗問；己負人，則罄所有與之質。庫帖積如束笋，弗計也。"公以鑾宣貴，累封中憲大夫。浙江分巡温處兵備道，嘉慶十二年六月十一日卒。時鑾宣方戍伊犁。及蒙恩賜歸。十四年秋，擇吉葬于邑東凌華岡之東阡。

鑾宣與余交三十年，在京師時，無三五日不過從。及既官於外，每作書問，必述公意訊余。今以銘幽之文爲請，余安敢辭？公配孫淑人，繼配喬淑人，先公卒。子二：長鑾宣，乾隆庚戌進士，歷官雲南按察使；次綸宣，監生。孫一：復觀。銘曰：

樸木無華，其理必堅。巏石不文，其真必全。高山蘊靈，必潛於泉。慶雲葆光，必著於天。哲人之後，必有名賢。

武虚谷傳

君姓武，名億，字虚谷，一字小石，自號半石山人，河南偃師人。乾隆三十五年舉于鄉，四十五年成進士，五十六年選山東博山知縣，官七月而罷。君之官博山也，縣産煤炭，上官咸取給焉，民苦挽運。又舊不置驛，按户納錢買馬，以充郵遞，蒭秣之費，民則供之。君皆裁去。民不務農，以逐末而耗其財，君繪《流民圖》以感之，民多化者。有奸民與商賈雜居寺觀，爲諸不法事，君嚴懲之，俗遂革。邑有孝子，節婦，必先榜其門，而後具狀請旌。又建范泉書院以教士。

居官數月，所欲爲者將次第舉行，而杖軍役之事興。軍役曹君錫、杜成德者，隸步軍統領衙門，假緝捕爲名，而招結無賴十一人，橫行州縣，人莫敢誰何。入博山，三日不去。君則悉禽之，將治以法。君錫、成德出牌擲堂上，不稍屈。君摑其脛而數之曰："此朝廷縣堂也。余奉朝廷命宰是堂者也。余知有朝廷，烏知所謂步軍統領？且牌稱所到之處報縣協捕，若來三日矣，不吾面，何也？牌稱二役耳，十一人奚自來？"一一杖之。君固以治營卒酗酒事，上官欲君與某弁合，君弗聽，而積之忤也。及聞是事，慮獲咎于步軍統領，又入丞劉某之譖，遂劾君濫刑。罷官日，縣民赴省垣乞留者數百人。上官悔之，適入覲，令君偕行，爲謀捐復。章佳文成公在朝堂抗聲謂上官曰："君劾某令，何不明疏其罪？顧乃以虛辭陷彊項吏耶？"時步軍統領意未解，聞此言愈怒，遂以吏議沮格之，君乃以不能復官歸。

君少有異稟，年十二即能屬文，塾師課之經，輒能舉疑義以相質難。十七喪父，十九喪母，哀痛毀瘠，益以讀書自勵。君父官中外三十年，無儋石儲，君又不問生計，衣食幾不能給。歲大水，伊洛漫溢，家室傾圮。君自負敗木植泥潦間，甕以沙石，覆以葭葦，穴一隙通天光，傴僂而入，不廢吟嘯。嘗于風雪中取枯柳供爨薪，手僵斧墮傷足，血淫淫溢，誦讀自若。君身長八尺，腰腹十圍，狀貌奇傑，多膂力。嘗攜弟柩南歸，方盛夏多雨，遇泥濘輒手助推挽，足重繭不以爲勞。方未第時，居京師，從朱笥河先生游。及里居，聞笥河赴，徒步往奔其喪。嵩縣典史某賢，而死於官，貧不能歸，解衣資之去，又嘗假賈息置義田，以瘞遺骸。在京師，某顯官爲君父門下士，願君一見，終不往。其天性摯厚而介介自守又如此。君在笥河先生門，以樸學爲同游所推服。其自京師旋，貧不能歸，仍至博山授徒東昌，主講清源書院，修魯山、郟、寶豐三縣志，凡五年始歸里。安陽令趙君希璜與君同受業于笥河者，乃延君至署，訂金石文字，而君則已病矣。嘉慶四年十月廿九日，君卒于家。時大臣專疏薦君，迨特召之旨下，而君歿已逾月，聞者無不惜之。所著有《經讀考異》《群經義證》《三禮義證》《授堂劄記》《金石三跋》《授堂金石續跋》《偃師金石遺文補錄》《讀史》《金石集目》《錢譜》《授堂詩文集》若干卷。太史氏曰："余與虛谷爲同年友，交相得也。君懷用世志，慷慨自期許。方在魯山時，楚匪至唐鄧，君議當于交口鎮設兵扼荆襄之險，于西山諸村塢立保甲，以杜賊之來。計未行而賊果至。苟充君之才，豈不能有所樹立？乃卒以忤權貴爲世所棄。雖然，棄之於千萬人，而取之於一二人，其輕重必有能辨之者，況垂死而受聖天子之知遇乎哉！"

周贊平傳

君氏周，諱廷寀，字贊平，又字子同。始祖諱垚，宋隆興進士，官歙州太守，遂家績溪，世有隱德。父諱思紹，以孝友稱，治家嚴肅。子三，君其叔也。天性純摯，方數歲時，父偶怒，長跪請，色豫而後起，見者呼爲孝子。記誦過人，而刻苦備至。偕兄子宗杭讀書坿郭石鏡山中，曉歸侍堂上，暮抵山寺宿，課諸子姪業不稍倦，其勤懇如此。乾隆三十七年補弟子員，四十六年舉優行，五十年食餼，五十四年膺選拔，以憂未與朝考。五十八年補試，肄業太學。五十九年考取八旗教習。嘉慶三年中京兆試。四年會試，薦而未售。教習滿，引見以知縣用，揀發廣東，署龍川令，逾年而卒。

君爲諸生，以正自守。有以非禮相干者，君正言勸止之。而于鄉鄰之告貸，則不問其虛實，務有以滿其意，故績溪人咸謂君爲"誠篤長者"。及肄業太學、教習，守其道而不變，太學人所以稱之者與鄉邦無異。迨令龍川也，乃奮然敢于任事，不尚權術，而亦不事姑息。嘗曰："民亦人也，未有民而無心者也。我之心如是，民之心亦如是。緩者緩之，急者急之，夫何患民與我之不相洽乎？"乃條其所欲爲者數十事上之，大府總督吉公、惠潮道胡公、惠州知府伊公，皆亟稱之不容口。死之日，龍川民靡不思慕之者。君一以至誠自守，而其居官能獲于上下又如此，孰謂儒者不可以爲世用乎？

君生平無戚戚容，而於治民事則如疾痛之在其身，不欲自寬其責。蓋居龍川，卒以此致疾而歿，可謂能盡其職者矣。君所著有《韓詩外傳校注》十卷、《西漢儒林傳經表》二卷行於世。子一，宗棟，克纘其業。

論曰："世不患無醇實之士。然往往自遷其所守，豈世事之足以易人哉？固其誠有未至耳。若君之自居鄉以迄爲官，始終一出於誠，此非人所難能者乎？"君兄子宗杬寄書告余云："君母病，割股進，病因瘥，舉家無知者，惟君妻知之。"君今歿矣，妻始出囊時縛股帛并刀示族黨，血跡猶縷縷也。嗚呼！篤信自守，不求人知，觀於此，彌可以見君之素也。

侍衛恒公家傳

宗室侍衛恒斌，字綱文，隸正白旗，太宗文皇帝四世孫。父薩喇善，官吉林將軍。公少喜讀書，明大義，慷慨以家國事自任。乾隆二十四年，以資授三等侍衛，有能聲。二十六年，父以公事謫伊犁。時伊犁甫闢，距京師萬餘里。將軍方病卧牀榻，公奮然曰："古人有身代父役者，吾何爲不然？"遂陳情當事，丐代。奏有詔：責其沽名，褫職，仍命從父行。上意殊惻然也。公竟行，晝夜侍父疾，至廢寢食。父母怒其愚，公無幾微怨。抵伊犁，父疾以瘳。將軍廣庭阿公賢之。尋哈薩克新附，遣使來朝。奉旨："擇賢員伴送。"公預其選，馭陪臣，忠信得大體。入都，上召對，加慰藉，仍授三等侍衛，留京供職，蓋特恩也。公請畢伴送事，仍往伊犁侍父，上允之，擢二等侍衛。三十年，烏什回人叛，公隨將軍明瑞由伊犁倍道進，比至烏什，戰屢捷。三月朔，領兵爲左翼，陣城南山下，接戰，賊更虜至，公奮勇要擊之，所向披靡。賊懼，隱城壕誘公，公怒馬前，萬鏃發壕中，不及禦，陣亡。事聞，上軫悼,因宥其父罪還京。賜岫如例,廕雲騎尉,長子東林襲。越三十九年,元配淑人那拉氏疾終,以節孝,予旌表。東林官盛京岫巖城守尉。次子東明,官侍衛。東林子雲奎,余子塏也。故得考其始末而詳著之,藏諸家乘,俾後人有所徵信焉。

論曰:"觀侍衛公上書陳情,蓋知有其親而不知有其身者。人之事親,履常境而不必竭其力。若公侍行萬里外,不憚艱辛,歷久而罔懈,非精誠者不能及。其臨陣捐軀,就死如歸,誠於事君與誠於慕親一也。"古人云"求忠臣於孝子之門",吾于侍衛公益信。

先妣韓太淑人行狀

太淑人氏韓,父諱錦,字靜存,號野雲,其先瀋陽人。四世祖某在國初以武功著,隸內府正黃旗漢軍。靜存公究心洛閩之學,少為東軒高文定公所賞,妻以女,太淑人高出也。生有夙慧,五歲喜讀宋五子書,十三通經史。喜覽古今忠臣、烈女事。年十九歸先大夫,事舅姑備得歡心,又能練習家政。時方萃族居,太夫人經理半年,內外秩然。

乾隆十八年,法式善生,承先大夫命為府君。後彌月,就撫于太淑人,時年二十餘。其後無所出。法式善妊七月而生,稟質尫羸,三月不能嘷,四歲僅扶牀立。一粥也,太淑人嘗而哺焉;一藥也,太淑人審而啜焉。晝依左右,時時摩拊察寒暖。夜漏下,猶倚枕聽鼻閒呼吸聲。燈熒熒然,手一編未輟也,率以為常。法式善五歲,痘疹劇,太淑人百法調護,廢漿米者三日,不寢者二十餘日,不釋衣襦者且七閱月,如是而僅得生也。六歲,行不離腹背,語尚不辨聲音,偃息而已,猶未能讀書識字。九歲,先府君捐館,太淑人年三十六,號泣欲殉,以法式善在,決意撫孤。而先大夫以乾隆十九年罷官,家業中落,移居西直門外之海淀。無力延師,太淑人以教讀自任。七歲後,太淑人教識字,誦陶詩。其後稍長,始知自勉。然太淑人條誡甚密,一篇不熟,則不命食;一藝不成,則不命寢。太淑人亦未嘗食未嘗寢也。閒謂法式善曰："我雖女流，側聞大義，甯人謂我嚴，不博寬厚名誤兒業也。"迨法式善入庠食餼，應試詩文，太淑人必手爲評騭。辛卯京兆試報罷，太淑人頗勸慰之，而諄誨不減曩時。中年喜静坐，焚香瀹茗，終日垂簾，顏其楣曰"端静室"，自號端静閒人。

乾隆三十九年春，患肺疾，以積勞不起。臨逝，猶執不孝手曰："汝能登第，當以名宦自許，否則亦當作一正人。"嗚呼！言猶在耳，何日忘之！法式善德業不進，深以負太淑人教爲懼。顧每一循省，太淑人以母而兼父師，即史策所載，罕有倫匹。太淑人之殁而葬也，法式善孤賤，飾終禮闕如，迄今二十二年矣。幸以朝恩叨從大夫後，敢忘所自耶？太淑人喜爲詩，不自收拾，稿已無存。所記誦者《雁字》七律詩三十首、《詠盆松》七言絶句一首耳。謹撮生平崖略，濡淚以書，敬竢當代碩儒錫以傳記，感且不朽。

洪稚存先生行狀

君姓洪氏，初名蓮，改名禮吉，後又改名亮吉，字君直，一字稚存，號北江，晚自伊江歸，乃號更生，然人皆稱爲稚存先生云。先世居歙，祖娶于常州，乃居常，爲陽湖人。君生四歲，伯姊教識字。五歲能背誦《大學》《中庸》。六歲而孤，蔣太宜人携居外家自課，君所以繪《機聲燈影圖》也。太宜人嘗舉"宜其室家"命屬對，君遂對云"飽乎仁義"。蔣太宜人頗奇之。十三學作詩，詩以排奡勝。蓋少年時即能爲盤空硬語焉。二十四補博士弟子員，與同邑趙懷玉、黄景仁爲友。至江寧，袁大令枚以爲逸才。朱竹君筠督安徽學，賞其文似漢魏，與黄景仁俱延入幕中，嘗稱二子才，致書京朝官，謂如龍泉、太阿，皆萬人敵。

君既居學幕，交江都汪中、餘姚邵晉涵、武康高文照、高郵王念孫、會稽章學誠、興化顧九苞、歸安吳蘭庭，學日進。會朝廷開四庫館，命浙江搜采遺書，而安徽省設局，則君總其事，錢侍郎維城、彭學使元瑞、蔣編修士銓争稱之。乾隆甲午科中江南副榜第一。里人以君與孫星衍、黄景仁、趙懷玉、楊倫、吕星垣、徐書受爲七子。四十一年佐浙江學幕，聞蔣太宜人病，馳歸。距常州三十里，徒步入城。途遇僕，以太宜人卒告。君方渡橋，遂墮水，隨流下數里，人救之出，久乃蘇。歸家，水漿不入者五日。終喪，不肉食，不入内寢。自以未及親含斂，哀戚終身，遇諱日輒減食，雖客中、途次不變。中式四十五年順天鄉試，會試報罷。與孫君星衍游秦中，居畢制府幕，爲校刻諸古書，而日游秦中名勝，詩文益富。庚戌科成進士，廷試一甲第二名，入翰林爲編修。壬子充順天鄉試同考官，闈中奉命視學貴州。翰林未散館而爲學使者，前韓城王文端，近則吴縣石殿撰韞玉、元和吴殿撰廷琛及君而已。秩滿還朝，入直尚書房。嘉慶三年，翰詹廷試，欽命題，有征邪教疏，君下筆數千言，觀者皆動色。旋以弟喪歸里。君于兄弟朋友之喪，皆力行古道。當黄君景仁客死秦中，君實經紀之，徒步送至家云。今上親政，朱文正屢言其才。既入京，自以翰林無言事責，乃以己意論時事，上王大臣，乞轉奏。天子鑒其愚戆，僅謫戍伊犁。不一年，赦歸。而所上王大臣書，天子特置之座側而嘉許焉。

君感激聖恩。既返里閈，杜門著書。以嘉慶十四年五月十二日卒于家，得年六十有四。娶蔣氏先卒。子四：長飴孫，戊午舉人；次符孫、胙孫、齮孫。女二。孫凱曾、序曾。孫女一。君生平著述極富，其刊行者，《卷施閣詩文集》若干卷、《坿鮚軒詩文》若干卷、《更生齋詩文》若干卷、《三國疆域志》二卷、《十六國疆域志》若干卷、乾隆《府廳州縣志》五十卷。當君臚唱日，余方侍班，一見即與訂交。君子飴孫居喪次，不能爲文，以余久故知君深，乃寓君年譜丐爲行狀，以待他日求當世能文有道之士爲銘幽者之采擇。謹狀。

松　筠

松筠(1754—1835)，字湘浦，號百二老人。瑪拉特氏，隸蒙古正藍旗。最初以翻譯生員入仕。乾隆四十五年(1780)庚子科舉人，福英佐領，後考授理藩院筆帖式，由此起家，陟登卿貳。四十八年任東閣大學士，四十九年升副都統，五十年往庫倫治俄羅斯貿易。乾隆五十九年及道光二年(1822)，兩次出任吉林將軍；從嘉慶五年(1800)至十八年，先後三次任伊犂將軍。此外，還歷任察哈爾都統、兩廣總督之職。其宦海生涯凡五十二年，一半以上時間皆在邊疆，道光十四年以都統銜休致，卒年八十有二。贈太子太保，入祀惠遠城祠，諡"文清"。

其生平事蹟於《欽定八旗通志》卷一百六《選舉志五》、卷三百十三《八旗大臣年表四·內閣大臣年表三》、卷三百二十三《八旗大臣年表十三·八旗都統年表三·滿洲八旗三》，清昭槤《嘯亭雜錄》《水窗春囈》《歸田瑣記》，清沈垚《落帆樓文集》卷五所收《都統銜工部右侍郎前太子太保武英殿大學士諡文清松筠公事略》，清盛昱輯《八旗文經·作者考丙》，趙爾巽《清史稿》卷三百四十二，《清史列傳》卷三十二，恩華纂輯《八旗藝文編目》中有載。

著有《西陲總統事略》《西招圖略》，均刊於嘉慶間。《西陲總統事略》後附自識，有程振甲序。另有《鎮撫事宜》(子目：《西招圖略》一卷，《西招紀行詩》一卷，《秋閱吟》一卷，《西藏圖說》一卷附《路程》一卷，《綏服紀略》一卷)及《百二老人語》不分卷，《八旗藝文編目》著錄。

松　筠

　　《綏服紀略圖詩》一卷，乾隆六年刻本，北京大學圖書館藏；嘉慶刻本，民族文化宫藏；道光七年鈔本，中國科學院圖書館藏。《綏服紀略圖詩》不分卷，乾隆六十年刻本，南京圖書館、遼寧省圖書館、蘭州大學圖書館藏；道光七年刻本，中國社會科學院圖書館藏。

　　現藏國家圖書館的《松筠叢著》五種六卷，嘉慶道光間刻本，包括《西招紀行詩》一卷，《丁巳秋閱吟》一卷，《西招圖略》一卷，《綏服紀略》一卷，《西藏圖說》一卷附《路程》一卷。除《綏服紀略》一種，其餘均作於駐藏大臣任上。其中《西招紀行詩》和《丁巳秋閱吟》分別作於乾隆六十年和嘉慶二年。民國間北平文殿閣印行的國學文庫本。又題作《鎮撫事宜》，亦名《隨緣載筆》，並注明爲家刻本，刊於嘉慶二年至道光三年間。據文庫本著錄，可知《丁巳秋閱吟》原爲《秋閱吟》，《西藏圖說》原爲《衛藏圖說》，而《路程》本無卷數，屬於原書所附載自成都至後藏路程。其在庫倫辦事大臣任上無單行的詩集，但是，十年之後，松筠作《綏服紀略圖詩》，將"在彼八年所事及公餘遊山略地所歷各處形勢"詠諸詩篇。任伊犁將軍時，"暇則考山水方界之延袤，與夫民情物俗政事之得失，各根其實，都爲一卷，凡十二卷。是書也意繁而旨博，於伊犁安撫之策尤三致意焉"，即《西陲總統事略》，亦名《伊犁總統事略》。

　　《衛藏通志》十六卷，傳本署名和琳撰，吳豐培爲此作《衛藏通志著者考》，認爲松筠撰似更可信。

　　考其著述，除結集刊刻的幾部詩作和政書、方志以及《百二老人語》《古品節錄》六卷外，還有收入詩文總集的零散篇章，如遊記《招西秋閱記》《西藏巡邊記》。

　　松筠亦曾論詩，認爲"詩之爲道，原本性情，亦根柢學問，非涉獵剽竊，僅事浮華而已"。

　　此次點校文以清盛昱輯《八旗文經》爲底本，文共計4篇。

427

《綏服紀略》序

粵稽史册，漢唐以來，每多邊患，非疲於西北，即弊於西南，駕馭鮮有長策。惟我聖朝克明峻德，疆理天下，五服弼矣；統御八極，遠夷綏矣。且以僻在北荒之俄羅斯，俾之習國書而曉禮義，開市易而歸約束。是皆廟謨神武、德洋恩溥所致也。余仰承知遇，既寄封圻之任，復膺專閫之司，八載庫倫，兩鎮西域，又嘗駐節藏地，周歷徼外，爰採見聞，得一百八韻，非事吟詠，特以注疏地方情形，名之曰《綏服紀略》。其身所未歷者不無缺略，姑俟知者補輯云。道光三年夏五月。

巡邊記

乾隆六十年乙卯夏四月，巡邊，自前藏經曲水過巴則江孜，計十日抵後藏。由札什倫布走岡堅寺、彭錯嶺、拉孜羅羅、協噶爾，過定日通拉大山，計十一日至聶拉木。又由達爾結嶺西轉，經伯孜草地、鞏塘拉大山、瓊噶爾寺，南轉出宗喀，行六日至濟嚨，仍旋宗喀，東北行十日，還至拉孜，入東山。

一日，至薩迦溝廟，自廟北行二日，出山，仍走岡堅，還至札什倫布，往復略地，隨在繪圖，知其槩焉。札什倫布西南，左有薩迦溝之曲多江鞏，右有彭錯嶺，峭壁連岡，是爲後藏咽喉，實天然要隘也。乃辛亥年，廓爾喀以步卒數千人入，自聶拉木走薩迦溝，直抵札什倫布。彼時果有蕃漢官兵劃分兩路，一赴曲多江鞏，以扼其前，一赴彭多嶺偵探，以截其後，則廓爾喀可以不戰自潰。至協噶爾定日，左首之絨轄喀達，定結西路之宗喀、瓊噶爾、鞏塘拉大山，皆爲天然門户。曲水、巴則、江孜又爲前藏之要隘。而江孜迤南之帕克里甘壩界連藏曲大河尤爲前後藏第一險要。凡前後藏蕃漢官兵及噶布等，均宜熟悉。因於前後藏江孜校場勒石，咸使對圖講求，胸中有主，方於防汛有益。然安邊之策，莫若自治。非獨濟嚨聶拉木應用廉潔營官，前後藏屬各營官第巴皆能敎以廉潔自持，善撫百姓，又何他患耶？是爲記。

松　筠

《静宜室詩集》序

詩之爲道，原本性情，亦根柢學問，非涉獵剽竊僅事浮華而已。吾友可亭先生，懿行宏猷，卓然表見於世，所著詩八卷，刻成，令子請序於余。憶余在西招時，可亭寓書云"公暇宜多讀書"，前輯《古品節錄》曾敘及之。

可亭天資粹美，而悾傯密勿之際，未嘗一日去經史，是以深有得於中，遂抒之而有餘。其爲詩，沖和蘊蓄，流露自然，有操觚橐筆之士所退避者。獨念與可亭相知，莫深於余。曩者，片言投贈，勗余者如此其切，今其詩具在，性情既真，學問甚富，恍然復遇於篇什中，反覆吟誦，爲之神往。昔人論友朋之情有無聞於存殁者。余既惜可亭之設施未竟，復思黽勉自力，不負良箴。此則其後人之所宜深念云爾。時嘉慶十有七年壬申。

阻東巡奏

奏爲恭讀硃筆諭旨，惶恐焦急，敬瀝微忱事。竊臣昨日仰蒙召見，命閱《御製望雨省愆説》，臣隨赴軍機處，衆官公同捧讀之下，萬分慚悚，跼蹐不安。兹因順天府所屬缺雨，以致我皇上引咎自責，宵旰憂勤，無時稍釋，深戒臣工因循疲玩。復諭及癸酉九月之變，誠如聖諭，旱象甚可畏也。如臣忝列首揆，僅知趨走爲勤，實有應得之愆。若徒以虚言塞責，不惟孤恩負職，亦恐天理難容。因念皇上於來年詣盛京恭謁列祖陵寢，以告成平，典禮攸關，固不宜緩。又以連年河流順軌，漕運迅速，各直省普慶豐收，原可舉行鉅典，唯今夏亢旱尤甚，上天昭示，獨在三輔之區。臣愚以爲皇上展敬之誠，已荷列祖列宗在天昭格。伏思十七年，臣奉差奉天查勘陵寢工程，沿途曾見旗民頗形艱窘，是以於十九年春間，由新疆曾經恭摺奏請皇上緩詣盛京，荷蒙俞允。自去年八月，臣入都之後，日侍天顔，屢蒙諭。及二十三年恭詣祖宗陵寢。彼時臣以連年雨暘時若，收成豐稔，固應舉行斯典。今三輔旱象已成，或係祖宗眷佑，昭示景象，暫停舉行，以爲蘇息岐豳父老之意，未可知也。臣不揣冒昧，恭摺密陳，是否有當，伏乞睿鑒。臣無任惶恐慚悚之至。謹奏。

永　清

　　永清，字澄江。其祖俄奇爾桑，隸滿洲鑲黄旗。原是蒙古札魯特貝子，以來歸授備禦，天聰八年（1634），積軍功加至三等男喇章京。定鼎燕京，以太宗舊臣，加至三等男。順治五年（1648），俄奇爾桑子褚祿初次襲，恩詔加爲二等男。順治七年，褚祿弟俄綽爾二次襲。順治十六年二月，俄綽爾兄圖護祿克三次襲。五月，圖護祿克子畢力克圖四次襲。康熙二十五年（1686），畢力克圖弟沙金達賴五次襲。康熙五十年，沙金達賴弟特古思六次襲。乾隆九年，銷去恩詔所加，特古思子龔山七次襲三等男。乾隆二十二年，龔山子鄂恒八次襲。乾隆二十七年，鄂恒子松祿九次襲。乾隆二十八年，松祿族兄蘇爾泰十次襲。乾隆三十六年，俄奇爾桑之二代孫四格十一次襲。乾隆四十六年，四格子永清十二次襲。

　　其生平事蹟於《欽定八旗通志》卷二百七十七《封爵表八·異姓封爵四·男二（三等男）》，清鐵保輯《熙朝雅頌集》卷九十中有載。

　　此次點校詩以清鐵保輯《熙朝雅頌集》（嘉慶刻本）爲底本，詩共計1首。

夏日山居喜詩僧見過

　　長夏静安禪，一蟬嘶高柳。杲杲日三竿，閒閒桑十畝。稠緑陰若帷，空凉納白晝。悠悠何所思，閒中養年壽。鄰僧忽到門，虚懷向我叩。

長　齡

　　長齡(1759—1839)，字修甫，號懋亭，薩爾圖克氏，蒙古正白旗人，世居蒙古科爾沁地方，尚書納延泰子，惠齡之弟。乾隆中，由翻譯生員補工部筆帖式，充軍機章京，擢理藩院主事。從征甘肅、臺灣、廓爾喀，累擢內閣學士，兼副都統。駐回疆凡兩載，十二年回京，晉太傅，管理兵部，調戶部，賜四開襖袍，官至文華殿大學士。十七年，以病乞休，上親視其疾，溫詔慰留。以八十壽，晉一等公爵。次年卒，上震悼，親奠，賜金治喪，入祀賢良祠、伊犁名宦祠，醇享太廟，謚"文襄"。十九年，命每次謁陵後，賜奠其墓。子桂輪，襲公爵，官至烏里雅蘇臺、杭州將軍，謚"恪慎"。孫麟興，襲爵，亦官烏里雅蘇臺將軍。

　　其生平事蹟於《清史列傳》卷三十六，恩華纂輯《八旗藝文編目》，錢仲聯主編《清詩紀事·嘉慶朝卷》中有載。

　　著有《長文襄公自訂年譜》四卷。

　　此次點校詩以錢仲聯主編《清詩紀事·嘉慶朝卷》爲底本，詩共計1首。

中秋對月寄兄
　　今夜中秋節，哥哥在熱河。家中好月色，別處又如何？

鄂　　山

鄂山(1770—1838)，字潤泉，博爾濟吉特氏，隸滿洲正藍旗。恩格德爾十一世孫。乾隆五十一年(1786)舉人，嘉慶元年(1796)丙辰科進士。歷任山西孟縣知縣，甘肅皋蘭知縣，陝西督糧道，西安府知府，河南按察使，陝西布政使、巡撫，陝甘總督，四川總督，刑部尚書。因軍功賞戴花翎，加太子太保，賞戴雙眼花翎。道光十八年(1838)卒，享年六十九歲，誥授光禄大夫，晉贈太師。謚"慶勤"。

其生平事蹟於清李桓輯《國朝耆獻類徵初編》，清盛昱輯《八旗文經》，《清史列傳》卷三十七中有載。

此次點校文以清盛昱輯《八旗文經》卷四十(華文書局影印本)爲底本，文共計1篇。

重修新鄉錢公祠記

新鄉城南趙村有錢公祠焉。公於乾隆辛卯夏來宰是邑，明年冬，遷安慶司馬以去。涖任僅年餘，而民心乃久而不忘也，斯何故哉？蓋公之爲政，務在愛民，表懿行，恤刑獄，嚴保甲，教養兼施，凡事之便民者靡不舉。先是康熙間，邑頻有水患，沙積土磽，田不可墾者三百餘頃，賦無所出，往往責近村富户以償，民苦其擾。公下車之日，見獄中多以逋賦頌繫者，廉問得其實，惻然憫之，以爲盡免累年之積逋猶無益也，必永蠲其額而後民困可蘇。乃躬自履勘，詳請於大吏中丞何公，具章入奏，部議不許，事幾中寢。公又力請，至以去就爭，何公乃復爲申奏，於是奉特旨俞所請。嗚呼！聖天子懷保惠，鮮行不忍人之政，固靡幽弗燭，靡遠弗屆矣。亦由良有司之勤恤民隱，俾不壅於上聞也。百世之祀不亦宜乎？

公諱汝恭，字雨時，一字葴齋，浙江嘉興人，刑部尚書，贈太傅文端公仲子。歲丁卯舉京兆試，丁丑就挑始仕江南，歷高淳、江寧、沭陽、興化、丹徒諸縣，所至有惠政。如在沭陽，亦嘗減賦額以賑貧民，折運費以省轉輸，又開柴米河以通食貨。其在興化，一日理積案二百，立捕盜法，禽其魁，使互相糾摘，徒黨解散，具詳於江南志乘中。公自去茲邑抵皖，未幾，丁太傅艱，歸里，以哀毀即世。而公諸子先後第進士，爲郎官翰林，歷中外皆有清譽。是則廉吏有後，天道無爽，世有泣民之責者，益當惕然，於爲民興利除害者，其遺澤爲無窮也。曩乾隆庚子，先大夫方宰長興，分校浙闈，得公仲子漆林檢討卷，登於賢書，迨予丙辰會試，又出公季子雲巖學士之門，兩家世相契，故知公行事稍詳。

今年二月，予奉命廉訪中州，入境訪公遺祠，蓋自邑民創建以來，烝嘗弗替六十年於茲。嘉慶戊午，前邑令牛君步奎嘗一葺之，爾來又二十有七年矣。乃偕今邑令胡君謀所以新之者，爰出俸金，鳩工庀材，而邑之士民不忘公之遺愛，踴躍子來，百堵皆作，丹臒一新，不數旬而事竣。夫安民之道必始於吏治，而吏治之興必有一二賢哲鉅儒倡導於前，以爲矜式，乃相與觀感興起，敦勉於弗替。然則是役也，庶有以裨風教之萬一，而豈徒一家淵源之私也哉！敬摭公遺事，勒諸貞石，以勸來者。

文 孚

文孚(？—1841)，字秋潭，博爾濟吉特氏，滿洲鑲黄旗人。由監生考授内閣中書，乾隆六十年(1795)升侍讀。嘉慶間官内閣學士兼禮部侍郎，後補授山海關副都統、馬蘭鎮總兵、錦州副都統。道光十一年(1831)，以吏部尚書任協辦大學士。十五年，轉文淵閣大學士。

其生平事蹟於楊鍾羲《八旗文經作者考》、《清史稿》卷三百六十三、《清史列傳》卷三十六，恩華纂輯《八旗藝文編目》中有載。

文孚著有《秋潭相國詩存》一卷，道光二十一年張祥河刻於大梁，遼寧省圖書館、復旦大學圖書館、中國社會科學院文學研究所藏。内收詩約七十首，所記多爲歷經青海、陝西等地景觀及古跡，可供研究清代西部地區軍事及地理參考之用。

此次點校詩以徐世昌編《晚晴簃詩匯》卷一百二十二爲底本，詩共計4首；文以清盛昱輯《八旗文經》(華文書局影印本)爲底本，文共計1篇。

宿東科爾寺
夢醒招提境，煙嵐聚小樓。一峰寒受月，萬木夜生秋。薄酒難成醉，清笳易動愁。卧聽清梵静，身世笑浮鷗。

晚到哈爾海圖
策馬燉煌外，高寒雨乍收。煙原沈去鳥，風谷撼歸牛。野曠征衣薄,天低畫角愁。平巒堪放眼,萬里大河流。

伯都訥道中

　　小吏相迎盡短衣,平原千里颺晴暉。馬肥春草臨邊牧,雁覓芳塘貼地飛。疏雨無聲寒劍佩,西風有力動旌旗。何當笑共穿楊手,且逐黃羊獵一圍。

觀青海圖作

　　極目巖疆萬里平,披圖鐙底塞霜清。摩天雪嶺春無草,伏地黃河夜有聲。按黃河在番地,時伏時見。至星宿海以東,始建瓴而下。禿髮穹廬煙縹緲,烏斯朝貢路分明。九重若訪安邊策,循吏由來勝甲兵。

《時齋偶存詩鈔》跋

　　先君子成進士後,宦遊蜀中。爲政之暇,寄情於詩。及莅任淮南時,晉陵吳洵士先生爲檢篋中所存,序而刊之。迨壬寅歲,以事去官,鎸版散失,迄今已十餘載。兹於友人案頭,獲見遺稿,回環莊誦,當日先君子攬勝興懷,長歌短詠,如在目前,爲之潸然涕零,不能自已。向使先君子早賦遂初,樂志林泉,優游終老,而孚得於趨侍之下,掇詩草,洗酒瓢,豈非天倫至樂?乃遠駐邊城,遽捐館舍,孚飲恨終天,心悲萬里,曷其有極!晚年塞上之作,不自矜重,已付之白草黃沙,無由得其髣髴矣。猶憶幼時過庭,先君子嘗誨之曰:"詩必命意超遠,立志和平,斂才華於渾厚,寓精神於含蓄,庶幾無戾乎風人之旨。"今敬閱遺詩,多與平時論說符合。曾幾何時,霜露松楸,不堪回首。欲求窺先人之全集,已渺不可得,盡賸焚餘,僅存此數十首耳。既獲是稿,亟歸錄之,重付剞劂。先君子詩品可以略見梗概,而追思先訓,愾慕音容,益增悲感於無窮也。嘉慶二年仲春。

清　　瑞

　　清瑞(1788—1858)，字霽山，鄂爾圖特氏，漢姓艾，隸蒙古正白旗。廩生，京口駐防，居丹徒。柏貴孫。道光二十二年(1842)英軍犯鎮江，英頭目聞清瑞名，以禮延至兵艦，清瑞不爲所屈，以肩輿送回。任户部郎中，廣東廉欽兵備道。欽加二品銜，賞戴花翎。咸豐八年(1858)，卒於丹徒，年七十一歲，誥授中憲大夫，晉封中議大夫。

　　其生平事蹟於清春元纂《京口八旗志》，徐世昌《晚晴簃詩匯》，恩華纂輯《八旗藝文編目》中有載。

　　其著作《江上草堂詩集》先刻於道光年間，中經兵燹，原板散失，嗣後據家藏鈔本重編。民國六年(1917)鉛印本，首都圖書館藏。首有顧鶴慶、錢之鼎、方朔、陳鳳章題詞，末有其孫雲書跋語。錄詩二百七十首，多記南京、鎮江、杭州等地名勝。又有《客邸雜詩》一卷，民國間其孫雲書鉛印，《江蘇藝文志·鎮江卷》著錄，未刊行。

　　《江上草堂詩集》二卷，國家圖書館、南京圖書館、遼寧圖書館、南京大學圖書館藏。

　　此次點校詩以徐世昌編《晚晴簃詩匯》卷一百五十二爲底本，以清春元纂《京口八旗志》卷上爲校本，詩共計1首，殘句2聯。

天下第一江山歌

　　君不見長江之水岷源來，奔流到此不復回。又不見鍾山發脈三百里，直到金河截然止。其中突起地肺山，第八洞天雲霧裏。我曾舉手攀雲松，松間雲擁三茅峰。有時雲化一江水，片帆如在明鏡中。如此江山真第一，品題論定吳琚筆。西津無水不來潮，東向海門觀日出。六朝山影樽前收，一派江聲筆底流。左金右焦闢雙闕，髣髴玉帛朝諸侯。既障狂瀾還對峙，卓然竟作中流砥。須臾霞彩映江飛，青天倒轉作江底。豪情高唱大江東，掀髯一笑來清風。風流絕代蘇玉局，天下古今無此翁。天闢名區住名士，稱此江山樂無比。更有中泠第一泉，閒來試向松風煎。對此江山選名勝，幾人搔首問青天。少陵無人謫仙死，天縱狂歌誰繼起。起看江月照江清，淘盡英雄是此聲。古今不少真才子，有如一去長江水。

京口竹枝詞[1]

城頭看厭真山好，對岸河泥看假山。

校記：

[1] 此詩爲残句，輯自《京口八旗志》卷上。

金陵懷古[1]

英雄兒女千秋淚，聚作秦淮向客流。

校記：

[1] 此詩爲残句，輯自《京口八旗志》卷上。

裕　　謙

　　裕謙(1793—1841)，原名裕泰，字衣谷，號魯山，又號舒亭，博羅忒氏，隸蒙古鑲黃旗，世居察哈爾地方。定北將軍班第孫。嘉慶二十二年(1817)丁丑進士，改庶吉士，歷官禮部主事、員外郎、荆州知府、江蘇按察使、布政使。道光二十年(1840)，以江蘇巡撫代署兩廣總督。同年，鴉片戰争爆發，他積極籌措江浙防務，上書朝廷指陳抗敵方略，揭發伊里布、琦善等人妥協投降行徑，並督率崇明軍民擊退入侵之英軍。次年，以欽差大臣馳赴浙江，採取以守爲戰、以禦爲剿的策略，積極部署防禦事宜。但未採納林則徐提出的放棄定海的主張，定海遭受英軍猛攻而失守，三總兵陣亡，清軍損失慘重。隨後，英軍進犯鎮海，裕謙親自督戰於威遠城外金雞山，因招寶山守將余步雲懼戰，丟棄炮臺逃跑，致使英軍順利佔領威遠城，鎮海失去屏障。隨後英軍强攻鎮海，裕謙見難挽敗局，跳水自殺，未遂。行至餘姚，氣絶而亡，謚"靖節"。

　　其生平事蹟於趙爾巽《清史稿》卷三百七十二、《清史列傳》卷三十七，恩華纂輯《八旗藝文編目》、《蘇州府志》中有載。

　　《勉益齋偶存稿》不分卷，清文苑閣抄本，浙江圖書館藏；清鈔本，中國社會科學院圖書館藏。《勉益齋偶存稿》八卷，清道光十二年刻本，上海圖書館、南京圖書館、廣東中山圖書館藏。

　　《勉益齋偶存稿》八卷《續存稿》二卷，清道光刻本，臺北"故宫博物院"藏。《勉益齋偶存稿》八卷《續存稿》十四卷，道光十二年刻本，華東師範大學圖書館、臺灣大學圖書館、日本京都大學人文科學研究所藏。

《勉益齋偶存稿》八卷《續存稿》十六卷，清道光刻本，南京大學圖書館藏；光緒二年勉益齋刻本，上海圖書館、南京圖書館、福建省圖書館、廣東中山圖書館藏。

《勉益齋續存稿》十六卷，清道光刻本，國家圖書館、南京圖書館藏。

《裕靖節公遺書》十二卷，道光二十一年刻本，上海圖書館、遼寧省圖書館、湖南省圖書館藏。

此次點校文以清盛昱輯《八旗文經》（華文書局影印本）爲底本，文共計2篇。

《勉益齋偶存稿》序

聖人之法，百世不易。其次數十世而易，或數世而易。其次數十年而易，甚者數年而易。謂其規模廣狹，思慮遠近，固有識與學焉以限之也。然而下學之士，識與學不越中人，而皆未嘗不可以聖人爲法，何也？生百世後，凡所謂百世不易之法，前聖人既創制之；其數十世而易、數世而易之法，後聖人又已變通之。至於位有卑尊，權有輕重，事有鉅細，勢有常變，則所謂數十年而易、數年而易者，又自有因時因地之宜。至於閱歷有淺深，更事有難易，或前時所見爲是者，踰時焉而覺爲非，或於此地見爲是者，易地焉而覺爲非，則其法且不可方物，亦顧其用心何如耳。

夫聖人之法，通人情達物理而已。人之情，爲曲爲直，爲信爲詐，其態萬狀而總之不能越於情；物之理，有正有奇，有顯有隱，其態萬狀而總之不能越於理。苟有實心以求之，未有見之不明、處之不當者；苟有恒心以持之，又未有見之不益明、處之不益當者。益之不已，則雖中人之質，未嘗不可勉而爲聖人之徒。予方束髮受書時，門祚稍衰，自以資質魯鈍，恐不得附於聖賢之徒，即無以負荷先人之緒。中心惴惴，常自勖勵。既得成進士，入詞林，由儀曹一麾出守，又值荊楚劇郡，所見所聞皆非所習，尤恐覆餗貽前人羞。是以每行一事，發一令，未嘗不其難其慎，覃精深思以出之。始莅荊州時，自課驗覺與民物不相違忤，幸不至自外聖賢，然不敢自喜也。自荊州量移武昌，數載以來，堅持此心，不敢稍懈，而往往自覺前日之非。則魯鈍之質，固未嘗不可磨礪，雖所益甚微，未爲無所益也。天之道，不日益，必日損。予深懼之。爰取年來設施，據所見以爲是者存之，藉得時自加勉，使終得附於聖賢之徒。其所見不及，姑以俟之，期於心安焉，而非敢以是爲足法也。積久成帙，因誌之。道光壬辰孟秋。

陳明殫竭血誠身先作則以盡臣職奏

臣風聞廈門之失守，由於該逆併聚大幫，連環開礮轟擊，彈如雨下，兵民不能站立，或死或退，該逆即乘機登岸搶占礮臺，即用我礮，以擊我兵民所致。是以臣於礮臺前後左右俱忞有暗溝，遍布蒺藜，以杜其衝突，其護礮兵勇，皆有遮蔽，靜以伺之。惟逆船四十餘隻，其中雖閒有貨船，每船不過數十人，而其兵船多或六七百人，少亦三四百人，截長補短，以每船三百人計算，業已踰萬。彼可併幫來犯，我則必須扼要分守，彼可數日不來，我則必須時刻防備，已成彼衆我寡、彼聚我散、彼逸我勞之勢。且自粵至閩莫之敢攖，賊勢日張，臣何敢輕視？況該逆乘潮順風而來，前船却退，則後船猝不及防，必致兩船皆損，是以不得不遏其驕盈之氣，冒死前進，並無退縮之心。我兵本皆未歷戰陣，又各存一礮火難禦之見，略有閃避即墮其計。是又該逆則一船一心，且衆船一心，我兵則一人一心也。

臣自祖宗以來，効命疆場，世受國恩，茲又奉命專征，既不敢孤負朝廷，亦不敢玷辱祖父，惟有殫竭血誠，身先作則，拊循士卒，激以忠義之氣，解其畏葸之心，並躬率文武官弁誓於神前，城存俱存，以盡臣職。斷不肯以退守爲辭，離却鎭海縣城一步，尤不肯以保全民命爲辭，接受逆夷片紙。此非臣敢效匹夫之勇，甘爲孤注之投，蓋因鎭海地方，稍有疏虞則逆餤愈張，兵心愈怯，沿海一帶必將全行震動，非此不能固結兵心，滅此朝食，更非此不能挽回瞻顧徘徊之積習。臣爲保鎭海即所以全大局起見，謹附片陳明。

永　齡

永齡,字松亭,善爲詩。

其生平事蹟於清鐵保輯《熙朝雅頌集》中有載。

永齡無詩集,清鐵保輯《熙朝雅頌集》卷九十録其詩一首。

此次點校詩以清鐵保輯《熙朝雅頌集》(嘉慶刻本)爲底本,詩共計1首。

松　下　吟

龍蟠緑蓋圓,幽然結遐想。龍鱗屈曲見,日色映澄朗。一卷讀松根,悠揚和濤響。枝東影向西,陰俯而陽仰。似欲凌九天,作勢飛千丈。風聲滿樹中,蕭蕭足幽賞。

托 渾 布

托渾布(1799—1843)，字子元，一字安敦，別號愛山，博爾濟吉特氏，隸蒙古正藍旗。生於北京，幼時家貧，每日徒步六七里從師問學，風雨無阻。接受傳統漢文化教育，具有較高的漢文化素養。嘉慶二十三年(1818)、二十四年連舉成進士。歷官湖南安化、湘潭等縣知縣，福建興化府、漳州府知府，浙閩兩省道員，廣西左江兵備道，直隸按察使，遷布政使，至山東巡撫。在任皆有聲，嘗昭雪冤獄。所至能運其才智，易地稱治。時海疆不寧，中英鴉片戰爭事起，其尤熟於籌海。大修戰備，訓水師，斷井泉，築沙壘，並又務團練，習火攻之術，故英艦不敢犯境。終因勤事積勞，於道光二十三年(1843)卒。

其生平事蹟於宗稷辰《兵部侍郎都察院右副都御史巡撫山東兼提督托公墓表》中有載。

托渾布好吟詩，著有《瑞榴堂詩集》四卷，道光十八年刻本，廣東省立中山圖書館、山東省圖書館、中國社會科學院圖書館藏。光緒三十年(1904)重刻本，國家圖書館藏、首都圖書館藏。穆彰阿、林則徐、柯培元爲之作序，又有道光十八年自序。《瑞榴堂詩集》卷一爲粵西詩，卷二爲江南詩，卷三爲八閩詩，卷四爲臺灣詩。徐士芬《漱芳閣集》、劉繹《存吾春齋詩鈔》均有題愛山托渾布《瑞榴堂集》詩。

又有《南藤雅韻集》，不分卷次，道光二十二年刻，中國科學院圖書館藏。

此次點校詩以徐世昌編《晚晴簃詩匯》卷一百二十八爲底本，詩

托 渾 布

其計5首。

五顯嶺小憩和壁間韻

不爲籃輿倦,安知洞壑幽。禪栖空意識,樹老閱春秋。深竹礀阿抱,野雲山缺流。衣塵何日浣,一笑此句留。

謁柳柳州祠

門對青山水滿溪,丹黃蕉荔葉萋萋。已無報賽銅絃曲,剩有殘碑玉局題。遷謫同時悲夢得,文章一代接昌黎。知公不朽英靈在,自有餘光炳斗奎。

再度梨嶺和壁間韻

閩越分程咫尺間,峰如屛展水如環。龍收潭雨僧安鉢,鳥破林煙客款關。風色蒼茫甌海樹,秋容峭削浦城山。年來遍踏紅塵道,一晌雲棲始覺閒。

江山道中雜詩

一舟四面浸澄空,月色波光上下同。怪底鄰船筝簆靜,怕他龍女出珠宮。

蘸波嫩柳綠堪憐,舞向東風態更妍。眼底桃花逐流水,不知春思在鷗邊。

壁　　昌

壁昌(？—1854)，字東垣，一字星泉，號東垣，額勒德特氏，隸蒙古鑲黃旗，尚書和瑛之子。初爲工部筆帖式，銓選河南陽武知縣，累擢大名府知府。歷官葉爾羌辦事大臣、參贊大臣，福州將軍、兩江總督，內大臣。道光中，辦理回疆善後事宜，擊敗浩罕諸部入侵。築城修驛，興喀拉赫依屯田，興修水利，措置各城防務，績效顯著。奏請籌備江防，設福山鎮水師總兵，推廣淮南鹽改票。太平天國運動起，充近畿巡防大臣。咸豐四年(1854)卒，贈太子太保，謚"勤襄"。

其生平事蹟於清盛昱輯《八旗文經》，趙爾巽《清史稿》卷三百六十八中有載。

著有《葉爾羌守城紀略》一卷，《壁勤襄公遺書》三種(《守邊輯要》一卷，《兵武聞見錄》一卷，《牧令要訣》一卷)，清震鈞《天咫偶聞》有載。錢仲聯主編《清詩紀事·道光朝卷》載其雅琴詩畫，錄其詩《題擔秋圖》一首，並載其著有《壁參帥詩稿》，惜今未見。

此次點校詩以錢仲聯主編《清詩紀事·道光朝》爲底本，詩共計1首；文以清盛昱輯《八旗文經》卷第三十(華文書局影印本)爲底本，文共計1篇。

題擔秋圖

昨夜西風太寂寥，舊籬新圃燦瓊瑤。秋光爛漫閒收拾，和露和霜一擔挑。

壁　昌

堅壁淸野議

竊惟廣西邪匪滋事以來，蔓延五省，展轉兩年，處處有賊，處處需兵，負固則累月大兵不能克，奔竄則所過郡縣莫能守。議者惟以兵少爲辭，於是調鄰省，增新兵，募鄉勇，俱謂以多爲貴，不知其無益而有害也。何則？天下經制滿漢兵共有百萬之衆，而腹裏每省額設不過二三萬兵，其重兵全在番回錯雜之區，形勢要害之地，一調不已，至再，再調不已，至三，備禦空虛，奸民因而肆志，則無事之區，又將滋事。此調兵之害也。若倉卒募勇，但能充數，非市井無賴之人，即窮苦無聊之輩，初習紀律，技藝不精，心志不齊，膽氣不壯，遇賊，脚一不穩，紛然而退。此增兵之害也。至招鄉勇，令其自護鄉里，易得其力。若使從征，非其所願。爲之目者，本係平等，予以虛名，强相鈐制，恐難服衆。故加恩則玩而驕，執法則忿而怨。至於臨陣，素未受涓滴之恩，難責以身命之報，即或誘之以重利，鼓之以大義，能暫而不能久，鬨然而進，亦鬨然而散。此鄉勇之害也。且兵勇既多，糧餉愈廣，國家之帑藏充盈，禦賊安民在所不計，第民間之疲於轉輸、困於差徭者，不知凡幾。其文報有站，糧運有臺，軍營之移徙，使節之往來，其夫馬不能不責成州縣，近地不足，調之遠處。每縣夫數百名，馬數十匹，道途守候之資、津貼口食喂養之費，雖官爲給價，豈能敷用！又不能不派之里下。再有不肖生監從中乾沒，官吏但顧考成，以峻法科斂，民不堪命，事變滋起，是所憂者，其害尤甚也。

自去年以來，賊之竄擾各省，築巢踞城，善於死守。大兵終未能環而圍住，每竭力仰攻，士卒已多傷損；幸而攻破，賊已乘間他竄，雖窮日追之，常不相及。蓋賊無定向，因糧於民，無地無糧；官兵之糧必須轉運，若倉卒移營，糧必遲誤。此一難也。賊皆輕身，登降便捷；而我兵鳥鎗什物，身所佩帶不下二三十斤，行走不易。此二難也。賊由自己，隨地可息可走；而我兵行必按隊，止必安營，挖濠樹栅，守牟站牆，晝夜不得安歇。此三難也。遲速勞逸之間，强弱已判。即幸而追及，所殺者，賊之後尾，頓弱疾病，爲數無多，其首逆全夥不可得也。賊之詭計，每於四面放火，使我兵疑惑不知其去向，及至探明，而賊蹤已遠，此尾追尚不能及，又焉能繞出賊前，迎頭兜勦耶？即以十餘萬之衆，分布於四面，然兵勢既分，其力也薄，賊以全力衝突，未有不潰圍而出者。故賊之往來自如，我兵之堵截返不得力。賊合，我兵不得不分；賊分，而我兵遂難復合。任其焚窴裹脅，賊愈殺而愈多。所到城池，在在堪虞，文武將領亦僅能斤斤自保。今日之賊，恐非今日之兵所能竣事也。

　　爲今之計，惟有以堅壁清野之法，可冀殲除。現在賊匪所據之處，乘有大兵鈐制尚未蔓竄之時，並各省無賊之區，責成地方官巡行鄉邑，曉諭居民，團練壯丁，建立堡塞，使百姓自相保衛。併小村歸大村，移平地就險處，各家所有積儲，實於其中，深溝高壘，積穀練兵。賊未至而力農貿易，各安其業，賊至則閉栅登陴，相與共守。民有所恃，自不至於逃亡。別選精銳之兵三五千名，以牽制賊勢，不與爭鋒，但尾其後，賊攻則救，賊退則追，使其進不得戰，退不得食，不過旬餘，非潰即死。此不戰而屈人之策也。若僅出示勸導紳民，令其自行捐辦，人心不齊，恐難濟事。必須由官籌款墊辦，方能有成。夫有治法，必須有治人。凡一省之中，賢而能者，道府豈無數人，牧令豈無二十餘人，其明白勤幹之佐貳，豈無數十人？於省立局，司道大員督率，首府委以正佐數員，講明利弊，議定章程，將各屬牧令切勿瞻循情面，賢者留之，無能者易之。每處派佐雜數員，分任其事，如能妥速，重加鼓勵。其餘道府各按所管地界，認眞督理，分路親查，務使各村均有堅壁之區。實行清野之法，不過三月可以畢事也。

　　所有山上之寨，平地之堡，人户衆多，一切事務亦須有治人經理，須先擇其身家殷實、品行端方、明白能事者，或紳監，或耆民，舉爲寨長，給予頂帶，予以鈐記。使總一寨一堡之事。其清查户口、董修工程、經管錢糧、訓練壯丁。又須別擇數人，各就所長，分任其事，以專

壁　昌

責成。凡立寨之初，首須編定保甲，十家一聯，互出保結，始準移居。其蹤跡可疑之家，令其別居，毋令混入。其入寨之家，查明大小幾口、所操何業、田地若干，詳注冊內，以便稽核。其次，訓練壯丁，每户按人丁多寡，各出壯丁一人或二三人，編爲部伍，鳥鎗刀矛，各習一技。每一寨派外委一員、兵二名，令其教演技藝，籌給口糧，定期操練。有事登陣守禦，無事自謀生計。毋調出征，惟本縣有警、鄰寨告急，許其以一半救援，以一半堅守本寨。其次，籌備經費，全在官設法籌款，仿照河工之例攤征，歸還，按大小堡寨，估計銀數，交寨長經理於築寨建倉，買糧蓋房，置備軍器守禦什物，俱由官給發，令寨長司其出入。其次，口糧必須多備，富家囤户有糧不肯供諸衆食，亦須官爲收買入倉。其私糧不禁入寨，聽其自行蓋藏，以廣其儲。官兵過境，即以倉糧供支，官爲報銷。若遇登陣守禦之時，壯丁按名給糧，毋令家食。其老病孤寡殘疾之人，準給口糧，以免死亡。賊平之後，即爲本村社倉，可備災歉就近賑糶之用。

所有州縣如此布置，有十利焉。堡寨林立，聲勢聯絡，各村居民，父母妻子團聚一處，無流離死亡之憂，不慮爲賊逼脅之患，可保全良民，潛消賊勢。其利一也。糧皆藏於堡寨之中，所餘村店皆空，賊即搶掠，無所得食。若攻圍堡寨，則有壯丁自護身家，其守必力。又有衆鄰堡之救援，官兵之策應，必不能久攻。所脅之人非潰即散，惟賸首惡，何難就擒，此可以制奔竄之賊。其利二也。民皆團聚堡寨之中，露處無糧，其據險之賊四無接濟，附近又無所掠，遠出則堡寨皆得邀而擊之，坐困月餘必思逃竄，官兵從而追剿，此可以制負固之賊。其利三也。各州縣四面皆有堡寨障蔽，互相擁護，賊必不敢輕犯城郭，有急則環而救之。賊腹背受敵，有官兵乘襲其後，州縣更易得守。其利四也。今之堡寨相距不過數十里，近者十餘里，官兵經過，就近有倉糧供支，糧臺可省轉運之費，民無輓輸之勞。且往來文報無須官兵護送，堡寨之在大路者，安設夫馬遞送，可省台站之費。其利五也。

每省挑選精夫三五千名，賊合亦合，賊分亦分，銜尾相追，使賊不得攻圍堡寨，足以制敵，餘令歸伍。所省鹽糧不少，亦省民間差徭之累，且營伍不致空虛，無虞更生他變。其利六也。各堡寨守陣壯丁，惟賊至給予口糧，無按月之糧，無安家之銀，其費較募鄉勇何啻天淵！其愛護鄉里，猶古之守望相助之意，不似鄉勇從征日久，習於兇暴而喜殺掠，遺將來難散之患。其利七也。各堡寨首先編成保甲，方準入寨，有寨長稽察，則奸宄無容身之地。其桀驁不馴者亦懾而不敢肆，並可漸化為良民，此不但清野而且清民。其利八也。淑慝既分，居不雜處，即有邪教伏而未動，或有冥頑潛入賊黨者，亦乘此一併殲除，愧悔者必安居改業，以保其身命，絕隱患於未萌，並開自新之路。其利九也。堡寨規模已定，守而勿失，遠近一體，上下同心。無事按籍而稽，有事畫地而守。一勞永逸，數世賴之。其利十也。官吏因循、畏難、苟安，小民可與樂成，難與圖始。

此議一出，必有阻之者，曰"重土難遷，反以累民"。夫擇利莫若重，擇害莫若輕。賊匪所過，焚殺搶掠，姦淫婦女，其慘極矣。雖至愚亦明於利害，果能所全者大，即有不便，猶當毅然為之。況保眾人身家積儲，民之所願，何累之有？若云恐奉行不能盡善，是乃官吏之過，當易其人，不當廢此法。統計州縣之大者，不過數十堡寨，小者十餘堡寨，一省所辦者，不過三四十州縣，約每省需銀不過百萬兩，較之養兵募勇，每月即需百萬之費而無底止者，所省多矣。或云買糧之費為鉅，不知糧分貯於堡寨之中，就近供支，今各州縣豈能不採買乎？借款買貯，分年帶征歸還，不但省費，且並無所費矣。及今為之，尚未為晚，行之一縣，可保一縣；行之一府，可保一府。同時並舉，不過三月，賊在羅網之中矣。夫天下無難成之事，患無治事之人。今使自道府以下至各堡寨長，總理者有人，分任者有人，實力奉行，務求實濟，又何慮乎百姓之不安？盜賊之未靖乎？當今急務，莫先於此者矣！

達 春 布

達春布,漢姓石,字客山,號進修,隸滿洲鑲黄旗京口駐防。嘉慶十年(1805)乙丑科三甲第一百四十四名。

其生平事蹟於清春元纂《京口八旗志》,恩華纂輯《八旗藝文編目》,朱保炯等《明清進士題名碑録索引》中有載。

著有《客山詩存》一卷,詩近中晚唐,如《賣菊》句云:"風雨一肩秋。"亦善滿文。

此次點校詩以清春元纂《京口八旗志》爲底本,殘句共計1聯。

客　　至[1]
野蔬供客鉏諸葛,村酒呼童買百花。

校記:

[1] 此詩爲殘句。

倭 仁

倭仁(1804—1871)，字艮峰，號文端，烏齊格里氏，隸蒙古正紅旗，河南駐防。自幼接受中原文化教育，道光元年(1821)舉人，九年中進士，選爲翰林院庶吉士。後歷任翰林院編修、詹事府右春坊中允、侍講學士、文淵閣直閣事、會試同考官、大理寺卿、都察院左都御史、葉爾羌辦事大臣、工部尚書、文淵閣大學士、翰林院掌院學士、文華殿大學士。位極人臣，官居一品，並任同治帝的老師。倭仁在政治上屬頑固保守派，反對學習西方科技文化，主張繼承孔孟之道、程朱理學。不過他爲官敢言直諫，廉潔奉公，能夠做到身體力行，躬行實踐。同治十年(1871)卒，謚"文端"，誥授光祿大夫，晉贈太保，入祀賢良祠。

其生平事蹟於清盛昱輯《八旗文經》，趙尔巽《清史稿》卷三百九十一，《清史列傳》卷四十六，恩華纂輯《八旗藝文編目》中有載。

著有《倭文端公遺書》。恩華纂輯《八旗藝文編目》著錄其還作有《爲學大指》《倭文端公奏疏》《吏治輯要》《嘉善錄》《莎車行記》《倭文端公日記》《倭文端公雜稿》《帝王盛軌》《輔弼嘉謨》。

《倭文端公遺書》，現存清同治刻本、光緒三年刻本，國家圖書館、南京圖書館、民族文化宮圖書館藏。此集著錄有八卷、十卷、十一卷、十二卷或十三卷多種，頗不一致，同治刻本，湖南省圖書館藏；光緒元年六安求我齋刻本，中國社會科學院圖書館藏；光緒三年粵東翰元樓刻本，湖南省圖書館藏；光緒二十年山東書局刻本，人民日報社圖書

倭 仁

館藏。十二卷本卷八爲雜稿，凡詩十八首、文四十篇，餘爲日記官箴之類。

此次點校詩以徐世昌編《晚晴簃詩匯》卷一百三十五爲底本，詩共計 5 首；文以清盛昱輯《八旗文經》（華文書局影印本）爲底本，文共計 4 篇。

過樣子嶺

流水送行客，寒山歷萬重。半空盤鳥道，一徑入雲峰。皓皓摩天雪，蒼蒼拔地松。紅塵真遠隔，我欲訪仙蹤。

宿野營

一水劃西東，邊關百里中。荒原衰草白，野火晚山紅。寒夜霜侵幕，遙天月掛弓。靉江明日渡，擊楫倚長風。

宿龍泉館

暮色落郊坰，行人望驛亭。落霞隨日盡，飛鳥入煙冥。村靜人初息，途長馬未停。龍泉樓止處，鐙火已熒熒。

義州留題

第一邊關氣勢雄，巖疆鎖鑰控瀛東。江涵鴨綠分晴靄，山擁螺青盡遠空。百尺城樓高嶺上，萬家煙火夕陽中。雪泥我亦留鴻爪，題句龍灣館名。愧未工。

題平壤快哉亭

風光最好傳平壤，一夕星軺此暫停。東去江流千頃碧，西來山擁四圍青。故人天末留詩句，美景檐前列畫屏。何必潁濱誇勝蹟，蘇家獨有快哉亭。

敬陳治本奏

伏見我皇上踐阼以來，敬以飭躬，寬以御衆，求賢納諫，勤政愛民。聖德感孚，固宜治臻美備矣。乃中外之玩愒如故，人才之委靡依然，寰海望治之心，猶未能暢然滿志者，何哉？或曰："積重難返也，輔弼乏人也。固也，而非本原之論也。志不期於遠大，政以苟且而自安；意不極於肫誠，事以虛浮而鮮效，則欲濟當今之極弊，而轉移一世之人心，亦在朝廷而已矣。"

臣請進一說，曰："願皇上立必爲堯舜之志。"夫志，始於思，辨於學，發端甚微，而爲效固甚鉅也。皇上端居淵默之時，深察密省，事事與唐虞互證，危微辨與？執中允與？知人哲、安民惠與？必有欿然不自足，而皇然不自安者，由是因愧生奮，因奮生厲，必期如放勳、重華而後已。此志既定，然後擇同心同德之臣，講求治道，切劘身心，由窮理修身，以至於治平天下，此其機。操之聖心而有餘，即推之四海而無不足，所謂志定而天下之治成也。承艱鉅之任，值多事之時，使非困心衡慮以激發大有爲之氣，其何以宏濟艱難哉？志切有爲斯，虛懷樂善。後世人君往往恥聞己過，臣下遂唯諾成風，吁咈都俞不可復覩。以唐太宗從諫如轉圜，猶積怒於魏徵，蓋克己之難也。舜命禹曰："予違汝弼，汝無面從。"夫舜豈有違道之舉，禹亦何至如讒諂面諛者流？顧兢兢焉惟恐有違，且恐禹面從者，誠以人心至危，修省密，故惕厲深而求助於臣工者益切。於是禹以傲戒，益以怠荒戒，皋陶以逸欲戒。惟朝廷樂聞直諫，故群僚咸進讜言，不然，群臣方緘口之不遑，亦孰肯以不入耳之言干雷霆之怒哉？伏讀高宗純皇帝諭旨："爾九卿中能責難於君者何人？陳善閉邪者何事？"高宗皇帝之心，即虞帝取人爲善之心也。皇帝以法祖者法堯舜，則志亦大矣。

理財爲今日急務，節用尤理財要圖。比見禮部議覆通政使羅惇衍崇儉禁奢一摺，刊刻簡明禮儀，頒示遵行，奉旨允準，誠正德厚生之本計也。抑臣更有進者，政貴實不貴文，民從好不從令，以文告之虛辭，挽奢華之積習，科條雖設，誰其聽之？伏願皇上以身作則，力行儉約，爲天下先。申諭廷臣，將一歲度支出入之數，通盤籌畫，自宮府內外，大小衙門，凡可裁者概行裁省。勿狃虛文，勿沿故套，勿避嫌怨，勿畏煩難，務量入以爲出，勿因出而經入。服色器用，既已明示限制，必須令行禁止，有犯必懲，使朝野臣民共曉然於恐懼。修省以實，不以文之意。一人震動恪恭於上，庶司百僚實力奉行於下，自足挽回風氣，移易人心。昔漢文帝身衣弋綈，後宮衣不曳地，遂至海內從風，人民富庶，況我皇上秉堯舜之資，體堯舜之德，躬行節儉，天下有不率從者哉？至若人情嗜利，廉恥道虧，宜杜言利之門，獎潔清之士。以及學校不修，人材多廢，無人之患，更甚於無財。尤宜講明正學，興賢育德，以儲楨幹。此皆政教大端，所當及時修舉者，惟聖志斷以不疑，斯庶績可次第而理。臣身雖在外，心無日不在闕廷，極知淺陋無補高深，然區區愛主之心不能自已，惟皇上恕其狂愚，俯賜鑒察，天下幸甚。

陳豫省官民情形奏

　　河南自咸豐三年以後，粵匪繼以捻匪，焚掠殆遍，蓋藏一空。爲州縣者，賊來則倉皇束手，賊去則泄沓自如，積習相沿，誅求無厭，至稍稱完善之區，則錢漕之浮收日增，雜派之訛索愈甚，捐輸不已，雖數十畝之地戶皆勒之；抽釐不已，雖百餘千之本錢亦及之。書役乾沒，劣紳侵蝕，名爲軍餉，實則中飽。團練則官皆不願，恐其聚衆相抗，阻抑之於平日，及被賊擾害，官又不能衛民，民乃自行團練，官亦無可如何。其間良莠不齊，或恃衆滋事，則罪盡歸之民，誅之戮之而不問官之失。故州縣官以民爲魚肉，以上官爲護符，上下相蒙，侵漁無已，哀哀小民何以堪此？其不變而爲盜賊者幾希矣。

　　臣本河南駐防，親友之來京者，目擊其事，言之傷心，官民之情形如此，何以定寇亂而致太平乎？竊謂朝廷不能盡擇州縣，而必須慎擇督撫大吏。嘉慶閒，姚祖同爲河南巡撫，盡裁陋規，絲毫不取，每出則自備餅餌，供應全無。州縣之貪劣者參劾不貸，司道以下皆爲斂戢，民閒思慕至今。今誠擇如姚祖同者以爲巡撫，革除包苴，無取於屬員，則屬員既無所挾以爲恣睢之計。大臣法，小臣自廉，天良具在，誰甘爲不肖之人？由是黜陟必當，考察必嚴。錢漕之浮收，去其太甚，雜派之繁苛，澈底一清。果有忠君愛國之真心，必有調劑中和之善術。孔子言道國之要曰："節用而愛人，使民以時。"孟子告齊梁之君曰："行仁政，薄稅斂。"聖賢豈故爲此迂論哉？良以此爲根本之計，切要之圖，足以撥亂而反正。外此，補苴張皇，總屬苟且。顧目前而忘遠慮，務小利而釀大害。如《大學》所謂"以利爲利，菑害並至"者，不可不深思也。

顧河南今日官場之錮習，衹曰民刁詐，不曰官貪庸；衹狃於愚民之抗官，而不思民所以抗官與官所以致抗之由。牽聯膠固，牢不可破。惟在朝廷認定本計，認真釐剔。嚴飭撫臣，實力振刷，絕瞻徇迴護之私，去因循含混之弊。州縣之清廉愛民，能去雜派、減浮收者，破格優賞，否則立予嚴罰。大吏察州縣，朝廷察大吏，實力實心，各挽積習，勿虛應故事，勿徒行文告，庶幾民困可蘇，民心自固，寇亂之源由是可弭矣。

請罷正途入同文館奏

爲同文館延聘夷人教習，天文算學，恐滋隱患，恭摺奏陳，仰祈聖鑒事。昨見御史張盛藻奏《天文算學無庸招集正途》一摺："奉上諭，朝廷設同文館，取用正途學習。原以天文、算學爲儒者所當知，不得目爲機巧等因。欽此。"數爲六藝之一，誠如聖諭，爲儒者所當知，非歧途可比。惟以臣所見，天文、算學爲益甚微，西人教習正途所損甚大，有不可不深思而慮及之者。請爲我皇上陳之。

竊聞立國之道尚禮義，不尚權謀；根本之圖在人心，不在技藝。

今求之一藝之末，而又奉夷人爲師，無論夷人詭譎，未必傳其精巧，即使教者誠教，學者誠學，所成就者不過術數之士。古今來未聞有恃術數而能起衰振弱者也。天下之大，不患無才，如以天文、算學必須講習，博采旁求，必有精其術者，何必夷人，何必師事夷人，且夷人吾仇也。咸豐十年，稱兵犯順，憑陵我畿甸，震驚我宗社，焚毀我園囿，戕害我臣民，此我朝二百年未有之辱，學士大夫無不痛心疾首，飲恨至今，朝廷亦不得已而與之和耳，能一旦忘此仇恥哉！議和已來，耶穌之教盛行，無識愚民半爲煽惑，所恃讀書之士，講明義理，或可維持人心。今復舉聰明雋秀國家所培養而儲以有用者，變而從夷，正氣爲之不伸，邪氣因而彌熾，數年以後，不盡驅中國之衆咸歸于夷不止？伏讀《聖祖仁皇帝御製文集》諭大學士九卿科道云：“西洋各國千百年後，中國必受其累。”仰見聖慮深遠，雖用其法，實惡其人。今天下已受其害矣，復揚其波，而張其焰耶？聞夷人傳教，常以讀書人不肯習教爲恨，今令正途從學，恐所習未必能精，而讀書人已爲所惑，適墮其術中耳。伏望宸衷獨斷，立罷前議，以維大局而彌隱患，天下幸甚。

請崇儉以光聖德奏

本年二月，準内務府行知各衙門，恭查大婚禮節敬謹預備等因。伏思宮廷係四表觀瞻，節儉始於躬行，斯風化及於海內，上行下效，理固然也。昔漢文帝身衣弋綈，罷露臺，以惜中人之産，用致兆民富庶，天下乂安。明帝馬后服大練之衣，史冊傳爲美談，此古事之可徵者也。我朝崇尚質樸，列聖相承，無不以勤儉爲訓。伏讀《世宗憲皇帝聖訓》：“朕素行不喜華靡，一切器具皆以適用爲貴，此朕撙節愛惜之心，數十年如一日者。人情喜新好異，無所底止，豈可導使爲之而不防其漸乎？”宣宗成皇帝《御製慎德堂記》，亦諄諄以作無益害有益示戒。聖訓昭垂，尤足爲法萬世。近聞内務府每年費用逐漸加增，去歲借動部庫百餘萬兩。國家經費有常，宮廷之用多，則軍國之用少，況内府金錢皆閭閻膏血,任取求之便,踵事增華,而小民徵比箠敲之苦,上不得而見也,咨嗟愁歎之聲,上不得而聞也。念及此,必有惻然難安者矣。方今庫藏支絀,雲貴陝甘回氛猶熾,直隸、山東、河南、江浙等省髮捻雖平,民氣未復,八旗兵餉折減,衣食不充,兼之他族偪處,尤須預儲財用,以備不虞。此焦心勞思之時,非豐亨豫大之日也。大婚典禮繁重,應備之處甚多,恐邪佞小人欲圖中飽,必有以鋪張體面之說進者,所宜深察而嚴斥之也。夫制節謹度,遵祖訓所以檢身心,崇儉去奢,惜民財即以培國脈。應請飭下總管內務府,於所有應備之物力爲撙節,可省則省,可裁則裁,總以時事艱虞爲念,勿以粉飾靡麗爲工,則聖德昭,而天下實受其福矣。

明　　訓

　　明訓，字聽彝，一字鼎雲，號古樵，托克莫特氏，隸蒙古正黄旗。嘉慶二十五年(1820)進士，散館改主事，累官禮部侍郎、吏部右侍郎。道光十八年(1838)，任察哈爾副都統。二十九年，任熱河都統。

　　其生平事蹟於楊鍾羲編《白山詞介》(宣統二年刻本)，《明清歷科進士題名録》，朱汝珍輯《詞林輯略》(民國間鉛印本)，清李鴻章修《畿輔通志》(光緒十年至十二年刻本)。

　　此次點校詞以楊鍾羲編《白山詞介》卷三(宣統二年刻本)爲底本，並參照丁紹儀輯《清詞綜補》卷三十，詞共計1首。

南浦　秦君補茵，回自遼陽，枉顧失迎，
留示新詞，率爾題贈，用魯逸仲體

　　微雲句麗，信家傳，彩筆最瓏玲。況復襟懷澄澈，一片玉壺冰。鐵板紅牙兼擅，更新腔、細按不曾停。惜長年遠道，寒宵孤館，耐盡一鐙青。

　　難得歡逢舊雨，悵朝來、未獲迓雲軿。年時霜天策馬，憶共聽笳聲。今日頓塵重踏，甚萍蹤、依舊感飄零。恐刁騷清籟，歐陽去後少人聽。

柏　葰

柏葰（？—1859），字静濤，一作聽濤，號泉莊，原名松葰，鄉試榜名松慶，巴魯特氏，隸蒙古正藍旗。道光六年（1826）丙戌進士，改庶吉士，授編修。任都察院左都御史，累官至兵部尚書兼翰林院掌院學士，咸豐六年（1856）以戶部尚書任軍機大臣，八年遷文淵閣大學士，同年因主持順天鄉試爲親者作弊而被革職查辦，翌年以罪伏誅。

其生平事蹟於《大清宣宗成皇帝實録》卷四百三十五，清李慈銘《越縵堂日記補》，清薛福成《庸庵筆記》，清盛昱輯《八旗文經》，清陳康祺《郎潛紀聞二筆》卷一，《清史列傳》卷四十，恩華纂輯《八旗藝文編目》中有載。

著有《薜箖吟館詩存》十卷，其中包括《薜箖吟館詩》八卷和《薜箖吟館賦》二卷。收詩一千餘首，收賦二十七篇。又《薜箖吟館詩存》六卷，咸豐三年刻本。是書爲柏葰生前所刻，附《奉使朝鮮驛程日記》，有咸豐三年自序。

《薜箖吟館鈔存》一卷，道光二十四年刻，杭州大學圖書館藏。後增新作，編爲《薜箖吟館鈔存》八卷，内詩六卷、賦二卷，咸豐三年刻，國家圖書館藏。逝後，後人再增補其詩作，輯爲《薜箖吟館鈔存》十卷，内詩八卷、賦二卷，同治三年鍾濂寫刻，遼寧省圖書館藏，此本亦爲《續修四庫全書》所收。

又有《薜箖吟館存稿》二卷，稿本，北京大學圖書館藏。

此次點校詩以徐世昌編《晚晴簃詩匯》卷一百三十二爲底本，並

柏　葰

參照《清詩紀事·道光朝卷》,詩共計 5 首;文以楊鍾羲撰《八旗文經》(光緒本)爲底本,文共計 1 篇。

讀 史 有 感[1]

君子本無朋,小人扇危辭。幸災而樂禍,一倡百和之。一篋讒謗書,四言《鴟鴞》詩。若非王聖明,其禍不可知。士憎茲多口,孟亦慰藉詞。我生有定命,語久問辛毗。

校記:

[1]《晚晴簃詩匯》未收録此詩。《清詩紀事·道光朝卷》收録此詩。

朔平府別張椒雲同年集馨

蘭交喜晤五原間,春暮歸來月又彎。使溯張騫窮九塞,政推魏尚澤三關。主人漫擬歌驪待,游子應如倦鳥還。別後與君同悵望,朔雲燕樹萬重山。

晨　夕

晨夕誰從論素心,閉門搖膝且長吟。六經零落餘班馬,五嶽游行負向禽。舊雨不來虛客席,冬官無事點朝簪。海鷗汀鷺皆儔侣,且自澆園學漢陰。

值 班 紀 事

幾度暄和幾度涼,亂山高下又斜陽。我如開寶閒鸚鵡,日向峰頭哭上皇。

攝山最高峰

石磴層層路幾盤,天風高接碧雲寒。長江狹甚鍾山小,人在最高峰上看。

避暑山莊賦

倚山築城,芟木開閌。左湖右島,嵐影泉聲。惟卷阿之勝境,實卓秀於遼京。蓋自聖祖以逮高宗,而七十二景之園以成。懿我大清之創業也,出震向離,握奇執正。十三甲而罪人得,一戎衣而天下定。人示協從,晷緯昭應。撫二九省,而鏡清砥平;統億萬程,而風行雷聽。凡內外扎薩克之藩封,莫不納地敏關,執鞭騄乘。當木蘭之秋獮,肄武習勤;搆避暑之山莊,崇墉特稱。

茲園詭麗,氣象萬千,金山發脈,暖溜分泉;注以武烈之水,繞以廣仁之山。陂池犀豸,嵒嶙纙連,松風萬壑,梨月一川;雪千尺而飛瀑,雲四面而擁嵐。其外則緇流麕集,紺宇蟬聯,龍華結會,鹿苑談禪。鐘聲三界,梵唄九天,皆以祝一人之福壽,頌四海之蕩平。每當西嶺煙橫,東山霞曙,翠影長林,嚶聲縣羽。竹間金碧,草名規矩,熱水不冰,磐峰如柱。永佑之塔千尋,文津之書四庫。馴鹿坡長,知魚磯俯,濠濮有真,清涼無暑。雨聽春樓,霜含夏屋,紅葉秋山,白雲冬塢。或凭檻而高瞻,或登亭而遐矚。樓閣參差,林巒掩互。高高下下,三三五五。四時之景不同,實足以甲萬方而隻千古。

猶憶移翠罕,駐木蘭,馳鹵簿,集躬桓。郊迎百辟,仗擁千官。纍纍辮髮,岌岌裳冠。環網城而周帀,布佛勒而團圞。七十二圍之密,一千餘里之寬。羽騎營營,欻野歔巒。腳麟轔鹿,搤豹懸貆。竿殳之所揵畢,乂蔟之所拘攔。風毛雨血,拉搏摧殘。舉凡漢唐宋之和親,遼金元之可汗。捲韉鞠跽,賈勇臚歡。皆奉觴而上壽,效膜拜而迎鑾。大禮既成,迴輿肆宴。

天子乃闢萬樹之園,坐靈光之殿。盛禮興樂,列筵班膳。猶復試馬長楸,張旃晴淀。教駞詐馬,萃荼火之千重;煙火鐙竿,戲魚龍之萬變。行慶則珍玩霞堆,頒賞則金錢雲散。於斯時也,天宇霽清,物情恬怀。材官騎士,合凫藻於四圍;將帥公卿,立風花之一片。有同鄴水之朝,無異華林之讌。

二百年來,歌舞於斯者,何非荷九重之天眷!是蓋黄帝思教戰,文王不敢康,暢皇威於沙磧,習戎備於長楊。莫敢不來享,莫敢不來王。所由十全功藏,奕葉恩長。豈以馳情蒐狩,怡志林塘。誇綺靡於金谷園,媲點綴於平泉莊?今則樓臺輪奐,池榭蒼涼,佳樹秀而勿翦,野芳發而自香。蓋望幸於臣民者,三十六霜。昔韓魏國之紀行程,富鄭公之充介儐。白鹿河清,播羊山峻。雪窖冰天,飛螢走燐。望旄幕而踟蹰,怵戈矛之踩躪。雪上吟髭,霜侵蓬鬢。今予則雁塞行邊,戟門坐鎮。樂琴書以銷憂,轄旗綠而演陣。此地有崇山峻嶺,暇且哦詩;終年無淫雨別風,夢堪安枕。覯萬姓之歡娛,合六州而和順。曾不半年,司農内晉。拚帶緩而裘輕,媿紳垂而笏搢。撫時勢之艱迍,有不致身而思奮也哉!

皇帝六載,時餞春也。脂車秣馬,將覲吾君也。投篇援筆,誌堯仁也。賡歌者誰,則臨潢之具臣也。

花　沙　納

花沙納(1807—1859)，字毓仲，號松岑，伍彌特氏，隸蒙古正黄旗。道光十二年(1832)中進士，歷官編修、國子監祭酒、都察院左副都御史、理藩院尚書、翰林院掌院學士、吏部尚書等職。第二次鴉片戰争期間，曾奉派偕同大學士桂良赴天津議和，與英、法侵略者簽訂《天津條約》，赴上海與英、法、美簽訂《通商章程善後條約》及《海關稅則》。咸豐九年(1859)卒，謚"文定"。

其生平事蹟於震鈞編《八旗人著述存目》、《清史列傳》卷四十一恩華纂輯《八旗藝文編目》中有載。

著有《出塞雜詠》《東使吟草》《出塞紀程》《東使紀程》《滇獻紀程》《韻雪齋小草》《德壯果公年譜》《覆韻集》《國學補植丁香花詩》等。

《東使紀程》一卷，清道光三十年刻本，江西省圖書館、國家圖書館藏。

《德壯果公年譜》三十二卷，清咸豐七年刻本，國家圖書館藏。

《東使吟草》一卷，附刊於《東使紀程》，清刻本，國家圖書館藏，又《東使吟草》一卷和《出塞雜詠》一卷，清稿本，國家圖書館藏。

《國學補植丁香花酬唱集》二卷，道光刻本，南京圖書館、國家圖書館藏。

《韻雪齋小草》一卷，卷下題《松岑小草》，鈔本，前有道光二十八年懷寧方朔題詞，書口下鈐"翰寶齋"印一方，中國科學院圖書館藏。

此次點校詩以錢仲聯主編《清詩紀事·道光朝》爲底本，殘句共計3聯。

花 沙 納

瀛 洲 亭句
定知仙沼煙波闊，到此池魚已化龍。

紅 葉句
春色在花秋在葉，一般紅紫各芬芳。

授 侍 講句
聖主有恩憐小草，侍臣無賦獻《長楊》。

柏　　春

柏春(1808—?)，字東敷，晚號老鐵，額哲特氏，蒙古正黃旗人。幼年時生活於京城，學習漢文古籍。道光二十五年(1845)進士，任兵部武庫司員外郎。咸豐九年(1859)在大沽抵禦英法聯軍，官至直隸候補知府。同治初年任廣東增城縣知縣。約同治間卒。

其生平事蹟於徐世昌編《晚晴簃詩匯》，恩華纂輯《八旗藝文編目》中有載。

著有《今園詩鈔》十卷，又名《鐵笛仙館集》。內《宦遊草》六卷，咸豐十一年毓文齋刻；《從戎草》二卷，同治二年刻；《後從戎草》二卷，同治十一年刻，中國社會科學院圖書館藏。共有五百八十多首詩。

此次點校詩以楊鍾羲《雪橋詩話餘集》卷七爲底本，詩共計12首，殘句共計2聯。

雜詠古迹
建　康

鍾山巇嵼陣雲堆，瓜步江聲去不回。一水渾茫劃南北，六朝煙雨幾樓臺。圖成割據孫權始，亂後文章庾信哀。漫説新亭風景異，龍岡牛首總崔嵬。

舒　城

艨艟拒戰水波昏，第一雄關啓海門。大節已傳余闕著，故城誰記呂蒙屯。江回衣帶松滋繞，洲陷臺隍羅刹翻。剩有皖公嵐翠好，青天隱約見眉痕。

廬　江

東南半壁恃巖疆,北去關津接大梁。樓堞早傳金斗險,江流直瀉繡溪長。軍移重鎮風雲變,鶴唳空山草木荒。寇至猶能馳短檄,灞橋詩思豈清狂。

臨　濠

維揚右臂重藩屏,蕭沛連圻展綠坰。鳳嶺松雲晴靄靄,龍洲荻火夜冥冥。一丘蓬顆開天壽,十廟英華萃地靈。憶自庶頑殘燼滅,百年王氣閉幽扃。

宣　城

北崎湖水作潮鳴,捍蔽丹陽一障爭。鳥道南趨西浙近,鯨波東下大江橫。孤城力痛桓彝盡,列岫詩傳謝朓清。鎖鑰何人綰徽歙,坐看靈洗擅威名。

池　陽

江城故壘黯斜曛,石埭金城絶楚氛。萬舸靜涵秋浦月,九華遥挹敬亭雲。應憐避地多遷客,誰與防秋早駐軍。競説桃源仙境辟,虚無聊復信傳聞。

姑　熟

梁山一棄走輕舟,持節何人鎮上游。牛渚波濤飛鷁斷,蟂磯風雨老龍愁。更無鐵鎖橫江岸,却任楊花過石頭。落日慈湖訪遺跡,渡江陶侃是英流。

潤　州

鐵甕城低打怒潮,應知嗚咽恨難消。東流雪浪朝宗近,北顧雲嵐落影遥。挽粟千艘溯吴越,傳烽幾點過金焦。煙波森森愁無際,誰訪中泠撥畫橈。

江　都

螢尾流光照玉鈎,繁華莫與説揚州。城當燹後難爲賦,月到明時倍覺秋。商女瓊花歌廢觀，鹽官金穴委荒丘。等閒喚醒司勳夢，幽咽簫聲動客愁。

潯　　陽

牛斗分躔耀一隅，如何支郡隸洪都。濤飛九派流江漢，地擁孤城介楚吳。烽燧宵傳樊口遠，帆檣風折石門紆。荻花楓葉秋蕭瑟，極目煙塵黯五湖。

黃　　州

西陵古郡扼吳頭，炭業高城俯漢流。焦土至今埋赤壁，驚濤一夕拍黃樓。鼓鼙隱地鼉聲壯，霜月橫江鶴夢愁。短槳狂歌久銷歇，何時釃酒吊滄洲。

鄂　　州

層樓四望見晴川，鄂渚秋風隔暮煙。雲氣重迷黃鵠影，劫灰幾換赤烏年。梅花應亂江城笛，木杪浮沉漢口船。回首舊游應涕泗，輕塵漠漠起桑田。

任丘感舊[1]

感舊難爲橫槊壯，避嫌漸覺贈詩稀。

校記：

[1] 此詩爲殘句。

靜海道中[1]

歷塊驕駶容就埒，投林健鶻不知巢。

校記：

[1] 此詩爲殘句。

瑞 常

瑞常(？—1872)，字芝生，號西樵(《柳營詩傳》稱"號西橋")，石爾德特氏，隸蒙古鑲紅旗，駐防杭州。瑞常約生於嘉慶年間，少好學，善爲詩文。道光十二年(1832)中壬辰科進士，改翰林院庶吉士，散館授編修。咸豐元年(1851)充國史館總裁，八年遷理藩院尚書。同治元年(1862)以吏部尚書協辦大學士，官至文華殿大學士，總管內務府。十年拜文淵閣大學士，十一年卒。贈太保，諡"文端"。

其生平事蹟於《清史稿》卷三百八十九、《清史列傳》卷四十六中有載。

著有《如舟吟館詩鈔》一卷，光緒四年刻本，國家圖書館、南京圖書館、復旦大學圖書館藏。另有《欽定總管內務府現行則例》。

此次點校詩以徐世昌編《晚晴簃詩匯》卷一百三十六爲底本，並參照清三多輯《柳營詩傳》卷二、清張大昌輯《杭州八旗駐防營志略》卷二十二，詩共計12首；文以清盛昱輯《八旗文經》(光緒刻本)爲底本，文共計1篇。

暮 春[1]

草滿郊原水滿溪，拖藍潑翠遍高低。打魚舟去衝波穩，叱犢人來插稻齊。芍藥殿春千朵放，鷓鴣帶雨一聲啼。湖山十里開圖畫，好把風光細品題。

校記：

[1] 此詩輯自《柳營詩傳》卷二。

大雨行[1]

戊子將屆天中節，大雨傾盆江海決。蛟龍鏖戰下雲衢，波浪奔騰翻地穴。階前汩汩泉水流，水圍四壁屋如舟。滴雨之瓶疑倒瀉，止雨之笛何處求。出門赤脚遥相望，溝澮河渠皆暴漲。東鄰墻倒西垣傾，蹙額攢眉千萬狀。我欲昂首問青天，蒼茫但見雲與烟。東風吹雨雨未歇，農夫農婦憂心煎。

校記：

[1] 此詩輯自《柳營詩傳》卷二。

古松[1]

树老渾忘歲月殘，支離瘦影耐人看。龍鱗溜雨孤枝聳，鶴蓋擎雲百尺盤。高踞山崖誰作伴，壓來霜雪不知寒。倘非根底千年植，欲得良材自古難。

校記：

[1] 此詩輯自《柳營詩傳》卷二。

重九柬石碩庭隆廣平諸鄉友同飲[1]

何以酬佳節，思量設酒筵。暫爲行樂地，難得嫩涼天。雁序聯今夕，鴻泥證夙緣。舉杯問諸子，誰是酒中仙。

校記：

[1] 此詩輯自《柳營詩傳》卷二。

瑞　常

遠行有日，同鄉王靄堂、赫藕香、裕八橋、賢喬梓、萬花農、伊萼樓、蘇寶峰並愛新楣八人公餞於敞廬，邀玉亭弟同飲，詩以誌感[1]

宵殘不覺漏聲遲，高會華筵樂可知。父子相依來遠道，弟兄得見幾多時。舍弟抵京甫八日。遊踪此去人千里，祖餞同銜酒一巵。時王靄堂、蘇寶峰亦將南旋。遙憶故園春信早，梅花開放兩三枝。

校記：

[1] 此詩輯自《柳營詩傳》卷二。

贈文吟香讀書菩提院詩[1]

讀書已殫十年功，誰積良材黌下桐。春草不除生意滿，小窗低映夜燈紅。禪房習靜遠塵囂，詩社聯吟逸興豪。莫訝鵬程千萬里，但搏健翮自凌霄。

校記：

[1] 此詩輯自《杭州八旗駐防營志略》卷二十二。

無　題[1]

君本一書生，作宰到萍鄉。孤單吊形影，骨氣多軒昂。當其初捧檄，賊已擾豫章；君仗忠義悃，不肯山林藏，決計茌斯土，視民真如傷；下車約紳士，禦侮籌良方；多募鄉兵至，銳意掃櫼槍。誰知彈丸地，梟獍來倡狂。殺賊未洩恨，蔽野皆屍僵。城破膽未破，旋即復我疆。功過本可抵，詎料事改常。大吏乃參劾，勢如雪沃湯。謂君才識短，不足繫民望。遽爾遂褫職，我聞心傍徨。與君共蘭譜，三十餘星霜。盼群箂仕日，得爲邦家光。可憐命途舛，半路風波揚。干戈遍郊野，何時束歸裝？煢煢妻孥輩，千里如□荒。詩成口欲噤，涕淚沾衣裳。

471

校記：

[1] 此詩輯自《杭州八旗駐防營志略》卷二十五。原詩注：萬花農以大挑知縣出宰江西萍鄉，到任後，賊氛甚熾。籌辦團練，始皋牢紳民，粗有就緒，賊猝至不及防，城陷。乃以所辦鄉團克復縣城。大吏遽劾之鐫職。文端公惜之，即作此詩。

落　葉

昨夜階前葉有聲，林園簌簌嫩寒生。風吹老樹昏鴉集，霜滿荒郊塞雁鳴。曲徑歸來涼雨歇，疏枝禿處夕陽明。始知松柏堅無比，蒼翠何曾有變更。

無　題[1]

別經十稔客魂銷，萍水重逢興更饒。矍鑠精神誇馬援，騰驤魄力似票姚。頭銜昨日權專閫，血戰當時壓眾僚。漫道鬢霜如此白，好留晚節等松喬。

校記：

[1] 此詩爲固蓮溪都統由寧夏將軍將還杭駐防旗，以軍功予食半俸，述職入都，出此圖徵題詠時，瑞常所寫，原無標題。輯自《杭州八旗駐防營志略》卷二十五。

無　題[1]

從戎數載身康強，乘來鐵騎誇龍驤。銜枚疾走歷星霜，披堅執銳摧槐槍。初出秦關道阻長，旋莅臨淮復汴梁。都護督戰賊膽亡，柳營鸞佩鳴鏗鏘。烽煙滿地磽磟磅，每戰必克神飛揚。一旦衝陣折絲韁，塞翁失馬心傍徨。悍賊得之兇焰張，馬乃揚鬣奔如麞。曳賊歸營何怱忙，恢恢天網布太荒。一經品題聲價昂，雲屯萬里難頡頏。移時凱唱束歸裝，三軍挾纊饋壺漿。上念勞勩錫恩光，君將攬轡還餘杭。主

472

人愛馬繪圖藏，偉然功績銘太常。

校記：

［1］此詩輯自《杭州八旗駐防營志略》卷二十五。

育蠶詞

天暖天寒好護持，繅盆盼到吐新絲。繭成盡是心頭血，羅綺人家那得知。

宿茌平

女兒女兒嬌可憐，欲來不來茅舍邊。琵琶若遇知音賞，不是潯陽亦黯然。

《國朝正雅集》序

昔孔子論詩，蔽以"思無邪"一言，謂夫善者足以感，而惡者足以懲。厚人心，美風俗，詩之本教，於是乎在。故詩教昌，則世運盛，其關係豈淺鮮哉？古者，大小雅之材其人，類皆洽聞殫見，蓄道德而能文章，雍容揖讓，播爲詩歌。黼黻乎休明，光昭乎政事，彬彬乎儒雅之遺也。下至里巷歌謠，輶軒所采，聖人刪詩仍録而不廢者，蓋將以驗政治之得失，民俗之淳澆，其用歸於使人得性情之正。故曰"詩與政通，道與藝合"。此三百篇之大義也。後世此義不明，而詩教愈晦。自漢魏六朝唐宋元明，求其不背温柔敦厚、興觀群怨之旨，始卓然可以名家。否則，無益身心，無裨政治，孅僻乖濫之音，其去詩教也實遠。我朝經學昌明，人才蔚起，詩教駸駸乎復古。

江都符生南樵，爲余辛亥所取士，好學深思，博聞强識，集乾隆丙辰鴻博以來百二十年之詩，薈爲一編，名曰《正雅》，將以續沈歸愚尚書《别裁》之後。既成書，問序於余，余嘉其命名之美，而用力之勤也，因述詩教之本，綴以數言。夫三百篇之體格，不必一一摹擬之也，而三百篇之奧窔,則以正性情爲根本。今南樵以"正雅"名編,非如風雲月露夸多鬭靡者之所爲,可謂探論詩之本矣。雖近人之詩,以之當三百篇讀可也。因廣其意,以質夫天下之知詩者。

謙　　福

謙福，字吉雲，又字光庭、小榆，號劉吉。額爾德特氏，隸蒙古鑲黃旗，和瑛孫，壁昌侄。他自幼讀書，加之家學淵源，故很有學識，尤工於詩。道光十四年（1834）甲午鄉試舉人，十五年乙未恩科進士。後授户部主事，累官至詹事府詹事。

其生平事蹟於恩華纂輯《八旗藝文編目》中有載。

著有《桐華竹實之軒梅花酬唱集》和《桐華竹實之軒詩草》（附《試帖》一卷）。

《桐華竹實之軒梅花酬唱集》收其本人及他人詩凡百餘首。《桐華竹實之軒詩草》收詩二百六十八首。《清人詩文集總目提要》載其所著《桐華竹實之軒詩草》二卷，計《詩草》一卷、《試帖》一卷，同治二年刻本，首都圖書館、北京大學圖書館藏。

此次點校詩以徐世昌編《晚晴簃詩匯》卷一百三十八爲底本，詩共計 2 首。

對　　客

煙霞無路接通津，谷口誰尋鄭子真。對客不妨巾漉酒，避人常使扇遮塵。年來懶作市朝夢，分内甘爲耕鑿民。却笑庸夫耽世味，欣欣猶説吐車茵。

暮春詠懷

藥裹書籤結夙緣,此身已似柳三眠。蕭條生計如流寓,爛漫詩情減少年。犢鼻家風聊復爾,龍頭科第亦徒然。落花滿徑愁無限,何啻青山聽杜鵑。

瑞　　慶

瑞慶，字雪堂（《柳營詩傳》稱"號雪堂"），石爾德特氏，隸蒙古鑲紅旗，瑞常弟。道光十五年（1835）舉人，十六年丙申進士，欽點即用知縣。咸豐十一年（1861）任易州知州。同治三年（1864）任趙州知州，四年任遵化州知州，五年任易州知州，直隸候補道，賞頂戴花翎。

其生平事蹟於恩華纂輯《八旗藝文編目》中有載。

著有《樂琴書屋詩集》，不分卷，以鈔本傳世。

此次點校詩以清三多輯《柳營詩傳》卷二爲底本，詩共計4首。

除夕祭詩

年來歲月惜虛馳，孤負吟窗筆一枝。自笑本無詩可祭，挑燈反續祭詩詩。

飛來峰

奇峰兀突凌空起，境界清幽無可比。不識此峰何處來，令人直把蓬萊擬。相傳名著大西天，靈鷲飛來不計年。山外有時招野鶴，峰腰祇覺騰雲烟。我到冷泉亭小立，但見瘦石盤空疊。其旁脈絡却分明，真個峰巒生羽翼。南峰北峰高且雄，此峰夭矯居其中。群山矗矗插霄漢，未必面面皆玲瓏。眼前怪石爭相向，蹲踞坐队百千狀。疑是虎豹犀象群，一一驅到青山上。古藤挂崖作蛇形，老松拔地起龍鱗。風濤只覺空中響，虹雷直從橋下奔。我方踏石石動搖，徘徊山畔心先焦。只恐此峰復飛去,我亦隨著天香飄。

大 水 行

　　五月南風吹不止,驟雨飛空急如矢。隔宵雨勢更滂沱,打破書窗無完紙。錢塘城居西湖東,西湖水溢入城中。橋身不見見橋脊,海底倒瀉聲洶洶。來往行人苦赤足,到處人家水半屋。東牆纔倒西垣傾,天爲安排新水閣。我家吟館本如舟,避水嫌無樓上樓。夢中只聞波濤響,榻畔直堪垂釣鉤。滿地江湖已如此,便拚與世共沈浮。撫民大吏齊蹙額,看水毫無疏水策。爲虐疑是雲中龍,運礮擊龍當擊賊。一擊空中雨乍停,再擊天邊雲愈黑。我雖在鄉官不居,未免飢溺總躊躇。一身一家不足惜,生靈億萬究何辜。晨起披衣向天禱,但願今朝晴便好。萬物同爲造物生,忍令田廬盡池沼。乞天再命箕伯來,萬里雲煙一夕掃。

呈芝生兄

　　六年不到帝城隈,曾寄家書幾度催。爲我預增棠棣館,及時待飲菊花杯。自知駑質驅難進,未必浮名念遽灰。春草而今秋更綠,也應料得阿連來。

桂　　茂

桂茂(1808—?)，字德山，號桐生，吴郎漢吉爾門氏，隸蒙古鑲白旗，滄州駐防。道光十五年(1835)舉人，十六年丙申進士。初爲甘肅西和縣知縣，後入爲兵部主事，遷兵部員外郎、左庶子，翰林院侍講學士。

其生平事蹟於恩華纂輯《八旗藝文編目》中有載。

著有《德山詩録》，清同治十年刻本，國家圖書館藏。

恩　　麟

恩麟，字君錫，一字詩樵，號天放散人，諾敏氏，隸蒙古正黃旗。道光十二年(1832)壬辰舉鄉試，十八年戊戌科登進士第，授主事。咸豐九年(1859)升甘肅按察使，同治元年(1862)署甘肅布政使，七年任駐藏辦事大臣，十一年降職。光緒元年(1875)起官正黃旗漢軍副都統，五年任兵部右侍郎，八年緣事休致。累官至户部主事。

其生平事蹟於恩華纂輯《八旗藝文編目》有載。

著有《聽雪窗詩草》不分卷，清道光鈔本，國家圖書館藏。

《筆花軒詩稿》四卷，清鈔本，國家圖書館藏。

《問月窗詩草》四卷，稿本，中國社會科學院文學研究所藏。

《塞遊詩草》，清同治鈔本，國家圖書館藏。

《洧川縣鄉土志》二卷，清光緒二十六年石印本，國家圖書館藏。

《興城縣志》十五卷，民國十六年(1927)鉛印本，國家圖書館藏。

布　　彦

布彦，原名布彥泰，字子交，一字泰如，順科尔氏，漢姓劉，隸蒙古鑲紅旗，京口駐防。道光二十年（1840）庚子科進士，户部雲南司主事，擢左贊善，令直隸清河、三河等縣，及知通州時，皆以廉能稱，有文采，工詩賦。

其生平事蹟於清春元纂《京口八旗志》，恩華纂輯《八旗藝文編目》中有載。

著有《聽秋閣偶鈔》四卷，同治九年刻本，國家圖書館藏。

此次詩輯自清春元纂《京口八旗志》，殘句共計 2 聯。

京口懷古
山氣不隨兵氣黯，濤聲猶挾鼓聲流。

古　硯
有淚自傷懷寶久，成材豈畏受磨多。

盛　　元

盛元（1820—1887），字韻琴，號愷庭（《柳營詩傳》稱"字愷庭"），自號鐵花館主人，巴魯特氏，隸蒙古正藍旗，杭州駐防。道光十二年（1832）舉人，十六年丙申進士。歷官江西餘干縣知縣、南康府知府、候補道。光緒十三年（1887）卒，年六十八。

其生平事蹟於清張大昌輯《杭州八旗駐防營志略》，楊鍾羲《八旗文經作者考·丙》，恩華纂輯《八旗藝文編目》中有載。

著有《營防小誌》《怡園詩草》《駐杭人撰述》《如善泰仲寧草》《竹軒雜錄》《强謙毅齋》《易學答問佛龕》《武純齋》《瀚海雪山遊覽記》《廷玉澐巖城西古跡考》《東純謐恭介》《西寧秉節錄》，皆資考訂。

此次點校詩以清三多輯《柳營詩傳》卷二爲底本，並參考張大昌輯《杭州八旗駐防營志略》卷二十五，詩共計 2 首；文以清張大昌輯《杭州八旗駐防營志略》卷二十一爲底本，文共計 1 篇。

題文濟川協戎元獨立圖

先乎其大，卓爾不群。有容無欲，奮武揆文。中立不倚，强哉君子。我聞其語，我見其人。

題《王依氏節孝傳》後[1]

士窮見節義，斯言豈欺我？女子有士行，丰裁尤磊砢。節婦氏王依，傷哉遭奇禍。夫死尚無子，徇身知不可。姑死只一翁，白髮嗟坎坷。節婦事乃翁，悽悽淚交墮。不爲似續謀，安得先靈妥？翁憐節婦志，負子學螟蠃。節婦意獨否，欲語轉愴然。螟蛉雖可託，何如一脈延。登堂長跽請，願翁重續絃。善人必有後，理可質諸天。翁曰非我意，節婦請益堅。血忱翁意感，新姑迎堂前。姑媳年相若，侍奉禮莫愆。焚香常默禱，只願瓜瓞緜。惟天佑節婦，庭蘭昌厥後。有叔斯有子，苦衷真不負。叔生翁又逝，養姑情更厚。撫叔助乃姑，成人良非偶。吾慕節婦節，鐵石堅同論；吾慕節婦孝，織任佐盤飧；吾慕節婦智，葛藟重本根；吾慕節婦慈，撫叔比親恩。昊蒼報之福，嘉慶集其門。無後今有後，繩繩宜子孫。幽光久必發，奇行達帝閽。旌表榮千古，豈徒示後昆。

校記：

[1] 此詩輯自《杭州八旗駐防營志略》卷二十五。

《南康府志》自序

　　南康以山水名天下，自晉以還，爲仙真隱逸之所窟宅，至宋濂溪、考亭兩先生出，而道學遂盛於東南，其他節義文章，尤指不勝屈。慕其風者，往往舟車跋涉，閒關千里，訪古尋幽，盤桓數日不忍去。而仕宦轉視爲畏途，蓋山田犖确，水田大半苦潦，土產稀微，民不知懋遷之利。而地當孔道，東粵使軺則往來絡繹。頻年兵燹，公私赤立，近雖稍謀綴葺，而百孔千瘡，守土者不能不爲束手。予以庚午歲承乏此邦，適値中丞劉公廣開志局，下其條例於郡縣，俾續修者知所遵守。

　　夫南康自廖公文英作志後，距今二百餘年矣。國家深仁厚澤，蠲租給振，疊沛鴻施，以至職官之遷除，武備之申儆，人材之輩出。其自粵匪肆虐後，毀家紓難，殉節捐軀者，尤不可以無紀第。通籍以來，一行作吏，筆墨久疏，方期考其山川，按其圖記，與士大夫往復而商訂之，而釀金絕少，薪油莫給。因念三十年干役章門，吏治民風，恂諳崖略；又叨司守禦飛書馳檄，聞見較真，不揣固陋，謹取各縣志舉要刪繁，間有彼此抵牾之處，務令條分縷合，以昭畫一。前志有未核者，亦閒以鄙意附見。其閒手自編摩，周一寒暑而始告竣。期於無聚訟、無偏枯，無支且漏，而未可以必得也。脱稿後，遍質諸寅好士紳，始勉出授梓，且略識其本末於簡端云。同治十一年歲次壬申嘉平月，知南康府事長白盛元序。

又，凡例略云：南康郡志創於宋，至明凡三修。洎乎國朝康熙十三年，廖前守文英重加修葺，體例一仍田志，而不載舊序。茲由田志摘出登載，以免散佚，若宋時之序，已不可復覯矣。康熙甲辰距今二百餘年，中遇咸豐三年兵燹，檔案燬失，碑記存者十纔一二。省局抄發職名，僅有乾隆八年以後知府姓名、出身。茲就現存碑記及見於山志、洞志者，登載鼎彝鐘鑪、兵燹後莫有存者，訪之緇流羽客，概未之見。所不乏者，崖間之刻耳，中惟秀峰尤夥。然宋人留題多在鹿洞附近，於此見古人無在非見道之地，非賞玩風景已也。

恩　　成

恩成(1820—1892)，字子省，又字履堂，卓特氏，隸蒙古正黄旗。富俊子。咸豐十三年(1863)進士，隨僧格林沁同剿義軍，破曹州，屢晉封至三品京堂。同治二年(1863)授鑲紅旗蒙古副都統。七年統領馬步兵剿撚軍。光緒元年(1875)兼總管内務府大臣，赴四川查辦事件。十一年任體仁閣大學士，十五年轉東閣大學士，十八年卒，謚"文恪"。

其生平事蹟於恩華纂輯《八旗藝文編目》中有載。

著有《保心堂詩鈔》一卷，同治十三年刻本，南京圖書館、民族文化宫藏。另有《保心堂詩鈔》不分卷，同治十三年丹徒周氏刻本，北京大學圖書館藏。

恩　　隆

恩隆，字星伯，號抑庵，拜都氏，隸蒙古正白旗。道光二十五年（1845）乙巳科進士。累官至刑部主事，後襲輕車都尉。

其生平事蹟於清盛昱輯《八旗文經·作者考丙》中有載。

此次點校詩以清盛昱輯《八旗文經》爲底本，詩共計4首。

演連珠四首

臣聞空谷滋蘭，必翦蕭艾；高岡引鳳，必斥鴟鵂。是以共鯀既誅，虞廷有咸熙之績；管蔡既放，周室有濟濟之休。

臣聞驥足善馳，無戾天之翼；鵬翮雖健，非行地所宜。是以神禹惠疇，不侵工虞之職；周公制作，必慎籩豆之司。

臣聞燕昭市駿，得骨爲貴；葉公好龍，見真乃驚。是以敷納之君，或受欺於捷給；奇偉之士，或見抑於聖明。

臣聞大鏞閟響，遇觸則鳴；良鑑斂形，得影則照。是以由基弛䩺，不知穿楊之奇；公輸輟斤，莫睹斲輪之巧。

多　隆　阿

　　多隆阿(1818—1864)，字禮堂，呼爾拉特氏。咸豐初從僧忠親王。後從都興阿援湖北，克武漢，破小池口，復九江。李續兵敗於三河，遂專領皖事。宿松太湖之戰，功尤著。累官將軍，封一等男。同治間征回亂，肅清關輔，薨於軍。贈太子太保，謚"忠勇"。黑龍江駐防。

　　其生平事蹟於趙爾巽《清史稿》卷四百九，《清史列傳》卷五十，恩華纂輯《八旗藝文編目》有載。

　　著有《雯溪詩草》十五卷，未刻稿本。《八旗藝文編目》載其有《慧珠閣詩鈔》十八卷，《文》四卷，《詩話》四卷。今存《慧珠閣詩》一卷，稿本，中國社會科學院文學研究所藏，此集已收入《遼海叢書》。

錫　縝

錫縝(1822—1884)，榜名錫淳，字厚安，號渌虹，博爾濟吉特氏，隸蒙古正藍旗。齡昌父。幼年拜師學習漢族文史，道光二十年(1840)在西安隨侍乃父桓靖公保恒，從湖北諸生楊澹如遊，學爲詩作文。道光二十四年舉人，咸豐六年(1856)中進士，改庶吉士，授編修。同治十一年(1872)由户部郎中授江西督糧道，安徽巡撫，署兩江總督。光緒元年(1875)，爲修《穆宗實録》總裁，充提調官。四年，拜駐藏大臣，以病辭。

其生平事蹟於趙爾巽《清史稿》卷四百八十六，恩華纂輯《八旗藝文編目》中有載。

著有《退復軒全集》(又作《退復軒詩文集》)。内《退復軒文》二卷，共五十篇，包括詩論、文論；《退復軒隨筆》二卷；《退復軒詩》四卷，收詩三百八十三首；《退復軒時文未棄草》二卷《退復軒試帖未棄草》一卷，都十一卷。其中《退復軒詩》收録在《續修四庫全書》。今《退復軒文》《退復軒隨筆》《退復軒詩》《退復軒時文未棄草》《退復軒試帖未棄草》爲光緒刻本，藏國家圖書館。

另有《退復軒詩》四卷，清刻本，國家圖書館、中國社會科學院圖書館藏；《退復軒文》二卷，清刻本，國家圖書館、日本東洋圖書館藏；《退復軒詩》四卷《時文未棄草》二卷，光緒其子齡昌刻本，上海圖書館藏；《退復軒詩》四卷《文》二卷《時文未棄草》二卷，光緒刻本，國家圖書館藏；《退復軒全集》五種，光緒刻本，遼寧省圖書館藏，是本所收爲

錫縝

道光二十一年至光緒十年詩，編年，無序跋。

此次點校詩以徐世昌編《晚晴簃詩匯》卷一百五十五爲底本，並參照錢仲聯《清詩紀事·咸豐朝卷》，詩共計 18 首；詞以清楊鍾羲編《白山詞介》卷五（宣統二年逸虹詞榭刻本）爲底本，詞共計 7 首；文以清盛昱輯《八旗文經》（清光緒影印本）爲底本，文共計 22 篇。

天池子紀事詩[1]

夜投天池子，僻在長城窟。荒村四五家，沙漠無塊圠。窗前馬伏櫪，風裏駝鳴圔。欹枕未成瞑，叩門聲何疾。女子拭面啼，男子脚不韈。云是戍邊來，隸籍榆林卒。感悅使龍吠，不者徇以拔。聞之投袂起，瞑目憤所切。出與健兒言，于爾實有缺。天家幅員長，啓宇到回紇。邊防日以重，負戈匙休歇。惓言結褵初，戚戚新昏別。既不以家爲，而忍自佻達。國家重戍行，幾輩皆勳閥。豈無將相種，所賴精神刷。健兒聆我語，彷彿中心劌。相顧輒引去，若獸走狨狘。吾亦促此逝，瘦馬蹋殘月。主人乃愛客，男婦道遮迣。却携所嬌女，髮亂肌如雪。長跽齎涕洟，狼藉粉黛闋。夙志恥行露，此志敢弗揭。鴻雁哀嗷嗷，中谷泣以悷。平生胞與意，相對憫然失。記取甲辰春，三月十五日。

校記：

[1] 此詩輯自《清詩紀事·咸豐朝卷》。

後園

退處多餘地，閒中盡樂時。石呼兄弟輩，樹有子孫枝。尚可三年學，當吟五覙詩。仲宣無事事，何必覆人棋。

虛籟風三面，清陰木十尋。偶書亦退筆，自拊斷紋琴。爲愛隨時景，能安現在心。方塘春草綠，休養一何深。

經訓兒能授，疆場弟未還。一身居燕燕，兩目夜鰥鰥。此境眞如水，何緣更出山。蕭然無去住，遮莫是禪關。

寫怨詩[1]

不識人間世，殘春何處歸？疾風迴雪落，病葉帶花飛。歷劫名心滅，澆愁酒力微。平生受恩重，未敢學忘機。

鼠窺鐙閫淡，鴉集月昏沈。古殿神明蕭，幽房鬼火侵。所存惟夜氣，可見是天心。未及窮途哭，猶爲《梁父吟》。

校記：

[1] 此詩輯自《清詩紀事·咸豐朝卷》。

金貞祐銅印歌 道光二十有六年，歲次丙午，縝在西安得古銅印，方今尺寸六分，重十五兩，作小篆，文曰"省差官字之印"，背注"貞祐三年五月行宮禮部造"十一字，旁釋篆六小字，紐端有"上"字。印文古雅，背旁字皆徑直無趣，若刀削者。按，貞祐爲金宣宗年號。史載：三年，金主在汴，中都告急，上議遣親軍爲援，宰臣恐行宮單弱，迺止，則行宮爲汴也。"官字"蓋以《千文》編號也，亦金制也。當是年之五月，元師陷中都，完顏承暉死，迺命皇太子統師，以金鑄撫軍之寶，此印其即迺時差遣所給爭。孔東塘博士《周尺攷》以建初銅尺定歷代之尺，惟金元尺無考，此印之權度在金爲何如，殆不可知矣。

銅章省差六字文，鑄自金宣貞祐年。縝也得之灃鎬間，土花黝綠蝕血斑。小印今尺寸六分，猶存六百載上之金源。金源興亡三甲午，印虜末造迺生汝。汝事宣宗自中主，肯棄中都資人取。迺時建策誰？崇義完顏宇。迫脅更有聶希古，烏陵用章不敢語，況復承旨之宗魯。遂令蓬萊閣，二狐登樹舞。三千駱駝三萬車，幾月駕留大名府。入貢纖珠城，賜死苗先武。尚勤遠略黃牛堡，胥鼎先已失關輔。歸德蔡州路幾許，遷汴之後奔命苦。印虜汝生不遇時，省差携汝將何之？黃金甕酒銀槽馬,回首故宮悲黍離。花帽軍蹴杏花壘,陰風晝卷蚩尤旗。吾攷豐王出,允恭迎立爲宣宗。道人獻玉印,東海侯降封。既不能禁高允殺執中,又不能邀元師擊居庸,而自召歸鎮國之李雄。復不能納諫伸與琮,無端告辭顯聖宮。忍使哀痛塵再蒙,盡棄關陝與山東,亦安用此六字差印之青銅。吁嗟乎！安用此六字差印之青銅。

介　休

介休側看未成峰,攬古難舒磊塊胸。不見異人文彥博,豈無名士郭林宗。近鄰雍絳頻輸粟,往歲燕雲尚舉烽。衰草夕陽殘雪路,原田每每説堯封。

顯　應　寺

今之顯應寺,仍在黃村西。此寺所原始,在明天順時。奪門酬功自亨軹,先是北征諫者誰。上有廓野王直職事之百司,下有陝西呂氏之一尼。其餘公侯私屬五十萬,同爲土木之潰師。乾坤旋轉辟復正,御妹有言君思之。爰構梵宇跨林麓,嗣述尼功書之碑。雨帝歸來城隍竁,手敕三通褒女冠。天地陰霾少保魂,山川金碧皇姑殿。官家此舉太無名,乃將梵嫂爲邦媛。若憶當年諫北征,何爲追念王振刻木形。自是裕陵辟親愛,不以阻諫關重輕。雲窗霧閣華山女,青鳥儻自通丁甯,不者六軍所駐婦孺驚。尼也走匿且弗暇,敢爲叩馬之鰤生。洎乎承寵七十載,檀施千萬頌掖庭。可憐一炬崑岡火,香界茫茫無限情。

漫　興

三復葩經及考槃,幾曾古井起波瀾。仰邀明月同心少,凝恨斜陽獨語難。暮喈朝唏渾負負,雲愁海思闊漫漫。願將殷浩書空字,寄與蒼冥一笑看。

竹珊以滇南方伯抗疏爲伊犁參贊壯哉行也歌以送之

　　壯志縱橫九萬里，葱嶺滇池咫尺耳。抗疏千言達帝閽，不爲方伯爲將軍。將軍投筆據鞍笑，班生未老賈生少。整頓乾坤濟時手，會滌九川宅四隩。講求兵法常山蛇，變幻名場君子豹。甯從絕域鑿凶門，肯傍貪泉開飯窖。我朝有造西陲西，爲城康居國車師。不消冰雪成道路，無邊沙磧相驅馳。窮荒大漠版圖共，蠮螉喘喙言笑譆。六合如人及其壯，氣之所貫神與隨。將軍將軍氣如虹，武功可救文治窮。不者何爲投袂起，欲以將洗吏之耻。只今圭瓚錫旬宣，虎拜祝天千萬年。九重夜半虛前席，西顧何如聚米山。

輓林少穆[1]

　　《遂初》未賦璽書頒，盡瘁三朝力已孱。大事艱難誰可屬，此生治亂本相關。鈞天遽下巫陽詔，劫火橫飛象郡蠻。知與不知齊墮淚，旌旗慘澹鳳皇山。

　　龍沙萬里戍伊涼，曾迓高軒賦短章。絕域功名悲定遠，眉山父子託歐陽。軍容細柳看持節，幕府蓮花有瓣香。若使漢廷充國在，先令敢復掠河湟。

　　八法曾傳長史師，敢書狂草醉臨池。正心自有誠懸筆，墮淚難忘叔子碑。此後猶將崇世享，向來原不以文爲。一篇《大雅‧崧高》什，無限生民沒齒思。

　　感愧交縈寄苦吟，哀詞未敢託知音。八年自負陶鎔意，一世公無醉飽心。《海國圖》曾傳粉本，魏默深據公《四洲志》爲《海國圖志》。鐵圍山半有棠陰。最傷社稷臣難得，不在平生恩遇深。

校記：

　　[1] 此詩輯自《清詩紀事‧咸豐朝卷》。

錫縝

次寶竹坡即事韻[1]

九十春光太遽忽，歸來轉問候門童。林梢仰見初圓月，花信橫吹不測風。告免豈同羊舌肸，知幾誰似鹿皮翁？菩提葉上題詩好，早識《心經》五蘊空。

校記：

[1] 此詩輯自《清詩紀事·咸豐朝卷》。

壬午九日憶子猷弟塞北[1]

十年十度看歸雁，又到今年草木黃。大漠窮荒思弱弟，淒風冷雨過重陽。同懷出處相參錯，異域音書半渺茫。近日詩情聊寄與，傲人天氣菊花霜。

校記：

[1] 此詩輯自《清詩紀事·咸豐朝卷》。

癸未九日和子猷弟寄和去年之詩依其韻[1]

去歲重陽寄詩去，和詩寄到又重陽。一年一首詩來往，十首詩成兩鬢霜。松菊故園秋瑟瑟，牛羊衰草野茫茫。雁行更寄空中字，榻入西山落照黃。

校記：

[1] 此詩輯自《清詩紀事·咸豐朝卷》。

滿江紅庚申灤陽晚眺

向晚登高，禁不住，天風吹盪。留一片，斜陽倒影，愁雲來往。正是四方離亂後，平看萬里乾坤莽。更何堪，北向雁嗷嗷，雜悲響。

村落渺，孤煙上。關塞黑，疏星朗。把無窮懷抱，來供俯仰。身世儘多人飯信，功名絕少封侯廣。古今來，吾輩幾升沈，抗心想。

金縷曲　六盤山僧舍
其　一

又出蕭關去。馬蹄痕，幾番踏破，凍雲凝處。省識六盤山上雪，少小尋詩舊路。偏對我，山容如故。二十五年經萬里，漫相嘲吾髮今非素。思往事，更追步。

森嚴廟貌層巒護。鎮盤旋，涇頭隴尾，上方雄踞。回首高平城第一，當得淩空一顧。何處是，漢唐兵駐？建武大中遺蹟渺，莽山川幾點窮荒戍。寒日下，歲雲暮。

其　二

征雁更番去。最關情，幾行斜字，晚霞飛處。偏是瓦亭關裏月，慣照吾家客路。恁月色，年年如故。陟岵心情偕夙夜，望龍沙共此蟾圓素。思弱弟，闊前步。

兩番侍宦西都護，訪穹，碑臨邊一笑，天山高踞。正我隴頭尋遠夢，瘦影風前自顧，更回首，慈雲東駐。夢又被風吹萬里，轉燕臺，折到陽關戍。還立馬，四山暮。自道光丁酉，越乙酉，縝侍宦歷秦隴者十有三年。咸丰甲寅，迄今辛酉，弟綸又侍宦兩之西域。縝奉慈親留京邸。乃者從使節載憩於六盤山，計時家君正出陽關路也。

南鄉子　題恭養泉《瘦鶴吟館詩詞》

綺語昔曾耽，筆底花香泥鏡奩。別有癡情深似病，懨懨，愁比詩多總愛拈。

別緒幾年添，杯酒蘭山好月銜。仙骨何緣新覺瘦，珊珊，俏立邊風影更尖。

訴衷情　題恭鐵臣《本事詩》

近體江淹三十首，識君心。春去也，鴛夢可能尋。子細與伊論，真真。別來詩思怎？比情深。

494

錫　縝

醜奴兒令　同上

閒情何苦長相憶,追憶難忘,便不尋常。不獨吟花句有香。
知君不恨當時錯,錯也無妨,恨也情長。夢也於今尚斷腸。

虞美人　題余琴蓀《梅花士女圖》

仙人緑萼君須記,多恐前身是。倚窗獨自問天工,誰把幽香圍在月明中。
花篩月影輕紅碎,似此聲難繪。愛看弄影不成眠,便是眠來也在畫圖閒。

宋太祖顧命論

宋太祖顧命之事,先儒論之者衆。鮮不以太宗爲不義者,而所據僅有李燾之一説。烏乎!此惡可以輕信哉?且夫德昭廢死,凡太祖崩後之事勿論也。太祖始受杜太后遺命,趙普即榻前爲誓書,藏金匱。太祖愛太宗如左右手,嘗偕太宗幸普第,計下太原。又謂太宗:"吾得張齊賢,宰相才,異時以輔汝。"無時不爲太宗爲天子計。太宗亦事兄如事父,惡有迫不及待而遽行大逆不道之事哉?或曰:"太宗以弟乘位,懼有憸人搆釁于其間,故迫於不得已而出諸此。"此必太祖信讒而後可。

太祖嘗與近臣言:"光義龍行虎步,他日必爲太平天子。"太宗之所慮者,太祖固已先慮之也,雖有讒不行也。或曰:"太祖崩,太宗即以其年改元,何亟亟若是?"烏乎!此則迫於不得已而先改元,以正其統云爾。況史載即年改元者,不惟太宗也。且改元諸大事,其奉太祖遺囑未可知也。然則李燾所紀者何自昉乎?曰:此則當時憸人造疑似之言,欲誣太宗於後世者也。且其言曰:"燭影下,晉王離席若遜避狀。既而帝引斧斸地。"遜避者,太宗;引斧者,太祖。即使其言可信,亦安可以弑逆加太宗乎?而況其不可信乎?

至謂太后不公,太祖不明,則尤過矣。后謂:"國有長君,社稷之福。"其非私於太宗可知也。謂之不公可乎? 太宗而不賢,則后爲亂命,太祖違之可也。太宗而沈謀英斷,儉勤自勵,太祖顧違命廢之,而私其子,惡得謂之明乎? 且不明與不孝孰大? 太宗之賢,即不如太祖,太祖猶將教誨咨儆而授之位,況其無一事不如太祖乎? 知弟之如己而立,惡得謂之不明乎? 太宗憫農事,考治功,慎刑納諫,懼災悔過,削平海內,功業炳然。而顧執疑似之言誣之,非所以垂萬世也。《本紀》書帝崩云爾,不採當時傳疑之說,蓋置諸存而不論之列。漢成帝崩,民間讙譁,歸罪趙昭儀;班史書帝崩,《通鑑》書帝崩,云爾。豈不諒哉? 豈不諒哉?

霍 光 論

史稱霍光受襁褓之託,擁昭、立宣,不媿伊、旦。又謂其不學無術,闇于天理。噫! 豈有不學之伊、旦哉? 光妻顯使醫衍進毒弒許后,詔獄,顯語光不發舉,署衍勿論。劉更生曰:"持不斷之意者,開群枉之門。"光之罪浮于不學,誤于不忍,而實由於不斷,而光危矣。班超將兵西域,李邑毀其擁愛妻,安樂外國。超聞而去其妻。五倫之道,有時相誖而不得並行,斷于一念之去取,雖古賢喆有能有不能,而況于功名之士? 且夫忘家者忠易盡;好內者害易成。孫吳顧雍領尚書令封侯,而家人莫知。陳元達事劉淵,退而削草,子弟不得見。後唐李存勗以位讓,晉王克寧部受。克用諸養子陰説其反。曰:"妄言且斬。"迺爲其妻孟氏迫而作亂。

夫光之功名,非超所敢望,何論于雍? 而其孃言是用,且下等於克寧,爲雍與元達所不爲,何況于超? 世固有豎儒,保富貴,歸故鄉,子若孫與? 太平守文之主食天下之福,而戴人之患,懷人之憂,死人之事,勇略震主,功蓋天下,一念差謬,宗族誅夷,始媿于阿衡、姬公,既迺幾于桓溫、劉裕者。所以晚,蓋易全于肉食,而名臣獨難。女禍之中，英雄亦較庸衆爲尤甚也，而何責于光？夫顯而敢爲大逆不道，必逆知光之愛己，不遽加誅。禹、山、雲輩亦見光，顯有無君之心，而後動于惡。而實光之不忍，有以啓之。不忍于人，人將忍光？光幸蚤死，不者，求死不得也。石碏殺其子厚，左氏稱其大義滅親，當斷不斷，反受其亂。光而以好内自敗也。惜哉！

盧臺述

道光三十年庚戌，大人爲直隸通永鎮總兵，官駐盧臺。盧臺，甯河縣治。甯河故寶坻縣之梁城所，雍正九年設也。總兵官，則道光二十三年裁陝西西安鎮移設，以防海疆也。改歲，咸豐初元辛亥，縝爲觀海之行，輣灘嫩堰，沮洳不可躓而返，遂諏父老以盧臺沿革利害，莫能對，縝迺前席而告曰："青縣之衛河西南有城三十二里，陷入契丹者，唐之盧臺也。燕劉守光更置盧臺軍，爲晉周德威所拔，在寶坻東南百六十里，俗名將臺者，五代之盧臺也。今之甯河即守光所據之梁城，盧臺亦即守光所置之地也。且夫枕渤海踞大野，非由枝峰蔓壑，可効深測，險以爲固也。鹽利之所在，男薪女汲，煮土而食其力。群不逞之徒，伺居者所獲啖之而不畏法者，以廣漠無際之易於逋逃也。"

宣廟上酌古昔，下爲瘠苦之民，捍患禦侮，于是虜擇高曠之地，簡精勇之軍，設重鎮焉。其爲海疆防抑末也。然則海無用防乎？曰："奚而不用也？"籌海防之策之上焉者，非防也，海不可至於用防，時也。然非縝所敢議也。父老曰："諾。"遂書之。

寧夏滿城文昌廟碑

陝甘分井鬼之埜，爲古雍州地，于九州最大。寧夏環賀蘭山，帶黃河，沃埜千里，于甘肅地最利而無害。用是赫連勃勃、趙元昊坐抗中原，雄據隴外；羆虎之士，震夙生育，至于今罔匱。大清定鼎時，將才如王進寶、潘育龍、趙良棟父子者，皆于此虜取之，其予謚世爵與我滿洲佐命勳臣同受上賞也固宜。承平久，不以馬上治天下。聖祖駐驆孔林，按六經妙古昔教澤所濡，南徼北塞，靡弗屆者。仁廟以文昌實主文運，載隆秩典，肆敕尊帝君，具祝版，命禮部太常寺奉牲實帛以獻。鸞輅親莅，祀事孔明，罔有内外。胥崇奉敬戒，唯親唯馨。用是朝廷滋能以文治被于民。

寧夏自雍正八年設將軍，統滿洲駐防兵百餘年，所教達禁成。滿城北舊有文昌廟，桷樸侈剝，不足致裡祀，防禦某以道光戊申之秋聚貲鳩工，因故爲新而既厥事。大人方攝總兵官，縝侍養于斯，遂相與屬爲文辭焉。縝迺告于有衆曰："若不觀遷《史·天官書》虖？縝爲若徵之。斗上之星有六，爲文昌之宮，實有上將、次將之名。中國之西北主之者昴星，其維在隴，是以秦好用兵。我滿洲之鎮撫茲土也，豈直與衣旒裘引弓之儔？寄腹心干城云爾。其必出爲上將，入參文昌，兼文武者爲良。不者他屬猶可，奚足爲吾黨光哉？且時危則文弱，時平則武弱。吾黨苟與時爲轉移，天子亦安重吾黨也而用之？"防禦以白將軍。將軍舒倫保公，陪都老將才也，揚袂鼓髯而笑曰："知言哉！"縝迺作詩云："斗魁戴匡，六星之芒，天下文明，迺祀馨香。揭揭有神，奕奕有廟，照臨下土，桴芬璀燿。肇造西夏，肆弭戎兵，文恬武嬉，告虔妥靈。厥或隤陊，庫嗇黚滲，弗崇弗砥，牢犧弗薦。載价其藩，業業言言，煇煇殿宇，桷楹灼丹。唯神所依，唯軍所福，細柳之風，賀蘭之麓。"

故明梁烈女碑

《岐山縣舊志》載故明梁烈女珊如殉節事：崇禎十六年，李自成屠鳳翔時也，烈女家浙江石門，侍其父大業。主岐山令單世賞。自成既犯肅州、永昌、山丹而東，女請大業說于令，練義兵守城。令遲不行。城破，令逸，大業罵賊死，女未及死，俘焉。囚之樓，不飲啜纍日，紿守者去，觸壁死，年十六。烏虖！女死之易也，然而自決之甚難矣。

南安、臨淄諸鉅公爲明季龐臣傑輔，負海內重望，皆習知與國存亡之義，猝膺變難，蒙恥而貳心，不決故也。嫛嫛弱女子獨能決其當死而死，彼濟濟者何以自解夫當死而不死也？抑聞思陵之難，宮女輩死御河者盈三百，汪偉、陳良謨、馬世奇之妻妾皆同死。所謂二南之化亂離板蕩之日，又何其速且遠也！信虖，魏叔子之言也。大清道光丁未，岐山李大令文瀚買地于西郊，爲烈女之墓，屬縝書其事于碑。銘曰：不如是女也，而組綬，而兜鍪，而況邑之侯？如是女也，而不組綬、兜鍪。明也以是可憂，二百年後而發其幽。

皇上萬壽恭頌謹序　代

維同治年月日，恭逢皇上萬壽。臣以木本之親，頌天長之節，屬對揚乎休命，有拜獻之嘉言，匪止迓殊祥、介蕃祉而已。且夫二氣合神，九龍浴聖，慶生辰之初度，以誕降爲千秋，僉謂令典之垂，自開元始。然而《江漢》之什曰："天子萬壽、天子萬年。"《楚茨》之章曰："萬壽無疆、萬壽攸酢。"拜手稽首，既申祝嘏之儀；交錯獻酬，又極宴享之樂。凡億兆人所同慶，實《大小雅》爲先聲。是舉也，將與成周比隆，曾何李唐足述哉？是故百王不易之典，必徵三代以上之書。史傳或有諛詞，經籍乃堪引證。古訓具在，不敢誣也。欽惟皇帝陛下，運際乘乾，祥符出震，擬徵雍之虞舜，尚先十年；比志學之宣尼，更進五載。乙覽，則十行一目，丹書之訓，與古爲新，亥紀有二首六身，絳縣之齡，自今伊始。作樂而月諧辰律，就班而臣矢寅恭。百爾所司，三祝載切。抑臣近依禁籞，趍侍講帷，仰窺允執厥中之心，知有必得其壽之理。

皇上自撫御區夏以來，兩宮垂訓，四海乂安。惟能使天下平，斯能以天下養。經所謂孝思惟則者也。水旱罔不賑，節孝罔不旌。開宥罪之條，拜蠲租之詔。經所謂發政施仁者也。江表悉定，東南轉粟滋多。隴右既平，西北流沙漸被。遠收象郡，載揚龍旂。經所謂保大定功者也。大猷允升，宸翰斯作。金簡玉字，伯禹有其書；垂露懸針，過庭無其譜。御弘德之殿，詔進講之臣，南齋考文，西清鑑古。經所謂博學審問者也。故欽挹心傳，既不在虞夏商周以後，雖舉行嘉禮，亦必與典謨訓誥同符。天下之人第見慶孚華祝，歡洽璇宮，維受命之溥將，遂躋民於仁壽。夫豈知十四年之肇基，皆《十三經》之運用，所由凝庶績、播修和者，如是之不易哉！謹按康熙初元，定隴蜀，靖滇黔，上悅菱闈，下垂簡冊，維時近臣獻昇平頌焉。今者，恭膺誕節，式覲耿光，先聖後聖，其揆一也。臣誠欣誠忭，稽首頓首而作頌曰：

維天之命，斯壽如天。何以徵之？徵之歲年。四方既平，七德既宣，遂召天和，而舞風悆。慶雲祥光，油油薰薰；豐本增歧，芃芃緜緜。滌場而秋，條桑而春，侯亞侯旅，徂隰徂畛。磽埆良沃，一十百千。不知帝力，試看大田。天之錫嘏，君之止仁。令德壽豈，日月山川。於萬斯年，就衡同權。乃令天下，沛乎湛恩，昌期是邁，景命滋延。徽音所敷，聖業孔安，德勝之頌，無逸之篇。亦既紀止，載曰降觀。祇承上帝，求覺下民，萬世無疆，視茲元元。

刑科給事中蔣君墓誌銘

蔣君子良與縝同舉咸豐六年進士。君出郭毓麓戶部祥瑞之門。毓麓，故道光二十四年與縝同門，領鄉薦，輒語縝曰：“子良故中式第一，進呈御改第二。是能讀書，非科舉速化之學也。”顧自翰林轉諫垣，歷京秩十有八年，措衣食於文字，不竟其用，以同治十二年九月十三日卒，年五十七。其孤以行述乞縝爲銘，噫！可哀也已。

君諱彬蔚，字頌芬，號子良。明正嘉中由蔚谿遷婁關，爲婁關蔣氏。曾祖耀宗，湖南武陵知縣。祖元復，乾隆四十二年舉人，山西榆次知縣。父兆鴻，安徽蒙城知縣。祖、父均贈中憲大夫。母呂氏，贈太恭人。太恭人兄孟巖大令子珏，復以女妻君，爲呂恭人。以是，君學業生計多藉呂氏。蒙城公故廉，以道光十九年十一月卒于官，君暈絕十餘日始杖起，乃扶櫬歸吳。肆業取膏火貲奉母。六應省試皆不售。二十七年正月，呂太恭人卒，君哀毀甚，而家愈益貧。服闋，以眷屬寄外家，獨赴順天試。二十九年己酉中式，又越七年丙辰始通籍，貧如故，而學益力。

縝嘗綜括其平生箸述，其治《史》《漢》《三國志》，則取張皋文、吳仲倫諸先生評本，考其天文、疆域、禮儀、制度，雌黃之無隙地，再易本書之，以審定其異同，遂續成董方立先生之《漢官譜》。又取李志常之《丘長春西遊記》，攷其山川道里，釋以今名，縈數千百言，以補自來輿地書之所未備。斯其可以經世，卓卓乎大者，他弗計焉。以故充文淵閣校理、武英殿國史館纂修官、《文宗顯皇帝實錄》纂修官，充鄉會試同考官、江西鄉試副考官，皆稱職。洎乎轉御史，擢給事中，不輕言事；陳漕務、荒政，輒見施行。巡中西城，決事而民服，無敢干以私者。先以實錄館議敘得四品銜。至是截取以知府用，又薦以道用，人益以重君。然縝視君之措於外而不愛其力，約於己而不慊其意；不窺時頫印，赴勢物之會，以同衆人之求，是能讀書而明乎真積力久之道，卒用之，未必無益於天下，而惜哉不竟其施也。君性肫篤，能濟人之事。同歲生張太史亮疇、范侍御熙溥、張禮部錫基死，皆經理其喪。華太史晉芳卒，醵金歸其眷屬。洪給諫昌燕病，侍其湯藥，死焚所負券，且助其歸葬。呂恭人之兄堯仙中丞佺孫之撫閩也，其停米捐稅荼諸善政，多諮於君。丙辰之秋，江西賊犯閩，陷光澤、邵武，中丞疾病甚，君自京星夜馳至，挈其眷口百餘人，取道浙東而歸。是非唯報呂氏，抑其天性然矣。呂恭人生子男一，保忱候選鹽場大使。女一，適內閣中書惲彥暄。以光緒元年某月某日葬君於吳縣某鄉某里。銘曰：

不爲嶽嶽，而爲徐徐。斯外博而中不虛。學于衆爲難，遇于時爲囏。豈遇之囏？匪時所藏，道乃不昌。烏乎子良！

太子少保漕運總督文公墓誌銘

清故漕運總督文公，以道光二十九年舉人，咸豐二年進士，任戶部主事員外郎。在部者十一年。授山東沂州府知府，升兗沂曹濟道、按察使、布政使，署巡撫。在山東者十一年，任漕運總督者九年。自咸豐二年迄光緒六年，凡二十九年。其於度支、吏治、漕運、河防，罔弗洞徹，言必可行，中外倚之。而尤善於用兵，百戰瀕死，爲民捍患。其始，則蘭、費、墨、膠，捻幅授首數千計，既乃決勝於義勝、常武之軍，卒以綏靖徐海，血食百世。戰功見於奏疏者盈數尺，所以垂大名於岱南淮北之間。竟其用，可爲天下黎元造無窮之福。而惜乎，其遽卒於位也！

公諱彬，字質夫，姓輝發那拉氏，隸内務府正白旗滿洲。曾祖福勒賀，祖明鐸，父那峻，皆贈光禄大夫。母裴太夫人，繼母劉太夫人，皆贈一品夫人。娶王夫人，生子延煜、延熙、延燮、延照，女三。妾趙氏生女一，程氏生女一。公以光緒六年六月初三日卒，年五十有六。公子奉匶回旗。明年七月十六，與王夫人合葬於東直門外東壩河之塋。

公幼以孝聞，二十一歲而孤，受學於伯父那嵋峰先生，吾鄉所稱“時文宗匠”者也。顧不事章句而務力行。下筆乃如萬斛之泉，奏疏手出，多可誦者。蹟其平生，智勇過人，面青，碧色目，炯炯出光芒，而語氣慈祥，不使人怖。公子科名蔚起，詒謀及孫，然後知其宅心之厚，慮事之凝。古大臣所以爲邦家光者，吾不知其何如，若公者，庶乎近焉。嘻，可銘矣。銘曰：

循吏將才，有所自來。帝曰欽哉，保障江淮。受天之禄，爲天下福。帝曰咈哉，何奪之速。昔也封疆，今也祠堂。明德馨香，斯民不忘。

書李孝子

自岷山負地絡之陽，亘終南、太華爲北紀山，河自鰲屋，山曲水曲，迤邐達終南，枝峰蔓壑，統謂之秦嶺。鰲屋李氏子業樵，入秦嶺，見亂草搖動作分裂狀，小禽叢舞，啁啾不已，心動欲還，大聲出草中，虎隨聲出，張爪伏李，齧其腦。怳習聞霹靂聲，虎隨聲去，張目見巨人執梃立於前。李匍匐出山，已去嶅屋數百里，佛坪境也。

李七八歲而孤，或奪母志，及期，鼓樂於門，李始知之，痛哭母前，淚涔涔迸血出，曰："母棄兒邪？何以慰泉下人？且兒無姓氏，何人爲母？"曰："然。"則止也。李亟出，竟日哭，止輿不得入。母所適故長者，感焉，遂寢。佛坪司馬陳君堯書先給李資歸嶅屋。後聞其故，歎曰："至性之所激，神人欽之。其於虎，固不啻驅而遠之矣。天道福善，固若此哉！"李爲人忠厚，家小康，事母孝養有加，嶅屋每稱道之。或曰："救李者，山神也。"

浙江按察使國公家傳

自有天地，事遂盈乎天地之閒。事滿而人半，又半不能治所事。五千年來，或以一人治數事、治數十事、數百事。不者，天地且爲事所塞而閉。國公故以治事聞也。道光二十年考筆帖式，隸兵部，歷升主事員外郎、郎中，掌各司印鑰，以呈遞捷報。賞藍翎，換花翎加三品銜、布政使銜，除直隸口北道、山西歸綏道、廣東鹽運使，擢按察使轉江西按察使，病罷。痊授廣西按察使。光緒九年調浙江按察使。十年召歸，三月十五日卒於京畿楊邨驛旅次，年六十有二。

公之所到，矯翼厲翮，隆隆有聲。家居，建宗祠，立義學，起共讀樓，實書籍，假里黨讀。凡吾所見，其治家事莫不綽綽然，成始成終。以視坐而不能治，自謂能治，治之不如不治，輒追非者，蓋爲天地閒有用人矣。

公諱英，字鼎臣，吉林索綽絡氏，隸滿洲鑲白旗。公子和爾賡額，以遺命請作家傳。論曰：

吾嘗以謂，能治事，必於無敗事之人求之，於讀有用之書之人求之。與公交垂三十年，未嘗籍籍論讀書，顧可謂能見大意者。顏柳作字瘦硬通神，所謂神者，其用筆之意乎？不得其意而作字，俗筆也；不得其意而治事，癡人也。嘻！通其意者蓋寡也。

所樂軒解

乘遺風，爾浮雲，爲龍友，爲地類，廣漠萬里，馳地飛塹，力罔匱焉。徙洞虛之膏腴，處句曲之地肺，不挈不挚，伏櫪而蹶。北冥之鯤，鯸鮧之魚，暴鬐於緯路織塗，則游魂。於崑崙之墟，商庚楚雀，託命枝柯；雕籠錮之，鳳靡鷟吪。澀勒之竹誕種嶺南，日精之果迺載湘潭。稻不播而生，草不植而孕。在彼童山，則重泉弗鮮，而地氣不奮。是故寬賒簡闊，得所是休。若解智春，含哺嬰游。不得其所，辭隆從窳。腹誹心悒，側目而瞧。夫敷文析理以自娛，驅染搖襞以自曠，脣吻適會，情靈恣蕩。骫骳撐犂，乾慮渴思。詞源翰藪，窮攤不疲。骨鯁所樹，肌膚所附。窺覘文欉，寢饒書槴，雖復舍芳飪，迺菲枕圖史，靦面而莫知怍。況虖匃貪無節，不足以豐饒；鼚鼚無識，不足以善交；目語頷瞬，不足以爲黠；神虆形茹，不足以爲梟。弱顏不毀，莫勝群呦。嘔噱而笑，踞然而號。曷如蕭梳於一室，迺澹澈以自豪。然而支離魌泊，駑馬乘輪；里區謁舍，燕代西秦；相怒飛之鳥，爲積感之民。噫嘻！是不讀夫張子東西之銘也；浮游於天地，而不知橫緯縱經也。寫佃交鄉，靡所定處，豈其龐廡玉烏以爲榮？知止衆止，隨遇寄形；撮囊際肉，抗心汗青。毋亦排迕征營，有咎於門庭户庭。且夫御珍駕於六藝，游平林於道德，結罟於典籍，驅禽於儒墨，誦思元之賦，樂閒居之樂，將糞心易行以臧吾身，不愈於微賤勞苦而無所託乎？於是得斯義以名吾之軒，听然而笑，厥心孔甘。彼事謑詼以相屬，物輖張以來干。僂身屏氣，陰愒而不敢言，而猶羨孟獻尤其室，鄧通銅其山，則非吾之所敢知焉。

報慕藹園先生 甲林書

正月四日，縝侍養自陝將之靈州，將發，而賜書至。所以教誨之者甚殷。卒卒就道，抵夏後，又復鮮暇，缺然久不報。縝無似不能窮進所學，比年奔走京兆試，日聞廢輟，不能無怍於心，嘗以謂學問之道無他求，其實而已矣。魏勺霆云：＂聰明之氣易銷鑠而不足恃。＂器識遠大者，非學問積累難以成功。故凡文章經術可以聲施，於世趨向不必苟相同，要未有不實而能至，不至而能自聲施者。來書教以掃除名士之習，抑所謂名士者，循其名而核其實云爾。非以大聲氣，尚標榜，而私立名字者也。韓子謂用功深者收名遠。以深之數較遠之數，往往不爽於毫釐。夫流俗之品題云云者，最足以滿溢人之心志，使之自畫其學問之所進，士君子亦坐此，與爲浮沈，不自樹立，用是不潰於成。明季侯朝宗輩睥睨大江之表，東南人士至今壯之。若當時如甯都魏氏易堂者，歲煅月煉，屏棄世故，其所造當更窺見法外意。今世輒侯、魏並稱，縝則以爲侯不如魏，以其務近名也。大氐無名不斐，近名必僞不實，而名不慊而餒。縝自顧無寸長，顧此中界線，比年稍稍自剖晰。又教縝以慎交游，久不侍左右，安得不告誠若此？竊謂此亦好名者之爲之也。宜聖謂無友不如己者，好名者之弊，在知人之不如己，而與之友，以形己長，故必不能相敎勖，以求實踐。人可畢世無友，不可以一二無益之友，閉什伯益友之門，譬如人有疾病，庸醫醫之，雖未及死，而盧、扁和緩已望望然去。抑縝所以屏絕交游者尤有故，嘗見好畜金石者，贋鼎諸物山積，稍稍辨其僞舍去，不數年咸易其舊，然易者真贋且半焉。以是益知識人不可以不真，處已益不可不踐其實也。先生愛人以德，勤懇出於至誠，用敢竭胷中鬱積，急欲一道者，索性言之，亦欲使知區區頗微有操持非苟然者，伏惟察鑑。不宣。

上楊澹人先生書

　　縝再拜。別時教以殷勤接物，感激弗能忘。入都後，無斯須暇，又不敢作解構之言，缺然三閱月，輒躣履倒屣，奔走街里。都人士汗漫，遇之日益雜遝，大懼汨没所有，詩先生之教。夫道莫病於強我以就物，輦轂之下，豪俊之所輻輳，耳目之所及，牽引依坿，揣摩之所至，比比焉，與爲浮沈，而自喪其守，所求於人者重，而所以自待者輕。自輕者於是人亦輕之。

縝竊聞今儒生釋褐，則舉嘖嘖然相與語曰："某累氣甚，職是可匄貸，某裕可先游，獲人貌榮名。"曰："某聲律字畫獨卓卓，必出入承明廬，某閃揄，狀賕瞍必令，某偒厲必置散六轡。"烏乎！劉子政、匡稚圭皆出於此，卓茂魯恭出於此，鄒、枚、司馬、揚、班亦出於此，邪揄非笑，低卬之不足爲重輕，奚可哉？

又自有明迄今，以時文取士。魏勺霆謂："所行非所言，所習非所用，固也。"縝竊以爲立言一也，發於古文爲古文，發於時文爲時文。通經達道，雖時文是也；勦說雷同，雖古文非也。唐宋之文可廢者不少，國朝熊、劉諸子之時文，雖數百年存可也。而今之爲時文者，則直以爲時文云爾。且謂朝廷不遽責以所短，而猶錄其所長，故僅試以時文云爾，於是安於卑。近矯枉者，復環而攻之，而天下無真文章，遂無真好惡，浸假而舉錯，因之即治亂，因之爲可懼焉。縝出都六載始歸，今廿一歲矣，所見如此，不敢不爲先生道。伏惟爲道爲文自重。

與周弢甫騰虎書

弢甫足下，比年蹤跡疏闊，若馬牛風之不相及。去歲在洮州得手教及詩，今年四月在京，又得劉子迎孝廉所寄書，越數千里，久不忘故人，爲感而涕。子迎以書付他人手，即走豫，竟不得一見。自違教迄今日，得友甚尟。在甯夏得楊大令維屏，敦古誼，不妄譽人。其詩亦獨至。去冬，過西安，見蔣孝廉湘南，談兩日夜，講學有根柢。比到京師，邂逅以數十輩談論，往往及學，輒舉平昔最推舉者，若而人不以爲是者或什七八，固臭味不必苟相同。然縝爲此大懼，平昔所趨向，無乃歧之又歧？抑學本不足以相副，而所推舉皆大高卓，非縝所可比擬，故言未終而非笑不啻盈耳也。

錫縝

來書謂古文一道，有江河日下之勢，所以期望儱侗之者至大且厚，縝不肖，何足以及此？抑方寸閒至今耿耿不釋，希冀爬羅抉剔獲於萬一，求助於師友磨礱以底於成。而驗之近年蹤跡，則卒卒無所遇。退而思之，京師人海也。有雄俊爲國家寶臣者，有修身正行俶儻瑰瑋者，有冠等倫而魁傑可匹耦於皋伊之類者，下走治蠹簡古文，自不入人之眉睫，而欲權量人哉？誠廢然返矣。昨應春官試，既入選余月哉生明，拔趙易漢，得失故不足累靈臺，然制科文又須雜遝做作，未敢便抛却，便不得一意治古文，乃甚病之。縝以夏莫侍宦之大名，無事即僵卧不出門户，奉柬詩百韻，略道近狀。缺然久不報，勿罪。子恬前年屬作其先大父傳，至今未能脱稿，可知意緒之亂，不自理耳。近得雲生大令書，知足下學商維揚，縝頗不以爲是。我輩性情曠逸，非惟不屑屑於東郭桑孔之心計，其句檢通變，亦必不能如劉晏之精，常謂理財，古惟晏爲足法。然我輩亦不得輕易爲之，誠知擇術不可以或苟也。縝白。

與翠巖論文書

翠巖先生座下：再辱手教，不以縝爲愚戇，誘掖獎勸之不已，無任感奮。縝十五六歲習騎躲，不學。十八九習制藝，弱冠後始學爲古文辭，更不長進，以故數數請業左右，承教文必以行爲本，是太上立德先於立言。柳河東謂："文章之末立言存虖其中，即末而操其本可什七八。"韓昌黎以道統自任，爲文雖奇瑰恣肆，無敢毫髮背馳其守。紫陽爲聖門功臣，理學家至今奉爲不祧之祀，其文迺暢茂曲達其意，而無所不盡。縝竊以謂爲文在積理養氣，而其抗辭幽説，閎意眇指，馳騁有無之際，非格物致知不可。然專恃窮理爲格致，以求發其奧於文，如開弱弓躲七札之甲，雖竭臂力不入。孔子曰："辭達而已矣。"又曰："言之無文，行而不遠。"夫有文而能達，其必閎而能肆，可知也。《史記》《漢書》達於隸事，先秦兩漢文達於陳義，諸子之文達於辨言，惟達於文而又能顧其所行，故盡去其浮漲汗漫而標宗旨。是故爲文客氣不除者，必不至讀古人之文，亦必以此辨之高下，可以立定，此固不盡操之於文者也。折王、楊、盧、駱以周、程、張、朱，必不能帖然服其心，而其飛揚踔厲，撟詰卓鷥，正坐行不顧言，以故客氣不能盡去，是故不昌無表，不真無裏，表裏皆裕，迺謂文理。縝於文卒卒無所就，理學又雅未窺其藩，頗弗深考所行，顧行必不能自期許，在他人徐覘措施不踐惄可矣。此誠不能一二爲先生道也。

又古人爲文，秦漢則敷陳其事，而直衍其詞，如夏雲之在天，城市樓觀、臺閣車馬之見於海，悩虜眩人之目。韓柳則收羅遺帙，爬梳考辨，皆能得其確然之原本。朱錫鬯謂學文須根據經史，方能入古人突奧。朱文公謂作文須先識字。故知空疏勦襲，以高曾規矩文淺陋者惑也。縝竊謂知文者以文爲格，不知文者以格爲文。即以《文選》論，排比絲麗，後人必例以選體。而賈生《過秦論》、枚叔《説吳王》、楊子幼《報孫會宗書》《出師》《陳情表》諸作，可以所謂選體者例之虖？班孟堅《燕然山銘》又似秦琅邪、東觀、會稽刻石，體格庸有定虖？其他傾言漱潤，不琢句而骨完，不調聲而音暢，皆非後世引繩屬墨、增損塗乙之所能爲。且後世所以以格爲文者，固亦風會使然，而其弊尤在選文家強古人就己之範圍。讀者不察，遂以爲體例具於是。如眉山議論之文，其法橫見錯出，而入選者輒如影書之，百不失一。嘗論古文自八家、十家之選出，若岐黃家之方書，寒暖燥濕分門別戶，爲庸醫應病簡閱抄胥之用，而扁鵲和緩之術蓁隱。故古文之取資於時文者，必不足以盡古文，其廣狹異也。魏勺霆曰："石以量物，衡以稱物，天下有日蝕星變、山崩水涌，衡所不能稱，石所不能量者，則文之不可以格例也。"妄論及此，幸賜教以迪不惠。又示六書迺指文理，是誠文家不傳之秘，未經人道者，縝嘗謂《魯論‧無爲而治》一篇，是六書轉注法，似頗與先生此論相發明。又以見古人有如許未發之覆，以待我輩逐事逐物默參而顯揭焉。信筆覼縷。不宣。

錫縝

《王處士印萃》序

篆書，小學也；印章，藝術也。史傳之文苑、方伎，相去遠甚。自宋訖明，若晁克一、吾丘衍、來行學輩，印譜無慮數十家，志經籍者概弗錄焉。印譜之弊也，錯亂六書，使人不識字。習之久，如康昆侖之琵琶，必十年不近樂器乃可與言樂也。雖然，《周官》通貨賄以璽書，《左氏傳》稱魯公璽書，秦以前，民為金玉印，漢人人得佩私印，紐則有索稿瓦亭、龜螭虺兔、駝師辟邪之分，篆則有蟲魚、科斗、大小之別。有夢英十八體之辨，譜錄家知之，學者亦聞而知之，如餼羊之可以存禮，則古典賴以不墜者，或于印虖繫之也。且夫前事不忘，後世之師，不惟印也。布衣稽古之士，雖尊彝、敦卣、珥戈、鉤帶之銘，窖磬、鉦鐸、鈁甬之款識，且孜孜焉審定真贗，以為取信之所在，而天下事之什百倍于斯者，人于芒芒怳習、忸怩小利者之心，往往不師古，而敢當其任，抑獨何哉？夫事未有無徵于古而能取信于人者也，印其一端也，咸豐五年歲在乙卯，鈐太守祥屬序《王處士印萃》一書，太守云："是能法秦漢者。"未嘗以書示之，亦未述其名字、里居，儻亦不求聞達者與？

《西輶依永集》序

與童君大畛古畬偕歸自瀋陽，錢塘沈大司徒兆霖奉使於隴右，趣縝與古畬偕。辭焉不可，疏上遂行。時咸豐十一年十一月也。訖明年同治元年之五月，先古畬歸京師，行六閱月，以萬里計。合古畬作，得詩若干首，為《西輶依永集》。隴右，故縝舊游之地，自道光丁酉越己酉，侍家大人足跡遍黃河黑水之間，目擊氐、羌、回紇、吐蕃風俗之變者十有三年，奔走科名，數數出入關中，訖今又十二年前事也。司徒公之視學關中也，在道光庚子。家大人官西安參將，佐司徒，較庠射，縝甫十九歲，大人輒取詩文質之縝，訖未得見司徒。今年四十，以郎官從役，於十二年前之熟路，溯二十年文字淵源，復偕古畬，以所作質司徒，相與感今昔，縱談天下事，輒至夜分，鐙影中三老書生不寐而呻，同行者蓋莫能知其故矣。

　　且夫皇華原隰，建旂設旄，古使臣所以憂心孔疚，每懷靡及者，不周知郡縣利病，雖靡室靡家，不足以爲功，不能拯斯民疾苦，雖載渴載饑，不敢告無罪於天子。繡衣使者一出，挾簡書以取方物，數道置頓，叱牧令如奴，作威福，啖閭閻膏血。天子愛民甚，使使察，虐民者罪之，而虐愈益甚，是方命也。上罪虐民者，不及罪察虐民者之罪，是逃刑也。天下太平，在官不愛錢。建功立名，在讀書之人能自立。郎官雖小，知恥則尊，不辨禮義，諄父兄之教，而受蹴爾之予，其若朝廷何？且獨不畏小人之怨詈乎？區區之心，願與古畬旦旦誓之，不方命，不逃刑，不遇司徒不敢道也。司徒趦焉。既以不遑將母，諗司徒而歸，不可，固請乃許。時家大人再奉命爲西域都護，司徒偕古畬將有事於湟中。於是屺岵之思，少壯遇合之感，耳聞目見與心刺謬之事，皆不得已於言矣。故縝之作，多於古畬云。

《求是山房遺集》序

　　右舅氏鄂松亭先生《求是山房詩文遺集》，都四卷。先生諱恒，行三，隸正黃旗滿洲。嘉慶二十四年己卯科舉人，道光六年丙戌科進士，改庶吉士。先世自吉林保送來京，國語所謂三音哈哈者，譯言好男子。以武功起家，自箸《伊爾根覺羅氏家傳》一卷，鋟版行世。道光癸巳，在翰林院，兩上封事，會兩遇大考，左遷詹事府，再遷工部。咸豐丙辰，以員外郎捐知府，改歲之陝西。臨行手書一紙，藏書帙中。縝送之，先生已行。及之命，亟歸，取所書視之，則以他日定詩文集見屬也。至陝，遽卒。表弟阿克丹匍匐去。縝以先生臨行所書紙示之，比其返也，亟索之，則茫然口喫喫久之，以佚對。阿克丹官至御史卒，家中落，二舅氏、四舅氏、七舅氏皆無子。先生存一孫多齡，現官起居注筆帖式。四門併主。

　　縝家居西廡，光緒八年壬午，多齡理廢笥，故紙中得先生遺稿數十紙。縝亟取，編次爲詩三卷，合三百七首。文一卷，僅八首，篇葉零落，先後不能次，複字疑譌字仍之不敢易。先生十八歲領鄉薦，二十五歲入翰林，時縝年甫四歲。十四歲侍先桓靖公宦陝甘，二十一歲癸卯歸，應鄉試，主先生家，值先生官工部，時與縝説詩古文，竟日夜。目縝曰："汝可與言，可與言。"先生耽于酒，醉輒誦書史，聲震耳。好作擘窠書，或徑七八尺。黄鬢怒張，腹皤，目炯炯仰視，不合者輒謾駡，亦不自矜細行。平生箸作不收拾，起草多失去。縱談古今天下事，留心治亂，癸巳兩封事：一言北郊無遺員代，一言天津水師防海疆，無裁徹也。卒年五十六。先生少孤，在庶常館時，主教習戚蓉臺先生人鏡，家習詩賦。道光末，自刻《求是山房試帖》一卷，今刻遺集仍舊名。光緒十年甲申，鋟版成。烏乎，越二十九年始副先生屬，冥冥中有主之者矣。校字者多齡與縝子齡昌也。

送劉子迎同年達善之官湖南序

武進同歲生劉子迎孝廉達善，少縝兩歲，而爲有用之學，以咸豐壬子援例爲湖南令。噫！子迎行矣，更無足以發縝之所欲言者也，敢爲子迎進之。今天下之不治，天下之失其學也。學其所學而不知學之所以爲學，浸假而不知心之所以爲心，蓋心之不屬久矣。

語云："君子喻于義，小人喻于利。"易地焉，而心之爲用，小人與君子無殊。今夫人之謀利也，其在上也有士行運甓之勤，在下有子房進屨之忍，而能受王孫袴下之辱，故蘇秦之揣摩可以襲阿衡五就之蹟，桑弘羊、孔僅、東郭咸陽之心計，可以佐伯禹六府之治。術有不同，而其用心一也。且夫制科之文、廷試之書法、館閣之詩賦，其合于司衡者之目，而不必律以古人之範圍者，非凝其思以極其趣之所在，亦不得當也。舉不得當者，而能盡心而爲之，以至于當，則人之聰明才力可知也。是故天下之事，皆天下人之精神濟之，而天下事之所以成，皆視人之精神之所以用。方今天下多故，合天下人不足以爲功，合天下人之精神不足以適用，非無用也，用非所用也。合天下之人而自用其所用，而不能爲天下用，而天下事何以能治？故曰天下之不治，天下之學其所學而不知所以爲學，浸假而不知心之所以爲心也。然而心不能無所屬也，不用于彼則用于此，不用于身與家則用于天下。吾安知天下人之必無以天下事爲心，而其學之不能達于用也？然吾不能必天下人之學，之能用于天下也。有用于天下者，吾心服焉。有未用于天下而決其必爲天下用者，吾心服焉。

子迎抱有用之學，又足躋半天下，能悉所過者之利弊，吾知子迎之心之在天下事也，遂爲文以贈其行。抑吾觀比年荆楚以南多奇傑特出之士，頗以義聲著天下，他日必更有與子迎共功名者，子迎可以行矣。

書故靜甯協副將張君遺像後

嘉慶初，通術數者有張君汝勤，籍直隸大名，事戎行勇，以千總從征四川賊，多殺馘，賜藍翎，擢守備，得不次遷。陝西主兵者檄之往，句戰句勝授華陽營參將。賊氛尚熾，帥師左右之，輒有功，然幾殆者數矣。一日，忽心動，卜之不吉，以嘉慶十年十月乞病歸，戒昂己者曰："亂且至。"明年而有五郎之變，多殉者。久之復官，擢靜甯協副將，戍喀什哈爾。卜之不吉，知不返也，竟卒於邊。錫縝曰："君非方伎者流，所謂知命者也。"或曰："古之爲將者，鑿凶門出，示必死也。"豫知不祥而免，毋乃非食，食死事之意。

縝謂三軍之命，懸於將，恃血氣之勇，投凶暴之一燼，損威重，搖士心，所傷實多。君之知難而退也，恐覆其軍也，且留報國之身，以竢異日，其所見者遠矣。不然，嘗以健兒爲鬭，將矢石中出入之，豈猝念田園而私妻子虖？洎虖垂老戍邊，不以寄魂萬里爲憾，益知君之無以家爲也。道光乙巳，大人爲甘州參將，公子敬，以千總攝右營守備，出君像，屬縝書後。敬有戰功，事母孝。縝嘗見太夫人年七十，康彊無恙，有五世孫云。

跋梁聞山大令臨《宋秘閣帖》後

　　文秋山中丞俊藏亳州梁聞山大令巘手臨《宋秘閣帖》墨蹟十册，用筆獨往獨來，不爲古人所縛。又脫開乾隆時書家宗派，殆非錢塘供奉諸梁所能。後有朱雲門跋，謂所臨爲初搨完本。以閣帖原卷校之，前四卷約少七十段，第五卷概置弗錄，第六至第十卷二王帖少一百二十餘段，是隨意節臨，非錄全文。朱跋蓋未深攷。第其中頗有校正原帖者，第一卷唐太宗賀氣、韞藝、枇杷三帖，作高宗書。第三卷庾元亮作庾亮，晉謝莊作宋謝莊，可證侍書當年之誤，與王篛林《閣帖考正》同。又，第四册之末，有無名氏書三行，列徐嶠之後，爲今傳本《閣帖》所無。

　　大令，乾隆壬午舉人，以咸安宫教習滿，爲知縣。乾隆四十年，官湖北巴東縣，爲揚州守謝韞山啓昆書《明史閣部墓祠記》，行楷七百六十四字，字寸許。李次青《完白山人事略》稱，大令曾主講壽春，以工李邕書名天下者也。段若膺謂古人執筆之法，指以運臂，臂以運身。董宗伯以授王司農鴻緒，司農以授張文敏聞山。得於聞知，其名位不崇，著述又少，世罕知者，具詳《經韻樓集·述筆法》篇。

書王禹卿贈朱子穎詩卷後

　　丹徒王禹卿先生文治，弱冠以選貢入都，交姚姬傳先生鼐，介以交朱子穎先生。三人者，年相若也。禹卿差少於子穎，禹卿旋隨册使浮海之琉球。子穎出古北口，姬傳下第返桐城。禹卿，乾隆二十五年庚辰一甲三名及第。子穎，二十七年壬午舉人，出禹卿之門，起家四川簡縣，觀戰於金川、雲南永昌，任山東泰安府勦寇，轉兩淮鹽運使，以病歸。此卷爲乾隆四十五年庚子，淮上送別之作。禹卿任雲南臨安府，以屬吏事，鐫級去。姬傳乾隆廿八年癸未進士，先自禮部告歸。

三人者，出處略相似也。子穎名孝純，隸漢軍正紅旗，爲都統倫瀚之子，姬傳以雄才目之。禹卿，逸才也。子穎卒，其子白泉蒼崖手錄其詩。白泉任江安糧儲道，延姬傳禹卿編次之，曰《海愚詩鈔》，乾隆五十年乙巳刻成。三人者，交垂三十年弗替。姬傳學最富，文最醇；禹卿書最佳，詩近袁簡齋；子穎詩工力愈於禹卿，禹卿謂其似李太白、高達夫。三人者皆享一世之名，而不卒爲世用。子穎尤有用世之才，而不竟其施，爲可惜也。

燮　　清

燮清,字秋澄,奈曼氏,漢姓項,隸蒙古正黃旗。其先祖爲駐防鎮江的蒙古軍人。燮清自幼生活於江南,受漢文化薰陶,對古文詩詞頗感興趣。道光二十二年(1842),第一次鴉片戰争爆發後,燮清投筆從戎。同年,詩人親歷了英軍侵犯鎮江的戰役,由於戰場上立有軍功,被保薦爲鎮江知縣。

其生平事蹟於清春元纂《京口八旗志》,恩華纂輯《八旗藝文編目》中有載。

燮清工書畫,善琴棋,尤好吟詩。著有《養拙山房詩鈔》《六壬明鏡》《奇遁元真》等詩文雜著。

《養拙書屋詩選》二卷,民國二十五年(1936)影印本(上海項氏晚香堂據清道光、咸豐間項氏鈔本影印),國家圖書館、南京圖書館、浙江省圖書館、湖南省圖書館、南京大學圖書館均有藏。

此次點校詩以清春元纂《京口八旗志》爲底本,殘句共計5聯。

和魁軍憲大觀亭
江山留客醉,風月笑人忙。

竹　林　寺
流泉通秘竇,落葉打禪床。

夜　行
霜深泥路滑，月皎夜江清。

題武侯小像
名士胸襟仙佛慧，英雄志氣聖賢心。

春　風
捲殘楊柳煙千里，剪破桃花浪一江。

貴　　成

貴成，字鏡泉（《柳營詩傳》稱"號鏡泉"），馬佳氏，隸蒙古正白旗，杭州駐防。道光二十三年（1843）癸卯科浙江鄉試第六十名，庚戌年（1850）中翻譯進士，以主事用，簽分户部職方司，曾任兵部郎中，累官至熱河兵備道。

其生平事蹟於徐世昌《晚晴簃詩匯》，恩華纂輯《八旗藝文編目》中有載。

著有《靈石山房詩草》一卷，同治刻本，國家圖書館、南京圖書館藏。

此次點校詩以徐世昌編《晚晴簃詩匯》卷一百五十七爲底本，並參照清三多輯《柳營詩傳》，清張大昌輯《杭州八旗駐防營志略》，錢仲聯主編《清詩紀事》，詩共計17首。

無　　題[1]

丹詔下杭州，將軍奉命游。替拈香一炷，爲祝聖千秋。禹廟瞻遺像，山靈認故侯。西風今日利，特地送行舟。昔時王會地，得意此登臨。曲水無觴泛，蘭亭有跡尋。況携賢子弟，應得暢行吟。我獨輸群彦，山陰聽鼓琴。

校記：

[1] 此詩輯自《杭州八旗駐防營志略》卷二十五。原詩注：固蓮溪都統奉旨

祭禹陵，公弟豐農、子詩隨侍。貴鏡泉成送之以詩。

無　題[1]

閉户謝塵俗，芳筵選客開。偶然招舊友，特地試新醅。笑我三蕉量，輸君八斗才。仙源何處是？可許問津來。不禁望洋感，今方愜素心。高談嗤薄俗，下筆抵兼金。花好園纔植，詩成客許吟。居然客八座，我愧列朋簪。

校記：

［1］此詩輯自《杭州八旗駐防營志略》卷二十五。原詩注：曹顏所居白華吟館，貴鏡泉成嘗集白華館小飲，和詩。

題聽秋書屋圖[1]

蕉窗有客吟，風吹露花冷。秋聲何處來？萬籟靜中領。掀簾一以望，滿地梧桐影。

校記：

［1］此詩輯自《杭州八旗駐防營志略》卷十七。

感　懷

柴門鎮掩劍頻磨，歲月驚心電影過。擬結名流今日少，欲吟好句古人多。療貧無計空愁絕，作事常乖奈命何。不信讀書偏誤我，幾回搔首發悲歌。

贈文孝廉瑞遷宅詩[1]

卜得精廬意自如，心清塵世不妨居。從今八字橋頭路，夜夜月明聞讀書。

校記：

［1］此詩輯自《杭州八旗駐防營志略》卷二十四。

貴　成

湖樓望雨

忽失來時景，留人雨沛然。山高雲截樹，風捲水搖天。雙塔煙中鎖，孤帆鏡裏懸。湖樓吟好句，千古屬坡仙。

題冠梅《樹廬詩草》後[1]

獨樹騷壇幟，殷勤好句搜。豈徒鳴一世，直欲壓千秋。之子才無敵，雄心惜未酬。傷今兼吊古，讀罷感清流。

校記：

[1] 此詩輯自《杭州八旗駐防營志略》卷二十一。

雨中過西園[1]

南渡辛勤闢會芳，名園千載感滄桑。亭臺娛老三宮換，花鳥怡情五國忘。此日草荒埋斷礎，當時月落照行觴。我來策杖城邊路，綠樹青山又夕陽。

校記：

[1] 此詩輯自《杭州八旗駐防營志略》卷十七。

無　題[1]

幽齋結伴喜重經，一片清陰拂滿庭。雨後笋抽新樣碧，風前籜解舊時青。虛心似爾纔佳士，勝友如雲少白丁。未識放梢深夜裏，幾回好夢打窗醒。

校記：

[1] 此詩輯自《杭州八旗駐防營志略》卷二十五。原詩注：又有偕文冠、梅瑞、文仲、蓮慧，過怡花館，看新竹。

寄裕乙垣[1]

遙憶鑄廬寓額。中，真成遯世翁。冷官羈十載，蕭寺占三弓。寓法華寺内。篋有新詩富，身還舊日窮。閒情事花草，日日醉春風。已覺嵇康懶，還多點也狂。麈談追兩晉，詩律重三唐。衣爲留賓典，齋偏近佛忘。宵深猶把卷，底又業岐黃。

校記：

[1] 此詩輯自《杭州八旗駐防營志略》卷二十一。

贈禄縵亭[1]

吾友縵亭世寡儔，丰神灑落學業優。年未三十俗慮休，覷破富貴浮雲浮。欣然從事惟糟丘，放歌不肯隨庸流。山上臺榭湖上舟，往往折柬招同游。論交惟我情最投，三日不見成隱憂。一見耿耿明雙眸，典衣沽酒先我留。擎杯大笑詩興遒，搖筆氣欲橫斗牛。有時寂坐肆冥搜，如蟻穿珠犀燭幽。有時高歌臨滄洲，斷鴻驚落霜天秋。惜哉磊落胸未酬，元龍豪氣空九州。即今自命醉鄉侯，酒杯在手心悠悠，除却吟詩百不求。

校記：

[1] 此詩輯自《杭州八旗駐防營志略》卷二十一。

種　粟[1]

罌粟搖風燦似霞，栽來獲利勝桑麻。好官信是從民便，也算河陽一縣花。

校記：

[1] 此詩輯自《清詩紀事·咸豐朝卷》。

花朝湯蓉浦夫子招同人泛舟西湖復飲酒樓即事偶占[1]

喜趁花朝放棹游，東風吹上酒家樓。偶然師友閒中飲，終古湖山檻外留。楊柳隄盤公子馬，琵琶曲送女兒舟。饒他多少升沈事，如此

貴　　成

春光醉亦休。

校記：

［1］此詩輯自《柳營詩傳》卷二。

讀唐詩偶成[1]

信手拈來意也消，青樓粉暗詠無聊。若將畫品論詩格，第一終須數白描。

校記：

［1］此詩輯自《柳營詩傳》卷二。

題冠梅《西溪漁隱圖》[1]

梅花夾溪溪水冷，溪中魚唼梅花影。萬梅花下静垂竿，時有風吹花滿艇。小艇爲家溪畔居，烟蓑雨笠樂何如。擬携尊酒尋君醉，倚著梅花看釣魚。

校記：

［1］此詩輯自《柳營詩傳》卷二。

客有論風鑑者爲賦一絶示之[1]

問心休問相，窮達聽諸天。未必封侯者，都由面似田。

校記：

［1］此詩輯自《柳營詩傳》卷二。

偶　　占[1]

刀鈍磨以石，鏡昏磨以藥。人不以書磨，鈍刀昏鏡若。

校記：

［1］此詩輯自《柳營詩傳》卷二。

恭 釗

恭釗(1825—?)，字仲勉，號養泉，博爾濟吉特氏。恩格德爾十世孫，大學士琦善子，道光五年(1825)十二月二十六日生，幼隨父任，歷經金陵、北京、山東、四川、直隸、兩廣等地。束發以來，從師學習漢文古籍詩文。咸豐元年(1851)以蔭生引見，授官侍衛。九年，官西寧道，改甘涼道。光緒八年(1882)任武昌鹽法道，調江漢關道。歷官禮部、户部員外郎，督辦宜昌川鹽總局等職。

其生平事蹟於恩華纂輯《八旗藝文編目》中有載。

著有《酒五經吟館詩》三卷，其中詩歌兩卷，五百三十多首；詞作一卷，計四十七首。另有《酒五經吟館詩草》《酒五經吟館詩餘草》《酒五經吟館自訂年譜》。《酒五經吟館詩草》二卷，光緒刻本，國家圖書館、南京圖書館、大連圖書館藏；《酒五經吟館自訂年譜》一卷，光緒刻本，國家圖書館藏；《酒五經吟館詩餘草》二卷，光緒刻本，國家圖書館藏。

所撰《酒五經吟館詩草》二卷附《詩餘》一卷《自訂年譜》一卷，光緒十九年刻本，首都圖書館藏。刊刻時作者在世，年六十九歲。

此次點校詞以清楊鍾義編《白山詞介》卷五爲底本，並參照葉恭綽編《全清詞鈔》，詞共計5首。

醉花陰

驛館更籌催玉漏，涼意疏窗透。獨坐對蘭釭，夜雨廉纖，梅子黄時候。

燈花小燄摇紅豆,簾額銀鈎溜。衣怯水沈熏,重疊春愁,一領青衫瘦。

三　字　令

花事盡,又秋風,太匆匆。芳草緑,夕陽紅。雪泥痕,風絮影,是飛鴻。

從別後,少相逢,酒樽空。煙樹遠,暮雲重。聽銀箏,吹玉笛,總愁儂。

百字令和童硯芸、錫厚菴過六盤山原韻

暮雲稠疊,問鄉關何處,蒼茫燕薊。生被青山成閒阻,三載邊城羈滯。撲面風沙,染衣塵土,來路分明記。天涯回首,不禁遊子垂涕。

歎我潦倒中年,知交契闊,乍喜輶軒至。握手先談題詠事,留句六盤山寺。鳥道環雲,馬蹄衝雪,誰會登臨意。今宵郵館,青燈他日相憶。

釵　頭　鳳[1]

鶯聲頓,秋波轉,畫圖疑向東牆展。低羅袖,藏紅豆。眉頭難解,添愁偏又。皺皺皺。

閒庭蘚,香塵淺,見時心是三春繭。簾鈎溜,鴛鴦繡。藕絲寬却,青衫非舊。瘦瘦瘦。

校記:

[1] 此闋輯自《全清詞鈔》第二十五卷。

菩薩蠻 多飲甚憊,既醒遣懷[1]

枕函欹遍屏山曲,杏花消息春寒促。夜雨小樓聽,宿醒剛半醒。

玉厄前日渥,翻倒宮袍綠。襟上一重新,詩痕和酒痕。

校記：

［1］此闋輯自《全清詞鈔》第二十五卷。

世　　泰

世泰，號稱三九敬公子，伍堯氏，隸蒙古正黃旗。法式善婿。歷任三等侍衛、侍衛什長、四川參將、四川維州協副將、四川松潘鎮總兵、四川提督、直隸密雲副都統、雲南騰越鎮總兵，軍功加一等。誥授武顯將軍。

其生平事蹟於《清代硃卷集成》中有載。

著有《詩龕甥館集》，今已不傳。

來　　秀

　　來秀（1819—1911），字子俊，號鑑吾，伍堯氏，隸蒙古正黃旗。法式善嗣孫。道光二十四年（1844）順天鄉試舉人，道光三十年庚戌進士，候選知縣。咸豐元年（1851）任青州府同知，歷官山東曹州府知府，又升鹽運使。喜讀史書，通文史，工詩詞，公務之暇，不廢吟詠。

　　其生平事蹟於恩華纂輯《八旗藝文編目》、《清代硃卷集成》中有載。

　　著有《掃葉亭詠史詩集》四卷，同治十二年（1873）掃葉亭刻本，前有宗稷辰、貢璜、尹耕雲、張葆謙、呂慎修、蕭晉榮、楊彥修序。國家圖書館、遼寧省圖書館、南京圖書館、廣東省立中山圖書館、中國社會科學院圖書館、日本京都大學圖書館均有藏。

　　袁行雲《清人詩集敘錄》卷七十三載曰："《掃葉亭詠史詩》四卷，取自漢至明二百三十人，各賦七言截句一首，編集問世。自左思《詠史》以後，代不乏人，至清而大盛。散見各集者，數篇至百數十不等，專門成書亦不下十數種。雖論古人之事迹，猶見一己之性情。其間瑕瑜互見，而爲史評資料，其價值不容貶低。來秀爲蒙族文士，早歲登科，嘗官御史，所作語不主常，論不涉異，亦好學湛思者也。作序者宗稷辰、貢璜、尹耕雲皆同年，又張葆謙、呂慎修、蕭晉榮、楊彥修。附題詞及《掃葉亭花木雜詠》。"

梁 承 光

梁承光(1831—1867)，字迪人，號星階，一號雅香，博爾濟吉特氏。少有才氣，十八歲即舉道光二十九年(1849)順天鄉試，後又中進士。累官侍讀、山西永寧州知州、候補知府、内閣中書，誥授朝議大夫。同治六年(1867)卒於官，享年三十六歲。梁承光性格豪放，交遊甚廣，既好談兵，又善詩賦，是爲全才。梁氏之先祖爲元世祖忽必烈第五子之裔，在元代居河南汝陽。世祖至元十七年(1280)襲封雲南王。明初，凡未從順帝北歸之元裔，往往改其舊氏，汝陽地屬大梁，故以梁爲氏。清乾隆年間，梁承光的祖父梁堂始遷住桂林，遂爲桂林人。至其父梁寶書以會試來京師，子孫遂寓居北京。

其生平事蹟於《順天鄉試同年齒錄·己酉科》，《臨桂縣志》中有載。

著有《淡集齋詩鈔》四卷，清光緒三十年(1904)臨桂梁氏鉛印本，國家圖書館藏。後由其子結集爲《桂林梁先生遺書》。

英　善

英善（1834—1897），字魁軒。同治三年（1864），回到家鄉遼寧，折節讀書。博通漢文典籍，且工書法，善詩詞。

英善生平喜吟詠，著有《雜詠》四卷，《花甲春聯》二卷，《雁字詩集》一卷。《雁字詩集》有民國四年（1915）石印本傳世。

貢 納 楚 克

貢納楚克(1832—1866)，土默特右旗人。旺欽巴勒第五子，著名蒙古族作家尹湛納希的兄長。貢納楚克自幼好學，加之父兄的教導和影響，所以其是蒙古族歷史上一位有名的詩人。尹湛納希兄弟八人，成人者只有他和其大哥古拉蘭薩(1823—1851)、五哥貢納楚克、六哥嵩威丹精(1834—1898)，其他均早逝。他們兄弟秉承家學遺風，深諳蒙、漢民族的傳統文化，平時經常賦詩唱和，互相砥礪，切磋學問。貢納楚克生活在鴉片戰爭以後，目睹了晚清政府腐敗，深爲不滿。其詩多爲社會諷刺之作。

其生平事蹟於額爾敦陶克陶《蒙古族近代著名文學家》中有載。

貢納楚克無詩集傳世，今留存二十餘首詩歌，有《紅樓夢》《知心者少》《冷雨》《狡黠》《讀書》《傷秋》《静夜思》《閑詩·夢中醒來》《此物》等。

嵩威丹精

嵩威丹精(1834—1898)，漢名寶琮，字宗權，別號嵩山。土默特右旗人，清道光十四年(1834)生於土默特右旗忠信府，是旺欽巴勒第六子。嵩威丹精很有才華，出生在書香門第之家，自幼接受良好教育與薰陶，精通蒙、漢兩種語言文字，曾經蒙譯過《通鑑綱目》等漢文典籍，爲其弟尹湛納希續撰《青史演義》作參考。

其生平事蹟於趙相璧《歷代蒙古族著作家述略》中有載。

嵩威丹精無詩集，大多詩稿已經遺失，現僅存二十餘首詩詞和幾篇散文。

尹湛納希

尹湛納希(1837—1892)，乳名哈斯朝魯，漢名寶瑛，字潤亭，號衡山，道光十七年(1837)生，成吉思汗第二十八代孫。出身貴族，終身未仕。光緒十八年(1892)正月二十七日病逝於客居的錦州藥王廟。尹湛納希精通蒙、漢、藏、滿文，學問廣博，蒙漢民族古典文學與蒙古史造詣很深，並擅長丹青。

其生平事蹟於額爾敦陶克陶《蒙古族近代著名文學家》中有載。

著有《大元盛世青史演義》，長篇小説《一層樓》《泣紅亭》和《紅雲淚》(未完成)，以及雜文、詩歌等，並曾將《紅樓夢》和《中庸》譯成蒙文(已散佚)。

尹湛納希詩無專集，額爾敦陶克陶編著的《蒙古族近代著名文學家》收録其有標題的詩歌約三十二首，但其中有些標題内又包括若干不同内容的散詩或其他詩篇，像這類可單篇計數的詩段爲二十來首，兩者相加約五十餘首。

恩　　澤

　　恩澤（？—1899），字雨田，一字兩三，噶奇特氏，自署古鄍城人，隸蒙古鑲藍旗。光緒年間任佐領、協領、領隊大臣、都統，官至黑龍江將軍、巴里坤、烏魯木齊領隊大臣。光緒二十五年（1899）卒。謚"壯敏"，荆州駐防。

　　其生平事蹟於恩華纂輯《八旗藝文編目》中有載。

　　著有《守來山房棄韈餘吟》二卷，稿本，國家圖書館藏，前有宣統元年（1909）王闓運序，詩多記東北軍事。另著有《荆州駐防八旗志》。

　　此次點校詩以清希元、祥亨等纂《荆州駐防八旗志》爲底本，詩共計3首。

荆江大水行同治庚午夏

　　鯨鱷困江江爲滿，三尺長劍無人斬。倒峽水來長狂瀾，有力神禹難強挽。天地胡爲劫運開，半月人將生死猜。大兵之後繼凶歲，老氏荒誕詎真哉！月初潘嶼漲洪波，漢上庭舍漂没多。貫注忽然及荆闉，共訝此水來天河。嘉禾飽魚民尚存，夜夜猶未定驚魂。如何水復岷山發，白龍直走枇杷門。兩岸鼉鼓音鏗鏗，六月羵風吹面冷。人心恍惚白晝昏，一日驟長尺有寸。争説荆南太守賢，擔土一民發一錢。此際紛紛勞補地，以前囊橐會欺天。城頭四顧無高岑，對面船竿排似林。河身竟居雉堞上，乾隆之事恐復今。慷慨把酒眼欲紅，人民都是可憐蟲。君不見白楊前夕老蛟起，神鬼同聲哭洪濛！

恩　澤

讀《張文正公傳》書後

明月空中照，人情愛近光。青松山上立，物類不爲芳。所以權與貴，終成禍共殃。此臣真社稷，千載爲心傷。

三閭大夫祠

楚國今何有？三閭廟尚存。汨羅江上水，夜夜泣忠魂。

固　魯　鏗

固魯鏗,字畫臣,布庫魯氏,隸蒙古正紅旗。(《柳營詩傳》稱"號畫臣",正白旗人)傑純子。翻譯生員。襲雲騎尉,恩授廣西潯州府知府。杭州駐防。

其生平事蹟於恩華纂輯《八旗藝文編目》中有載。

著有《固廬詩稿》三卷,恩華纂輯《八旗藝文編目》著錄此集。

此次點校詩以清張大昌輯《杭州八旗駐防營志略》卷二十五爲底本,並參考清三多輯《柳營詩傳》卷二,詩共計6首。

感賦四絕

栽花疊石費經營,賴有知交不日成。魂魄歸來應戀此,可能消得故園情。

負篋追隨讀禮經,垂髫才得十三齡。而今共道園林好,到此翻教老淚零。

地傍明湖此僦居,儼然吾亦愛吾廬。生前未了還山願,只當林泉樂遂初。

愧我身無半畝栖,曩年鋒自走東西。知君本是蓉城主,管領芳華仙侶携。君本石氏。

聞杭州克復感賦[1]

勝地今仍舊,忠臣不復生。雲旗紅有影,春草綠無情。客館魂千里,祠堂月五更。思鄉眠不得,惆悵子規聲。

校記:

[1]此詩輯自《柳營詩傳》卷二。

悼 亡 詞[1]

明月當南窗,照我合歡牀。牀上合歡被,金繡雙鴛鴦。鴛鴦已何若,天荒地茫茫。撫今追思昔,黯然心隱傷。憶自亂離後,父兄妻子亡。辛酉之難,薐躬暫不死,所以有烝嘗。祖父留餘蔭,襲封守潯江。不能爲王駿,援琴歌鳳皇。繼室兀扎拉氏。明珠不易得,天乃忌其光。有妻復有妻,蓋如開封張。前繼室卒,即以姨爲繼室。今又別我去,有女如枕長。時坤兒生七月。空幃撫孤弱,深情不能忘。恍惚有所見,相思極相望。起作哀悼詞,月落夜未央。一字一嗚咽,斷絕離人腸。

校記:

[1]此詩輯自《柳營詩傳》卷二。

恒　　焜

恒焜，字舒翹，號舒鶴，隸蒙古正白旗。同治三年（1864）甲子舉人。

其生平事蹟於恩華纂輯《八旗藝文編目》中有載。

恒焜工詩賦，著有《癯鶴詩存》《笠村山房詩稿》《笠村山房詩草續鈔》等集。其詩集均爲鈔本，今已不傳。

延　　清

延清(1846—?),字子澄(錢仲聯主編《清詩紀事》謂"字子登"),號小恬,一號梓臣,一號鐵君,晚號閣筆老人。巴里克氏,隸蒙古鑲白旗。自幼學習漢語,讀《四書》《五經》,聰慧過人,尤其喜歡古典詩歌。同治十三年(1874)中二甲第七十四名進士,改庶吉士,後在工部都水司、屯田司、寶源局供職。光緒三十年(1904)由工部郎中遷翰林院侍講學士,因有政績,屢次遷升,後官至文職六班大臣。京口駐防。

其生平事蹟於清春元纂《京口駐防八旗志》,恩華纂輯《八旗藝文編目》中有載。

著有《庚子都門紀事詩》六卷,分《虎口集》《鴻毛集》《蛇足集》《魴尾集》《豹皮集》《狐腋集六集》,每卷一集,收詩三百八十九首(附同人詩一百六十九首),光緒二十七年刻本。初名《巴里客餘生詩草》,次年又重刻,易名《庚子都門紀事詩》。宣統三年(1911),又將上年春夏間詩作數十首彙爲一集補入,名《雞肋集》,故《庚子都門紀事詩》實爲七卷,收詩四百餘首。

《錦官堂賦鈔》一卷,光緒五年刻本,南京圖書館藏。《錦官堂詩續集》二卷,民國七年(1918)鉛印本,南京圖書館藏。《遺逸清音集》四卷附《錦官堂詩草》一卷,民國五年鉛印本,南京圖書館藏。

光緒二十四年,奉使祭蒙古車臣汗部藩王,撰《奉使車臣汗紀程詩》三卷,收詩四百餘首,有李恩綬、何乃瑩、李鍾豫、易順鼎序。此集先以石印本贈諸友朋,宣統元年改聚珍版印行。

民國七年,又刻《錦官詩續集》,時年七十,是亦未嘗擱筆矣。

著《錦官堂詩鈔》不分卷,其集陸續梓印,今統以《錦官堂詩鈔》稱之。存數種:一爲《錦官堂賦鈔》一卷,光緒五年刻本,南京圖書館藏;一爲《錦官堂詩鈔五十述懷》一卷,光緒二十一年刻本,鎮江市紹宗藏書樓藏;一爲《來蝶軒詩》一卷,附於《蝶仙小史》二卷後,多詠蝶詩,《江蘇藝文志·鎮江卷》著錄光緒二十三年鉛印本,北京大學圖書館藏光緒二十五年刻本,國家圖書館藏光緒三十一年重刻本;一爲《奉使車臣汗紀程詩》三卷,皆光緒二十四年奉使祭蒙古車臣汗部藩王所作詩,寫關外所歷山川風景,《江蘇藝文志·鎮江卷》著錄光緒三十四年石印本,中國社會科學院圖書館藏宣統元年鉛印本;一爲《庚子都門紀事詩》六卷,前有李恩綬、陳恒慶、汪鳳池、曹福元、張寶森序,專記八國聯軍侵佔北京事,有諸家評語,國家圖書館藏光緒二十七年刻本,又中國社會科學院圖書館藏光緒二十八年鉛印本,廣東省立中山圖書館藏稿本;一爲《庚子都門紀事詩補》一卷,又名《雞肋集》,宣統三年鉛印,國家圖書館藏;一爲《錦官堂詩草》一卷,民國初年鉛印本,首都圖書館藏;一爲《錦官堂詩續集》二卷,民國七年鉛印本,北京大學圖書館藏;一爲《錦官堂賦鈔》二卷,光緒五年刻本,《江蘇藝文志·鎮江卷》著錄;《引玉篇》四卷,趙宗忭刻本,山東大學圖書館藏。另據載有《七十二翁吟》《前後三十六天詩》,當即中國社會科學院圖書館藏宣統三年石印《前後三十六天詩合編》二卷,民國六年石印《錦官堂七十二後試律詩》四卷。

《庚子都門紀事詩》享譽甚遠。程棫林評其詩曰:"情深而不詭,風清而不雜,事信而不誕,義直而不迴。"曹福元序謂:"自初及終,事核詞哀,獨抒忠愛,論者以杜少陵詩史、白香山新樂府例之,誠哉無忝。"國恥民辱,官書回避,事實可藉此詩而傳。

此次點校詩以清延清輯《遺逸清音集》(北京商務印字館民國五年鉛印本)卷一爲底本,並參照錢仲聯主編《清詩紀事·光緒宣統朝

延　清

卷》，孫雄輯《道咸同光四朝詩史》甲集卷四，詩共計 135 首。

海棠開時，琦仲和衡曹珊招同長少谷瑞鶴莊廉琴軒、嵩子山、文星甫、李錦齋、潘經士讌集西園，賞花飲酒樂甚。主人即席索詩，醉莫能應，爰於翌晨用蘇文忠公《定惠寺海棠詩》韻賦七古一篇奉報

青青松柏異群木，勵節歲寒抱真獨。萬千紅紫徒媚人，穠李夭桃盡庸俗。帝京春早東風迴，催得新鶯出幽谷。招尋朋輩來君家，頗愛扶疏樹繞屋。尤喜堂前栽國花，極樂寺海棠甲於都門，記侍宜春宇師讌游寺中國花堂，即海棠最盛處。花光一洗凡眼肉。況經好雨三兩番，生意蓬蓬小園足。最難常棣連理枝。謂仲、和、昆、季四人。玉友金昆並賢淑。坐花今夜瓊筵開，海錯山珍佐果腹。森嚴觴政轟如雷，人籟當場壓絲竹。紅妝高照銀燭燒，却睡同揩醉中目。碧雞坊裏呼棠顛，何幸放翁遠游蜀。官閣吟梅三十年，未能高舉逐鴻鵠。水曹愛我多故人，忍唱樽前別離曲。余近有轉外班翰林之信。唯期花好年年開，約我同看莫根觸。

同年支繼卿太史恒榮於城破後喪耦及次子欲往唁之不果[1]

烽火逼神京，園居且避兵。方攖潘岳痛，并喪卜商明。妻子嗟賢孝，親朋問死生。象房橋北望，誰慰寂寥情？

校記：

[1] 此詩輯自《清詩紀事·同治朝卷》。自注：繼卿寓宣武門内迤西象房橋北張春叔故居。其繼室樊氏，城陷後投環遇救。嗣因洋兵滋擾，絕粒而逝。次子戀慈痛母情切，相繼殞命。

書感用杜少陵喜達行在所第一首韻
即借辛苦賊中來句衍爲四首[1]

恨不從西狩，鑾輿那邊迴。憂危元鬢改，蒙難素心灰。此日關山隔，何時道路開？朝天唯有夢，辛苦賊中來[2]。

患難何能共？甘言別主迴。燕歸辭故壘，蠹去膳殘灰。豢養憎他負，樊籠乞我開。還鄉應自慰，辛苦賊中來[3]。

自汝城西去，愁腸繫九迴。平安聞竹報，岑寂撥松灰。日月愁邊過，乾坤亂後關。倚閭親望慰，辛苦賊中來[4]。

方別翁姑云，旋携子女迴。眼枯愁裏淚，心冷劫餘灰。蔓草城邊覆，槐花陌上開。徒行隨過市，辛苦賊中來[5]。

校記：

[1]此詩輯自《清詩紀事·同治朝卷》。

[2]自注：七月二十一日城破後，聞兩宮出狩。本擬追赴行在，嗣以道途梗塞，不克成行，坐困危城，偷生人世，不禁愧憤交并也。

[3]自注：城破後，奴僕均辭去。

[4]自注：東城自五月十七日以來，既受義和團之欺凌，又被武衛軍之搶奪。余家密邇，岌岌可危。因于七月中旬令兒婦挈孫男女輩避之西城母家。城破後四日，年兒前往探看，翌早方向，知尚帖安，余心稍慰。

[5]自注：兒婦母家在錦石坊街集祉衛，初猶安静，至七月杪，外國人時來搜括。不得已，復避之鄰家。八月初一日，年兒又前往探看，知不可留，乃令兒婦等隨同徒步歸來。迨抵家時，困憊不堪。余見之，悲喜交集，不覺涔涔泣下也。

宋仰初侍御承庠二首[1]

自序：仰初侍御，江蘇華亭縣人，光緒己卯科舉人。當聯軍入城後一日，仰藥自盡。書有絶筆一紙致其同居章甓庵、雷譜桐兩部曹云：城既隔，未知二聖所在。且宗廟宮室，付之一炬，爲臣子者不共戴天。捐軀之志，毅然已決。特恐歿時爲其所辱，不得不以身後事累兩兄耳。越日，同人爲之成殮，厝柩于金魚池旁。時掌湖南道監察御史。

風烟三輔暗，雨露九霄深。仗馬有餘耻，飛鴞無好音。志終賁柏府，魂不返楓林。泖上家書盼，懸知抵萬金。

延　清

乾坤俱震蕩，一死又焉辭？倉猝逢凶處，從容就義時。料頒金闕誥，記說水曹時。侍御昔官工部都水司行走，公暇論詩，極稱莫逆。墓道碑如訪，應題絕妙詞[2]。

校記：

[1] 此詩輯自《清詩紀事·同治朝卷》。

[2] 自注：借用杜集《哭孝侍嶧》詩韻。耿道沖《祭宋侍御文》："嗚呼，先聖有言：志士仁人，無求生以害仁，有殺身以成仁。自古國家遇變，必有一二不屈之士、死節之臣，于以維人心于不敝，留正氣于乾坤。卓哉我師，身歿道存。我師性情篤摯，學問精純。登高能賦，倚馬成文。始由拔萃而官水部，後與孝廉而作諫臣。當諫垣之初入，即致書于里人，謂事苟有益于國、有利于民，請各述其所見，用補我所未聞。惟時郡中人士以葺城軍火之局，藏藥百萬有贏，一或失慎，則全省軍儲立形支絀，闔城民命盡化灰塵。我師即上封書，荷恩綸命分移于僻地，奈款絀而未能。由是存儲之數減少，防守之法加勤。弭患未然，造福無形。未幾而以親年垂老，乞養陳情，居喪盡禮，在里恂恂。憶在丙申之歲，時值暮春，葺求忠之講舍，附方祠而薦馨，僉謂士不徒尚乎文藝，當勉學爲忠貞。我師默然，一聽乎衆說之紛紜。泊乎客歲，臺省重登。適大變之猝起，忽滿播夫妖氛。我師草書欲上，憂心如焚。蔽于群小，莫達九閽。坐看聯軍之犯闕，但將一死以報君。嗚呼，考今日之死難者，或以某公某相爲首稱。然彼以貴戚之重，師保之尊，居極位，秉大鈞，執戈倒持，治絲自棼。其死也，猶或地逾百里，時過浹辰。孰若我師之聞變自決，不涉因循。觀其臨終遺墨，出于至誠。念二聖之何在，獨戀戀于君親；嗟闔城之被燬，更眷眷于群生。痛宮室宗廟之一炬，誓不與虎狼同處、犬羊爲群。捐軀之志，毅然已決。大書絕筆，洵足以驚風雨而泣鬼神。嗚呼，自我師之死，而日下雲間闇然無色；亦自我師之死，而峰屏泖鏡皎然益瑩。近勝朝之陳夏、薄晉代之季鷹。坊表立于閭里，恩施沛自朝廷。從優議卹，晉位列卿。雖未歸夫旅櫬，已足慰夫忠魂。惟是乘輿未返，強敵縱橫，知我師在九泉之下，猶然痛心疾首，怒氣填膺。恨未覩中興之盛業，舉海内而廓清。雖然，人心思舊，天道更新，剝極必復，用晦而明。以中國千百聖賢詩書之澤，以我朝二百餘年教養之恩，所謂屢蹶而知其必振者。要恃此大經大節，立綱常，重

名教,究異乎彼族之無親。道冲以世姻舊誼,早親鴻範,兼訂鷗盟。屢自南而來北,蒙賢主之留賓,焚香展帖,樽酒論文。嘗私有所干請,獨堅拒而弗應。德容仲子,銕心廣平,當亦趨而亦步,庶無越乎準繩。而今已矣,我悲曷勝?悲我師之長逝,愧我輩之偷生。生而受辱,遠不如死者之榮。展拜墳前,我師有靈。新泥積雪,古樹垂雲。望金臺之夕照,以昭其烈;觀魚池之止水,以著其清。隻雞不鮮,絮酒不溫,薄物將意,我心兢兢。哀哉尚饗。"

裕壽山制軍祿子熙吉甫祭酒元二首[1]

自序:壽山制軍,正白旗滿洲人。由刑部司員京察記名外放,歷任兼圻。當聯軍攻破天津府城,退駐兆倉。聯軍進攻,率師堵禦,師敗歿于陣。時官直隸總督北洋大臣。吉甫祭酒,正白旗滿洲人,光緒己丑科翰林。當聯軍北犯,聞父死于國難,已痛不欲生。追城破後,知不可為,遂仰藥死。嫂富察氏、妻費莫氏同日死焉。時官國子監祭酒。

四郊無好雨,三輔有妖星。降禍神何酷,乘機鬼更靈。節旄天際擁,刁斗海邊銘。滿擬兇鋒挫,奇功勒汗青。

援兵方四集,駕御苦無能。上將黑空臥,前軍馬不騰。赤心拌裹革,碧血慘成冰。家世傳忠孝,恩綸哲嗣稱。

校記:

[1]此詩輯自《清詩紀事·同治朝卷》。自注:借用杜集《故武衛將軍挽歌》詩韻。

王枚臣太史廷相一首[1]

自序:枚臣太史,直隸承德府人,光緒丙戌科翰林。李鑑堂制軍奉旨督師堵禦聯軍,奏調總辦,行營文案。兵潰後行次武清投河死。時官翰林院編修。

諫稿傳三輔,文韶返九京。障川心不死,投水貌如生。夢入靈均廟,魂歸廣利營。高堂親未老,泉下豈忘情。

校記:

[1]此詩輯自《清詩紀事·同治朝卷》。自注:借用杜集《嚴僕射歸櫬》詩韻。

延　清

鍾味純侍衛祺一首[1]

自序：味純侍衛鑲黃旗漢軍人，世襲一等子。李鑑堂制軍奉旨督師堵禦聯軍，奏調行營，派充營總。兵潰後，制軍退至通州張家灣，知不可爲。自繕遺摺，浼味純賚之入奏。味純抵京遞摺後，歸家料理，誓以一死報國恩及制軍。知遇親友多方勸阻，弗聽，遂自縊死。時官二等侍衛。

潞河鼙鼓息，將帥已云亡。憤作馳書使，羞爲執戟郎。恩酬君父厚，情割女兒長。報國心何烈，追維實可傷。

校記：

[1] 此詩輯自《清詩紀事·同治朝卷》。自注：借用杜集《聞高常侍亡》詩韻。

徐蔭軒相國桐二首[1]

自序：蔭軒相國，正藍旗漢軍人，道光庚戌科翰林。當聯軍入城，車駕西狩，相國是時猶未及知，乘肩輿入朝。至闕門已閉，不得入，乃回輿，至馬大人胡同借居宅内，遂從容自縊死。時官體仁閣大學士，宏德殿總師傅。

覆師悲廣利，同節得文山。墓瘞北邙下，門旌東海間。誤張狐鼠餤，羞玷鷺鵷班。入地應遺恨，何時化鶴還？

難攀車駕駐，悵望隔秦州。留守身先死，君山涕共流。丘墟燕市宅，烽火鳳城樓。國破家全毀，巍然道範休。

校記：

[1] 此詩輯自《清詩紀事·同治朝卷》。自注：借用杜集《承聞故房相公靈櫬自閬州啓殯歸葬東都有作二首》詩韻。

崇鶴汀講學壽一首[1]

自序：鶴汀講學，正黃旗滿洲人，光緒己丑科翰林。當聯軍入城日，自縊死。時官翰林院侍講學士。

死後留衣帶，生前熟典墳。有梁懸落月，無賦獻凌雲。高揖庚徐輩,上酬堯舜君。漢家重氣節,方駕不多聞。

校記:

[1]此詩輯自《清詩紀事·同治朝卷》。自注:借用杜集《別故房太尉墓》詩韻。

聶功亭軍門士成一首[1]

自序:功亭軍門,安徽合肥縣人,由軍功起家,洊升專閫。當聯軍抵大沽海口時,率師迎剿,師敗,殁于陣。時官直隸提督。

戰敗陣雲收,將軍誓斷頭。臣心餘骯髒,士口任沈浮。績勒遼東晚,軍門甲午中東之戰,厥功甚偉。魂歸皖北秋。那能爲厲鬼,海上苦虔劉。

校記:

[1]此詩輯自《清詩紀事·同治朝卷》。自注:借用杜集《哭李尚書之芳重題》詩韻。

韓小山比部紹徽一首[1]

自序:小山比部,貴州貴陽府人,光緒甲午科進士。當聯軍入城時,憤不欲生,徑赴刑部陝西司司堂自縊死。時官刑部候補主事。

無愧韓通裔,捐軀鬼亦雄。能驅人海鱷,不避帝城驄。北闕恩波渥,西曹訟獄空。白雲亭可戀,魂未返黔中。

校記:

[1]此詩輯自《清詩紀事·同治朝卷》。自注:借用杜集《哭長孫侍御》詩韻。

王槐庭參戎長蔭二首[1]

自序:槐庭參戎,順天宛平縣人,世襲雲騎尉。當聯軍攻城時,衣冠坐堂皇,敵人入其署,不忍加戕,不得已,投井死焉。時官京師左營參將。

延　清

憶昔庚申役，畿疆百戰休。新盟城下乞，奇技帳前求。丹陛膺殊寵，黄壚感舊游。衣冠投水處，瘖井亦千秋。

暮年心愈烈，兵又弄潢池。志士有奇節，強宗無弱枝。姓名回紇顯，參戎本西域籍。聲望太原知。東郭招魂祭，鄉人涕泗垂。

校記：

［1］此詩輯自《清詩紀事・同治朝卷》。自注：借用杜集《過故斛斯校書莊二首》詩韻。

山行道中作四首用石上詩字爲韻居庸山中道旁有巨石，可客十數人，俗呼爲帳房石。明督師某題"仙枕"二字於其上，又五言排律一首，余僅其起句"峽琴不可見，仙枕尚堪眠"十字，因摘詩中平聲四字爲韻

一徑入山深，扶蘇夏木森。峰浮嵐疊疊，澗走水淙淙。古蘚皴丹壁，閒花綴翠岑。松風聲可聽，誰撫峽中琴。石壁上刻有"彈琴峽"三字。

英英雲起處，漠漠雨來天。橋影青龍外，道邊有石碣，題曰"青龍橋"。溪聲白鳥邊。巖腰嵌墜石，洞口漱流泉。恍入羅浮境，紛飛蝶似仙。

路出口迤南，明陵訪十三。出南口沿東北山路行三十餘里，路甚崎嶇。遺墟生黍麥，古殿峙松枏。長陵饗殿梁棟皆黄松，柱皆枏木，其大非兩人所能合抱。墨瀋牆陰涴，壁上詩不多，類皆游人留題姓名。彤碑石理参。樓上隧道碑石作赤色，從前人皆傳爲昌化石以炫奇異。迨庚子秋，洋人駐軍於此，將碑座石斫去一角，始知是尋常青石，不過外加朱漆耳。成王墳在否，憑弔意難堪。

樵採今猶禁，嘉慶御製詩碑亭在殿之東南角，所有殿宇飭令地方分年修理，並嚴禁樵採。碑樓尚屹然。金烏翻落日，石馬卧荒煙。園寢松疏地，郊原麥熟天。山莊饒畫意，不讓李龍眠。右游十三陵。

耿伯齊户曹道沖招飲萬生園，兼陪陸鳳石相國、鄒紫東尚書、張振卿總憲、徐花農侍郎、何潤夫副憲、秦佩鶴副都護、吳福茨方伯宴集會芳軒。用杜詩《丈八溝納涼》韻

掃花開徑早，看竹到門遲。柳陌招涼處，荷鄉介壽時。時日即荷花生日。鷺鷥游客舫，魚避釣人絲。領略閒中趣，臨流且賦詩。

五百有餘歲，九人多黑頭。但憑詩記事，何必酒澆愁。荷氣亭邊送，萍蹤水上浮。無窮憂國意，酉熟盼逢秋。

危城五首選三首[1]

奉使曾隨海外楂，土音就是雜中華。一官得意憑喉舌，四譯通詞仗齒牙。作字勢沿蟲篆派，職方類別象胥家。問誰操術無私曲？造福鄉閭詎有涯。

翩翩年少半衣冠，面目而今頓改觀。橫鼻鏡誇新模小，稱身袍厭舊時寬。巾沾瑞露香殊桂，卷吸名烟臭勝蘭。不識人間羞恥事，乘車戴笠滿長安。

室家已毀竟何歸？服役甘心聽指揮。門外執鞭迎白帽，座中行酒逐青衣。豪酋也通憐狐媚，醜類偏能假虎威。惟願肆言無忌諱，感恩莫斥舊君非。

校記：

[1] 此詩輯自《清詩紀事·同治朝卷》。

都門雜詠二十七首選二首[1]

九門樓櫓已全摧，不見勤王勁旅來。翻手難爲天下雨，驚心但聽地中雷。城狐社鼠仍餘祟，叢爵淵魚總見猜。鼎養幾人占覆餗，安危誰是救時才？

牛豕遲遲備苙牲，何如城下即同盟。朝無權相專和議，野有頑民

盜義聲。肉搏那堪禁火炮，指揮徒恃擊金鉦。國仇家怨焉能報，誰諒區區蔀屋誠？

校記：

［1］此詩輯自《清詩紀事·光緒宣統朝卷》。

七月二十一日都門不守後三日作[1]

延秋門啓已多時，疏遠孤臣恨未知。不幸再生蛇畫足，何如一死豹留皮。衣冠誓著幼安帽，絃管羞題摩詰詩。慚愧鵲巢鳩莫占，借棲猶戀上林枝。

校記：

［1］此詩輯自《清詩紀事·同治朝卷》。自注：時聞朋好中死節者甚多。

高晉卿茂才馬燧五月間航海北來抵京日適遇拳匪之變欲歸不得留住寓齋坐困危城悽然爲賦[1]

海天低壓陣雲寒，南望江鄉返棹難。五月燕京同患難，一家虎穴得平安。如霜蓬鬢君增白，向日葵心我抱丹。辛苦賊中來萬里，夢飛那覺路漫漫。

校記：

［1］此詩輯自《清詩紀事·同治朝卷》。自注：肅親王追赴行在，時已抵山西大同府。余聞之有感，是夜因有隨侍行在之夢。

因處危城中同年陸申甫太史鍾琦朝夕過談賦此以贈[1]

同巷鄰居似冷僧，同年道合契兼朋。素衣過禮憂和嶠，申甫時丁外艱，誓以身殉，人頗憂之。皂帽羈蹤企管甯。飽噬磨牙惟避虎，飢來攫肉豈防鷹。愁中莫漫嗟岑寂，話到滄桑感不勝。

547

校記：

[1] 此詩輯自《清詩紀事·同治朝卷》。自注：城破後二日，有華人某導英國二弁來余家，坐索數十金而去。至申甫家亦然。

寶源局既爲洋人占據所有庫存銀錢銅鉛各項皆非我有獨監督印經大使景仲純筆政熙先期藏匿久之送存舍間感而賦之[1]

兩年圜法忝分司，鼓鑄居然應度支。籌國我曾攄蓋悃，今年春間，本局報效庫存，歷年節省銀二萬兩，曾奉有"潔己奉公"之諭。代庖人又過瓜期。清于四月十九日報滿奉堂，諭仍著清暫行署理，俟新監督到任後再行交替。失巢燕雀空棲廈，攫食豺狼甚漏卮。筦鑰幷存當局幸，那如堂印失纍纍。管理工部錢法堂侍郎印向存工部衛内，城破後與工部堂司各印一併遺失。

校記：

[1] 此詩輯自《清詩紀事·同治朝卷》。自注：印之文曰：管理寶源局工部分司之關防。

奕懋庭統制功[1]

自序：懋庭統制，正藍旗宗室人，由侍衛歷官統制。當聯軍攻破都城，旗兵散潰時，統制以城守大臣知不可爲，遂策馬歸，率其夫人祥佳氏、子載捷及其妾瑞氏、宋氏、李氏，幷奴五人，同時投井死。時官正白旗滿洲副都統，兼奉宸苑卿。

一官兼攝奉宸尊，都護懷忠誓報恩。巾幗井中同畢命，衣冠地下幷招魂。棣華韡韡榮朱邸，今慶親王即其胞兄。蔓草萋萋映紫閽。音是鶺鴒原上好，天潢彪炳詔旌門。

校記：

[1] 此詩輯自《清詩紀事·同治朝卷》。

延　清

壽伯茀太史富弟仲茀宗人藩[1]

自序：伯茀太史，鑲藍旗宗室人，光緒戊戌科翰林。當都城淪陷，憤不欲生，上書于華瑞庵太史曰：大事已去，恃國破家亡，萬無生理。老前輩如能奔赴行在，敢祈力爲表明，恃死于此地此時，雖講西學，并未降敵。家人有不欲死者，尚乞量力照拂。如死，亦聽之之。外有先人奏疏年譜，平生著作，并以奉瀆，亦乞量力保全之，敢百拜以請。忽忽不及走別，是爲至憾。又自題絶命詞曰："袞袞諸王膽氣粗，憑將血氣喪鴻圖。請看國破家亡後，到底書生是丈夫。""曾蒙殊寵對承明，報國無能負此生。惟有孤魂凝不散，九原夜夜祝中興。""薰蕕相雜恨東林，黨禍牽連竟陸沉。今日海枯看白石，二年重謗不傷心。"書畢，遂仰藥死。

又：仲茀宗人，鑲藍旗宗室人，四品宗室，出嗣本族寶振甫侍郎森爲子。城破時亦死焉。

罡風吹斷雁行偏，縹渺忠魂繞日邊。萬國車書歸掌故，一門詞翰得心傳。太史係寶竹坡侍郎廷之長子。蓬萊也墮塵中劫，棠棣猶餘地下緣。科第天潢泂不愧，束芻爭弔玉堂仙。

校記：

[1] 此詩輯自《清詩紀事·同治朝卷》。

松清濤讀學林[1]

自序：清濤讀學，正黄旗滿洲人，由部曹起家，仕至山東按察使。當聯軍北犯時，讀學已内用，官内閣侍讀學士，奉旨爲城守大臣。迨聯軍進攻都城，讀學誓以身殉。將領某婉言勸阻，欲掖之下城，讀學力麾之使去，曰：此正我報國時也。嗣爲敵礮所中，尸骨無存。

聯軍壓境陣雲昏，壁壘翻將虎豹屯。巷戰難收千臂助，城亡忍使一身存。昔持旄節官東國，今犯狼烽鎮北門。悽絶沙場尸莫裹，天章褒帝慰忠魂。

校記：

[1] 此詩輯自《清詩紀事·同治朝卷》。

玉文甫内翰彬[1]

自序：文甫内翰，鑲紅旗蒙古人，光緒甲午科進士。當聯軍入城日，隨同父六品頂戴護軍扎靈阿、母赫舍哩氏率妻多羅特氏、弟玉懋、玉楨，均同時自盡。時官内閣中書。

忠孝何甘虎穴鄰，捐生幸不辱君親。鶺原望斷懷音侶，鳳閣名成績學人。七國興師紛鐵甲，一家殉節炳珠申。孤寒入地應無恨，恩詔煌煌降紫宸。

校記：

[1] 此詩輯自《清詩紀事·同治朝卷》。

白越餘水部慶[1]

自序：越餘水部，鑲黃旗漢軍人，由筆帖式洊升主事。當聯軍攻破都城，水部率妻劉氏、子聯泉、女一同時自盡殉節。

名節輸君伉儷完，數椽老屋賸荒寒。傳經豈爲修羊計，伏櫪曾聞老驥歎。華冑香山遥衍派，閒曹都水舊同官。驅車畫石橋西過，門巷淒涼不忍看。

校記：

[1] 此詩輯自《清詩紀事·同治朝卷》。

保振坡筆政山[1]

自序：振坡筆政，鑲白旗蒙古人，由領催洊升筆帖式。當聯軍入城時，適在乾魚胡同本旗都統衙門印房值班。伊父驍騎校瑞明、母韓氏，率弟領催保庠、保春暨一妹，均赴本旗衙門尋覓筆政，遂同時自縊死于署内。時官鑲白旗蒙古印務筆帖式。

礮雨橫飛墮半空，炎炎光燭披垣紅。小臣北望依雙闕，諸將西征奉兩宮。舉室甘心從地下，閉門引領死衛中。休言末秩無裨益，移孝居然竟作忠。

延　清

校記：

[1] 此詩輯自《清詩紀事・同治朝卷》。

繼澍民觀察思[1]

自序：澍民觀察，正黃旗滿洲人，由兵部郎中京察記名簡放浙江紹興知府。未赴任，經會典館保奏，以道員候選。當都城淪陷，觀察率子婦索綽羅氏、胞姪婦瑚雅氏、妾張氏，并本漢孫女岳姑娘，同時舉火自焚死。惟索綽羅氏遇救得生。

難得湖山佐宦游，故鄉何事獨句留？忠清有父追劉哈，觀察尊翁慶公春官福州將軍，頗著政聲。遲暮無兒類鄧攸。縣上自焚堪比美，草間苟活枉蒙羞。地安門外家何在？觀察在黑芝蔴胡同。滿眼蓬蒿共一丘。借山谷句。

校記：

[1] 此詩輯自《清詩紀事・同治朝卷》。

景莘亭侍郎善[1]

自序：莘亭侍郎，正白旗滿洲人，同治癸亥科進士，由部曹洊升卿貳，迨官戶部侍郎，以年老勒休。當聯軍入城攻破東安門時，侍郎自謂受恩深重，不能圖報，遂投井死焉。

秉軸何人誤廟堂？竟容小醜肆跳梁。譏讒藉口誣豚犬，侍郎之死，時有誤傳爲其子某所逼者，小人不成人之美，實堪痛恨。慷慨捐軀謝虎狼。投井志殊危太僕，喪師事諱賈平章。玉河橋畔朱門掩，槐柳蕭疏賸夕陽。

校記：

[1] 此詩輯自《清詩紀事・同治朝卷》。

光伯寬上公裕[1]

自序：伯寬上公，鑲紅旗宗室人，世襲公爵。當聯軍北犯，上公時爲守護東陵陵寢大臣。聞都城已破，即不欲生。追聯軍分擾薊州東北一帶，進逼濠門，陵寢震驚。上公自謂世受國恩，不能圖報，愧憤交集，遂投井死焉。

效忠幾見有生還？牛酒迎師獨惡顏。警報紛紜傳梓里，英魂縹渺戀橋山。早拌馬革軍中裹，何幸龍髯地下攀。大節凜然昭帝胄，蘭陽夢繞白雲間。

校記：

[1] 此詩輯自《清詩紀事·同治朝卷》。

福餘庵京兆裕[1]

自序：餘庵京兆，正紅旗蒙古人，由部曹外官司道，甲午升奉天府尹，因請假未赴任，奉旨勒休。當京城淪陷，自以家門世受國恩，未能圖報，遂率妻章氏暨弟婦愛新覺羅氏、薩爾圖克氏、杭阿坦氏，并姪女二，均同時仰藥投井死。

敢冀溫綸貴九天，捐軀聊以贖前愆。中丞丢職憂蜃賊，京兆兄福少農中丞潤罷官後奉母閒居，亦以都城不守，二聖西巡，憂憤成疾。相國生兒得象賢。京兆係前相國倭文端公仁之叔子。舉室一心盟白水，感時雙淚灑黃泉。願為厲鬼殲強敵，安肯偷生學瓦全。

校記：

[1] 此詩輯自《清詩紀事·同治朝卷》。

壽眉峰將軍山[1]

自序：眉峰將軍，吉林正白旗漢軍人，由侍衛起家，官至黑龍江副都統。當聯軍北犯時，署理黑龍江將軍。追俄人窺我東陲，託詞假道，將軍固武人，堅執不允，俄人遂率軍進逼。知不能禦，遂仰藥死焉。

江山狂飈掃陣雲，捐軀人惜故將軍。仰攀祖父繩其武，將軍係前任江南將軍富隆阿公之孫。深惡賓僚侮以文。傲物禰衡何必殺，齊名吳玠不多聞。將軍胞弟永山死于甲午中日戰事。祇嫌孤負分金誼，地下無顏見鮑君。浙人王輔臣虞部煥向與將軍有素，某歲杪，曾周將軍之急，輔臣丁艱,往依之,將軍待若平人。嗣因議事齟齬,竟爲將軍所殺。事見北京《直報》,未知足信否。

校記:

[1]此詩輯自《清詩紀事·同治朝卷》。

鳳集庭副都護翔[1]

自序:集庭副都護,吉林鑲黄旗漢軍人,官黑龍江副都統。當俄軍進攻北大嶺時,副都統傳令全軍出隊迎敵,徇師而誓曰:有退後者斬。兩軍即接,自統前隊督戰。前軍童統領稍退却,即傳令斬首示衆。童懼,奮勇直前,後軍乘勢繼進。我軍勇氣百倍,大敗俄軍,俄之將士死傷者甚衆。我軍恒統領礮傷一臂陣亡。營官瑞某武備學堂管礮學生亦受重傷,戰士陣亡亦不少。副都統亦以率隊督戰,自辰至酉,親放槍四百餘響。力竭不少休,左腿右臂受槍子兩傷甚重,墮馬者三,遂由左右扶之回營。至晚嘔血數升而亡。此係據光緒二十六年九月《直報》所載者節録。

麈戰平原霧雨黄,早拌馬革裹沙場。乘風船下如王濬,時俄人兵艦駛入江境甚多。返日戈揮匹魯陽。三躍陣前驚墮馬,一麈道左耻牽羊。將星夜半營門落,痛惜將軍嘔血亡。

校記:

[1]此詩輯自《清詩紀事·同治朝卷》。

謹心畲農部善[1]

自序:心畲農部,鑲藍旗宗室人,同治甲子科舉人。當京城淪陷後,出西直門赴高梁橋投水死。

忠憤沈淵志不磨,讀書豈愧孝廉科。曲中顧誤周郎少,農部在日最愛聽劇。愁裏耽吟杜老多。萬國戈鋋叢鳳闕,一家圖畫散鷗波。高梁橋下無情水,我欲投詩仿汨羅。

校記：

［1］此詩輯自《清詩紀事·同治朝卷》。

蝶　山[1]

一官況味類生涯，風雅深慚古作家。鴻雪詩篇河帥草，馬纓圖寫尚書花。筆含太液池邊雨，衣染羅浮洞裏霞。惟祝年年生鳳子，葩經爲誦兩吁嗟。

高翥翻驚燕雀翩，不勞譜入草堂篇。酒嘗嫩綠初浮葉，衣試酣黃儼著緜。來覓鳳凰池上客，勝參蝠蝙洞中仙。等閒識面談何易，與我偏留兩度緣。

校記：

［1］此詩輯自《清詩紀事·同治朝卷》。自注：袁祖光《綠天香雪簃詩話》：《鄘齋雜記》：太常寺仙蝶爲元明時忠魂所化，去來無定。視長蝶差小，衣作紺黃色，兩目赤如硃砂，鬚綴二小珠，入夜其光煜爍，雖燕鴿亦皆避之。常飛入人家園亭中，揮以扇，呼老道，輒栩栩下。或戲集婦女簪鬟上，偶思捕之，一動念即飛去，所至必有瑞徵。尋常百姓家不輕入也。子澄學士延清編《蝶仙小史》六卷，自言與蝶有緣，數數見之，作詩十數首，節錄其二云云。

書　感[1]

乾坤如此轉旋難，惟恃和戎弭禍端。社稷重新期李晟，神仙誤信累劉安。冤沉幾輩遭加石，論定千秋俟蓋棺。怕見銅駝荆棘裏，幾回過闕淚偷彈。

校記：

［1］此詩輯自《清詩紀事·光緒宣統朝卷》。

戈壁行再用寶文靖公聞字韻[1]

風雨侵晨寂不聞，憂心幸免歎如焚。瞳矓初上瀛洲日，靉靆猶堆瀚海雲。冷煖世情同莫測,陰晴天色尚難分。龍沙莽莽行人斷,祇我孤征馬一群。

校記:

[1]此詩輯自《道咸同光四朝詩史》甲集卷四。

使者日支廩羊戲作[1]

羔酒何須羨黨家,穹廬日膳亦豪華。功名太濫如頭胃,臭味微羶膩齒牙。博士胙餘何礙瘦,相公食料究嫌奢。菜園踏破休嘲我,飲乳張蒼合並誇。

校記:

[1]此詩輯自《道咸同光四朝詩史》甲集卷四。

戈壁道中作用文靖韻[1]

百里郵程莫漫催,龍堆恍接爛銀堆。難尋白水供駝飲,唯見黃沙撲馬來。有色石如凝積雪,無聲車似走輕雷。聖明儻作籌邊計,棄短還應錄不才。

校記:

[1]此詩輯自《道咸同光四朝詩史》甲集卷四。

曉發穆哈里喀順[1]

西去直通前後藏,中橫八萬里流沙。一莖不見生青草,三度曾聞駐翠華。謂聖祖曾親征三次。黃水貫來觴可濫,碧天盡處幕無遮。番經佶屈終何補,白馬馱歸始漢家。據綽繙譯云:蒙古歲有赴西藏朝活佛者,沿路乞化,孤行六年始達,讀番經三五年,仍乞化歸來,蒙衆尊崇之,不亞活佛。

校記：

[1] 此詩輯自《道咸同光四朝詩史》甲集卷四。

谿尼齊午尖用景佩珂韻
此係第二十五台譯，言牧羊相傳爲蘇武牧羊處[1]

安得嘉蔬一飽嘗，鄙夫肉食但炰羊。文靖公詩注有"連日頗思蔬品，管城子無食肉相"云云。廓清狼燧三邊静，縣亘龍沙萬里長。欲就水源尋洞穴，難從陸海問津梁。牧羝當日來蘇武，持節何曾有別腸。

校記：

[1] 此詩輯自《道咸同光四朝詩史》甲集卷四。

雞鳴驛晚眺[1]

風送歸鴉入遠村，炊煙四起近黄昏。北來上谷山形峭，南下洋河水色渾。唐代愍忠埋廢閣，遼家攬勝賸荒園。雞鳴驛城東有上花園、下花園，相傳皆蕭后植花卉所，康熙年間五次駐蹕下花園，見《宣化縣志》。明朝路出沙城驛，重醉燒缸酒一樽。

校記：

[1] 此詩輯自《道咸同光四朝詩史》甲集卷四。

重過昌平劉諫議祠作仍用李文正詩韻[1]

伏軾重經諫議祠，祠前高樹午陰移。用爲霖雨時休負，望若雲霓旱可知。東道有人徒設饌，西涯何處更留詩。寄聲擬爲明州告，民力而今弱似絲。

校記：

[1] 此詩輯自《道咸同光四朝詩史》甲集卷四。

延清

二十三日早赴頤和園宮門請安覆命用天字韻[1]

猶是榴紅艾緑天，又來仁壽殿門邊。排雲東海升初日，禱雨西郊盼熟年。時正求雨。萬里歸來洵有幸，兩宮賜對獨無緣。甘霖早晚宸心慰，擬獻髯蘇志喜篇。

校記：

[1] 此詩輯自《道咸同光四朝詩史》甲集卷四。

玉泉秋眺四首録一

東望雙橋落彩虹，御園宛在畫圖中。平湖瀲灩開千頃，古塔嶒嶸聳半空。溜雨石苔緣磴緑，經霜山果落階紅。玉泉第一清無比，流到人間便不同。

癸卯春正初三日，瑞鶴莊玉如昆仲招飲鶴園，即席賦，用座中耆壽民見示詩韻

東風駘蕩到燕京，北斗闌干挂鳳城。一閣官梅含臘意，六街爆竹作春聲。朱門地闢新開拓，緑野堂存舊落成。難得西園今夜讌，酒邊談笑慰平生。

往歲有人見坊刻試律有余名，疑爲嘉道間人嗣於宴集時遇之，備言欽佩已久。余聞之既感且慚，近讀《甌北集》，雲菘先生有《答詩志愧》七律一首，爰依韻效顰，用博同人一笑也。《甌北集》周長庚於坊刻詩選中見余名，以爲古人也。今邂逅之山塘，具述傾注之意，《答詩志愧》詩見本集

老去論詩細似文，膚詞刊落掃陳陳。嗜痂幸得同時董，作手疑非近代人。墨瀋並留山左店，余丁丑與同里趙燕孫國星垣結伴來京，沿途得詩，俱題之店壁。紗籠翻藉壁間塵。嘗有見余題壁詩慕名來訪者，近陳采卿比部、許九香觀察猶時時道及。那知老醜今猶在，得句何曾助有神。

甲辰三月十三日與劉博泉、張振卿、桂月亭、賈小芸諸公假座法源寺，爲何潤夫補祝六十壽四首。
即和何潤夫見示詩韻

水部官梅賸幾枝，尋春又見柳成絲。爭題東閣徵詩卷，補獻南山介壽卮。圖寫龐眉同不老，宴開棨尾未宜遲。西來爽氣僧樓滿，貪看何須笏拄頤。

文節鄉祠接謝家，寺之對門即謝文節公祠。禪房魚唄寂無譁。養成初地新生笋，留得諸天舊散花。銀海空明香雪聚，寺中丁香極多，花開如雪。琳宫高下夕陽斜。由來絢爛歸平淡，返照棠枝賸晚霞。

記否牡丹時已過，來遲孤負去年春。去年三月杪與同人公餞馮夢華廉訪於謝公祠，席散，同人約赴寺中看花，時牡丹已全謝矣。更招獨樂園中叟，同作重游寺裏人。紅杏青松歸異域，崇效寺紅杏青松手卷傳自國初名流如王漁洋、朱竹垞，題詠殆滿。庚子亂時，日本人見而愛之，竟攫之而去。黄花翠竹付空塵。捨金布地今難再，安得橫江爲指囷。

又是一年春正好，依依煙柳滿皇都。六街塵頓隨金埓，幾輩冰清證玉壺。聞説禁中求頗牧，聚來堂上踵歐蘇。唯期花好人同壽，歲歲稱觥酒滿厨。

甲辰三月二十六日何潤夫招同張振卿、劉博泉、李蔭墀、張劭予、桂月亭、賈小芸、劉子嘉諸公讌集城南崇效寺看牡丹。
潤夫出詩三首索和，爰依韻奉酬

餞春人正惜韶華，報雨遙天散早霞。是日微雨。望闕猶分雲裏樹，傾城共訪日邊花。千堆麗錦全含潤，一例恩綸並拜嘉。富貵最難唯本色，禪房深護幾枝斜。寺中各色牡丹甚多，墨色者衹有一株。

西來閣下一塵無，西來閣有翁覃溪所書《丁香樹記碑》。春好端宜買

558

玉壺。九老筵開追白傅，七襄錦織亞黄姑。騷情遠寄清平調，鳥語喧闐格磔呼。勝似沈香亭北宴，枝枝紅豔露凝珠。

揮灑名箋擘水苔，熏香摘豔稱詩才。名場共許蓬山到，時余有升轉外班之信。古寺曾經竹垞來。朱竹垞有《訪雪隝禪師看棗花》詩。煙外樹深鳩婦喚，雨中花好鼠姑開。殷勤更訂重游約，婪尾春時共舉杯。

閱十二月二十五日鈔報書憤二首，用天字韻辛亥

無人能補女媧天，臨難高飛遁海邊。新室頓思更漢臘，姚墟猶幸繼虞年。難蠲寡婦孤兒恨，枉結閒曹冷秩緣。余今年八月轉翰林院侍讀學士，十一月派充文職六班大臣，又趙紹庭同年來書云"君係閒曹冷秩，並無城守封疆之責，唯願君附於八大山人之次，不願君隸於范大學士之班"等語，洵可感也。不幸衰齡逢鼎革，貳臣羞入史官篇。

曷其有極問蒼天，舉目悠悠四望邊。幾輩甘希長樂老，一官忍署義熙年。《南史》：楊盛聞晉亡，不改義熙年號，曰："吾老矣，終爲晉臣。"枌榆南國徒牽夢，薇蕨西山豈乏緣。誰料征誅成揖讓，來賓怕讀《黍離》篇。

紀事雜詩三十首錄七首[1]

庚子夏五月，民教仇相攻。十七日逾午，喧傳街市中。團民糾黨羽，闖入都城東。義和揭旗幟，拂拂飄薰風。赤帕裹其首，紛如兵交訌。軍刃各在手，外觀真英雄。跳舞假神道，咄咄頻書空。天方萬千廈，一炬騰煙虹。化城滅俄頃，搜捕男女童。殺人竟如草，血染刀光紅。

設壇就莊邸，府第何高龐。黄綾飾旛蓋，碧紗糊軒窗。殿中鼎爐峙，門外戈戟摐。鄉愚雜沓至，如水之赴江。乾坎分二派，大書書于幢。水乳欠融洽，種雜言愈哤。炊飯米難濟，濟之以弓雙。滿擬得其力，遠人柔萬邦。豈議衆難恃，金鉦徒擊撞。一聞赴前敵，小膽先

已降。

　　璇宮赫然怒,告廟非虛詞。煌煌降諭旨,咸使中外知。海疆險要地,久矣居九夷。通商四十載,事事甘受欺。我朝尚寬大,不復計較之。頃以民教故,輒興無禮師。戈鋋競北指,飇輪紛交馳。丁沽失所據,要挾胡能支!事出不得已,釁端開自茲。兵旅急徵調,誰爲干城資?

　　交民巷東望,樓閣軍巍巍。使館相櫛比,五色分縣旗。大小一車載,雙輪駕駿騑。平時不相擾,徵逐游帝畿。乃自失和後,森嚴皆戎衣。橋據玉河北,增兵防四圍。往來斷車馬,廣陌行人稀。肇端有禍首,當與爭是非。奈何殛公使,厥罪唯吾歸。從茲互攻擊,彈雨晨又飛。

　　夜半炮聲起,聽之心駭然。初疑我軍發,幾欲轟塌天。晨興即起視,彈落如珠聯。無屋不掀破,有垣皆洞穿。爭路勇已潰,守陴兵非堅。加以火藥罄,勢難張空拳。生不麗譙據,死多溝壑填。陡聞轤轆轉,不斷聲連連。虜炮隔城擊,環攻東北偏。相持未終日,城闕難保全。

　　回戈去睥睨,炸炮轟雲霄。悠悠旆旌偃,岌岌樓櫓搖。兇鋒及一試,額爛頭還焦。乞降固非計,萬衆魂已銷。督戰不聞命,白旗空際飄。東隅四門啓,敵進如春潮。草木失依附,難藏狐鼠妖。窮搜偏城社,遇者何曾饒?衣并積屍委,杵隨流血飄。池魚竟殃及,豈止城門燒?

　　東城敵已據,北闕兵猶麕。抵禦恃槍隊,不虛平昔操。軍心易渙散,陣腳難堅牢。戰敗禁城裏,何人能遁逃?傷亡遍道路,死事誠人豪。門户内廷閉,轟轟攻幾遭。震驚及九廟,抱慟應神號。譙樓悉煨盡,徒見金城高。威欱祝融助,延燒空市曹。安危究誰仗?莫再談龍韜。

延　清

校記：

［1］此詩輯自《清詩紀事・同治朝卷》。

寶穌年讀學豐五排二十韻[1]

自序：穌年讀學正藍旗宗室人，光緒己丑科翰林，當聯軍入城時，自書遺囑云：我死葬我于塋地東偏，不可入夸闌內。諸兄弟皆不可死，我惟一死以報國恩。切囑切囑。遂仰藥死。又遺筆云：忠孝節廉，本乎天性。見和思義，見危授命。嗚呼，寶豐不失其正。庚子孟秋書。時官翰林院侍讀皇士，宏德殿行走。

白首成虛幻，丹心貫沉寥。酖人甘飲藥，求友枉遷喬。正氣中庭聚，讀學，死即埋于王石胡同本宅東廂房內。忠魂上界招。神迎蚩彭礜，樂奏鳳鳴簫。殉節情非矯，僞謙氣不驕。憶登金榜第，叨入紫宸朝。赫赫儒冠耀，親親帝胄遙。授書趨九陛，聯步上三霄。帷蓋前星侍，壺觴舊兩要。龍光歌《湛露》，塵論發清飈。玉笋崇班附，金蓮畫炬燒。飲醇曾卜夜，射覆慣連朝。桃李陰都滿，松筠質不凋。蚩尤驚犯逐，樂毅怯攻聊。狐鼠妖氛煽，貔貅勇氣銷。攻心門已闢，流血杵真漂。戈舶圍遼海，鑾輿幸渭橋。一時蹤跡阻，千載姓名標。恩寵頒綸誥，英靈燭斗杓。撫棺惟痛哭，庭樹晚飄蕭。

校記：

［1］此詩輯自《清詩紀事・同治朝卷》。自注：借用杜集《哭王彭州掄》詩韻。

葆效先上公初五排六韻[1]

自序：效先上公本正藍旗蒙古人，同治年間奉旨擡入鑲黃旗滿洲。世襲三等承恩公。當聯軍進攻西安門時，上公以散秩大臣在告，奉其母太夫人瓜爾佳氏命，于朝陽洞新居地內掘一大坑，率同妻宗室氏，長子候選員外郎廉定，次子、三子候選筆帖式廉客、廉密，四子監生廉宏，子婦巴萬特氏，女二名，并堂弟分發廣東監大使受恒與妻李氏、女一名，均同時瘞死于坑內。上公亦即自盡。門以內無一存者。

家傳忠孝訓，死節鳳城中。帶礪承先帝，衣冠殉上公。筆拋和家痤，上公工書。車返哭途窮。穴有同歸婦，門無繼起童。棟梁埋桂柏，弓冶沒蒿蓬。三代英靈萃，傷心問碧翁。

校記：

[1] 此詩輯自《清詩紀事·同治朝卷》。自注：借用杜集《奉漢中王札報韋侍御蕭尊師亡》詩韻。

王蓮生祭酒懿榮五排十八韻[1]

自序：蓮生祭酒，山東福山縣人，光緒庚辰科翰林。當聯軍入城日，知不可爲，遂偕妻查氏投井死。寡媳張氏亦死焉。時官國子監祭酒，南書房行走兼團練大臣。

先生聞道日，強敵敗盟年。畿輔驚淪陷，乾坤費轉旋。兵徵燕市上，虜犯鳳城邊。投井同危素，潛師少計然。寒輝卿月掩，妖氣帝星纏。宮殿嗟寥落，關山悵邈緜。未能君父侍，應亦史臣憐。踵不南齋接，心猶北闕懸。團防三令弛，太學五經傳。謾罵輕時輩，追維景昔賢。祇應盟白水，何必問蒼天。志在千秋後，名居四傑前。生難吞虎豹，死詎玷貂蟬。肯入依劉幕，羞乘訪戴船。國恩猶未報，家累豈能牽？書絕蘭亭筆，詩留竹里篇。沈淵身有託，補闕手無權。予謚兼加蔭，哀榮禮數全。

校記：

[1] 此詩輯自《清詩紀事·同治朝卷》。自注：借用杜集《哭韋大夫之晉》詩韻。

崇文山尚書綺五排十韻[1]

自序：文山尚書，本正藍旗蒙古人，同治乙丑科狀元。嗣以生孝哲毅皇后，推恩封爲承恩公，奉旨擡入鑲黃旗滿洲。迭長部曹，兼膺疆寄。當聯軍入城，車駕西狩，未及扈從。本擬繞赴行在，行抵保陽，聞道途多梗，知不可爲，遂自縊死于蓮池書院行館。時官户部尚書宏德殿總師傅。

　　信國遺衣日，司農倒印年。署門修撰榜，歸櫬上公船。華兗頒雙闕，温綸慰九泉。飾終文備矣，感舊意悽然。賊亦知劉理，兒真亞閔騫。几筵三老失，衣鉢幾人傳？黃髮憂時改，丹心捧日懸。蓮池名并顯，椒寢惠非偏。隱痛將傾厦，孤忠莫補天。招魂何處祭？酹酒禁城邊。

校記：

[1] 此詩輯自《清詩紀事·同治朝卷》。自注：借用杜集《哭李尚書之芳》詩韻。

李鑑堂制軍秉衡五排二十二韻[1]

自序：鑑堂制軍，奉天海城縣人，監生，由縣令起家，洊升開府。當中外啓釁時，制軍以欽差大臣巡閲長江水師，駐吳中。疊奉詔書，率勤王師入援。迨由山東馳赴京師，聯軍已攻破天津，駸駸北犯。朝命制軍督師出禦。乃率新募援兵，倉猝成行。行至武清以上，值敵兵突至，我軍譁潰，諸將領不能禁止，退駐通州張家灣，僅餘親軍數十人。知不可爲，遂自書遺摺，仰藥死。時以前四川總監欽差大臣幫辦武衛軍務。

　　望君如望歲，入覲慰來蘇。遠别三江水，長征萬里途。釁端開魯莽，神道託虛無。宿將虎貔盡，妖民狐鼠俱。憂方貽北闕，失更甚東隅。創霸齊先晉，潛軍魏襲吳。王公期破虜，母后誤崇儒。獨仗懷忠叟，堪稱徇義夫。補牢誠晚矣，傾厦可悲夫。雉鼠朝中彦，鴟張海外徒。舟車重譯至，冠冕幾人拘？直諫匪非是，沉冤踵莫須。我公艱鉅任，彼族寵榮殊。旄鉞深宮授，鞾刀死地趨。風塵誰拭劍，冰炭此同鑪。諸將希麟閣，何人禀虎符？難期三箭定，豈料一枰輸？鵝鸛聲還聒，熊羆勢已孤。行間人落落，幕下士于于。報國同長逝，憑河枉大呼。將星沈潞水，神雨灑幽都。歸櫬哀榮極，田園幸未蕪。

校記：

[1]此詩輯自《清詩紀事·同治朝卷》。

入都作二首用前韻[1]

流光迅若驅，荏苒悵歸途。紀月維鶉火，占星及鳥帑。帑，同"孥"。迴車門巷望，待漏闕廷趨。五夜征衣換，腥羶滌酪酥。

萬里歸榆塞，三春別蕐門。還家聊志喜，于役略酬恩。我自心盟水，人休耳屬垣。世承清白訓，留以示兒孫。

校記：

[1]此詩輯自《道咸同光四朝詩史》甲集卷四。

太常仙蝶兩過寓廬賦此志異

癸巳夏六月，連宵雨滂沛。三日成愁霖，緜緜況未艾。漫天鋪白雲，潑地起蒼靄。泥滿填道途，水深沒溝澮。人寄燕市中，我家鳳城外。老道來翩翻，飛仙逞狡獪。鬈綴雙珠搖，翅舒五彩繪。愧無樽酒招，簡乎毋乃太。

倒屣未遑迓，飄然升我堂。感兹惠肯意，一室生輝光。驚態久輕魏，幻形如夢莊。簷前宿雨歇，窗外晴煙颺。方冀暫留戀，御風毋遽翔。有僕不解事，闔扉思中傷。含靈似先覺，飛去凌穹蒼。棲止究何託，咸云居奉常。

充閭氣喜甚，出戶蹤茫然。何期閱一日，又若來三天。似蠱橘中出，如蝙蕉下翩。身輕歷幾劫，羽化疑千年。栩栩入簾幕，飛飛環几筵。下集一歙袂，中含雙連錢。兩儀肖厥相，十色爭其妍。家人歎觀止，不數羅浮仙。

鳳子歸復來，豚兒試方捷。入門猶見之，喜色溢眉睫。幻想真非非，休徵或疊疊。錦官堂上人，對此意俱愜。幸得同心交，殷勤爲款接。遠希文節公,拈筆繪於筐。謂愛子修茂才,當時曾爲作圖。足補滕王圖,藏之示累葉。仙館開蓬萊,蓬萊仙館,余家塾齋名也。曩立詩課,得人最多,曾刊有《蓬萊仙館詩》兩卷,以誌一時之盛。自宜住仙蝶。

居庸即事用寶文靖公詩韻

一水漱寒碧,千山凌昊蒼。摩厓狀神佛,坐立軀幹長。天王懾群鬼,應不容披猖。城甕内滿鐫神佛像,極其精工。四大天王足下各踏一鬼。我愧逐名利,羈縻同鎖繮。今來此關内,風起雲飛揚。萬石道旁立,補天供媧皇。鞭之恨不起,礪之愁非良。銜俟精衛鳥,卧成初平羊。飛來亞靈隱,拜倒空襄陽。原詩此句"皇"字韻複前,因改押"陽"字。詩王昔卓立,雕印留陳芳。獨我太頑鈍,恐難民願償。救飢煮白石,無術充餱糧。饕餮夙所戒,薦羞謝羶薌。候館盛供給,厨餐侔太常。我對不忍食,減膳庸何傷。嗷嗷鳴中澤,況復聞雁行。

比翼南飛圖爲元和陸鳳石相國題五排一百韻

福禄駕鴦頌,文章鴛鴦司。雙飛方振翩,一例永齊眉。圖録陳軒閣,簫韶叶舜墀。歸昌曾集鎬,鳴盛久興岐。去枳翔千仞,棲梧共一枝。德輝丹穴擥,文采紫庭披。相國今偕老,朝天未及期。同歸將展墓,不去豈蹲池。梅柳長途感,松楸故國思。瞻依雙闕戀,颺拜九霄辭。珂里衣歸錦,金扉詔錫絲。南齋離日下,南國指雲涯。知己停車蓋,同寅集履綦。賓筵將式燕,祖帳欲歌驪。共擥薊門轡,聊傾燕市卮。並肩偕就道,揮手別臨歧。得路鵷鴻羨,棲堂燕雀嗤。襟分霡雨濕,軔發御風馳。村鼓寒猶擊,城簫暖未吹。盧溝含宿凍,漳水漲清漪。大道河踰汴,遥山闕指伊。野荒啼鷸鴞,陂滿集鸕鷀。岡路龍猶卧,郵亭馬不羈。計程多渭竹,遮道盡江蘺。帶礪思齊境,屏藩入楚陲。樓尋黃鶴杳,浪湧白鷗飢。牛渚嗟寥寂,鸚洲望渺瀰。停舟溢浦曲,贈珮漢皋湄。客路鳧江遠,人家鵲岸危。磯將經燕子,廟已過蠵姬。采石月堪賞,鍾山雲可怡。鷺洲騰鼓吹,雞埭駐襜帷。冠蓋紛相送,舟車任所之。鱸鄉誰喚渡,雉堞此增陴。亭指金閶近,橋橫木瀆欹。蘇臺人擾攘,桃隝路逶迤。勝境丘詢虎,靈巖窟問獅。鄉關經鶴市,墟里訪雞陂。道遠申江達,門高甲第窺。鬱林前載石,甫里昔題楣。吳郡要離冢,瀧岡永叔碑。佳城虔拜掃,先塋謹修治。豆設豚肩掩,苔封馬鬣滋。焚黃恩並逮,頒白遠能追。文伯名千古,宣公派一支。已題吳下碣,還謁越中祠。鴻漸蹤難考,烏程跡尚遺。陌花歌緩緩,墳草悵離離。岳廟香車駐,蘇隄畫舫維。梅亭還訪鶴,柳浪且聽鸝。賀監乞歸早,蘄王偕隱遲。六橋難眷戀,三竺肯羈縻。北道將歸我,西湖合付誰。未容驢更跨,何用虎分騎。丙舍同來往,庚郵亦唱隨。七旬希鷟祝,幾載遂烏私。早歲鵁鶄夢,高年鴟鴞姿。側生還種荔,獨秀竟成芝。吉兆徵燕姞,啼聲試猘兒。羽毛同美滿,頭角倍嶔崎。肩記夢窗集,毫分文筆摘。聲清雛品俊,愛篤母恩慈。侍座承歡笑,趨庭戒戲嬉。不貽凡鳥誚,曾受伯禽笞。跨竈名稱驥,躋堂壽介釐。忍離身左右,肯使羽參差。勝會羞鵷舞,嘉謀守燕詒。君恩頻及爾,祖武更繩其。廡賃梁鴻客,家傳扁鵲醫。頌聲良相播,陰德廣文基。冷宦棲遲地,嚴君誕育時。精神生就異,名字命來奇。京口誇鍾毓,天心仗護持。千秋曾祝嘏,五夏早延釐。蒲酒稱觴樂,萊衣舞綵宜。鶴頭丹頂炫,雀尾翠翎垂。大琖斟鸚鵡,華冠萃駿螭。望風同拜竹,向日久傾葵。報道方歸也,來巢有意而。鸞坡棲夜月,鶴禁上晨曦。風順鴻毛遇,雲開雉尾移。趨朝乘櫪馬,入覲步坳螭。白髮耆臣慕,丹心聖主知。尊崇黃閣老,啓沃綠圖師。黼座陳無逸,經筵勵有爲。說書聊盡職,舉筆不忘規。鵠立班常侍,鷹揚政並咨。指陳懲鹿馬,襃贊踵皋夔。元宰王曾仰,神仙李泌推。福星三輔照,湛露一門施。此日歸聯袂,當年笈結褵。交柯相髣髴,並蒂總葳蕤。伉儷誰觀禮,翱翔此賦詩。圖成鵬徙狀,笛獻鶴飛詞。魯望篇難和,探微畫莫疑。名彰慚附驥,卜協盼非彲。但抱鵜濡愧,難爲鶚薦資。棘闈三捷

延清

幸,蓬島一官卑。陶夢究嫌折,楚歌徒惜衰。儻酬鴻鵠志,帝治贊炎羲。

昨以戈壁石數十枚贈徐花農,前輩琪承撰七古四十四韻,見詒可感也,爰依韻奉和[1]

西行我未抵戈壁,丘壑荒寒無可娛。陀羅海上察汗陀羅海在張家口外第一臺站,海,一作"蓋"。策車過,卓犖石頭頑且粗。大如虎形小鵝卵,礧礧落落遮道鋪。連城之璧固無有,燕石亂真多碔砆。縱有一二皺瘦透,安能玲瓏如太湖?但見高堆作鄂博,蒙民膜拜相和呼。龍沙縣亘接瀚海,隱現誰探驪頷珠?斑斕忽覩石五色,產自寶地知非誣。歷歷媧天不能補,雲霞爲質霜雪膚。填海精衛未銜去,袖中携來疑三壺。又疑蕃漢古戰地,埋碧血花凝模糊。東方珣玗不多覯,得此美過醫無閭。麗質宜盛玉合子,新硎可發金僕姑。仙丹九轉色無定,髣髴朱光雲碧腴。漢陲闃澹久無色,何意奇采生氈廬。秀靈鍾毓數千載,發洩豈自元上都。晨曦夜月並輝映,宛如玉樹交珊瑚。西望和林不知處。風蕭蕭兮露塗塗。布金似游古佛國,聊即招提參伊蒲。孰聚爲徒與說法,點頭恍惚聞南無。名韁利鎖愧拘束,一例溷跡泥沙俱。所幸俯拾一無禁,壓裝萬里歸軺車。圯上老人惜未遇,難從城下探陰符。羅列席前作供養,嶔崎形豈仇池殊。祇恨我無點金術,空思煮石充行厨。白石生去杳難覓,振飢窮荒籌策紆。唯願四郊富水草,牧人夢兆豐年魚。今喜豐年玉出地,縛紋纖理超琿瑜。笑我不廉等年少,居然懷寶成貪夫。醉眼摩抄此增炫,吟腸搜索誰覺枯。京國歸來息塵鞅,樂天知命甘守株。城北徐公有同好,早年珥筆廊廟趨。高文典册有制作,流俗枵腹焉能摹。鳳閣鸞臺等閒歷,煙雲過眼成須臾。大隱一身寄朝市,承歡繞膝羅家駒。接葉亭中屢招飲,德星光聚環紫樞。瓊瑤報之果何日,以石抵玉温温如。君家蛟潭有珍玩,英石韓晶無不孚。噫嘻!四美具兮神力扶,盆池養花承玉趺。賦詩相贈有光寵,揮灑不肯煩鈔胥。盥薇三復增長吁,益我神智心胸舒。何時更費

567

一中酒,邀我來觀《携石圖》。花老有《蛟潭携石圖》。

校記:

[1]此詩輯自《道咸同光四朝詩史》甲集卷四。

劉博泉、張振卿二老前輩於花時招同李蔭墀、劉子嘉、何潤夫諸公法源寺看花,紀之以詩,仍用前韻

禪房深處富花木,清浄城南此其獨。不聞人境車馬喧,結得精廬隔塵俗。參天檜柏青過檐,罩地篔簹翠藏谷。海棠花雜丁香開,濃淡平遮梵王屋。惜無印老留坡公,方外燒猪恣啖肉。未妨茹素香積厨,蔬笋能甘頗知足。瓊筵今日開坐花,主客情懷倍和淑。紛羅肴核供飽嘗,儘可撑腸與拄腹。豐儉要宜隨乎時,胸中切莫有成竹。陣雲黯黯東方生,海氣時迷望中目。所幸謀國多正人,那如黨分洛閩蜀。維新守舊吾不知,但識君臣有正鵠。樽前時事姑勿論,且對名花寫衷曲。繁英無力嬌難勝,寄語東風莫浪觸。

太常仙蝶七排四十韻

幻形疑是羅浮蝶,不識何年寄奉常。習静深山如太古,修真清署即仙鄉。膀依日月三宵揭,裾染雲霞五色彰。一樣飛來從葛洞,幾生修到住芝房。驚魂豈似翩翩魏,幻夢曾通栩栩莊。碧血化成含毅魄,丹心留得悶幽光。每從馬革思邦彦,空向蟲沙弔國殤。梁祝癡情虚莫擬,元明軼事渺難詳。詩書結習親壇坫,禮樂關心到廟廊。託跡獨依綿蕞地,抽身不入綺羅場。往來都下棲神樂,仙蝶相傳寄居天壇樂神觀。游戲塵中作道裝。池上夔龍陪小立,檐端燕雀避高翔。斂容慣集容臺下,凝望時來望省旁。玉水璇源閒品鷺,圜丘方澤慎趨蹌。鮮明粉異春駒白,爛漫絁同夏繭黄。擁帚有時驚院隸,曬衣無事伴齋郎。傳宣忽被金門詔,入覲曾沾玉案香。不許權奸窺色相,但隨忠藎

延清

列班行。堯時得壽如蝙蝠,舜世來儀比鳳鳳。咫尺歡顏瞻露冕,翩翻妙舞應霓裳。龍旂拂拂同飄曳,鷺序離離共拜颺。朝服兩班昭黼黻,御詩五字貢琳瑯。賡歌協律欽楓陛,唱和連篇踵柏梁。乙覽自呈天上座,寅清還止寺中堂。寅清堂係太常寺辦公之所。家鄰闕北恩綸渥,廟食江東祀典襄。仙蝶附祀於天壇神樂觀江東廟內。供養自宜承雨露,摧殘從不畏風霜。姓名傅會徵難信,紀載紛歧考未遑。鴻印泥留痕落落,螭蟠碑勒字煌煌。千秋掌故傳靈異,兩字頭銜署吉祥。純廟封仙蝶爲吉祥仙。夾道琪花同競豔,排衙錦樹共流芳。貪杯也自如泥醉,集袖何曾似酒狂。時效崔邠依杖履,合陪周澤共壺觴。據經講席應招接,拍板詞壇並頡頏。謝逸著聲傳妙詠,桓榮依樣侈雕章。九儀六樂文同絢,百轉千回氣更揚。紈扇巧承增繾綣,綺筵小集任徜徉。塵埃物色緣能締,風雅追陪性未忘。稽典句宜徵杜老,傳神圖合補滕王。漆園棲止年華老,蓬島優游歲序長。我仿蟲經編小史,好如敝帚共珍藏。

東城曲十首選六首[1]

哈達門東望,人家遍插旗。一般縫尺布,顏色合時宜。
世界大光明,如游不夜城。點燈嚴令下,宵小禁橫行。
各掃門前雪,何論雪與霜。祇愁逢彼怨,擁帚侍途傍。
洒道嚴程限,何曾待雨師。一塵飛不起,潑水有專司。
不用金吾禁,無人敢夜巡。踏燈兼踏月,令我憶承平。
街柝聽聲聲,逡巡到五更。如逢強暴至,比户擊銅鉦。

校記:

[1] 此詩輯自《清詩紀事·光緒宣統朝卷》。

紀事雜詠二十首選十首[1]

傳聞西苑內,水殿住西人。鷗鷺驚飛去,荒凉太液春。

不獨求珍寶,圖書內府多。搜羅知戶口,中亦有蕭何。
森嚴兵衛撤,執戟久無郎。五鳳樓前地,今成校武場。
深恨奸貪吏,公庭善舞文。剗除援引例,一炬付秦焚。
金穴銅山外,難窮府庫財。一朝楂客至,搜括壓裝回。
鼓鑄詳圜法,猶多未範銅。朝來車絡繹,遠出帝城中。
儀器製何工,西人契聖衷。即今歸海外,臺上但空空。臺上儀器,相傳爲國朝康熙年間,參用西人法製造而成者,較諸舊法,尤爲精致。
撤屋供飲饌,災連選士場。御詩碑尚在,屹立至公堂。乾隆九年,駕幸貢院,御製七言律四首勒石至公堂中。又至公堂額三字,大逾丈,相傳爲嚴嵩所書。
多少棟梁材,全歸敵國來。空餘倉與廠,朽木委蒿萊。倉木倉廠皇木廠,皆存儲官木之所,事隸工部。
求仙兼佞佛,仙佛迄無靈。銅佛身全毀,金仙涕不零。

校記:

[1]此詩輯自《清詩紀事·光緒宣統朝卷》。

耳有所聞某某事是否真僞不得知也姑拉雜詠之八首選六[1]

深君府第昧先幾,汲水甘心漚布衣。何若當時投井死,偷生免得後人譏。

冠冕遭時不在才,銅山金穴況多財。居然贖得區區命,難免豪酋唾面來。

割烹不幸代庖胥,馬厩何堪爲糞除。久矣《五經》成掃地,更聞驅使到《尚書》。

一身濡滯侍晨昏,忍死公庭爲掃門。事畢養親無可戀,何如慷慨報君恩。

墮劫幾聞死謫仙,無端代受蔡經鞭。至今痛定還思痛,贏得高官不次遷。

延　清

捉人氣餤總熊熊，灑掃何曾宥史公？今日真成牛馬走，胡爲逢怒困泥中。

校記：

[1] 此詩輯自《清詩紀事·光緒宣統朝卷》。

補紀事詩六首四疊前韻錄二[1]

不聞太學有陳東，縲絏衣冠付獄中。忠讜至今傳諫稿，神歸應證蕊珠宮[2]。

白刃當前志不灰，英雄贏得遠人推。照來遺像傳觀遍，持贈居然當寄梅[3]。

校記：

[1] 此詩輯自《清詩紀事·同治朝卷》。

[2] 自注：袁許聯銜請痛剿拳匪，徐聯立亦因恐傷和議力諫，先後被罪。現均奉旨開復。

[3] 自注：直報謂恩某既害公使于前，復敢自投抵命以全和局于後，一片忠誠，未便湮沒。

同年李蠡蒓侍郎昭煒過訪，爲雨所阻，樽酒相對，情話甚歡，承贈七絶二首，依韻報之四首錄二

後塵學步笋班聯，便到蓬山亦惡然。何幸高車勞過訪，一樽話雨芰荷天。

今雨來催舊雨詩，陰陰頭上黑雲癡。天然佳句成非易，妙手無心輒得之。

十九日赴頤和園謝授講官恩，仍用前韻八首錄四

拾級鼇峰喜接聯，儻淩絶頂更欣然。仙曹也被名心累，不住金天住木天。

早朝曾擬盛唐詩，夢裏瞻天想亦癡。咫尺君門恩謝罷，連昌詞肯唱微之。

水滿平疇萬罫聯，青葱生意總油然。獨嫌聒耳蛙聲鬧，閣閣喧騰欲雨天。

湖山一幅畫中詩，雨態雲容仿大癡。有美堂如營此地，帝鄉終老又何之？

題袁珏生侍講勵準潘畫王題《焦山圖》，用王夢樓先生詩韻
丹徒潘蓮巢、王夢樓書畫爲一時所重。
夢樓詩見竇瑞臣詩題小注，余用原韻題。五首錄二首

傷心弓劍是橋山，壺嶠同游歷鬱盤。君直南齋玨生直南齋有年。我西掖，余近充文職六班大臣，其直廬在隆宗門外道西。瓊樓高處忍重看。

不堪流涕慰君山，明月當頭指玉盤。記取梁園今夜集，披圖聊共剪燈看。姜穎生部郎筠住宣武門外梁家園寓廬，招余與珏生小飲，是夕即月當頭也。

辛亥歲抄接同年趙紹庭内翰曾望。
詩函，答以七絕六首住通州掘港場

故人家在海東頭，南望關河悵阻修。兩寄詩詞憑慰藉，胸中消去幾多愁。

風鶴驚聞到廟堂，同城誰共計存亡。孤兒寡婦愁相對，一任鵷鴻盡飽颺。

隱忍偷生戀故君，知心良友示前聞。合援八大山人例，殉節毋同范景文。事詳後註。

生民塗炭兩宮憂，南北相持苦未休。遜位甘爲堯舜禪，逸民容我附巢由。

先輩豈知王氏臘，微官猶署晉家臣。用夷變夏瓜分兆，深惡當時

延清

作俑人。

一家憐我亂邦居,招隱山中屢寄書。誓不帝秦東海蹈,結鄰擬傍仲連廬。

辛亥歲杪漫作二首

能遵漢臘幾家知,香火緣深歲暮時。島佛一年詩且祭,效顰我也祭殘詩。

人間羞恥事猶知,滿肚牢騷不合時。閣筆自今藏我拙,縱書甲子並無詩。

過土木驛用寶文靖公詩韻

清明已過草微綠,上冢不聞野人哭。此日驅車土木來,那知有土全無木。地以土木名,似應有木,乃僅一土城,不見一木。英宗北征任權璫,一時監國命郕王。歸途竟為伯顏擄,天子至此驚蒼黃。從臣文武半殉去,化作沙蟲寂無語。所恨知兵無一人,胡不嚴城宣府據。吁嗟!迎回車駕從胡天,雨弟城隍能蓋愆。萬乘生還亦云幸,奪門何乃忘其先。憑弔欷歔數百載,石徐姦黨今安在?閻君泉下如有知,顏惡應難忠肅對。方今車馬歌攻同,聖恩罩被如缾罋。我捧綸音赴北徼,玉門關外來春風。

過新保安因思及舊保安紀之以詩

新保安、舊保安,中隔一河沙瀰漫,東西相距各八里。新保安東西有村,名東八里、西八里。煙火村村橫遠巒,王道蕩平幸無阻。令人忘卻行路難,履坦不須保行旅。保我黎民期宰官,宴安能暫不能久。治安在猛非在寬,保安兩字吾所取,深願臣工鐫肺肝。問名何必判新舊,一例當作如是觀。捨舊從新固非是,棄新守舊尤非完。不新不舊合時尚,亦舊亦新敦古歡。新保安城我徑過,忽忽不暇停征鞍。芻言我為後來告,聊就地名一發端。小詩吟就雖鄙俚,閱者得無興三歎。

錫　　珍

　　錫珍(1847—1889)，字席卿，號仲儒，額尓德特氏，蒙古鑲黃旗人。曾祖父和瑛，祖父壁昌。錫珍少承家學，勤奮努力，同治七年(1868)戊辰科進士，改翰林院庶吉士，十年散館授編修。光緒六年(1880)充山東鄉試正考官，八年奏陳整頓八旗學校。後轉詹事府詹事，遷左都御史、理藩院侍郎。九年，充總理各國事務衙門大臣、刑部尚書。十一年，至天津與法國使臣換約。十二年又任吏部尚書、崇文門正監督、會典館副總裁、經筵講官。十五年因病乞歸，九月卒，終年四十三歲。

　　其生平事蹟於恩華纂輯《八旗藝文編目》，徐世昌編《晚晴簃詩匯》中有載。

　　著有《臺灣日記》《朝鮮日記》《喀爾喀日記》《欽定吏部則例》二十一卷和《錫席卿遺稿》。

　　今存《錫席卿遺稿》十四種不分卷附四種，稿本，北京大學圖書館藏。恩華纂輯《八旗藝文編目》所載《朝鮮日記》《臺灣日記》《喀爾喀日記》，當是其遺稿子目。

　　徐世昌編《晚晴簃詩匯》卷一百六十四引詩話云："席卿冡宰師承簡勤、勤襄二公之緒，早年登第，敭歷清華，洊陟正卿，年未強仕。令甲一品大臣六十以上，遇句壽，有賜壽之典，上方文綺，世以爲榮，師以四十得之，中朝知國故者，僉謂前所未有。乃未及數年，師遽捐館，……詩無專集，今所錄者，皆采自日記中。登高能賦，倚馬成章，亦足見其大概矣。"

此次點校詩以徐世昌編《晚晴簃詩匯》卷一百六十四爲底本，詩共計9首。

朝鮮貧弱時事棘矣慨然有作

營州踰海地東偏，猶是箕封禮俗傳。赫赫中天依日月，茫茫下土奠山川。海潮終古無消長，人事於今有變遷。漫説通商爲受命，他時涕出更誰憐。

游醫巫閭

黄月東升黄日落，秋郊曠朗風蕭索。薄暮游蹤取路歸，猶將迴馬瞻雲壑。雲壑萬重游不成，石棚穴漏泉流聲。曠觀亭已埋幽草，轉見千秋萬古情。

曉至山陽

一夜扁舟霜滿篷，櫂歌聲在月明中。渡頭寒鳥噤無語，踏折枯枝逐曉風。

納清亭

一灣通略彴，遂至納清亭。長路憐幽草，崇巖下曉星。漁榔前浦歇，樵斧遠山停。誰詠《高軒過》，將爲駐馬聽。西風秋瑟瑟，白雨晝冥冥。又是新安道，群峰不斷青。

通遠堡

幽居林壑小，款客暮天青。乍捲雲千葉，仍飄雨數星。野蟲鳴蟋蟀，山果熟樗樿。苦説盤飧少，相邀醉緑醽。

寶應舟中

海上歸槎迥,淮南返櫂輕。湖菱添客饌,隄柳入詩情。興廢徒懷古,關河正洗兵。翻悲身歷碌,終是絆浮名。

安州道上

路向安州落照時,薰風習習拂旌旗。興中入夢人游倦,陌上飛花客到遲。一水稻分高下隴,滿山松茁短長枝。劇憐官道生幽草,頓踏芒鞵總不知。

鳳凰邊門

邊門以外地,數百里之遙。榛莽誰從闢,萑苻不見招。算緡緣木稅,詰慝到山樵。晉有桃源樂,秦收陸海饒。未堪將客逐,安得作荒燒。據國爭非觸,臨邊俗異要。吳沙賦可受,澤瓦首先梟。曠土成都邑,流氓有暮朝。不游町疃鹿,應革泮林鴞。智慧乘時出,功名與世標。再能加富教,便可入風謠。除是皇華使,誰停問俗軺。

遼陽城

憶從東國經行處,千里王程盡鑒江。疆域雖殊風景似,萬山不斷到遼陽。

錫　　鈞

錫鈞(1847—?)，初名錫珍，字幼明，一字聘之，號渤嵐，奇莫特氏，隸蒙古鑲白旗，附貢生。同治六年(1867)順天鄉試舉人，光緒三年(1877)丁丑進士。散館授編修，歷任理藩院主事，柔遠司行走，翰林院學士，日講起居注官，司經局洗馬，內閣學士兼禮部侍郎，駐藏大臣，政務處提調，奉天法政學堂監督。

其生平事蹟於恩華纂輯《八旗藝文編目》、《清代硃卷集成》中有載。

著有《容容齋詩草》。

此次點校詩以清延清輯《遺逸清音集》（北京商務印字館民國五年鉛印本）卷一爲底本，詩共計19首。

二十年前偶與伯希祭酒、次棠宮允兩同年集晤意園忽齋，童呼："老道來矣。"出視之，則仙蝶迴翔庭砌也。三人笑相謂曰："會應一一落衣上。"已而果如之。因復大笑曰："老道亦講世法耶？"京師僧道能酬應施主者，謂之講世法。今次棠遠撫鄂省，伯希已歸道山，棖觸陳迹，爲之黯然

鈞天回首舞衣新，暇日閒園亦夙因。渺渺予懷三益友，悠悠塵幻廿年身。空花已返優曇境，芳草相思鄂渚濱。老我癡頑無覺悟，春明猶作夢中人。

秋日感事和延子澄同年見示詩八首韻

親藩虎旅擁華林，大纛群推武衛森。廟算蓄疑輕國計，海氛召釁逼城陰。降莘賜土邀神貺，憑石能言惑衆心。劫火萬家衣殆盡，暮秋深巷斷疏碪。

陰風慘澹將旗斜，飛檄長江召國華。馬上虛傳馳露布，河干悵望失星楂。顧榮狂態搖歌扇，越石雄心落塞笳。何處衣冠尋葬地，月明潞水弔梅花。

七重蒼沴暈晴暉，熒惑欃槍入紫微。憑社鼠狐驚穴掃，處堂燕雀破煙飛。忠骸滿地魂難慰，隻手回天力久違。鴻雁哀鳴龍在野，亂離遑恤國家肥。

不聞留守定圍棋，倉猝捐軀益可悲。薇省詔空三殿下，蓮池香冷九秋時。攀龍誤認青門墮，策馬紛隨紫塞馳。士氣將才消歇盡，鼓鼙聲裏有餘思。

黃雲落照慨河山，萬乘紆迴雁塞間。嬴老呼庚填渭水，殘軍捲甲度秦關。莫敖荒谷猶遺憾，長樂餘生總忝顏。迢遞翠華殊未返，百官何日肅鵷班。

青鳥西飛天盡頭，星橋月殿不成秋。綠蕪廢苑王孫感，黃竹歌筵阿母愁。郡邑游行憑牧馬，江湖豈許作閒鷗。此中愧少腸如鐵，大錯空教鑄十州。

兒戲如何當戰功，村氓猶在夢鄉中。國殤未問埋今日，臣節惟知拜下風。燐火夜飛墟草碧，鯨鬐曉浴海波紅。諸君久裕勤王略，何事中山學醉翁。

鳴鑾迴指路迤迤，引水還歸理舊陂。魏絳和戎勞畫策，韋莊避隱得棲枝。詩書幸未秦燔阨，識緯終難漢祚移。息影衡門人不識，何須憂國鬢絲垂。

錫　鈞

子澄同年奉使車臣汗出記程詩示讀，因觸往事率成拙句，即希哂政

穹廬我亦太蒙民，曾賦䭾征北海濱。白草牛羊迎使節，黑河冰雪苦吟身。八千里外風沙路，二十年前況瘁人。今日讀君珠玉集，聊將俚句和陽春。

和肅邸見示詩六首韻

梁園不復歎無家，枚叟於今面似瓜。此夜重開風雪宴，聊將悲憤寄三撾。

六軍狼藉棄行鍋，相對汍瀾酒一螺。等是有家歸不得，誰從千里借明駝。

默祝春祠復象樽，長安西望撤煙墩。海心終是天心月，多少魚龍不敢吞。

名士風流自有真，安排棊酒付同人。金臺擁篲傳佳話，座客伊誰是劇辛。

天路征騑指日東，飛揚旌旆海雲中。歸來爲作君臣樂，幸勿流連築雪宮。

雪夜圍爐篩撥灰，小詩無復費敲推。滿胸塊壘全澆盡，況約來朝更賞梅。

題延子澄同年《庚子都門紀事詩》三首

漢廷兒戲用干戈，朝士傷心戰守和。夢醒黎牀挑蠟淚，坐聽人唱凱旋歌。

離宮燬館鎖煙霞，劫火銷沈十萬家。西望翠華猶未返，禁城風雨繡苔花。

老我癡頑鬢已星，那堪朋輩任彫零。持君詩卷汍瀾讀，如對遺山野史亭。

葆　　淳

葆淳(？—1854)，字芝岑，博爾濟古特氏，隸滿洲正黃旗。恩格德爾十一世孫，鄂山子。生活在清咸豐、同治年間。任戶部員外郎，掌督催所印鑰。

其生平事蹟於《清代硃卷集成》，清李桓輯《國朝耆獻類徵初編》中有載。

葆淳能詩善畫，但無詩集傳世。

升　允

　　升允(1858—1931)，字吉甫，號素庵，多羅特氏，隸蒙古鑲黃旗。由蔭生、吏部主事中式。光緒八年(1882)順天舉人，考取總理衙門章京。十六年出使俄國參贊。二十三年署理陝安道，二十五年補授陝西督糧道，署理陝西布政使。二十六年補授山西按察使，次年調任陝西布政使。由福建總督改陝甘總督，因上疏譏諷朝廷新政，宣統元年(1909)被革職。三年復被起用代理陝西巡撫。1913年，升允赴庫倫，又循至日本，1916年回國，居青島。1917年丁巳復辟，爲大學士。民國間，鬱鬱終於天津寓廬，謚"文忠"。

　　其生平事蹟於恩華纂輯《八旗藝文編目》中有載。

　　著有宣統《甘肅新通志》一百卷首五卷；又《東海吟》不分卷，日本宮島大八刻，《八旗藝文編目》著錄。今存其集二種：《東海吟》不分卷，善鄰書院刻，大連圖書館藏；《東海吟》一卷《拾遺》一卷，日本昭和十年(1935)東京名古屋排印本，大連圖書館藏。

　　此次點校詩以錢仲聯主編《清詩紀事·光緒宣統朝卷》爲底本，詩共計2首。

庫倫口占[1]

老臣猶在此，幼主竟何如？若射上林雁，應逢蘇武書。

校記：

　　[1]此詩輯自《清詩紀事·光緒宣統朝卷》。原詩下注：郭則澐《十朝詩

乘》:"升吉甫督部稱鯁直。宣統初,抗論新政,斥罷。辛亥,陝西淪陷,奉命攝陝撫。自甘率舊部大小數十戰,先後克長武、永壽、邠州、醴泉、咸陽諸城。方攻乾州,全陝垂定,而遜政詔下。次年,自隴走庫倫,不識道,往往躡駝糞以行。既至,與賓圖王海山公議草檄聲討僭閏,以號召忠議。余挽吉甫詩所謂"穹廬傳檄壯,社稷肯輸人"者也。不幸庫倫受俄羅斯煽惑,內變。乃取道俄邊,東走日本以歸。其在庫倫口占云云。東瀛人士傳唱之,且謀梓遺集。吳蔚若侍郎詩云:"東海有人哀馬角,北風無力起鴻毛。"亦詠其入蒙事。

登　太　華[1]

太華岩嶢亘古今,十年持節一登臨。上窮碧落浮雲見,下瞰黃河濁水深。誰是巨靈擎隻手,可憐頑石不迴心。棋亭苦欲終殘局,輸却金甌何處尋。

校記:

[1]此詩輯自《清詩紀事・光緒宣統朝卷》。原詩下注:李漁叔《魚千里齋隨筆》;葉昌熾《緣督廬日記》稱升吉甫中丞清廉剛正,能持大體,以社稷臣許之。惕園誦其《登太華》詩云云。當爲官陝甘所作,于時革命告成,末二句蓋指此也。

世　　榮

　　世榮(1860—1929)，字仁甫，號耀東，別號靜觀居士，土默特氏，隸蒙古鑲白旗。其先祖世居撫順。幼年喪父，家道貧寒，少年好學，光緒十九年(1893)中舉人，光緒二十一年乙未進士，改庶吉士，授翰林院編修。光緒二十七年任國子監司業、侍讀，歷官翰林院侍講學士、文淵閣校理。奉天駐防。民國後，任奉天學務總理、奉天圖書館館長，對社會教育尤有貢獻。

　　其生平事蹟於恩華纂輯《八旗藝文編目》中有載。

　　著有《靜觀齋詩稿》《靜觀齋文稿》《靜觀齋文稿續集》《靜觀齋尺牘》。恩華纂輯《八旗藝文編目》著録其《靜觀齋叢録》《靜觀齋文稿》。《靜觀齋詩稿》不分卷，民國二年(1913)油印本，遼寧省圖書館藏。後輯爲《靜觀齋詩文稿》不分卷，内《文稿》初集不分卷、二集不分卷、三集不分卷，《詩稿》一卷，《尺牘》二卷，民國十八年奉天太古山房鉛印，遼寧省圖書館藏。另有《靜觀居士自訂年譜》記事至民國十八年。

　　此次點校詩以清延清輯《遺逸清音集》(北京商務印字館民國五年鉛印本)卷一爲底本，詩共計 18 首。

詠　貧

窮神送不去，終歲苦相纏。風雪衣千結，冰霜屋半椽。逢人雙白眼，顧我一青氈。漫道清寒甚，簞瓢稱聖賢。

哭李鑑堂先生名秉衡，海城人，以四川總督巡視長江水師，庚子殉難於通州張家灣

莫挽衰危局，孤忠志獨存。羔皮勵臣節，馬革答君恩。樊噲羞爲伍，文山許共論。長城今已壞，何怪帝京淪。

時辰表

傳得歐洲術最精，光陰分寸自然明。凝眸恍覩蟾蜍影，側耳如聞蟋蟀聲。理悟循環隨日往，機參静動並時行。愛他微物殊堪貴，晝夜無停矢邁征。

和談飽帆同年國楫《紀恩詩》四章步原韻有序

飽帆同年，吾鄉邑尊雲浦公之令嗣也，落落才高，翩翩年少。雲浦公以倭亂獲罪，飽帆適與館選，籲請削職代父赴台効力贖罪，旋蒙總帥據情入奏，詔下部議援例留養，情至切，恩至隆也。節錄。

封章一紙達神京，至性由來發至情。不憚龍鱗批北闕，已拌馬革裹南征。愛親意自瞻依切，報國心尤寤寐縈。果見九重頒特旨，精誠始信有神明。

倭氛憶昔擾無端，滿目瘡痍不忍看。禦敵曾經膺矢石，全軀豈是惜衰殘。棄捐白骨孤城易，傳頌青天衆口難。寄語他年修史者，此中褒貶要從寬。

賴有封疆大吏尊，代將呼籲達君門。丹忱早鑒忠兼愛，素願堪償清與温。萬里關河賁壯志，九天雨露感深恩。銘鐘勒鼎原宜紀，奕葉無忘示子孫。

不負紆迴意萬千，預圖報稱在他年。親心能慰方稱孝，國體無虧豈是偏。曲賜矜全原主德，克承堂構賴兒賢。異時青史傳遺事，佇看芳徽軼後前。

世　榮

錫聘之師鈞以和延子澄水部《庚子都門秋日感事詩》八首見示，依韻奉和八首錄四

難憑國手救殘棋，馬革還尸劇可悲。慷慨從戎辭陛後，倉皇奉詔出都時。哀音倐見牙旗動，捷報空傳羽檄馳。公自成仁何所恨，高山景仰繫人思。此首弔李鑑堂。

憶昔鍾祥起白山，經營締造百年間。梯航萬國朝金闕，鵷鸞千群肅玉關。遇巷賢臣揚虎拜，當陽聖主覲龍顏。而今美盛歸消歇，無復當時鵷鷺班。

憂來縱步上樓頭，慘覩風煙萬里秋。不待紅羊偏遇劫，縱沾綠螘莫澆愁。民哀澤國嗷鴻雁，伴憶家山舊鷺鷗。今日擎天須巨手，陸沈忍復任神州。

欲將一戰倖成功，豈意冰消指顧中。鐵騎塵飛迷落日，銅人泣盡向秋風。名流血化忠魂碧，前有許、袁諸公，後有啓、徐諸公，皆以非罪而死。勝地痕餘劫火紅。前門外繁盛，市廛多付焚如。禍福無端人自召，何須塞上問衰翁。

送劉子年之官順德，用王季樵、爵生兩前輩詩韻子年名蔭椿，
官奉天教官有年，丙戌進士，以知縣復改教官，幕游汴梁。壬寅、癸卯
　　間，余官司業，以録科赴汴，因年誼時相往還，適選玆邑教授

高歌夜雨伴燈寒，又報先生授冷官。幾處逢迎爭倒屣，數年寥落此彈冠。春風雅集邀珠履，秋月長吟對玉盤。不道須臾成往事，教人爭歎別離難。

生憎駒隙太怱怱，晨夕追陪興未窮。正擬浮瓜消夏暑，忽驚行李整秋風。傳經心事追劉向，好客胸襟慕孔融。桃李門牆他日盛，參苓看取貯籠中。

題于海帆先生前身小像有序。詳《静觀齋詩集》

若夢浮生遍大千，蘭因絮果總茫然。誰知此老饒根蒂，證到前身二百年。

修到先生詎偶然，即論夔鑠亦神仙。況於圖畫分明認，面壁曾參上上禪。

居然太守肖緇流，話到前生似有由。古竹荒臺猶彷彿，一番相憶一回頭。

共從圖上認袈裟，笑指儀容竟不差。安得化身成億萬，遍教生佛祝家家。

過山海關題壁 甲辰八月

關外姜女祠，關内夷齊廟。争傳節義名，歘歟足憑弔。所嗟勢利徒，僅足資談笑。我願世間人，須將古人效。吁嗟乎！如今時局日翻新，動以今人薄古人。未知萬歲千秋後，遺烈流芳倫不倫。

瑞洵

瑞洵(？—1934)，字景蘇，號覺遲，更號井蘇，博爾濟吉特氏，隸滿洲正黃旗，琦善孫。瑞洵自幼好學，光緒元年(1875)舉鄉試，十二年中進士。後入翰林院，散館授編修。累官至侍讀學士，又擢北路科布多參贊大臣、烏里雅蘇臺參贊大臣。後因事入詔，罷官，改軍臺效力。

其生平事蹟於恩華纂輯《八旗藝文編目》，趙爾巽《清史稿》卷三百七十中有載。

著有《散木居奏稿》《犬羊集》《犬羊續集》。

《散木居奏稿》二十五卷，民國二十八年(1939)鈴木吉武餐菊軒鉛印本，國家圖書館藏；另有《散木居奏稿》清光緒年間朱格抄本，國家圖書館藏。

《犬羊集》二卷，日本昭和十年(1935)鈴木氏餐菊軒鉛印本，國家圖書館藏；另存《犬羊集》一卷《續編》一卷，日本鈴木吉武編，日本昭和十年小林活版社鉛印本，南京圖書館、國家圖書館、上海圖書館、四川省圖書館、遼寧省圖書館、湖南省圖書館、中國社會科學院圖書館、復旦大學圖書館藏。

此次點校詩以清延清輯《遺逸清音集》(北京商務印字館民國五年鉛印本)卷三爲底本，詩共計2首。

剪髮

八萬四千煩惱絲，一朝斬斷無牽絓。世人不識沙門行，誤謂我亦維新派。父母遺體不毀傷，讀書句下勿死殺。但知取相而捨心，忠孝亦僅資談話。四大和合本如幻，肉身奚論成與壞。果然救過如救頭，世人我故當崇拜。若惟護惜穢革囊，藏垢納污太腐敗。楊子一毛利何有？周公三握甚矣懇。速取并州快翦刀，剷除毋俾留纖芥。宛如罪人釋枷鎖，又似窮子逃冤債。我更杜撰一梵典，禿鶖頂上無痒芥。

補公座上道及季和四兄辛亥臨難，若有餘痛，殆於季和根基未能明了。當知季和若非殺業太重，竟可上躋正果，然致命遂志不復。君親仍亦得復□□之作，是尊重已靈，法身不滅。吾以爲宜賀不宜弔也，謹以四句奉慰

長城自壞廟堂謀，忍使將軍竟斷頭。誰識靈光常不朽，蓬萊仍與列仙游。

衡　　瑞

衡瑞,字輯五,號壽芝,隸蒙古正紅旗。恩賜舉人,光緒十八年(1892)壬辰科進士,散館改户部主事,又改知縣。倭仁孫。

其生平事蹟於恩華纂輯《八旗藝文編目》中有載。

著有《壽芝仙館詩存》一卷,民國二年(1912)石印本,北京大學圖書館藏。

有　　泰

有泰,字夢琴,卓特氏,隸蒙古正黃旗。由兵部郎中簡放常州知府。擢鴻臚寺少卿。光緒二十九年(1903)賞副都統銜,充駐藏大臣。富俊孫,恩成子,升泰弟,光緒三十二年召至京師。

其生平事蹟於恩華纂輯《八旗藝文編目》中有載。

著有《有泰信稿》稿本九册,不分卷,后附《駐藏往來電稿》,國家圖書館藏。

彭　　年

　　彭年（1872—?），字壽民，號伯禾，一號幼澄，巴里克氏，延清子，隸蒙古鑲白旗。京口駐防。著述甚富，尤工詩文。少承家學，知識淵博，光緒二十年（1894）爲優貢，仕江蘇東臺縣知縣，累官至翰林院侍講學士。

　　其生平事蹟於恩華纂輯《八旗藝文編目》中有載。

　　著有《春暉閣詩集》，恩華纂輯《八旗藝文編目》著録此集，未見傳本。其詩歌散見於清末詩文總集和別集者計六十餘首。清延清輯《遺逸清音集》卷四收其詩二十九首；清延清《庚子都門紀事詩》收其詩十三首。

　　此次點校詩以清延清輯《遺逸清音集》（北京商務印字館民國五年鉛印本）卷四爲底本，詩共計 29 首。

有感丙辰五月，時在界口差次

　　攬衣起中夜，獨步思悠哉。大地山河碎，中天日月催。鷗村初過雨，蚊市竟成雷。身世慚無補，誰爲王霸才。

秋日感事用杜少陵《秋興》八首韻，謹呈家君

　　金天顥氣動遥林，空騰千章夏木森。大澤龍潛思故國，荒城雁語起層陰。菊開每濺臨風淚，葵老猶傾向日心。何事御溝溝畔水，只聞哀怨不聞碪。

車馬平時半狹斜，無端烽火逼京華。千家門掩連雲第，萬里裝歸犯月槎。市上悲歌澆濁酒，軍中高唱起清笳。流離幸免飢驅苦，且看東籬晚節花。

　　秋陽原不似春暉，萬派寒光接紫微。豺虎憑城供飽噬，鵷鴻得路競高飛。豆羹亭下炊應獻，菊酒籬邊約已違。盈野爭傳禾稼盡，饒他蕃馬一時肥。

　　東山猶復事圍棋，捷報無聞事可悲。燈火家家明月裏，旌旗閃閃晚風時。關中使節庚郵發，塞上軍書午夜馳。遙望翠華何處是，長安日遠繫人思。

　　正供休說米如山，不涸倉空轉瞬間。烽火遙聞臨潞水，鑾輿遠幸指潼關。盤承白露仙人掌，酒駐丹霞阿母顏。我欲從戎無那晚，封侯難企玉門班。

　　涼風搖起殿西頭，萬籟蕭騷忽報秋。一徑黍禾空鎖恨，六街槐柳總含愁。禁門昨已通車馬，太液今難狎鷺鷗。迎輦待看花似錦，依然春色滿皇州。

　　和戎魏絳不矜功，勝算全操掌握中。雲出無心能作雨，瀾翻有口莫生風。西陲瘠苦粱春白，南內荒涼葉落紅。諸將漫驁匡復志，安危今日仗衰翁。

　　離宮西望自迤迤，山滿軒窗水滿陂。放鶴仍歸仙島路，棲烏應借上林枝。兵期白戰原難勝，臣矢丹忱未敢移。間氣中興知未晚，會看宇宙大名垂。

感事二首

　　六飛西幸駐長安，今日為君較昔難。道有豺狼爭結黨，臣如蟣蝨恥言官。槍林礟雨庚郵阻，雪地冰天甲帳寒。差喜和戎長策在，好音何日聽回鑾。

　　禁令森嚴氣不揚，登場傀儡劇顛狂。驅山走海終無術，點石成金詎有方。灞岸幾人同折柳,津門萬里接扶桑。即今塊壘澆難盡,把酒看天隱帝鄉。

早春還京過新華門,感賦用嚴雨農太老師八十自壽詩韻

皇洲春氣又蓬蓬,依舊遥山亘碧空。三殿塵封金闕掩,一渠水漲玉河通。占年屢驗堯門雪,解愠猶歌舜軫風。眼底滄桑無限恨,平安惟祝主人翁。

天上星羅尚拱辰,幾年閒煞宰官身。東臺愛戴民情厚,署東台縣事。南國棲遲宦況貧。遷地謀成鍾阜下,去鄉盼斷夢溪濱。京口有夢溪。樓頭北望京華遠,兩見申江草木春。

玉宇瓊樓太液西,建章門户接新題。升庭幾輩充蘭芷,戀闕孤臣噉藿藜。放棹頻驚池上鵠,報籌久閟禁中雞。高堂差幸今無恙,徙倚庭柯得所棲。

不定心旌頗似懸,親恩欲報果何緣。縱留遺老非狐史,不避貧家有蝶仙。太常仙蝶常至舍間。乞米恥爲彭澤縣,採薇願陟首陽巔。升沉我擬君平問,賣卜人誰隱市煙。君平年八十,猶賣卜成都市中。

**辛丑嘉平朔日,需次金陵,路遇仙蝶,
李丈亞白紀之以詩,因用原韻奉和四首**

仙蹤幾度過蓬門,小史編成不厭翻。爲愛江南冬日好,彩衣重見舞軒軒。

閒來問字子雲亭,路過青溪水尚青。粉本若能描蛺蝶,如披五嶽覯真形。

佳話曾聞賜吉祥,一時遭際幸明良。兩宮近有迴鑾詔,拜舞還應下太常。

似曾相識記金臺,訪舊金陵足喜哉。作吏敢云能免俗,翩仙隨我渡江□。

恭題家君太常《仙蝶圖》此圖係信栗民通侯恪所贈

仙蹤十載寄侯門，消受茶甌與酒樽。畫裏一枝春共贈，吟梅伴我侍晨昏。

官閣梅開已賦詩，珊珊今歲較來遲。何時敬迓高軒過，爲設花間酒一卮。

輓寶和年讀學豐

曾爲吾家選壻來，余二舍妹係和翁與陸申甫年丈作伐，歸宗室奕紹敏禮部元。座中光霽幸追陪。從容就義人難及，三復遺書費溯洄。

輓裕壽山制軍祿

疆吏清廉久見稱，猷爲兼守本難能。可憐畿輔軀捐烈，不讓當年盧象昇。

興化舟中口號

嗷嗷澤國少哀鴻，惟盼秦郵堵壩工。好是立秋西水緩，保全民食仗天公。

湖水空明接遠天，四圍村舍起炊煙。家家稻把高於屋，門外蘆花飛遠田。

斜陽古木噪寒鴉，流水荒村浸晚霞。最是江鄉風景好，門前曬網有漁家。

我來髣髴入桃源，父老殷勤指陌阡。惟恐來秋再開壩，蓋藏俱盡入荒年。

爭道高家堰那邊，猴兒門啓自今年。冬來若不加工築，從此下河無熟田。

得勝湖中秋月明，孤舟客夢醒三更。霜鐘遠寺聲聲徹，入耳都教俗慮清。

三　　多

　　三多(1875—1941)，字六橋，號鹿樵，鍾木依氏，隸蒙古正白旗。曾祖貴生，祖克什納，父有連。俞樾弟子。世襲騎都尉。光緒十三年(1887)舉人，早年在杭州駐防當差，光緒三十二年署杭州府知府。光緒三十四年官綏遠城副都統，宣統元年(1909)署庫倫辦事大臣。民國成立後，任山海關副都統，盛京副都統兼署金州副都統，北京移民局、勞動局局長，國務院銓選局局長，東北邊防軍司令長官公署咨議。

　　其生平事蹟於清延清輯《遺逸清音集》，民國九年《最近官紳履歷彙編》，恩華纂輯《八旗藝文編目》中有載。

　　著有《可園詩鈔》《柳營謠》，收詩六百多首。又有《可園詩鈔外集》四卷。另輯有《可園雜纂》(又名《柳營詩傳》)。此外還著有《可園文鈔》一卷，收有不少論、跋、序文。

　　三多爲樊增祥詩弟子，熟於滿蒙地理方言。仿竹枝詞體，作《柳營謠》百首，編爲四卷，題曰《可園外集》。

　　《可園詩鈔》三卷，光緒十三年刻本，上海圖書館、南京圖書館藏。《可園詩鈔》七卷，光緒十八年石印本，國家圖書館、大連圖書館藏；光緒二十八年石印本，大連圖書館藏。《可園詩鈔》十卷，鈔本，中國社會科學院圖書館藏；光緒末石印本，國家圖書館、上海圖書館、復旦大學圖書館藏。《可園詩鈔》一卷，宣統間石印本，國家圖書館藏。

　　《可園詩鈔》外四卷，光緒刻本，南京圖書館、復旦大學圖書館、日本京都大學人文科學研究所藏。

《可園詩鈔外集》四卷,清光緒刻本,國家圖書館藏。

《可園雜纂》四卷(又名《柳營詩傳》),光緒十六年刻本,國家圖書館藏。

《可園詩稿》不分卷,光緒十六年刻本,南京圖書館、中國社會科學院圖書館藏。

《可園詩鈔》三卷,初刻於光緒十三年,上海圖書館藏;光緒間石印本,七卷,國家圖書館藏。

《可園外集》四卷(一名《柳營謠》),光緒十六年石印本,遼寧省圖書館、南京圖書館、中國社會科學院圖書館、國家圖書館藏。

此次點校詩以清延清輯《遺逸清音集》(北京商務印字館民國五年鉛印本)卷三爲底本,並參照錢仲聯主編《清詩紀事·光緒宣統朝卷》,孫雄輯《道咸同光四朝詩史》甲集卷六,詩共計100首。

移節庫倫,信懷民軍帥索題冒鈍宦京卿詩卷子,因感舊遊,惜別懷人,不覺一時交集也[1]

長安多貴人,輕肥事裘馬。十載少年場,總覺吾黨寡。信侯人中龍,風流亦儒雅。自紆萬户尊,強仕歸茅舍。立民通侯有《竹籬茅舍圖》。季方更不凡,公卿長揖謝。人道二難并,我謂二疏亞。西湖與之抛,前年來日下。日下二三子,一笑臂同把。春風桃李園,秉燭遊良夜。丹鳳復飛來,頓促東山駕。任尚佐班超,邊騎慚共跨。論功不自居,讓美增吾價。疊拜九重恩,傳遽將別也。袖出冒君詩,索我墨花瀉。焚香展卷吟,清妙勝於麝。如入水繪園,如聽聯牀話。見山語所見,耆壽民總戎。今之成容若。鈍宦筆不鈍,今之張仲冶。明日去朝天,重結香山社。只愁無車公,欲去又難捨。安得飛將軍?奉詔從天下。

校記:

[1] 此詩輯自《道咸同光四朝詩史》甲集卷六。

三　多

過黑水洋放歌

一夜颶輪行不已，瀛洲煙島程千里。吾昔曾聞海之奇，今忽置身奇境裏。黑風陡捲銀山來，滔滔滾滾如奔雷。既不能大聲喝倒走，又不能赤手施挽回。鼓輪逆浪浪顛簸，瞥眼雪山亂飛過。東艙西艙客盡嘔，我似謝安仍燭坐。忽而吟嘯徹太空，忽而叱咤生長風。忽而竟欲蹋波去，騰身直扣蓬萊宮。蓬萊之宮渺何處？曇雲四合不知曙。暗中恍有天人言，之子漫犯仙郎署。琳館璇宮深且幽，高居半是白雲儔。乘風破浪勿汲汲，他年自許乘槎游。長鯨競將舳艫擁，碧瞳加意容心恐。舵樓一望昏無涯，浪花怒作墨花湧。而我爲之高歌高，吟興勃勃潮勢豪。慣作險語破鬼膽，不學青蓮東釣鼇。安得如椽大筆凌空把，恣意醮此揮灑滿天下！

詠哲布尊丹巴呼圖克圖[1]

一出金瓶便獨尊，竟忘先輩自西奔。沙畢衙門公文中動言我師哲布尊丹巴之庫倫，或駁禁，不從，余嘗謂之曰："汝輩忘噶爾丹之役乎？"乃語塞。沙畢即沙門。維摩花室争相入，羅什盆鍼已早吞。無上上乘新世界，想非非處小乾坤。定邊終仗降魔杵，此亦西方不二門。

總無妙法説歌更，活佛亦稱哥更。那有慈航濟衆生。呢鉢浪誇蓮出現，舐刀還爲蜜相争。前達賴喇嘛來庫倫，蒙衆之皈依哲布者夥而頂禮達賴。因達賴爲黃教第一支，哲布乃第三也。哲布怒，欲以武力逐之，幾成大戰鬥。丹書克欲年年受，丹書克，貢獻也，三年一遞，哲布改爲一年一遞。蒙衆苦之，畏不敢言，西盟札薩克汗爲民請命，起而反抗，往返部議，始從定章。般若湯先日日傾。嗜酒無度，首犯教規。不信金剛身不壞，自家妲篤失雙明。雙目已瞽。妲篤，譯言眼也。

玉門關外本無春，忉悧天邊竟有人。雲朵白描菩薩面，梵嫂敦都克拉穆即察汗達拉，察汗達拉釋稱白菩薩。桃花紅現女兒身。沙畢多扣背，有桃花兒者尤名於時。扣背，蒙女也。色空幾輩能垂戒，香火前身未結因。一任廣長蓮舌妙,度遼安穩勝仙真。諺云:"神仙難過大庫倫。"其習染之不易免可知。

危疆何以轉爲安,膜拜應慚對可汗。登哩囉曾並政教,教力干涉政事,不下西藏達賴。官斯土者,初則利用之,積久成風,尾大不掉,蒙人迷信宗教,由來尚矣。讀《九姓迴鶻碑》,所謂登哩囉者,亦其人也。高勾麗合鑒艱難。哲布久思非分,時以高麗前轍諷喻之。廣參歡喜禪無補,大發慈悲我本寬。儻得橫行兵十萬,軍中自有范兼韓。以三十四旗地面僅有二百五十名之宣化客軍分駐各處,正籌鍊新軍,又奉部令停止。

校記:

[1] 此詩輯自《清詩紀事·光緒宣統朝卷》。

歸綏得冬雪次尖叉韻[1]

白鳳群飛墜羽纖,大青山上朔風嚴。精明積玉欺和璧,皎潔堆池奪塞鹽。蒙鹽產於池。沙亥蒙言鞋。無塵即珠履,板申蒙言房屋,《明史》作板升。不夜況華襜。鐵衣冷著猶東望,極目觚棱第幾尖?無垠一白莫塗鴉,大放光明蕆戾車。佛經言邊地也。難得遐荒皆縞素,不分榆柳盡梨花。瓊樓玉宇三千界,毳幕穹廬十萬家。預兆春耕同穎瑞,陳平宰社餉烏叉。滿蒙以少牢祀神,饋餉其膞曰烏叉。

校記:

[1] 此詩輯自《道咸同光四朝詩史》甲集卷六。

四時雜詠奉和世叔母王喬雲夫人

風光最好是重三,花淺深紅草嫩藍。我似華宗王逸少,學書修到硯池南。

團扇輕綃坐晚涼,圍棋輸罷紫羅囊。偷桃閒話前生事,弱水瑤池是故鄉。

三　多

金菊芙容滿地舒，對花時見寫扶疎。鷗波館裏西風早，青鳥飛來問起居。

卓犖觀書要五車，南樓借坐校麻沙。雙鬟忽報寒梅放，拈詠冰心鐵骨花。

中秋夕與家人登汗阿林樓觀月[1]

全家行萬里，今夕忽三年。月影人同滿，秋聲雁獨先。故鄉方啖餅，此處已添綀。莫道高寒甚，明朝是日邊。

校記：

[1] 此詩輯自《道咸同光四朝詩史》甲集卷六。

幕中諸友次和前韻疊韻再作

北漠持雙節，南樓又一年。樂居諸子後，憂在衆生先。桂樹難供爨，蓢苗枉類綀。焚香常不寐，況復月無邊。

拜賜御書福字荷包，食物等項，偕幫辦大臣綳輥山楚克車林貝子疏謝恭紀

色楞河水遠，世澤與之長。鬱督山峰極，《一統志》：杭愛山即古鬱督軍山。天恩不可量。甘甜分玃猱，福禄遍鴛鴦。聖代寬琛賮，麐豬答尚方。庫倫每年冬季例貢野豬四口，山麐五隻。

大　連　灣

甯海幾曾甯？昔屬甯海縣治。南關久莫肩。春從牆外望，潮在枕邊聽。宦海沉人黑，他山奪主青。且尋遊宴樂，何處不新亭。

權鎮歸化城謝恩恭紀

朝班聯步進乾清，雉扇雲開旭照明。祖硯百年慚繼武，御屏三世

荷題名、先叔祖、先父皆蒙記名副都統。恩前已覺難爲報，寵後方知受可驚。幸相溫公邊事少，四夷今是活長城。

抵任書寄杭州戚友

手持邊鎖下堯廷，巡遍雲中馬不停。拔地雄關迎我翠，黏天芳草送人青。五千里路山河海，十二時辰日月星。爲問西湖蘇學士，買貂乘傳可曾經。蘇詩：近買貂裘堪出塞，忽思乘傳問西琛。

邊塞苦寒，蒔花不易，偶購盆梅數株，紅者尤佳。
適讀樊山先生紅梅詩，和而賞之八首錄四[1]

誰憶春寒賜錦袍，夜光杯酒醉蒲萄。千頭奴婢呼丹橘，一品夫人認絳桃。雪北暗香和鶴守，江南芳訊託魚勞。太陽不是偏相照，的的先開直幹高。

冬心剛冷得春暉，一笑渾如畫錦歸。林下美人除粉素，山中宰相盡衣緋。豔於桃李何曾俗？烘到雲霞也不肥。玉照堂前三百本，幾時移入綺羅幃。

迢迢東閣報開花，出塞姬嬙憶漢家。曲度雙聲賡絳樹，功成九轉鍊丹砂。聰明未必輸冰雪，濃豔無妨效曉霞。鄉事向君應問訊，芳風可透綺窗紗。

一枝濃抹上猩屏，不向林家鬭尹邢。丹的點題增姘媚，絳紗封臂惜娉婷。長庚酒沁吟詩筆，後主羅圍奏曲亭。每到黃昏搖燭照，仙標越瘦越瓏玲。

校記：
[1] 此詩輯自《道咸同光四朝詩史》甲集卷六。

登歸化城北樓書感[1]

長風萬里詎能乘？聞道黃河昨夜冰。地接大荒聊縱眺，天垂圓蓋讓飛昇。悅無情話疎親戚，畏不懷歸豈友朋？鈴閣無人來獨嘯，雲中鸞鳳一齊膺。

校記：

［1］此詩輯自《道咸同光四朝詩史》甲集卷六。

邊　庭[1]

冠劍年華已過丁，飄颻形影尚邊庭。厓環瀚海東西白，嶺界胡天內外青。豹虎負嵎風助嘯，蛟龍縱壑水騰腥。萬人師長權安在？空掩穹廬讀武經。

校記：

［1］此詩輯自《道咸同光四朝詩史》甲集卷六。

疊　前　韻

肅慎承恩到箭丁，東督代蒙古王奏請變通台吉，屬下人箭丁出路等事，已奉旨依議。會看荒服悉來庭。萬年王氣無邊紫，一髮天山未了青。倚馬上書仍賈勇，存羊下箸不除腥。疏裁各項陋規，廩羊仍舊。可憐虓虦燕然石，我未鐫銘彼勒經。圖盟杭愛山，《一統志》：按當即古之燕然山，南石壁鐫度人經，係古梵書。

立　馬[1]

立馬天山最上頭，萬方多難尚登樓。懷歸豈僅朋堪畏？止謗何妨自更修。若士胸中容海宇，褚裒皮裏貯春秋。邊夷驍政須情恕，遙減宵衣旰食憂。

校記：

［1］此詩輯自《道咸同光四朝詩史》甲集卷六。

有人將間道歸杭託寄書並題

鯉魚風到古杭州，煩報平安慰白頭。屈指離家剛十月，驚心亂世過三秋。衛青殺敵談何易，魏絳和戎信老謀。從此中原停戰伐，倚閭遙望可無憂。

敬次曲園太夫子元旦詩韻

春風吹到浣花箋，矍鑠精神喜似前。湖海獸樽延壽酒，山林鶴俸賣文錢。東西球上推名宿，廿六科中享大年。雲杏露桃都種遍，桐孫秀出蔚藍天。

懷帥以詩贈行次韻答謝

不彈古調改絃更，拋却西湖事遠征。秉節公兼持虎節，專城我愧接龍城。才輸李靖能文武，願效王尊答聖明。杭愛山前回首望，圖南萬里仰鵬裎。

壬子秋暮將赴盛京，適廠肆有以前清成邸送紅梨主人之任陪都律詩直幅來售，遂購得之。詩云：“東去陪都兩建牙，兵農欣戴賈商誇。坐談能飲驪河水，臥治無求期島瓜。曉出鷹人擁蠟雪，夜歸燈婢候挑花。鑾輿再幸枌榆地，我勝彭宣拜內衙。”即次其韻，留別同人徵和，不僅結翰墨緣，抑亦爲
瀋陽添一掌故也

五載三邊建節牙，能遭人罵勝浮誇。祖居此亦堪栽柳，吾家世居撫順城，順治二年遷駐杭州，盛京乃第一桑梓也。吏隱何妨學種瓜。鴻爪且尋留雪印，去冬由西伯利亞歸，過奉曾小住三日。馬頭猶看傲霜花。諸公未必慳珠玉，輝映紅梨舊主衙。

三　多

旅　順　口

沉沙折戟尚縱橫，袖手曾觀鷸蚌爭。豈意湯池成禍水，竟教塢石變愁城。《明史》：金州衛東南有望海塢石城。假虞滅虢應爲鑒，攻魏連吳或可盟。白玉山前春正好，同歌伐木鳥嚶嚶。

山　海　關

六度雄關百事違，惟量榆柳長新圍。馬蹄翠蹴秋山響，鴉背紅拖夕照飛。一曲兩朝徵信史，九邊千載困戎衣。英雄誰似姜家女，遺廟香花尚禱祈。

咨送京師大學堂肄業留別師友

角智爭雄五大洲，自強各爲至尊謀。官閒久愧餐高錄，母健何妨事壯游。願學情殷甘作士，報恩心重薄封侯。濟時未必需年少，先把奇書努力求。

十年輪鐵杳京華，舊識公侯半種瓜。仁勇我師楊萬里，治安誰是賈長沙？讀書無用都爲福，學劍雖成豈足誇。秋色滿湖拋不管，時方多難敢思家。

述　懷[1]

興公欲賦遂初還，竭盡微才莫濟艱。敢戀肘懸金斗印，祇思身入玉門關。集桑集栩憐黃鳥，開鎖開籠羨白鷴。願乞長風起天末，蒼生十萬換青山。

畜衆安民詎有權，毳廬獨坐似鍼氈。願看他日花長好，待到層霄月正圓。手續千言驚白種，《心經》一卷懺紅禪。釣鰲我欲浮東海，何必龍城萬里專。

校記：

[1] 此詩輯自《道咸同光四朝詩史》甲集卷六。

九月初四日曉起見雪戲作此歌[1]

昨夜天上逃詩囚,紛紛搥碎白玉樓。鐵衣都護方防秋,聞此一躍撐雙眸。但見白遍青山頭,零珠片玉無人收。大笑郊島豈敢偷?高呼李杜相爲謀。一杯酒換千金裘,百首詩卑萬户侯。人間富貴如雲浮,何必老死擁八騶?吾其赤手擒銀虯,冰天雪地騎之遊。玉皇知我憂先憂,不許斗北將身抽。恍言三島和十洲,雲斤月斧需重修。汝亦桑土應綢繆,遲三千載再歸休。

校記:

[1] 此詩輯自《道咸同光四朝詩史》甲集卷六。

題黃菊友大華大令詩集

袖中詩外兩清風,名士爲官衆不同。倘蚤一年前作郡,居然屬吏有涪翁。余權枕守,君已卸仁和縣事。

柳營謠一百首錄六十首[1]

《鐙詞》寵賜早春時,會典房中永寶之。何日新成重建復,碧紗籠護御題詩[2]。

彩毫飛落九重雲,會議堂開賜冠軍。欲訪三司公署地,查家衕口滕斜曛[3]。

喜際昇平息鼓鼙,更衣宮裏仰宸題。天然鳳舞龍飛筆,留幸杭城九曲西[4]。

都署新成涵碧亭,真如畫舫水邊停。秋來妙又如書屋,雨打殘荷倚檻聽[5]。

書巢遺址仰流芳,敢恃聰明亂舊章?我喜趨庭聞故事,重懸楹帖復鑲黃[6]。

四旗裁去近千人,萬頃沙田澤沛春。此即盛時司馬法,兵當無事

三　多

本爲民[7]。

　　弓胎騂角箭翎雕,試取穿楊百步遥。聞説將軍親選缺,争將全技獻星軺[8]。

　　旌旗處處風留影,碪杵家家月有聲。難得八方無事日,格林礦隊選精兵[9]。

　　霜天吹角馬如飛,卅二排兵擁繡旗。都趁曉風殘月出,礛山今日試紅衣[10]。

　　雜技營中博且專,居然騎馬似乘船。碑能直立鐘能掛,儻使隨園見早傳[11]。

　　真珠曲阜永安橋,紅白蓮花共五條。更有鼇山兼兔嶺,至今何處問漁樵[12]?

　　城隅舊地訪平章,入夢梅姬漫獨傷。一樹棠陰無處憩,花公祠宇失堂皇[13]。

　　梅花深處昔敲門,友竹交松别有軒。閲罷金經調緑綺,禪房茶熟正香温[14]。

　　梅青古院好滋培,一秀才捐一樹梅。放鶴亭前人不返,十分清麗爲誰開[15]?

　　一抔黄土草紛紛,魚腹瓜刀久不聞。短碣搜尋重建立,行人始議杜仙墳[16]。

　　菩提講寺證前因,老屋頽廊積緑塵。一徑桑麻三徑竹,緬懷宰相贈詩人[17]。

　　井名誰把鳳凰題,浪唤凰兮與鳳兮。石上都無仙翰影,碧梧枝上亂鴉嘶[18]。

　　轆轤甘井汲西城,簇簇松花水面生。三十年來陵谷變,寒波空悵一盂清[19]。

　　舊時軒月尚如輪,不見填詞入道人。行到蓮池西盡處,更無矮屋奉高真[20]。

水先後起高樓,良相名人共不休。城外湖山城內見,見山且看合雙修[21]。

短短紅牆小小門,一官雖謫亦君恩。橋東遺署今烏有,蓋代威名世尚聞[22]。

施水坊橋古蹟存,我來偏不效争墩。前修尚有都音保,鼎峙何妨說可園[23]?

天潢鶴俸慨然分,恤士曾傳好使君。梅院一龕應配享,王將軍與寶將軍[24]。

岱防禦畫效倪迂,收拾西湖進紫都。博得天顏曾一笑,南巡併得臥遊圖[25]。

一個貓兒一餠金,誰欺論畫補桐陰。牡丹不用胭脂染,家學淵源兩竹林[26]。

教棋賣字有王郎,妙墨争如學士梁。倘使當時逢月旦,書名應並蔣山堂[27]。

軍帥群欽多藝才,工能善畫漫相推。張成風角翻新學,五兩銀雞妙翦裁[28]。

梅花重補聘名師,教育深恩大樹滋。爲語八旗佳子弟,報崇應建范公祠[29]。

五小營門九里城,穿城河水最澄清。臨流稚子學垂釣,聖代于今休甲兵[30]。

就園都護最能文,儒雅多才更博聞。聽雨一編無覓處,天防著作掩功勳[31]。

平南軍府建高牙,二百年來是一家。今日四夷皆我守,弓刀掛壁嘯龍蛇[32]。

八旗學校分文武,弓箭詩書兩不荒。家藝淵源邁千古,栽培將相答君王[33]。

漢字教成滿字來,兩傍滿漢學堂開。宏文自是丞平象,不羨彎弓

三　多

跨馬回[34]。

　　五年一賦出關行,遠此尋常上玉京。相馬鯀來如相士,空群須此古人精[35]。

　　朱棺懸葬是何人,蘬紙無從證夙因。何不學仙化遼鶴,百年同此蟪蛄春[36]。

　　萬竿蒼雪繞齋齊,分照家君太乙藜。竹牒可能重我授,並將古蹟證城西[37]。

　　瑞公威範震千家,百戰功勳洎可嘉。兩浙靈聲傳不朽,忠魂甘葬萬荷花[38]。

　　東公清節尚流芬,千里還鄉戀夕曛。不惜廉泉偏挹注,三疏而後又重聞[39]。

　　八橋居士老禪房,衣鉢無人奉瓣香。副本倘留長慶集,他年應學抱經堂[40]。

　　姊妹才情一樣長,題詩先後到山牆。騷人盡解垂青眼,艷比蘭芳與蕙芳[41]。

　　不作詩仙作畫仙,李家又見一青蓮。紅妝屢倩描新照,真個神從阿堵傳[42]。

　　鏡中真個自生花,對臉傳紅未足誇。一片青銅今莫寶,空將奇事說陳家[43]。

　　地傍湖山秀絶塵,新傳八景出名人。倚園花石倉河月,費盡丹青畫不真[44]。

　　載酒紅橋繞綠雲,紫雲坊膌綠雲紛。數椽小屋臨河闕,水竹誰家占一分[45]?

　　樹石參差水竹環,倚園新作雅遊還。御書樓上憑闌眺,西背平湖北面山[46]。

　　艷説魚軒兩苞杭,廿年風景感滄桑。材官齊祝婆婆福,書額重來仰北堂[47]。

607

竹馬爭騎迓使君，新將軍是舊將軍。藹然齋額親題處，九載重看墨尚芬[48]。

修築東西兩岸堤，爭輸鶴俸覆香泥。小橋官柳青青外，誰把柳花補種齊[49]。

參差紅燭間沈檀，爲賽今年合境安。齊赴毓麟宮上籌，木犀香裹倚闌干[50]。

鑼鼓敲開不夜天，龍鐙高縱馬燈前。嬌癡兒女爭相看，坐守春宵倦不眠[51]。

糯粉新和紅綠豆，廚娘纖手慣蒸饎。品題何藉劉郎筆，春餅同煎饋老饕[52]。

同承恩澤鎮之江，敢享承平志氣降。調自六州歸一本，和親康樂答家邦[53]。

節物于今各處殊，吾家笑作五侯厨。荊州圓子福州餃，歲暮春初相向輸[54]。

湖上春深興更悠，招邀俊侶策華騮。詰朝要放桃花血，逐隊鬆鞍到處遊[55]。

西去人家斷復連，一灣流水繞門前。落花枯草調鷹地，暖日清風放鴿天[56]。

五色絲纏鐵嘴巢，銜旗啄彈各相教。忍饑就範如鷹隼，細草青緘蚱蜢包[57]。

聲名文物合推今，精絕詩書畫與琴。莫笑管絃聞比戶，武城自古有知音[58]。

留月賓花樂事饒，聲携吟屐井亭橋。如逢水繪庵中主，尊酒論文一笑澆[59]。

誰爲旗營唱《竹枝》，風流傳遍《逸園》詞。吉璁去後難爲和，敢此《鴛湖》百首詩[60]？

自愧髫年聞見稀，池當人往又風微。百篇吟就仍無補，數典忘祖

608

三　多

庶免譏[61]。

校記：

[1] 此詩輯自《清詩紀事·光緒宣統朝卷》。

[2] 自注：乾隆六年頒到《御製鐙詞》一卷，藏于會典房，房已毀于兵燹。

[3] 自注：會議府向在查家衕，庫司左司右司並在焉。御書冠軍二字顏其大堂，今古木衰草而已。

[4] 自注：乾隆十六年南巡，閱兵于大教場，築更衣宮供詩碑焉。杭城西北昔有九曲，故一名九曲城。

[5] 自注：恭閱松都護今歲廣葺其署，建亭沼上，顏曰"涵碧"，昔松賜亭、固蓮溪兩都護先後題有停舫、寄廬、聽秋書屋、萬花堂、伴鶴軒諸勝。

[6] 自注：嘉、道間南尊魯協戎任鑲黃旗，顏其檔房曰"書巢"，爲查聲山舊書，又自集《尚書》語"罔以側言改厥度，毋作聰明亂書章"爲聯。今家大人協領是旗，仍其舊句懸之。

[7] 自注：乾隆二十八年裁去漢軍四旗九百餘人，賜以蕭山沙田，有不耕者準其外補營勇。

[8] 自注：官制，由前鋒領催挑取驍騎校遞上，至于協領皆然。每一缺出，與選者齊赴教場，聽候考選官缺，擬定正陪，奏送引見。

[9] 自注：格林礮來自德國，營中購置多尊。

[10] 自注：紅衣，大礮名，年例九月試演于秦亭山西，俗呼爲礮山。

[11] 自注：營操有雜技一門，馬上尤嫻，有立碑掛鐘諸名目，袁子才有《躍馬歌》。

[12] 自注：真珠橋在真珠河上，曲阜橋在軍將、施水二橋之間，西岸跨街，小永安、紅蓮花、白蓮花三橋並在梅青院東，今俱廢。鼇山頭在清湖橋南新開衕，兔兒嶺在坍牌樓，今罕有知者。

[13] 自注：賈似道故宅在分箕兜，舊爲鑲白旗協領署。乾隆中香公格任此，夢賈妾梅姬乞焚楮帛。花公禪布康熙間任此，有政績，去後該旗感而立祠署旁。今皆廢。

[14] 自注：嘉慶間梅青院僧印海善琴，所居有友竹交松軒，爲噶學山題贈。

[15] 自注：院爲宋林和靖未隱時所居，嘉慶五年將軍范恪愼公創爲八旗士

子肄業之所，見馬湘湖明經《補梅記》。光緒初掌教盛愷庭觀察捐資重葺，議每入泮者栽一梅于庭。今頗成林。

［16］自注：墳在錢塘門內，乾隆四十二年春正紅旗協領佛公智重修，尋廢。光緒戊子家大人獲其墓碑，復爲封治。仙名炅，字子恭，晉人也。朱竹垞《鴛鴦湖櫂歌》："網得錢塘一雙鯉，不知魚腹有瓜刀。"原注："錢塘杜子恭，就人借瓜刀，其主求之，曰：'當即相還耳。'既而刀主行至嘉興，有魚躍入舟中，破魚得瓜刀。見《搜神記》云。"

［17］自注：寺在八字橋西，今栽桑竹，道光八年舅祖文吟香公讀書于此，見瑞文端公如《舟吟館詩鈔》。

［18］自注：井在太陽溝，相傳爲鳳氏所啓，以故得名，並鐫鳳凰于井闌，今無存焉。

［19］自注：松花井在長生橋西，昔常有松花浮水面，故名。

［20］自注：開元宮在吳家蕩旁，爲宋周漢國公主府，元時句曲外史張伯雨入道于此。外史《開元宮得月軒詞》，有"環堵隘，花狼藉，溝水漲，雲充斥，似石魚湖小，酒船寬窄"之句。自闌入營中，惟矮屋數椽，中奉高真像而已，雍正癸卯二月十九日厲太鴻過之，有《木蘭花慢》一闋，見《樊榭山房集》。今則荆棘叢生，陳跡不可訪矣。

［21］自注：瑞文端公故第在清湖河北岸丁家橋相近，中有見山樓，眺盡湖山之勝，見公弟瑞雪堂觀察《樂琴書屋詩鈔》。按其地似即趙松雪爲祝吉甫所題且看樓遺址，惜無好事者復建之。

［22］自注：年大將軍雍正間謫杭州，後貶至正白旗滿州防禦，其故署皆圍紅牆，在石湖橋東折柴衖內。按年爲防禦時，日坐湧金門側，鬻薪賣菜者皆不敢出其門，曰年大將軍在也。見《嘯亭雜錄》。

［23］自注：《清尊集》分題武林古蹟，施水坊橋，其一也。都音保，滿洲人。善書，昔居橋邊，見《武林城西古蹟考》，即余可園左近也。

［24］自注：乾隆四十年，將軍宗室富公重士恤兵，奏添養育兵，並捐廉飲焉。去後營中設生祠于梅青院。四十五年至五十年，將軍王公、寶公悉宗其政體，前後墾牧田召租以濟困乏，杭乍孤寡口糧及遠差貼費皆自二公始，垂惠吾營，當議共祀以報之。

三 多

[25] 自注：防禦岱彭號半嶺，工畫，曾繪《西湖全圖》進呈御覽。

[26] 自注：黃履中字德培，漢軍人，裁汰後賣畫爲生，尤善畫貓，一貓一金，以"黃貓兒"稱。姪九如以畫紫牡丹得名，一夕夢古衣冠人謂之曰，汝畫牡丹，當用蘇木汁如製胭脂法，則絶肖。醒而試之，果逼真。

[27] 自注：王東冷，漢軍人。裁汰後教棋賣字，遊四方，書學頻羅菴，能亂褚。

[28] 自注：嘉慶八年，將軍宏公工棋善書，又精製器，嘗以銀片翦一雞，高置竿頭，占四方風信，歷試不爽。

[29] 自注：將軍范恪慎公禮賢下士，創立梅青書院，補梅延師，以漢學教授八旗子弟，至今因之。

[30] 自注：營城內外計有一千四百三十六畝四分零，周圍九里，穿城二里，自錢塘門而北而東南又闢五門，屏山帶水，勝甲省垣。

[31] 自注：雙就園都護道光間任鑲黃旗協領，升西安副都統，累著軍功，後予告歸杭，著《聽雨齋詩文》。

[32] 自注：順治二年金大將軍領平南大將軍印統兵抵浙，五年議設駐防官兵共三千九百數十人，七年冬築營城以判兵民，八年又遣官兵協防，十五年增甲兵五百副于營外，康熙八年始奉旨永不住民房。

[33] 自注：武義學曰弓廠，乃各旗自設者。

[34] 自注：書院後即設滿漢兩官學。

[35] 自注：營例閱五年遣員出關購馬一次。

[36] 自注：鑲紅、正紅兩旗協署牆界下有朱棺懸諸窅室。

[37] 自注：太夫子廷澐巖先生爲吾營耆儒，著作甚富，有城西古蹟考、詩文等書，亂後多失傳。

[38] 自注：將軍瑞忠壯公堅守旗營，屢建大功，卒以糧盡殉節于軍署荷池，今建專祠在梅青院前。

[39] 自注：東恭介公由正藍旗協領歷升福州將軍，晚年歸里，盡傾宦橐分鄉黨，後復總制四川，卒于道。

[40] 自注：外祖裕乙垣公居八字橋西，又號八橋居士。嘉慶戊寅舉人，有詩名，在京供職禮部員外，寓法華寺十餘年，易簀時命侍者將生平著作盡納棺

中。昔盧抱經學士父存心藏婦翁馮景《解春集》遺稿,示學士詩云:"外祖馮山公,文章驚在宥。衣鉢無後人,瓣香落汝手。"學士後梓行。

［41］自注:康熙初,白曉月、色他哈兩女士多才多貌。曉月有《半山題壁詩》,色他哈見而和之。復有名人方苞、荀倩等和詩。荀云:"新吟爲我舊吟誰,姊妹遭逢一樣悲。絕勝金閶樓上女,蘭芳名與蕙芳垂。"

［42］自注:李朝梓,漢軍人,乾隆間居潘閶巷,工畫仕女。相傳其家有樓爲狐所居,一日李見一清代宮裝麗姝,笑請寫照,爲描撫入神,後屢見而屢易其妝,李盡撫之,由此得名,人稱之曰畫仙。

［43］自注:嘉慶丙子三月,軍將橋東岸蒙古陳氏家有古銅鏡忽生花,半月始滅,當時詩人多歌詠之。

［44］自注:山湖之秀,滙于西城,吾營盡占其勝。吾師王夢薇先生每入營必低徊忘返,嘗題柳營八景,曰梅院探春、倚園消夏、西山殘雪、南閘春淙、吳蕩浴鵝、井亭放鴨、倉河泛月、花市迎鐙,並繪圖徵詩,一時傳爲美談。

［45］自注:洪福橋,《乾道志》名洪橋,清流綠蔭,爲營中勝處。

［46］自注:軍署向有西園,去年長樂初將軍重葺,易名倚園,御書樓在園正東。

［47］自注:將軍希侯太夫人,即咸豐初年將軍倭侯夫人也。重蒞杭營,故于軍署二堂顏曰重來。爲彭雪琴尚書書。

［48］自注:吉仲謙將軍重鎮杭州,倚園有藹然齋,爲光緒六年駐節時手題。

［49］自注:光緒元年八旗捐栽楊柳于河岸,儻再間以桃花,當更可觀也。

［50］自注:臨水夫人廟在雙眼井西,曰毓麟宮,亦曰天聖母宮,閩人尤信祀之。

［51］自注:杭俗春宵有龍馬燈會,必先入營參各署,以領賞犒。

［52］自注:俗于春首用紅綠豆和粉蒸糕相饋。

［53］自注:亂後八年旗調自乍浦、福州、荆州、德州、青州、四川六處,以復舊額。

［54］自注:難後八旗皆調自六州,所以節物各殊。

［55］自注:春分前後當以鍼刺馬頸,謂之放桃花血。前一日須出騎,謂之鬆鞍。

[56] 自注：俗喜調鷹放鴿，佳者隻值數金。

[57] 自注：鐵嘴、蠟嘴皆杭産禽名，飼以青蟲，教乏銜絨，能解人意。

[58] 自注：吾營以詩傳者，赫藕香方伯有《白華館遺稿》，外王父乙垣公有《鑄廬詩草》，舅祖文吟香公有《亦芳草堂詩稿》，善雨人寺丞有《自芳齋詩稿》，貴鏡垣觀察有《靈石山房詩草》，以書名者，善寺丞之行書，固畫臣姻伯之楷書，杏襄侯姻丈之隸書。以畫名者，祥瑞亭協戎之馬，家大人之山水牡丹，喬雲、織雲兩夫人之花卉。工琴者，盛愷庭觀察、外舅文濟川公、家六叔保子雲公、柏研香、杏襄侯姻丈，皆精絶靈妙，遠近言琴者莫不以吾營爲領袖。數年以來，甚至垂髫兒女盡解操縵，亦吾營中一韻事也。

[59] 自注：榮竹農部郎隨侍都護恭公來杭，顔其衙齋曰留月賓花館，每逢佳日集吟社焉。

[60] 自注：内兄守彝齋茂才有《杭營竹枝詞》八首。昔竹垞太史作《鴛鴦湖棹歌》百首，同里譚吉璁和之，余則未敢竊比焉。

[61] 自序：吾營建自順治五年，迄今二百四十餘載，其坊巷橋梁古蹟寺院之廢興更改者，既爲杭郡志乘所略，而其職官衙署科名兵額一切規制，又無紀載以傳其盛。自經兵燹，陵谷變遷，老成彫謝，欲求故實，更無堪問。夫方隅片壤，尚有小志賸語，紀其文獻，吾營八旗，實備滿蒙大族，皇恩優渥，創制顯榮，其間勳名志節，代不乏人，倘無一編半册，識其大略，隸斯營者非特無以述祖德，且何以答君恩乎？童子何知，生又恨晚，竊不忍任其湮沒無傳，以迄于今，每爲流留軼事，採訪遺聞，凡有關于風俗掌故者，輒筆之，積歲餘方百事，即成七絶百首，名曰《柳營謡》，蓋如衢謡巷曲，聊以歌存其事，不足云詩也。後之君子，或有操椽筆而爲吾營創志乘者，則此特其嚆矢耳。

贈賈郎[1]

萬人如海笑相迎，月扇雲衫隱此生。我惜賈郎仍不幸，倘逢劉季亦良平。

校記：

[1] 此詩輯自《清詩紀事·光緒宣統朝卷》。

和幕中諸友庫倫中秋詩[1]

今夜人間遍舉頭,防秋使者獨悲秋。佛家無盡鐙多少,只照歡娛不照愁。

校記:

[1] 此詩輯自《道咸同光四朝詩史》甲集卷六。

汗　山　行

汗山拔地撐天四百二十丈,多少詩人足跡不得而直上。乘邊使者春秋香帛來致詞,五嶽之外竟峙肯特共尊仰。每歲春秋與肯特山同祭,由部中頒發香帛。先期齋宿穹廬中,椎牛薦酪番僧同。下拜偏如米博士,登臨旋作韓文公。上有嵌空太古不化之冰雪,又有溜雨挐雲不凋之松柏;下有將崩未崩之懸崖,又有欲墜莫墜之危石。山中人爲我而告曰:"清風明月夕,鍊丹來羽客。相傳夜間時見火球,謂爲仙人鍊丹。"吁嗟乎!仙人安可逢,不如尋茯苓。於古松取熊掌兮與鹿茸。相顧一大笑,行行峰外峰。吾聞不兒罕名自元太祖始,魂兮歸來弗知可在此。振衣載拜英雄君,尚資神化助我皇清聖天子。

錫　　綸

　　錫綸,字子猷,號更生,博爾濟吉特氏,世居科爾沁兀魯特地方,保恒子,錫縝弟,隸滿洲正藍旗。生卒年不詳,約生活於同治、光緒間。同治七年(1868)任布倫托海幫辦大臣,后任古城領隊大臣,光緒十一年(1885)由塔爾巴哈臺參贊大臣署伊犁將軍。
　　其生平事蹟於《清代硃卷集成》中有載。
　　錫綸無詩集傳世。錢仲聯主編《清詩紀事·同治朝卷》錄其詩《北征詩赴布倫托海幫辦大臣時所作》《自題馬上小影》。
　　楊鍾羲《雪橋詩話》評曰:"子猷以同治戊辰爲布倫托海幫辦大臣,賦北征詩云云。歷古城領隊大臣、塔爾巴哈臺參贊大臣,署伊犁將軍,久任邊疆,守孤城,抗强敵,爲數千里内蒙古扎薩克所歸附,威行西域。"郭則澐《十朝詩乘》評其《北征詩》曰:"語亦蒼勁入古。京旗人士,視守邊爲畏途,自昔已然,將軍乃獨當其厄。"
　　此次點校詩以錢仲聯主編《清詩紀事·同治朝卷》爲底本,詩共計2首。

北征詩赴布倫托海幫辦大臣時所作

　　北方有征人,故是幹難派。少小事戎行,弱冠走邊塞。往事不忍說,父母已見背。身輕君恩重,敢憚長征再。還家血戰後,骨肉欣團圞。團圞日未幾,離別生無端。回思恍如夢,觸緒來悲酸。邊月照鐵衣,猶是前年寒。行行出居庸,載經古戰場。風疾雁聲小,日低駝影長。戰骨不能朽，往往堆如霜。抗懷將帥才，獨立天蒼茫。風驚馬亂嘶，雁叫河流冷。塞上秋聲多，颯颯來悲哽。回風吹明月，皎皎上雲嶺。似慰望鄉心，故照征人影。殺氣薄元冥，凝結成雪花。天地失元黃，浩浩無垠涯。夜酌蒲萄酒，醉起聞悲笳。金山不可度，西望長咨嗟。金山不可度，回首雁南歸。豈不願歸去，簡書無敢違。吾生恩怨重，感恩尤入脾。行止難自由，薄言知己思。

自題馬上小影

馬上誰？更生子。上馬行行千萬里。問子何爲號更生？兵火凍餒不曾死。匍匐雪海冰天裏，負骨還鄉又來此。三十四年四度來，兩銜帝命攻賊壘。封豕咥人劫不止，十年積恨何時已？始來束髮今落齒，未報君恩臣老矣。吁嗟乎！更生子。國難家艱，字字血淚。

善　　廣

　　善廣,字子居,依布舒克氏,隸蒙古鑲紅旗。春元子。同治十年(1871)辛未科進士,官浙江知縣,京口駐防。光緒間曾參與纂修《浦江縣志稿》,疑其官浦江知縣。

　　其生平事蹟於清春元纂《京口八旗志》,清善廣修《浦江縣志稿》,恩華纂輯《八旗藝文編目》中有載。

　　恩華纂輯《八旗藝文編目》著錄其輯有《浙水宦跡詩鈔》,今已不傳。

毓　　珍

毓珍,字聘之,隸蒙古正紅旗。光緒舉人。
其生平事蹟於恩華纂輯《八旗藝文編目》中有載。
著有《客窗論詩偶集》《唾餘草堂詩(附詞)》。

伊 成 阿

伊成阿,字退齋,泰楚特氏,漢姓劉,累官至右翼協領,京口(今江蘇丹徒縣)駐防。伊成阿耽經史,有文采,善草書,尤工於詩。清春元《京口八旗志》載:其"性嚴正,營中有驍騎校缺出,軍憲論馬步箭,欲挑其子濃英額。公曰:'此協領子也,年尚幼;願挑璧齊克圖,資格深者。'軍憲甚欽佩之。其公正大率類此,衆軍莫不敬服。尤循循勉後進以好學。年八十二而終。"

其生平事蹟於清春元纂《京口八旗志》,恩華纂輯《八旗藝文編目》中有載。

著有《晏如草堂詩集》一卷,恩華纂輯《八旗藝文編目》和清春元纂《京口八旗志》都有著録,但未見傳世。

文　　熙

　　文熙,字子和,號夢梅居士,漢姓劉,隸蒙古鑲紅旗。詩人兼畫家,尤工畫梅。子彭庚,官本旗佐領。京口駐防。

　　其生平事蹟於恩華纂輯《八旗藝文編目》,李恩綬編纂《丹徒縣志摭餘》(民國七年刻本)卷八中有載。

　　著有《夢梅吟稿》《浙杭紀遊漫稿》,《八旗藝文編目》皆有著錄。據《丹徒縣志摭餘》,其還著有《文忠公事略》等集。

　　《八旗藝文編目》稱其:"善畫,尤工畫梅子。"《嶺海詩鈔》亦説:"與弟庸均善畫。"

壽　英

壽英,字金甫,號志齋,杭阿檀氏,隸蒙古鑲紅旗。舉人。

其生平事蹟於恩華纂輯《八旗藝文編目》中有載。

著有《漢瓦硯齋詩稿》《金甫豪吟餘》,恩華纂輯《八旗藝文編目》有著録。

此次點校詞以楊鍾羲編《白山詞介》(宣統二年刻本)卷五爲底本,詞共計1首。

浣溪沙

樹杪斜陽映翠微,雨餘霜葉打柴扉,煙中人語晚樵歸。

一枕溪聲和月聽,半窗燈影隔林稀,夜寒温酒芋堪煨。

博 迪 蘇

博迪蘇(？—1914)，字保之，號露庵，博爾濟吉特氏，隸蒙古正白旗。其祖父爲同治、光緒年間大將軍僧格林沁，成吉思汗之弟哈布圖哈薩爾第二十六世孫，曾參與反侵略鬥爭。僧格林沁長子伯彥納謨祜第三子。光緒十七年(1891)封輔國公。歷任蒙古正藍旗都統、御前大臣、領侍衛内大臣等。光緒三十二年，博迪蘇奉命偕閣學達壽護送達賴喇嘛回藏。

其生平事蹟於翁同書抄本《道光十二年壬辰科直省鄉試同年齒錄》(國家圖書館藏)，恩華纂輯《八旗藝文編目》中有載。

著有《朔漠紀程》一卷附詩一卷。

旺都特那木濟勒

　　旺都特那木濟勒(1844—1898)，字衡齋，號如許主人。烏梁海氏，喀喇沁扎薩克郡王。貢桑諾爾布親王之父。出身於蒙古貴族世家，同治七年(1868)襲父爵位，並兼任卓索圖盟盟長。

　　其生平事蹟於恩華纂輯《八旗藝文編目》，徐世昌編《晚晴簃詩匯》中有載。

　　著《如許齋詩稿》《公餘集》《公餘集續編》(附《窗課存稿》)。

　　《公餘集》一卷，光緒十一年(1885)刻本，國家圖書館藏。

　　《公餘集續編》一卷附《窗課存稿》一卷，光緒十七年刻本，國家圖書館藏。

　　《如許齋詩稿》，光緒二十年京華印書局排印本，大連圖書館藏。

　　此次點校詩以徐世昌編《晚晴簃詩匯》卷一百七十九爲底本，詩共計2首。

觀　　水
　　傍岸携筇獨步行，秋來一色碧澄清。無情水與人情似，隨處翻波隨處平。

風　雨　圖
　　雨氣濃遮萬嶺巔，蒼茫樹擁遠村邊。漁翁只作尋常看，如此風波不繫船。

榮　慶

榮慶(1859—1916)，字華卿，號實夫。鄂卓爾氏。隸蒙古正黄旗。光緒十二年(1886)丙戌科進士，改庶吉士，授翰林院編修。累官至協辦大學士、弼德院顧問大臣。諡"文恪"。

其生平事蹟於徐世昌編《晚晴簃詩匯》中有載。

此次點校詩以清延清輯《遺逸清音集》（北京商務印字館民國五年鉛印本）卷一爲底本，並參照徐世昌《晚晴簃詩匯》卷一百七十六，詩共計9首。

送何見石甘肅之行[1]

使君奉詔隴西行，洱海歸來又遠征。憶昔文章動秋榜，頻年詩酒共春明。諸昆并焕鵷鸞彩，去冬，令弟輩來見。一柱同驚鸑鷟鳴。畢竟衡才又司理，定知貽上是前生。去年見石典試雲南，曾以漁洋相況。

校記：

[1] 此詩輯自《晚晴簃詩匯》卷一百七十六。

丙申春三月，隨豫錫之先生并偕支荄卿、胡月舫前輩游上方山，次鐵冶亭尚書原韻

海棠紅遍綠陰初，杖履追隨花下廬。錫丈招飲海棠吟社。不盡殷憂付尊酒，徐蔭軒、許筠庵兩師在座，談及時事，不禁欷歔。遄飛逸興到郊

墟。酒半，訂上方之游。曉風接軫高人駕，野店聯鑣侍御車。胡月舫至常新店來會。把臂入林知道在，皈依悔不十年餘。

　　茲山靈蹟信非凡，幽壑相吞峭壁銜。衆卉叢中偏有路，至接待庵上望青葱，疑無路可入。萬峰合處更飛巖。參差丈室舒紅杏，向背茅盦隱綠衫。一飯伊蒲塵想絕，頻年深愧忝朝衫。

　　已到峰巓更有巓，危巒高聳插青天。曾經蜀道途仍畏，似上匡廬磴欲懸。片石具存超世意，微官愧乏買山錢。此中絕勝桃源境，出遇凡夫莫浪傳。

　　開闢何年跡未陳，前賢曾此寄唫身。雲水洞有宋明人題壁。從知塵世煙雲幻，始信天工結構真。白石妙參無我相，清泉照澈過來人。金華山下黔南道，浙之金華、黔之西南亦多山洞。地軸玲瓏遍九垠。

　　天遣名山現鉢曇，旱龍一去只空潭。雨簾罩地僧移榻，石厂如房佛有龕。松靜月明方丈室，蘭香水洌勝泉庵。身居勝地猶思勝，揮麈欣聞無上談。

　　贏得今春樂事多，何年舊約踐松蘿。能隨緣分方爲福，强斷塵根轉是魔。石乳携歸瑩似蚌，峰頭湧出秀如螺。游仙清夢從兹始，此好由來不是阿。

題何梅叟前輩《春隄試馬圖》

　　不妨鴻爪偶留痕，經舍湖樓并世存。三竺尋春歸去晚，唫鞭飛指湧金門。

　　梅花紅遍揚州路，柳色青歸浙水條。從此西湖添韻事，鞭絲帽影段家橋。

同　　裕

同裕，字秋田，赫什騰氏，隸蒙古鑲黃旗。光緒二十一年（1895）乙未科貢士。與延清同時代人。

此次點校詩以清延清輯《遺逸清音集》（北京商務印字館民國五年鉛印本）卷四爲底本，詩共計9首。

自　遣

俯仰有餘閒，危坐晴川閣。綴史拾菁華，讀經棄糟粕。可人期不來，離情感蕭索。一覽極青蒼，橫飛看黃鶴。風涼自解襟，不受微名縛。蔬食有餘馨，寸心甘淡泊。澆愁酒一杯，月明還獨酌。解慍琴五絃，雲從天外落。咄咄歎書空，詩魂託梅萼。

次日本村山大夫正隆步許豫生觀察韻

小謫神仙侶，何須定宦游。奇緣逢海國，勝境説杭州。夜静雲遮月，天低雨送秋。扁舟容小卧，高枕樂忘憂。

弱水三千外，乘槎紀壯游。江山辭故國，景物覽皇州。旅夢明蟾夕，鄉心古驛秋。驚人留妙句，聊解北門憂。

分防鄰北固，緩轡賦東游。風景思三島，乾坤歷十州。冰心壺底月，霜鬢鏡中秋。身世浮沉久，何須抱杞憂。

萬國冠裳會，長空控上游。文明徵海嶼，烽火靖江州。雨過雙虹霽，天空一雁秋。揮絃同解慍，可以滌煩憂。

同　裕

雨夕宿自然菴

驟來風雨滿江天，漲起波濤路萬千。一片濕雲纔浄掃，半輪涼月忽高懸。杯中竹葉香初熟，亭外梅花夢正圓。偶與諸僧詢古佛，笑余儒客好談禪。

與旭蔭桐過訪鞠道人遊孤山作

雲海蒼茫一葉身，孤山小憩樂天真。梅香沁骨清於水，酒氣沾唇暖欲春。萬木蕭疏鴉瑟縮，九天風雪鶴精神。小青知否詩人意，願啓騷壇證夙因。洪玉亭謂小青已成梅花之神，約於夜半扶鸞，請小青作壇主。

子澄夫子奉使車臣汗賦此奉寄

追悼藩王肅禮儀，皇皇天使備驅馳。渾忘險阻饒吟興，久識賢勞結主知。整轡春三風送暖，歸裝夏五日沈遲。料知行李無他物，詞客囊中滿貯詩。

步旭君蔭桐北固懷吳君淡春韻

桃李各争妍，相邀款紅友。君既備百壺，我將酌大斗。屢舞影傞傞，醉後各奔走。醒來且自慚，尋思滌瑕垢。是日吳君同人大醉。春夏秋復冬，重來誰携手？故人不可見，味道題雲母。"味道"二字，吳君額名。故人渺何許，金陵津渡口。吳君居金陵。後湖環其左，莫愁通其右。境中多名山，山中多鴉舅。君本工丹青，寒梅塗九九。蔬水貧而樂，詩書富淵藪。窮且志益堅，貨殖難移守。否乃泰之機，落寞亦其偶。去冒霏霏雪，今見依依柳。未知朝夕饗，憑誰供杵臼。負郭有良田，問誰分半畝。猶憶話西窗，聚飲剪春韭。況我去長安，君獨棲鍾阜。南北各殊途，天涯難聚首。目擊時勢艱，海東鯨亂吼。倭氣不靖，欲取凶殘人，烹來我下酒。嗟彼風檐燭，雖明亦不久。我欲揮天戈，天下勤荷負。常存稷契心，不作長沮耦。世治非吾功，世亂迺吾咎。

欲制大尾魚，且自修敝笱。一旦慶昇平，宴樂賡杞枸。今歲積倉箱，歡聲騰户牖。鵲笑與鳩舞，大喜應在後。詩債未清償，柴門不厭叩。甘苦已備嘗，酸辛亦獨受。鐵樹萬花開，問君能待否。

傑　　純

傑純（？—1861），字碩庭，布庫魯氏，隸蒙古正白旗。固魯鏗之父，杭州駐防協領，授乍浦副都統。咸豐十年（1860）先後與太平軍戰於杭州、富陽、餘杭等地。十一年，杭州城陷，戰死。清廷依都統例賜恤，予騎都尉兼雲騎尉，於杭州、乍浦並建專祠，後復加恩入祀京師昭忠祠，謚"果毅"。擢次子固魯鏗知府，改歸京旗。

其詩見清張大昌輯《杭州八旗駐防營志略》。

此次點校詩以清張大昌輯《杭州八旗駐防營志略》卷二十五爲底本，詩共計5首。

懷舊詩五首蓋仿《五君詠》也

〔懷〕王東泠漢軍人，協領王度之裔。游幕四方，善書

墨盡千石螺，竹盡萬山紙。謹守梁頻羅，一滴乳入水。劍器舞公孫，變化獨奇詭。

懷吳鳳池鑲黃旗人。善畫，學李如梓人物，其雲龍尤妙

奇逸雲中龍，見首不見尾。遐哉鳳池子，望之風儀偉。此筆信有師，天神與牛鬼。

懷梁得楞漢軍人。精於圍棋，裁汰後，游大江南北，以棋雄於時

行方守一局，神圓下一子。此即餬口謀，何必在鄉里？仰視周天星，莫鄙小技耳。

懷單武正藍旗人，居太學街。爲人性豪爽，精於琵琶，飮酒藝。梅菊亦能畫，學楊半嶺，得其傳

雨雲翻覆手，人稱琵琶仙。回腸而蕩氣，四條清泠弦。淩人獨豪邁，斗酒雙虩肩。

懷白慶齋鑲黃旗人，曾任蒙古協領。習六壬，老而好釋家書。猶能開十石弓，八十歲無疾終

靈棋存其文，焦京兩無求。六壬窮而通，後世若符節。逃禪香一鑪，娛老弓十石。

慶　　惠

慶惠,字迪堂,隸蒙古正白旗。官工部尚書,謚"勤僖"。
此次點校詩以錢仲聯主編《清詩紀事·嘉慶朝卷》爲底本,詩共計1首。

贈伯長

恨不同舟早,識荆幸有由。通家敦古道,利物展新猷。志氣淩霄漢,詩才貫斗牛。交纔經九月,感足動千秋。泉壤幽光闡,羹牆廟貌修。窮黎乏凍餒,古墓表松楸。伯良到任後,倡修廟宇並無祀各墳墓。早聽軍民頌,時欽閭澤流。身家總未計,教養每深籌。文望當年樹,賢聲到處留。好朋難久聚,良吏信無儔。忽報驪歌唱,誰憐宦橐羞。喜君貧可賀,那惜解輕裘。

貴　昌

貴昌,隸蒙古鑲紅旗。誕時,父夢儒服者入室,遂生昌。幼慧,誦四子書,過目不忘。及長,貫徹經史。授徒數十年,專講程朱之學,門下多列庠序登賢書者。

著有《讀易管窺》《勉學日記》,未梓。

其生平事蹟於清希元、祥亨等纂《荊州駐防八旗志》卷十一中有載。

德 通 保

德通保,隸蒙古鑲黃旗。家貧好學,通經史,尤精於滿文,任鄂垣翻譯官。制府某諗其學行,延教子弟,循循訓迪,講藝外不及他事,制府愈禮重之。年衰目瞀,當道猶爭聘焉。

著有《滿漢幼學》《明聖經》等。

其生平事蹟於清希元、祥亨等纂《荊州駐防八旗志》卷十一中有載。

全 善

全善,字仲元,隸蒙古正白旗。性篤孝友,聰穎,父母絶愛憐之。年二十六,遽卒。生前著述,其父慟子以攻苦致疾,遂盡火之,曰:"是所以夭吾兒也!"親友於煨爐中拾得《四書補義》六卷。歲丙子,次子舉於鄉,持以就正全椒薛時雨觀察,付崇文書局梓焉。

其生平事蹟於清希元、祥亨等纂《荆州駐防八旗志》卷十一中有載。

秀　　岱

秀岱，隸蒙古正紅旗。幼孤而家貧，事母孝，甫十齡即篤志向學，精滿、漢文，充右翼總教習二十餘年，多所造就。後以軍功擢右翼協領，值戎務倥偬，岱夙夜在公，章奏操防，援筆立應。將軍咸倚重焉。

著有《啓蒙易知書》。

其生平事蹟於清希元、祥亨等纂《荆州駐防八旗志》卷十三中有載。

塔 納 布

塔納布,字席珍,隸蒙古鑲黄旗。性端静,好讀書,凡前哲名言,皆手録之,奉行不輟,並立《家規八要》,不外謹身節用諸大端。官佐領,得士卒心。咸豐初,太平軍犯境,官文恭委以總理營務,章奏咨商皆與焉。歷任大吏均刮目。年七十致仕。夙得休養訣,至八十猶矍鑠如壯時。一日,呼子孫屬曰:"吾將逝矣。家規八則,繼吾行之勿忘。"遂卒。

其生平事蹟於清希元、祥亨等纂《荆州駐防八旗志》卷十三中有載。

西卜昌阿

西卜昌阿,隸蒙古鑲黃旗。性方正博雅,能文,充鄂垣翻譯官,當道咸禮重之。後教八旗官學,善誘忘倦。晚年持《金剛經》,了然於生死。一日,謂其子曰:"無他往,我將西歸矣。"果卒。

著有《訓蒙十二條》。

其生平事蹟於清希元、祥亨等纂《荊州駐防八旗志》卷十三中有載。

鳳　　淩

鳳淩,字瑞臣,巴禹特氏。由員外郎充使館海軍隨員,歷官候補道。

其生平事蹟於恩華纂輯《八旗藝文編目》中有載。

著有《遊餘謹志》二卷。

裕　　厚

　　裕厚，字小彭，一字寬侯，號筱鵬，又號耀庭，鄂卓特氏，隸蒙古鑲黃旗。光緒十一年（1885）乙酉舉人，由兵部員外郎簡放安徽知府，累官民政部右丞。

　　其生平事蹟於恩華纂輯《八旗藝文編目》中有載。

　　著有《庚子京師襃恤錄》四卷，民國間鉛印本，國家圖書館藏。

松　　年

松年(1837—1906)，字小夢，號頤園，鄂覺特氏，隸蒙古鑲紅旗。道光十七年(1837)生於天津，從小進入八旗"官塾"學習漢文化，拜著名畫家如山爲師，學習繪畫。歷官山東單縣知縣、長清縣知縣、范縣知縣。如冠九弟子，工山水花卉翎毛。

其生平事蹟於恩華纂輯《八旗藝文編目》中有載。

著有《頤園論畫》一卷，清光緒二十三年(1897)鉛印本，國家圖書館藏。

炳　　寬

炳寬(1878—1942)，字碩人，號考槃子，又號考槃居士，額魯特氏，隸蒙古正黃旗。光緒年間秀才，京口駐防。

其生平事蹟於清延清輯《遺逸清音集》中有載。其少時刻苦嗜學，能詩文，善書畫，兼治印。其齋名爲"信好軒"，又名"漢節堂"。

著有《信好軒詩鈔》《信好軒印存》。

此次點校詩以清延清輯《遺逸清音集》(北京商務印字館民國五年鉛印本)卷四爲底本，詩共計 25 首。

哭李訥菴師太世丈四首

經師容易得，難得是人師。言行遵先哲，提撕憶夙時。獨嗟如散木，早幸識孫枝。此日西州哭，沾巾比墜絲。

不舞羊公鶴，頻勞獎藉加。微名教附驥，小技許塗鴉。庸行曾多愧，公言未我瑕。愛人真以德，回想益咨嗟。

歐學看東漸，中流砥柱堅。文章關氣運，道德自完全。愧我多迂闊，蒙公獨愛憐。知音今渺矣，何敢望時賢。

署名詩弟子，命意本先生。不肖貽公辱，從游足自榮。蹉跎無所就，磊落更誰呈。世變方難料，魂兮痛九京。

杭館無聊，散步市廛間，數文錢得小刀一片，以銅筆套爲之柄，居然適用，詩以寵異之

拾得沈沙鐵，殷勤手自磨。憐他三寸短，才值數錢多。已分爐中

鑄，應欣爨下過。刀乎吾語汝，知己更誰何。

次韻和梁稼畦遣懷

餘生驚已老，況復覩烽煙。庭鳥飛知倦，潭龍咒服禪。新詩供月旦，老圃正霜天。不盡蕭疏意，難賡白雪篇。

往事何堪憶，年來幸健忘。煙波曾異地，風雨又重陽。執贄豚蹄儉，營巢燕子忙。終朝何所侶，桎梏坐書堂。

西湖晚步讀純廟各處御碑有感

帝子今何在？豐碑到處留。摩挲尋字讀，躑躅替人愁。慨想當年盛，淪亡此日憂。何如尋釣叟，蓑笠上扁舟。

懷楊晴江

渺渺皖江水，翩翩書記生。殷勤敦古誼，患難見交情。無路酬知己，永懷賸頌聲。何時重把晤，相與話承平。

聞同譜李崇甫攝休甯縣篆却寄奉賀

功名無我分，每爲故人期。竹報緘紅籤，花封寵紫泥。民稱賢父母，官仰好威儀。毛遂檄能捧，高堂喜可知。

初抵氾水贈楊春甫

先生門第重當時，祖德清芬仰四知。介弟才華叨夙契，難兄意氣足欽遲。望門投止忘疏賤，盡室偕行慰渴飢。此後吹噓尤有賴，東風著處少枯枝。

柘溝鄉訪錢惺菴不遇

孰是清流孰濁流，先生風雅佔揚州。中原鹿走誰先得，四野龍拏

炳 寬

未肯休。不與時賢爭一席,乃從故紙託千秋。高山仰止情無限,幾度追攀過柘溝。

旅杭時和馬賓來雜感

哀吟激楚逼雍門,一曲家山調僅存。共有季鷹鱸可憶,殊慚景略黿同捫。英雄末路誰知己,患難交情易感恩。讀罷郢歌增感慨,欲攜紅友醉山村。

題崇甫旅萍游草

宦游贏得一囊詩,珍重歸裝好護持。既以清高符衆望,更將吟詠結新知。風流堪入循良傳,月旦都成絕妙辭。愧我年來無所事,好從佳什當師資。

弔端午橋尚書方

提攜勁旅事西征,叱咤風雲肘腋生。國士報恩空有恨,謂王開甲。男兒負氣尚聞聲。公弟諱錦,罵敵而死。中原塗炭嗟何及,蜀道崎嶇悵未平。遙望秋山一灑淚,雨霖鈴曲共傷情。

題鄭文公墓下碑

北魏人才何磊落,石門瘞鶴總超超。滎陽鄭氏尤仙侶,掖縣磨巖壓六朝。

愍忠詞 有序

內姪桂仲藩城少有大志,於儕輩中鮮許可,獨推重予。始入儲英學校,肄業游庠,後負笈東渡,歷畢業於振武士官各校,又入聯隊實習,返國,受憲兵司令職。能外身家,拋妻子,一心報國。蓋其時亂機已兆矣,及武漢事起,大事將去,乃從容赴義於金陵。事平後二年,長公等詣金陵,負忠骸歸。未幾,京中大吏爲請於清宮，得旨襃異，予諡"剛愍"，亦足悲矣。予感生平相知之雅重，以戚誼不揣愚昧，弔之以詩，命曰《愍忠詞》云。

長江滾滾盡東流，王業銷沉大業休。河嶽日星終不改，滿天風雨秣陵秋。

三百年來養士恩，更無節義照乾坤。公如砥柱中流峙，氣作江濤壯海門。

話到主憂氣不平，孤忠無路請長纓。誰令天下無雙士，不死沙場死亂兵。

避兵知有桃源在，恥向東門學種瓜。霹靂一聲歸去也，笑他猿鶴與蟲沙。

故宮禾黍尚依然，勁草當風憫几筵。兩宇襃忠光國史，直教收拾記功篇。

萇宏碧血埋何處，人或有言將信疑。獨有英靈能不昧，尚教骨肉認鬚眉。

負笈擔簦事遠游，辛勤學問爲神州。奈何特地風波起，恨海平添百丈愁。

年少才高志不回，生榮彌覺死堪哀。偷閒痛仿西臺哭，彈破廉夫鐵忽雷。

讀　史

猛虎在深山，威風何颯颯。及入陷阱中，搖尾甘求食。神龍游天際，其勢自攫拏。及入深潭裏，禪咒安無譁。嗟哉司馬遷，傷矣楚霸王。蠶室受腐刑，烏江歎天亡。念彼文與武，才氣世所望。而何受慘戮，有如豕與羊。千載弔遺跡，我思殊茫茫。君不見龍門史筆超今古，烏江水色閃寒光。

愛　仁

愛仁(1857—?)，字澤民，號金聲，奈曼氏，隸蒙古正黃旗。京口駐防。光緒十五年(1889)己丑科進士，歷官河南內黃、夏邑知縣，在任候補直隸州。

其生平事蹟於清延清輯《遺逸清音集》中有載。

此次點校詩以清延清輯《遺逸清音集》(北京商務印字館民國五年鉛印本)卷四爲底本，詩共計4首。

楊君少仙罷榷職，以留別同人詩索和，謹步四律

獨呼江月上層樓，高處深寒起客愁。但信山河供遠覽，豈期天地入清秋。樵逢桂樹斤休縱，漁觸珊瑚網早收。尺半鯉魚酬鋏願，六鰲一舉又焉求。

笑言戚屬本情親，況復昆明換劫塵。海立雲飛驚世變，水清木落見吾真。掉頭巢父成孤往，肆志園公豈異人。寶劍龍吟藏匣底，等閒慎勿過延津。

行藏群欲叩君平，疏廣東都惜別情。容我芒鞵吟澤畔，任他衡石課書程。既當傀儡甘形役，奚問糟醨語獨清。棐几哦詩過夜半，誤驚番舶駕潮聲。

余亦帷車駐曉寒，夙趨衙鼓忍朝餐。海天萍梗還初服，風雨蓬廬結古歡。蝸隱子山常側帽，魚聽庚氏獨憑欄。與君早定他年約，歸侶仙猿縱達觀。君作生壙，立碣曰"仙猿歸隱處"。

吉　章

吉章,字寧臣,隸蒙古鑲黃旗。官理藩部員外郎。
其生平事蹟於清延清輯《遺逸清音集》中有載。
此次點校詩以清延清輯《遺逸清音集》(北京商務印字館民國五年鉛印本)卷二爲底本,詩共計10首。

携眷歸田留別京中各親友作十八首録十

燕翼貽謀遠,孫曾厚澤承。歸來初服遂,庇蔭到雲礽。
少小入宦途,卅年心力竭。歸田辭俗人,冷此一腔血。
東坡不合宜,自笑我守舊。曠觀人海塵,眼光眇如豆。
且與世沈浮,委心任去留。不期堯舜禪,我願附巢由。
我被儒冠誤,詩書不療貧。傷心過都市,乞食豈無人。
豪家侈珠玉,飢饉腹難充。禾麥荒年寶,心欽田舍翁。
癡人有厚福,天道最忌巧。曠觀耕讀家,世世得温飽。
慕年羨長生,名利心早死。老莊不我欺,守雌而知止。
不用愁愚魯,兒曹勉讀書。滿籯金坐擁,較此樂何如。
親壽徵兒孝,年豐見俗良。太平無一事,容我隱山莊。

克希克圖

克希克圖(1887—1924)，原名恩浩，字仲養，巴魯特氏，隸蒙古鑲紅旗。鎮江駐防。曾於江南常備軍右軍營學校、江南將備堂，派赴日本東京振武學堂、明治大學、東京高等警察學校學習。後歸國赴黑龍江任調查局職，又任印鑄局職，後二年當選外蒙古議員，間入蒙藏院編纂。

其生平事蹟於恩華纂輯《八旗藝文編目》，敷文社編《最近官紳履歷匯編》，(日)太田辰夫撰《八旗文人傳記綜合索引稿》中有載。

著有《京口六先生詩文輯遺》，恩華纂輯《八旗藝文編目》著錄。

榮　　廷

榮廷，字處臣，博爾濟吉特氏，隸蒙古正白旗，歷官安徽鳳潁六泗道。

其生平事蹟於清延清輯《遺逸清音集》中有載。

著《吳下詩存》一卷，光緒十八年（1892）刻本，上海圖書館、南京圖書館藏。

《吳下詩存》一卷附《問竹詩草》一卷，光緒十九年刻本，上海圖書館、南京圖書館、遼寧省圖書館藏。

此次點校詩以清延清輯《遺逸清音集》（北京商務印字館民國五年鉛印本）卷三爲底本，詩共計 15 首。

得家兄賜和疊韻寄呈

律暖全消驛路霜，江南春色正天長。千秋勝景誇吳越，四首新詩壓宋唐。誌壁擬將紗作罩，盛函還倩錦爲囊。讀來滿紙煙霞氣，不把湖山羨此鄉。

天懷平淡近閒鷗，存善心同濟弱舟。兄一生喜拯救貧苦。宦轍風塵勞卅載，書倉事業足千秋。性好藏書，不喜珍玩。詩吟杜老教孫錄，寄和之詩大孫膽寫。榻設龐公爲客留。朝市從來容大隱，三春杖履正堪游。

讀筱沅同脩庭西湖泛舟之作依韻贈律

清於老鶴淡於鷗，携得吟朋泛小舟。越水煙波千古勝，寄園風雨一簾秋。眼前好景詩能寫,身外浮名意不留。我慕高人真落落,湖山到處任遨游。

文小坡飲席見贈,即步原韻

莫聽清碪擣素霜,故鄉人喜聚他鄉。酒逢暢飲渾忘醉,詩到豪吟未免狂。白雪陽春歌共和,黃花晚節夜初長。開簾忽覺輕寒浸,滿院桐陰月色涼。

得家兄書,喜而有詠

一見家書喜不禁,開函珍重貴如金。字仍遒勁知兄健,語盡溫存愛弟深。鴻雁數聲添客思,鶺鴒千里報佳音。有懷欲上江樓望,紅樹青山面面沈。

再疊前韻寄呈

家書連得喜難禁,況賜新詩字字金。千里什歌棠棣樂,一庭春靄蕙蘭深。江花謝草情中句,蘇海韓潮味外音。讀罷小階閒步詠,日移竹影畫欄沈。

月汀觀察以詩見贈次韻答之

吳下欣逢大雅人,澄清秋水見精神。鷩筵談辯超焦遂,詠古規模仿季真。六代雲山供嘯傲,兩章詩律吐清新。知音難得他鄉聚,梅雪聯吟大地春。

壬辰重九偕潘偉如中丞、朱脩庭觀察、魁文農太守登虎阜擁翠山莊,脩庭詠七律四首索和,即步原韻以答

天氣重陽似豔陽,勝游逢此趣尤長。山光入座窗含翠,秋色盈階菊綻黃。良友偕來真灑落,詩人那個不疏狂。料君定有清高詠,得讀

佳章願襲藏。

訪勝探幽莫厭頻，怡情雲水許相親。獅峰遥對松排闥，鶴澗旁連竹作鄰。向我山巒成好友，警人翰墨屬詞臣。謂洪文卿所書楹聯句法精警。携來美酒供豪飲，偉如携來之酒甚佳。拚得今朝醉幾巡。

再疊陽韻答脩庭觀察

千人石畔倚斜陽，領略風光意趣長。半嶺霞烘楓葉赤，一籬秋老菊花黃。雲容澹處山容凈，游興濃時酒興狂。更喜雅人先得句，詩筒持贈謹收藏。

三疊陽韻簡脩庭觀察、偉如中丞

重陽招飲向山陽，我友多才各擅長。詩詠清新宗甫白，觀察詩才可羨。醫探奧妙溯岐黃。中丞醫理甚精。席間拇戰豪情發，醉裏酣歌老態狂。遥指峰頭最高處，一層秋樹白雲藏。

四疊陽韻書事

數行旅雁過衡陽，萬里秋高客思長。把酒看花杯泛綠，呼童掃葉徑堆黃。杜陵詩好純無雜，張旭書超老更狂。遥望白雲紅樹外，依稀還有一峰藏。

五疊陽韻秋夜自遣

秋聲起處憶歐陽，小坐閒窗覺夜長。庭竹耐寒猶聳翠，井梧經雨已添黃。烹茶不羨樵青美，對酒常懷李白狂。自向案頭重剪燭，書囊檢點手親藏。

寄同里友人文竹坪兼懷社中諸友長律二十四韻

結社當年事，詩壇集九人。幽探蘭若境，同人聚法華寺。樂效葛天民。入座惟酬唱，登筵孰主賓。萄葡三椀酒，桑梓一庭春。島佛詞偏瘦，謂嵩禹臣。飛仙句自純。謂文竹坪。隸摹今古格，謂文晉青。畫仿宋唐真。謂恩少巖。鐘鼎家聲舊，謂文少崔。絃歌雅意新。謂松雲濤。手談多灑落，謂錫遠齋。拇戰更精神。謂善筱齋。芳徑常聯袂，薰風喜脱巾。蟾明簾外影，鶴老雪中身。擊鉢連催和，投壺不厭頻。軒開梅挂壁，少巖畫梅同人誌詠，院靜竹爲鄰。僧院多竹。共覓琴尊趣，同修翰墨因。醉邀杯底月，倦掃榻間塵。敢謂他人俗，無如我輩親。知交情最契，遠別念何伸。雲樹吳江路，檣帆滬水濱。魚書來故里，鷗夢醒前津。手札迴環讀，得君惠函。心裁綺麗珍。誦君佳什。菲材慚組織，大筆運經綸。紅葉吟秋日，黃花作賦辰。群賢依鳳藻，孤客感鱸蓴。誰詠兼葭什，君超李杜倫。欣然逢驛使，離緒寸函陳。

冬夜懷友人文竹坪

冷月到前窗，懷人不成寐。柝鈴數三更，雲樹睽兩地。屈指來姑蘇，忽忽月已四。曾看楓葉丹，幾見遠山翠。越水千古歌，吳江九秋思。蓼汀起雁聲，葭渚展鷗翅。梅驛傳君書，蘭言慰我意。不惟語遙頒，且以詩相示。陡覺寸心寬，即拈長律寄。交情本夙深，工拙無所忌。憶昔結詞壇，聯吟法華寺。常欽吐鳳才，自笑塗鴉字。今對此寒宵，不禁懷往事。何時一鳴歡，相見重把臂。良晤定匪遙，勝游還須記。與君携酒壺，共向花間醉。

玉　興

玉興，字讓泉，巴雅爾氏，隸蒙古鑲黃旗。光緒十九年（1893）舉人。京口駐防。

其生平事蹟於清延清輯《遺逸清音集》、李恩綬編纂《丹徒縣志摭餘》（民國七年刻本）、清張玉藻、翁有成修《續丹徒縣志》（民國十九年刻本）中有載。

此次點校詩以清延清輯《遺逸清音集》（北京商務印字館民國五年鉛印本）卷四爲底本，詩共計7首。

和汜湖錢惺菴見贈原韻

半生潦倒愧名場，願借清流滌俗腸。冷眼窺人鎞刮膜，熱心證我瓣焚香。歧途頓觸楊朱感，逆境翻增杜牧狂。藉問桃源何處是，聯吟合傍柘溪鄉。

灌耳雷名愜素懷，幾時願慰識荆纔。淹通竟敵三都左，敏捷堪誇七發枚。蘭采陔南頻著手，梅探窗北正含胎。溪干小築成高隱，梓里還欽有道才。

和李君星伯七十述懷原韻四首錄二

詩酒狂名震十州，羨君家世舊風流。詞章學衍韓蘇派，飢溺憂深禹襫謀。清白一生貧且樂，丹黃萬卷校何讐。用《隨園詩話》"書有何讐校不休"句。稱觴待看東籬鞠，好折花枝當酒籌。

玉　興

先生杖國正當時，精力偏能獨自支。四海品題誇玉局，九天培植挺金枝。思歸故里無長策，興，內蒙古人也。願傍騷壇怕遠離。藉問山居何所事，且拈原韻學吟詩。

憶　舊

耕煙釣月好生涯，沉醉東風卧酒家。試問梁園舊賓客，還堪重聽《後庭花》。

贈葉生紹伯合巹作辛丑七月八日。四首錄二

覽罷雙星渡鵲橋，人間絃管譜桃夭。風姨月姊扶香輂，簇擁姮娥下碧霄。

太平天子慶回鑾，雅頌聲中聽合歡。連理枝頭花解語，人圓先占月團欒。

雲　書

雲書（1873—？），字企韓，號仲森，甕鄂爾圖特氏，漢姓艾，隸蒙古正白旗，京口駐防。清瑞孫。佐領監生。光緒二十三年（1897）江南鄉試舉人。光緒三十年甲辰科進士，授散館檢討，官至翰林院侍講學士。

其生平事蹟於清延清輯《遺逸清音集》中有載。

著有《沈水清音》《關外雜詩》。

此次點校詩以清延清輯《遺逸清音集》（北京商務印字館民國五年鉛印本）卷一爲底本，詩共計4首。

敬題延子澄世叔《蝶仙小史集》後用原詩二首韻

妙語仙蹤會解頤，那知蝶化亦神奇。記逢方澤千官祭，來視容臺九拜儀。見《隙光亭雜誌》。葛令遺衣成變幻，莊生曉夢費猜疑。偶呼老道翩翩集，無怪名流各贈詩。

瑞蝶臨軒兩度過，仙乎來集慰蹉跎。公廳事有來蝶軒額。著聲橋梓騰芳譽，庚午、甲辰兩世優貢。聯步蓬萊忝大科。冠冕詞林文字富，網羅藝圃見聞多。瀛洲綠草今荒廢，安樂何期又築窩。

和子澄世叔己酉元旦試筆詩仍用温公耆英會詩韻

京華綺麗又逢春，爲醉屠蘇意倍真。座末端明原不老，里中孺子豈長貧。微材也作承明客，甲辰澄叔授翰林院侍讀，書於是年改庶吉士。

絕塞偏迎上國賓。戊申澄叔使車臣汗,書於去年亦使翁牛特猶憶去臘啓節元旦,適駐藍旗哈喇地方。試筆自應端日好,高年多屬樂天人。借用香山事,樂天有六十四歲詩。

敬和三十六天詩一首用原韻見《引玉編三集》,
又名《前後三十六天詩合編》

玉堂春夢信由天,經笥便便腹似邊。唱和遠追《長慶集》,賡歌猶記太平年。栽花潘縣承家訓,哲嗣伯禾優貢知縣,任東臺,卓著循聲。立雪程門感舊緣。我亦瀛洲閒草木,從公曾賦《柏梁篇》。

貢桑諾爾布

貢桑諾爾布（1872—1931），字樂亭，號夔盦，兀良哈氏，旺都特那木濟勒子。歷官乾清門行走、御前行走，扎薩克親王。民國時任資政院議員、蒙藏院總裁、卓索圖盟盟長、北平蒙藏學校校長等。

其生平事蹟於清延清輯《遺逸清音集》中有載。

著有《夔盦詩詞集稿》《竹友齋詩集》。

此次點校詩以清延清輯《遺逸清音集》（北京商務印字館民國五年鉛印本）卷一爲底本，詩共計 11 首。

山村得句

夕陽山半掩，振耳暮鴉鳴。村犬迎人吠，鄰雞逐隊行。堆柴填壁破，蔫穗挂斜楹。自有天然樂，無關世上情。

十一月初二日夜雪

方覺三冬煖，寒威半夜生。無從占氣候，不足似人情。萬徑銀裝就，層雲墨染成。真看天地判，黑白太分明。

創辦崇正學堂開日攄懷

朝廷百度盡維新，藩屬都應教化均。崇正先從端士習，興才良不愧儒珍。欣看此日崢嶸輩，期作他年柱石臣。無限雄心深企望，養成器識傲強鄰。

貢桑諾爾布

瀛海展輪

放眼瀛寰眼界寬,茫茫大陸等浮漚。蓬萊霧鎖三橫島,芝罘雲環數點巒。豪興縱談評嶼峽,雄心底事怯波瀾。黃昏極目天涯外,萬頃狂濤擁一丸。

西湖泛舟

湧金門外泛輕舟,打槳波心水似油。兩岸烟凝紅藕榭,六橋爽挹綠楊洲。東瀛好景曾親訪,南國名區亦勝遊。莫笑烏桓山外客,也同蘇白欲勾留。

詠懷

有志澄懷起海東,他時破浪欲乘風。戎裝劍佩豪情壯,曠覽全球一世雄。

詠史

英雄奮志棄毛錐,不學江都日下帷。萬里玉關勳業著,將軍畢竟是男兒。

宿奈良菊水樓用壁間鳴鶴仙史韻

不問塵寰問管絃,茅亭古雅小於船。親人麋鹿忘機慣,贏得蓬瀛作散仙。

清泉激玉譜歌絃,詩思奔如下水船。手折櫻花松影裏,錯教人喚海棠仙。

和毓月華侍郎庭梅花韻

劫後今經幾度開？侍郎自著《燕梅日記》云:"此梅經庚子變後無恙。"巡檐忽又報春來。叮嚀乞取東風駐,莫遣紛紛點緑苔。

燕京二月正花時,促膝高吟動客思。縱有春風能遍及,北枝畢竟讓南枝。

那蘇圖

那蘇圖，字幼農，號藤花館主人。達賚父。道光五年（1825）任大沽協副將。

其生平事蹟於沈家本、榮銓修《重修天津府志》（光緒二十五年刻本）、清盛昱輯《八旗文經》，恩華纂輯《八旗藝文編目》中有載。

著有《藤花書屋集詞牌三十韻》。

恩 華

恩華(1872—?)，字詠春，巴魯特氏，隸蒙古鑲紅旗。光緒二十八年(1902)舉人，二十九年進士。京口駐防。歷任學部總務司幫辦、學部員外郎、八旗學務處協理、提調、資政院議員、弼德院參議等職。

其生平事蹟於李恩綬編纂《丹徒縣志摭餘》（民國七年刻本），清張玉藻、翁有成修《續丹徒縣志》（民國十九年刻本），敷文社編《最近官紳履歷匯編》，清延清輯《遺逸清音集》中有載。

著有《八旗藝文編目》。

此次點校詩以清延清輯《遺逸清音集》（北京商務印字館民國五年鉛印本）卷一爲底本，詩共計4首。

晚郊即事

東皋頻徙倚，暝色黯遥天。樵徑人初寂，僧庵客未眠。暮雲江上樹，殘雨渡頭煙。幾杵鐘聲起，山山蒼翠連。

野外晚歸即事

北固蒼蒼山外路，幾人行詠近村家。菜花委地仍藏蝶，柳樹環隄未集鴉。綠漲鴨頭一江水，紅燒魚尾半天霞。塵中誰是忘機客？歸隱汀洲羨釣槎。

恩　華

延子澄師《蝶僊小史》彙編刊成，自題二律，依韻奉題

盥誦瑤章耐朵頤，吉祥仙事合傳奇。新編掇拾勞雙管，至化機緘洩兩儀。黍吏夢醒原了悟，滕王畫徹漫猜疑。爲欣國瑞頻來止，肯惜吟髭廢詠詩。

雷貫才名耳舊過，先生蛾術豈蹉跎。雖零索靖銅駝淚，師曾著有《庚子餘生草》。曾揖平津金馬科。乘馴志符題柱早，探驪願遂得珠多。詩名不讓謝胡蝶，擊壤行成安樂窩。

延　昌

延昌，字子光，一字壽昌，杭阿坦氏，隸蒙古鑲白旗，京口駐防。光緒癸卯科翰林，官內閣侍讀學士。

此次點校詩以清延清輯《遺逸清音集》（北京商務印字館民國五年鉛印本）卷一爲底本，詩共計2首。

題延子澄姻叔所著《蝶仙小史》，用卷內自題詩韻二首

幾何人壽到期頤，浩劫紅羊遇亦奇。一卷南華新夢境，九重北闕舊官儀。狂吟敢道人皆醉，軼事猶傳我不疑。應是餘生機栩栩，穿花合入錦囊詩。

似水光陰一瞬過，老當益壯莫蹉跎。新題黃絹三千字，早羨青雲十五科。姻叔癸酉甲戌聯捷，今已十五科矣。繩武祖庭馳譽遠，能詩官閣患才多。此身自有雄飛日，雌伏應先寄故窩。

旭　朝

旭朝，字蔭桐，號戇盫，卓魯特氏，隸蒙古正黃旗，京口駐防。宣統己酉優貢，官浙江縣佐。

著有《不知恨詩詞集》。

此次點校詩以清延清輯《遺逸清音集》（北京商務印字館民國五年鉛印本）卷四爲底本，詩共計 4 首。

竹庵月夜

馬足車輪日沸騰，夜分倍覺氣清澄。築園雅得山林趣，結屋何須市井憎。叢竹窗搖風有韻，方塘水止月無棱。行吟坐賞渾忘倦，露濕衣裳睡未曾。

留別安宜華君瑞臣

我是天涯淪落客，論交君具古人風。相逢萍水因緣合，何幸苔岑臭味同。琴榻陰分蕉葉綠，酒卮光照石榴紅。河梁草色無邊碧，一往深情詎有窮。

延子澄世伯乙卯七十正壽，用《引玉編》春字韻寄祝二首錄一

都門拜別五經春，蒼狗白雲難寫真。閣筆蓬山公遁迹，設氈梓里我安貧。致君餘業歸孫子，偕老相莊勝友賓。收拾殘編發幽晦，吟壇主竟屬斯人。

登寶應泰山殿

昔聞安宜泰山殿，神功鬼斧傳說遍。牆高數仞瓴甋齊，重屋三層臨風顫。我來四月乍晴天，步出北門近郊甸。峩峩華表起山門，兩朝碑宇嵌前院。建時大明嘉靖間，大清高宗修以奠。如今殿宇近荒涼，半就傾頹少修繕。丈二金身大佛古，兩廡鬼物青紅變。僧衆往來守清苦，一一赤足憔悴面。祇以財力艱於昔，男女今豈不信善。朝陽洞古窈而深，最後一殿遥隔平橋見。陽馬角立飛魚冠，瓦櫳參差金碧絢。安宜地勢原平衍，一層更上俯全縣。同來多情有成子，述說故事神不倦。縣境周匝百八寺，惟此泰山名獨擅。東西北面窗洞開，極目不礙地平綫。芳塍秀壤縱橫交，大麥黃熟雲一片。長河大湖脈絡通，隔阡連陌拖匹練。自來道是魚米鄉，到此縱目心愈羨。但得農時不荒廢，從此天下常清宴。尤願上書有晁錯，爵不教貴粟不賤。萬民才得安居樂事業，終歲勤動在耕佃。

桂　芳

桂芳，字漱秋，伊布杼克氏，隸蒙古鑲紅旗，京口駐防。光緒壬寅恩科舉人，官浙江鹽大使。

此次點校詩以清延清輯《遺逸清音集》（北京商務印字館民國五年鉛印本）卷四爲底本，詩共計5首。

金沙旅次望月
生平最愛月，見月又生愁。憑高一長嘯，萬樹聞颼飀。

往謁延子澄世伯，並呈四詩，
用吾鄉李亞白先生贈伯禾世兄詩韻
廿年仕隱寄金門，兩見翩仙彩翅翻。夢醒蘧蘧還栩栩，堂前來蝶合名軒。公廳事今有來蜨軒署額。

扶疏繞屋樹亭亭，又見高榆雨後青。拔地縱殊松偃蹇，虬枝也作老龍形。

後先貢樹繼徵祥，世德綿延信善良。雞黍留賓情繾綣，一樽相對說家常。

介壽南山頌有臺，鬱葱常此氣佳哉。記曾花甲稱觴日，鞠躬華堂我亦來。

延　釗

延釗,奈曼氏,字燕北,又號頑石,隸蒙古正黃旗,京口駐防。江南高等學堂畢業生,江督奏獎優貢。

此次點校詩以清延清輯《遺逸清音集》(北京商務印字館民國五年鉛印本)卷四爲底本,詩共計5首。

暮春述懷

物候換新矣,吾身仍舊哉。鱘肥初入市,驥老枉登臺。下箸真難得,披圖不易來。濫竽州序内,深愧抱樗材。

讀延子澄先生《前後三十六天詩》至"感舊書慨及書憤", 重題再紀數章,不覺悶極,悲來放聲大哭,家人以余爲狂。兹特用天宇韻紀以此詩,寄呈澄老

斗轉參橫歲春天,傷心北望塞雲邊。滿城風雨凄涼日,一統河山揖讓年。屈賈悲歌增我慟,燕吴遥隔乏仙緣。老人家國無窮恨,忍淚吟成絶筆篇。

和旭蔭桐大令朝中秋有感原韻二首之一

立雪程門直到今,追維往訓百愁侵。略明易變頻推算,不解勾挑酷愛琴。世事茫茫難自料,秋風颯颯觸人深。感時憶舊空惆悵,草木山河動我心。

延釗

客夜有感，書此破悶，並留別李耀巖

羈客愁多廢夜眠，一身飄泊有誰憐。戆愚頗合汲生派，才智終推董隱賢。耀巖自號董濱漁隱。珠得自慚探赤水，醫書有赤水元珠。酒狂每欲問青天。人生聚散如雲鳥，莫漫滔滔慨逝川。

述懷並送別王雷夏夫子

碌碌奔馳歷半生，事人直道竟難行。於今又去楊司業，此後誰憐阮步兵。家計多愁書咄咄，世情堪笑逐營營。不才自問無他技，敢向山林隱姓名。

奎 照

奎照,字西園,齊默特氏,隸蒙古鑲黃旗,京口駐防,優附生。

此次點校詩以清延清輯《遺逸清音集》(北京商務印字館民國五年鉛印本)卷四爲底本,詩共計 1 首。

徐邦彥有小園林因贈此詩

紅塵匝匝市闤深,閉户誰知坐緑陰。花儘無言常醉眼,客來不速但論心。鷗江話舊朝霞逸,鶴渚題襟暮靄沈。惆悵南州誰設榻,盍簪莫任鬢霜侵。

果 勒 敏

果勒敏（亦作果爾敏），字杏岑，號性臣，又號鐵梅，博爾濟吉特氏，蒙古科爾沁人。光緒年間任散秩大臣，歷官廣州、杭州將軍。

其生平事蹟於恩華纂輯《八旗藝文編目》，楊鍾羲編《白山詞介》中有載。

著有《洗俗齋詩稿》。

此次點校詞以清楊鍾羲編《白山詞介》（宣統二年刻本）爲底本，並參照孔廣德撰《普天忠憤集》（清光緒二十一年石印本），詞共計1首。

蘇幕遮
綠　陰

落花天，芳草地。綠樹陰濃，滿徑鋪蒼翠。隔斷斜陽涼似水。絕少紅塵，祇有清風至。

小庭閒，深院閉。楊柳池塘，穩護鴛鴦睡。正好眠琴消午醉，倦眼迷離，誤認涼雲墜。

桂 霖

桂霖,字香雨,博爾濟吉特氏。歷禮部主事,官貴西道。

此次點校詞以楊鍾羲編《白山詞介》(宣統二年刻本)爲底本,詞共計1首。

蘇幕遮
秋 煙

晚風前,秋雨裏。楊柳迷離,暝色淒然至。林際微茫含雨氣。墟落人家,曖曖凝寒翠。

遠浮天,近貼水。野岸孤村,淡著黃花地。敲碎蒼溟開晚霽,放鶴歸來,十畝涼雲墜。

希　元

希元(？—1894)，字贊臣，伍彌特氏，德楞泰曾孫。倭什訥子，花沙納之兄，隸蒙古正黄旗。咸豐三年(1853)，襲父一等繼勇侯。歷官福州將軍、閩浙總督等。

其生平事蹟於趙爾巽《清史稿》卷一百六十九中有載。

著有《荆州駐防八旗志》十六卷。

此次點校文以清吴宗愛撰《徐烈婦詩鈔》二卷(同治十三年刻本，國家圖書館藏)爲底本，文共計1篇。

紀康熙十三年耿藩叛擾浙東克復各郡縣事略
即書於永康烈婦徐吴氏傳後

同治甲戌冬，余奉命鎮浙。蒞任數月，吴康甫二尹來謁，陳其所刊《永康烈婦徐吴氏傳集》並《桃谿雪傳奇》，披閲之下，因歎烈婦之紓難殉節，不獨爲一身之名節計，且爲一邑之民命計也。方逆藩之叛於閩也，凶燄張，附近守將相繼通款，郡縣紛紛失陷，永康界處、金之間，處弁徐尚朝既受僞官，麗水、縉雲不戰而下，將趨金華，則永康爲孔道，曾未聞民遭蹂躪，軍費攻剿，豈紀載偶遺耶？抑實有陰爲計畫得以保全勿失耶？按吴氏傳稱僞將徐尚朝豔氏之色藝，先遣人示意欲得之，紳民議以氏獻賊以紓難，邑令韙其計，趣氏往。氏初聞警，奔避城東後塘衕母家，賊隊由縉雲至，圍村，勢甚劇，村民允以女獻，氏弗忍以一身轉累闔境，遂慨然登騎往。賊喜，先遣大隊從義烏、武義邊界直趨金華，永康各村幸免蹂躪，僞將令二卒挾之行至三十里坑桃谿，給賊下騎汲水飲，乃墜崖死焉。余初以婦之墜崖全節事，所或有至謂以婦餌賊，遂能保全地方，或爲附會之說，暇日檢舊本《東華錄》及《國朝名臣傳》，載耿逆時戰事甚詳，因條記以證之，是役也。李公之芳爲總督軍務，賚公塔爲平南將軍，而康親王實總其略，而奏其功當李公部畫諸將弁分路防禦。時則賊由常山陷開化、壽昌、淳安，又由處州犯義烏、浦江、東陽、湯溪、龍游，叛鎮祖宏勳據溫州，尋陷黃巖，犯台州及紹興，復集衆窺衢、會。平南將軍統兵赴浙與李公會師，五月自杭赴衢，七月閩賊大舉攻衢，李公誓衆禦敵，有守備程龍怯戰斬以徇，於是將士殊死戰，遂敗賊，於坑西陳世凱等乘勝復義烏、湯溪，牟大寅破賊於常山，游擊王世萬破賊於龍游，鮑虎復壽昌，王廷梅敗賊於金華，李榮復東陽，又大敗賊於金華之壽溪，斬偽總兵張元兆等，參將洪起元敗賊於紹興，復嵊縣。時賊黨犯金華，平南將軍遣副都統瑪哈達擊走之，復義烏、諸暨，偽都督周列等迭次犯衢，賚公與李公師衆擊敗之。十四年，擊敗偽將軍於黃潭口，偽將馬九玉、季廷魁屯踞州城北元山口，賚公督兵乘夜攻圍破之，焚其木城，馬九玉等退踞大溪灘，賚公馳擊，斷其糧道，復江山縣。時朝命康親王傑書爲大將軍駐金華，賚公爲參贊分駐衢州。十五年秋，康親王進次衢州，偽都督周列、偽總兵蔡明等率衆二萬由常山謀犯衢，王命喇哈圖等擊敗之於焦園等處。徽營副將姚宏信等大敗賊於建德，鄭坑官兵敗偽都督徐尚朝等五萬衆於金華城，偽將沙有祥踞桃花嶺，王遣副將馬哈達等擊破之，復處州，偽將遁走仙居。副都統穆赫林等追敗之於白水垟，復仙居縣，又復松陽，貝子傅喇塔等敗賊於半山嶺，攻黃巖，偽將曾養性遁走溫州，遂復黃巖城。十月，浙營官兵進攻溫州，復太平、樂清、青田，有詔趣康親王進師福州，王遣貝子傅喇塔等圍溫州。偽將曾養性、祖宏勳悉衆來犯，副都統託他本擊敗之，八月賚塔公復江山，馬九玉棄營遁，九月王遣胡圖等追破之，復常山，進攻仙霞關，賊將金

希　元

應降遂復浦城縣。於是康親王帥師入閩，次延平，而耿精忠遣子獻僞印乞降，浙江官兵收復温、處二州，觀數公籌剿之績，克復各郡縣，彰彰可考，惟永康一邑獨無見聞，則其未遭兵燹可知，非吳氏以一身餌敵，藉以保全一邑，而能若是乎？夫欲保全一邑，不惜以一身餌敵，難矣；以一身餌敵，而猶能拚一身之死，終不爲敵所餌，則猶難矣。惜志乘未載，民間亦罕有知其詳者，事遂湮没弗彰，即其族裔亦往往諱其事而不闡其微，閲數百年更誰道其遺芬餘韻耶？康甫前丞永康，採訪得實，爲葺其詩，並傳其事，洵今之古人也。余嘉康甫之表彰遺烈並爲旁證諸公戰克事蹟，始知諸公之戰績繫全浙之安危。彼吳氏者，煢煢一嫠婦耳，乃能以身紓難，並以身全節，亦有繫永康一邑之安危也，皆不可不記，爰牽綴以著於篇。

　　光緒元年，歲在旃蒙大淵獻，季夏上澣古開平贊臣希元識於武林軍署之重來堂。

巴延珠

巴延珠，字佛圓，伊爾根覺羅氏，隸滿洲鑲黃旗。都統莽鵠立女。清湯漱玉輯《玉臺畫史》載："勤敏工寫真，其法本於西洋，不用墨骨，純以渲染皴擦而成，神情酷肖。佛圓親受指法，亦工人物。守貞不字，長齋繡佛以終。"

其生平事蹟於清完顏惲珠輯《國朝閨秀正始集》，清震鈞《八旗詩媛小傳》，恩華纂輯《八旗藝文編目》中有載。

著有《習静吟》。

此次點校詩以清完顏惲珠輯《國朝閨秀正始集》二十卷（清道光十一年紅香館刻本）爲底本，詩共計1首。

習静吟

枯坐小蒲團，菩提結静緣。一庭花月好，悟得美人禪。

端 静 閒 人

端静閒人（？—1774），韓氏，漢軍人，蒙古掌庫和順妻，法式善母。誥贈淑人。

其生平事蹟於恩華纂輯《八旗藝文編目》，徐世昌編《晚晴簃詩匯》中有載。

著有《帶緑草堂遺詩》。其詩多散佚，法式善收其遺詩，編爲《帶緑草堂遺詩》一卷，乾隆六十年（1795）刊行，今存嘉庆二年（1797）刻本，國家圖書館藏。

此次點校詩以徐世昌編《晚晴簃詩匯》卷一百八十五爲底本，詩共計 31 首。

雁字三十首次韻

木天悵望愧雕蟲，那及天然點畫工。小抹淡隨寒露立，半橫細入淺雲籠。三千古碣文誰檢，十二高臺興不窮。灝氣長空真漱盡，筆端清味積來雄。

昨夜豐山響石鐘，霜前一字寫秋容。蠻書細畫來平楚，戍束新封寄古邕。苔徑輸他蝸篆瘦，松林蘸得墨煙濃。鴛行若許同揮翰，舒翼趨階貌本恭。

健翮扶摇未肯降，連篇橫拂洞庭艭。霞蒸玉箸棱棱直，風散銀鉤筆筆雙。石室飛花迷暮靄，漁鐙涵影入秋江。天涯多少傷心客，莫寫哯痕近客窗。

萬象包羅一卷詩，破空描出水天思。誰云鳳沼專歸勖，可惜鵝群已贈羲。秋雨迷離人問渡，野雲黯淡客臨池。鹿鳴宴及來賓日，珊網精金著意披。

石函百仞倚晴暉，拭眼丹霄妙入微。沙白新翻黃紙硬，山青全印墨痕肥。文心向晚通神速，旅夢隨風認是非。一自蘇卿書寄後，爲人辛苦北南飛。

一隊縱橫掃碧虛，亂峰遙隔數行疏。五湖到處常逢汝，八法何須強問渠。偶惡弦鳴因閣筆，詎憂糧乏便傭書。羨他空闊波瀾老，妙稱頻年澤國居。

淋漓界破碧天圖，醉墨微茫抗酒徒。若使太元生瓦屑，誰將飛白裹金瓠。沙痕已印梅花瓣，聲譜兼諧鳳穴雛。野鶩家雞隨舉似，不須仿本效村儒。

辛苦鴒原顧影齊，天涯未怕道途迷。孤飛斷港偏鋒掠，倦宿寒汀一筆低。蕭館停雲分舊榻，榆關落葉送新題。書空咄咄真何謂，往事淒涼雪後泥。

揮毫到處素心偕，不羨梧岡韻獨喈。誰解索書汀有鶴，欲勞題壁石如蝸。軒軒健格頭初舉，渺渺晴霄目試揩。秋水長天鄉夢遠，苦吟何地問津涯。

足下風煙任翦裁，何人能識倚天才。久從碧落碑前過，直到青雲梯上來。吳楚通流波並偃，關山列陣筆難摧。頻將游霧縈空法，寫向危峰第一隈。

遠眼模糊望不真，曉窗寂寞問歸人。有形字更憑誰指，無譜書偕造物論。極浦生潮初潤玉，晴沙如雪宛鉤銀。奇山宕外留題遍，北到幽燕西到秦。

逸氣沈酣映日曛，冥冥橫灑五花雲。秋潭倒卧龍蛇影，晴磧新增蝌蚪文。一畫直同天地老，六書何待古今分。祇應上界留真本，不許傳流鳥雀群。

端静閒人

撇過雲羅没點痕，自然成象悟乾坤。雙飛合寫新夫婦，同姓能書好弟昆。秋雨人家題畫閣，晚潮空舍浣花村。傳神一入林良手，橅得蒼碑缺畫存。

湘妃寫恨滿琅玕，共此秋心入塞翰。琴外送聲傳妙趣，江頭落影漾文瀾。漸高勒帛銀河近，小注凌波錦韈乾。結想衡陽峰頂上，那教俗手揣毫端。

妙墨虚無曉度關，題殘楚澤與吳山。煙波以外分明見，風水之文宛轉嫻。鳥跡居然淳古在，天書定自玉皇頒。稻粱詎息翀霄志，臨罷黄庭半日閒。

秋色清華斷碣邊，翠微千丈素羅箋。宵征靜録天人策，尺幅橫描山海篇。點水超超真入妙，飛空草草便成顛。蒼苔識得岣嶁跡，驛使無煩召謫仙。

結體崢嶸取勢遥，長風捧出麗丹霄。蔚藍中曳千行墨，遠碧濃塗十幅綃。寒暑未停文苑筆，雲霞好入太平謡。一從漢武歌成後，高駕飛虹蹋彩橋。

結構虚靈宛象爻，低昂欹整翼相交。雲書跋尾湖山卷，梵體當頭鸞鷟巢。骨瘦似聞飛燕似，格高不付小胥鈔。數聲已作秋聲賦，更掠纖波軼白茅。

霜雪猶呵欲凍毫，湘江鎮日註《離騷》。罡風洶湧心花怒，濕霧模糊筆漬高。雲泲玲瓏排小隸，煙絲珍重繞靈旓。銜蘆更負藏身哲，始信書生富《六韜》。

天門初闢榜銀河，可有鴻裁衆口哦。夜市千家賣竹扇，秋雲一片印花羅。側因驚吹疑神助，浴盡長波試醉魔。毛羽自豐標格好，肯將文字作身囮。

莫嗤春蚓與秋蛇，不鬭儒生夢裏花。塞外文光天在下，江南書舍水無涯。枯藤倒影山溪瀑，新月橫鈎石徑沙。玉柱飄零琴韻斷，毉愁何術學塗鴉。

江北江南水氣蒼，共隨今雨入漁莊。芙蓉垂露迎秋色，沙漠奔泉背夕陽。醉寫何妨輪草聖，暗摸終恐誤中郎。真經要借空空手，漫把鵝群贈與王。

　　小作欹斜一畫輕，縱橫成陣亦分明。秋光慘淡文章老，霜氣沈酣天地清。濡筆儘隨波浪闊，傭書可減稻粱爭。教他董趙生慚愧，妙蹟通神不近名。

　　霜冷吳江夜抖翎，燒殘野火當藜青。雨餘神鬼連宵哭，漏静蛟鼉隔水聽。極浦航歸因草草，遠灣煙霽一星星。雲龍山下空回首，點筆山人放鶴亭。

　　天與雲霞作剡藤，橫空腕力得風增。瀟湘清怨詩千首，羅剎晴潮墨一升。小住鷗波憑浩蕩，幾時鳳闕許飛騰。迷離苔蘚黃昏蝕，細辨碑陰月是鐙。

　　珍重寒衣萬里投，亂碪聲裏斷雲流。發書有淚傳青塞，罷織誰家倚翠樓。繡被易涼人易遠，回文難學婢難偷。紅繩足下仍牢繫，妝閣歸來句再酬。

　　江湖兄弟並書淫，令節茱萸望遠心。歧路分攜成折股，順風直下試懸鍼。偶鳴得意鶯遷木，忽寫離情鳥憶林。草滿池塘歸未遂，欲尋佳句夢中臨。

　　碧落高寒興正酣，誰將搨本寄江潭。水澄文荇波三折，山拭晴嵐石一函。妙手真從天半倚，秋心全向筆端含。浮圖頂上曾題遍，千佛名經獻彩曇。

　　白雲淺處認牙籤，朗朗真宜衆目瞻。波抉晴灘初紙拂，露研春草有花黏。蕭蕭竹借淩霄管，頓頓沙鋪對岸縑。全力拓開周萬里，精神更聚在毫尖。

　　起草飛從弱水巖，春秋相值語呢喃。人家江浦花封字，使者燕關雪凍函。天上圖書無尺寸，世間筆札別仙凡。殷勤愛煞清虛府，好借輕雲畫素衫。

端静閒人

詠盆中松樹

偃蹇依然水石清,貞心獨結後凋盟。生來不受人攀折,雪共荒寒月共明。

熙　春

熙春，烏梁海氏，布政使佛喜妻。

著《友蓮堂合璧詩存》，未見傳世。

其生平事蹟於恩華纂輯《八旗藝文編目》，清完顏惲珠輯《國朝閨秀正始集》中有載。

此次點校詩以清完顏惲珠輯《國朝閨秀正始集》（道光十一年紅香館刻本）爲底本，詩共計 1 首。

春　曉
曉氣漾簾波，微風淡蕩過。妝成無一事，低語教鸚哥。

庆 徽

庆徽,字吉媛,貢生札史女孫,副都統德奎室。

此次點校詩以清完顔惲珠輯《國朝閨秀正始集·補遺》(道光十一年紅香館刻本)爲底本,詩共計1首。

春日偶吟

深深庭院静無譁,細雨和煙濕杏花。且喜閉門塵事少,二南讀罷誦《南華》。

烏 雲 珠

烏雲珠,字蕊仙,滿洲大學士伊桑阿室,總督伊都立母,誥封一品夫人。慎郡王《花間堂載筆》稱:"長白女史澹如工詩,每譽蕊仙。天資穎異,流覽經史,寓目不忘。著有《絢春堂吟草》,不以示人。常云:'閨閣能詩,固屬美事,但止可承教父兄,賡歌姊妹,若從師結友,豈女子事耶?'"所記止此一首,故亟錄之。按:文端公年十八舉進士,歷仕清要,參贊綸扉,身享二十年太平,歿祀賢良,實爲熙朝碩望。今讀夫人詩,音旨和雅,氣度雍容,想見大家風範,可謂福慧雙修。惜全稿及《澹如詩》均遍覓不可得,錄此亦見一斑耳。

其生平事蹟於清完顏惲珠輯《國朝閨秀正始集》,恩華纂輯《八旗藝文編目》中有載。

此次點校詩以清完顏惲珠輯《國朝閨秀正始集》(清道光十一年紅香館刻本)卷一爲底本,詩共計1首。

春日書懷

花氣何融融,春風來綺閣。好鳥引雛飛,和鳴如雅樂。清曉啓南窗,欣欣得所託。針黹與圖書,左右陳間錯。博山宿火烘,建茗新泉瀹。偶爾覽畫圖,遐心寄雲壑。處順履豐盈,懷新甘淡泊。造物豈有私,太平得至樂。

那遜蘭保

那遜蘭保(1801—1873)，博爾濟吉特氏，字蓮友，蒙古旗人，自署喀爾喀部落女史。宗室副都御史恒恩室，祭酒盛昱母。四歲隨父定居北京，十二歲能詩，清麗可誦，十五歲通《五經》。同治十二年(1873)病逝，享年七十二歲。

其生平事蹟於恩華纂輯《八旗藝文編目》，楊鍾羲《雪橋詩話》卷十二，徐世昌編《晚晴簃詩匯》卷一百九十，單士釐輯《閨秀正始再續集》卷十二中有載。

著有《芸香館遺詩》。

此次點校詩以徐世昌編《晚晴簃詩匯》卷一百九十爲底本，詩共計7首。

謝張孟緹夫人辱題小照即贈

閨閣論才子，當今第一人。我生猶未晚，塵海暫相親。鰕菜江南夢，鶯花上國春。層樓高寫韻，悵望每凝神。

庚申冬寄外，時在灤陽

漫道相思苦，從悲《行路難》。烽煙三輔近，風雪一裘寒。去住都無信，浮沈奈此官。親裁三百字，替竹報平安。

游 西 山

　　清晨駕巾車,日晡到山脚。頓簸不辭勞,山靈如有約。轉路入煙霞,回頭隔城郭。危磴雜松楸,遠寺聞鐘鐸。孤青表遥峰,萬緑争一壑。行行下笋輿,徑窄步引却。還與叩僧寮,荒荒紅日落。

　　我愛祕魔厓,怪石高撑天。復愛寶珠洞,下瞰及平田。快哉御風行,頃刻如登仙。探幽及窮僻,選勝防人先。所愧腰脚劣,呼婢相引牽。夾路橡實厚,嵌石孤花鮮。流連劇忘歸,峰峰凝暮煙。

瀛、俊二兄奉使庫倫,故吾家也,送行之日,率成此詩

　　四歲來京師,卅載辭故鄉。故鄉在何所？塞北雲茫茫。成吉有遺譜,庫倫餘故疆。彎弧十萬衆,天驕自古強。夕宿便氈幕,朝餐甘湩漿。幸逢大一統,中外無邊防。帶刀入宿衞,列爵襲冠裳。自笑閨閤質,早易時世妝。無夢到鞍馬,有意工文章。緑窓事粉黛,紅鐙勤縹緗。華夷隔風氣,故國爲殊方。問以啁唽語,遜謝稱全忘。我兄承使命,將歸晝錦堂。乃作異域視,舉家心徬徨。我獨有一言,臨行奉離觴。天子守四夷,原爲捍要荒。近聞頗柔懦,醇俗醨其常。所愧非男兒,歸願無由償。冀兄加振厲,舊業須重光。勿爲兒女泣,相對徒悲傷。

宿大覺寺

　　十畝松陰滿寺凉,一條瀑布界山光。峰巒青逼衣裳冷,鐙火紅盤棧路長。時有微香來佛座,偶聞孤磬出僧房。游人對坐渾無睡,明日登山禮佛忙。

成趣園夜坐

　　林壑杳以深,拂石坐忘冷。涼月不親人,孤松轉清影。

博爾濟吉特氏

博爾濟吉特氏,科爾沁臺吉囊努克室。

其生平事蹟於清完顔惲珠輯《國朝閨秀正始集》,恩華纂輯《八旗藝文編目》中有載。

著有《北歸草》。

此次點校詩以清完顔惲珠輯《國朝閨秀正始集》(道光十一年紅香館刻本)爲底本,詩共計1首。

出 古 北 口

口北崎嶇路,剛通薄笨車。一關通絶塞,萬嶺抱中華。日暮鄉心切,雲開望眼賒。自憐蒲柳質,此去飽風沙。

图 伯 特 氏

圖伯特氏,字問琴。總兵保裕女,舉人伊湄室。

其生平事蹟於妙蓮保編《國朝閨秀正始續集》中有載。

此次點校詩以妙蓮保編《國朝閨秀正始續集》(道光十六年紅香館刻本)卷十爲底本,詩共計4首。

秋夕偶成

雨過新秋夕,清涼一味來。蕉窗疎映月,石砌淡浮苔。鶴唳警幽夢,砧聲生遠哀。虛廊人跡静,不覺久徘徊。

白鸚鵡

解訴芳情解悟禪,天然素質却塵緣。棲從玉檻天如水,夢繞梨花月吐烟。啄豆已知前事悞,踏蓮何與此心牽。可能再學霓裳舞,重傍長生殿裏眠。

春晚

杜鵑無語黯銷魂,簾幙風疎夢有痕。滿徑楊花春不管,無端隨客入重門。

雨絲風片最關情,沉水香銷夢未成。啼鳥不知春事晚,隔林猶送一聲聲。

成 堃

成堃,字玉卿,布庫魯氏,隸蒙古正紅旗,廣西潯州知府固魯鏗女,諸生守典室。

其生平事蹟於恩華纂輯《八旗藝文編目》,徐世昌編《晚晴簃詩匯》中有載。

著有《雪香吟館詩草》,清鈔本,南京圖書館藏。

此次點校詩以徐世昌編《晚晴簃詩匯》卷一百九十一爲底本,詩共計3首。

留別舜華二姊
生小離家國,天涯十六春。明朝挂帆去,又是異鄉人。

秋 夜
西風催木落,何處不秋聲。我是無愁者,閒階愛月明。

古 意
新月明如鏡,鏡復如明月。願作明鏡圓,莫作月常闕。

杏　芬

杏芬（1874—1897），巴哩克氏，隸蒙古鑲白旗，延清之女，彭年之妹。秉性聰慧，有才華，嘗幫助其父整理詩文。

其生平事蹟於恩華纂輯《八旗藝文編目》，清延清輯《蝶仙小史彙編》，李恩綬編纂《丹徒縣志摭餘》（民國七年刻本）中有載。

著有《京師地名對》二卷，清光緒二十八年刻本，國家圖書館藏。